Rich-Client-Entwicklung mit Eclipse 3.1

**Berthold Daum** ist promovierter Mathematiker und war bei der Software AG Co-Entwickler der Sprache NATURAL 4GL. Er hielt Vorlesungen zum Datenbank-Entwurf an der Universität Karlsruhe und hat praktische Erfahrungen im Design und der Implementierung von großen verteilten Systemen. In den 80er Jahren beschäftigte sich Daum mit Künstlicher Intelligenz, implementierte den ersten PROLOG-Interpreter für den C64-Heimcomputer und war Mitglied des ISO-Komitees zur Standardisierung von PROLOG. Heute betreibt er eine Beratungsfirma für Industriekommunikation.

Daum hat zahlreiche Artikel in Zeitschriften und wissenschaftlichen Periodika veröffentlicht und ist Autor mehrerer Bücher, u.a. »System Architecture with XML« (mit Udo Merten, von den Lesern des XML Journal zum »Best XML book« des Jahres 2002 gewählt, Morgan Kaufmann, 2002). Im dpunkt.verlag erschienen bisher »Web-Entwicklung mit Eclipse« (mit Stefan Franke und Marcel Tilly, 2004) sowie »Java-Entwicklung mit Eclipse 3.1« (3. Auflage, 2005).

Berthold Daum

# Rich-Client-Entwicklung mit Eclipse 3.1

## Anwendungen entwickeln mit der Rich Client Platform

dpunkt.verlag

Dr. Berthold Daum
E-Mail: berthold.daum@bdaum.de

Lektorat: René Schönfeldt
Copy-Editing: Annette Schwarz, Ditzingen
Satz und Herstellung: Birgit Bäuerlein
Umschlaggestaltung: Helmut Kraus, www.exclam.de
Druck und Bindung: Koninklijke Wöhrmann B.V., Zutphen, Niederlande

Bibliografische Information Der Deutschen Bibliothek
Die Deutsche Bibliothek verzeichnet diese Publikation in der Deutschen Nationalbibliografie; detaillierte bibliografische Daten sind im Internet über <http://dnb.ddb.de> abrufbar.

ISBN 3-89864-353-0

1. Auflage 2005

Ringstraße 19
69115 Heidelberg


5 4 3 2 1

# Inhaltsverzeichnis

# Einführung

> *»Billions of dollars are wasted every year in lost productivity as people wait for Web pages to perform duties that could have been handled better by a 1984 Macintosh-style graphical user interface application.«*
>
> *Dr. Jakob Nielsen*

Rich-Client-Anwendungen sind derzeit in aller Munde. Das ist nicht nur eine Mode, sondern hat reale Beweggründe. Freilich gibt es viele, die mit *Rich Clients* eine neue Bonanza im IT-Sektor wittern. Der Name ist auch allzu verführerisch.

Um die Jahrtausendwende herum war es das Internet, welches die Faszination seiner Benutzer auf sich zog. Es befriedigte vor allen Dingen eines: den Wunsch nach unbeschränkter Information und Kommunikation. In Form des Intranets zogen die Technologien des Internets auch in Unternehmen und Organisationen ein. Das hatte gute Gründe:

- Die Kommunikation und Information in den Betrieben wurde verbessert.
- Der Trainingsaufwand für Benutzer wurde reduziert, denn der Webbrowser in der Firma wird genauso bedient wie der Webbrowser zu Hause.
- Unternehmensapplikationen konnten leicht auch auf dem Internet zur Verfügung gestellt werden. So konnten Mitarbeiter von zu Hause aus diese Applikationen bedienen.
- Die Benutzeroberflächen von Webanwendungen sind relativ einfach und kostengünstig zu implementieren. Auch bei den Lizenzgebühren macht es einen Unterschied, ob eine Anwendung nur einmal auf dem Server installiert wird oder hundert- oder tausendfach auf jeder Arbeitsstation.

Der Siegeszug von Webapplikationen hatte also ganz reale Gründe. Bestehende Unternehmensanwendungen (*Legacy*) wurden mit Web-Interfaces ausgestattet. Eine ganze Branche lebte und lebt noch von der Umstellung solcher Applikationen.

### Rich Clients – Warum?

Doch inzwischen schlägt das Pendel zurück. Die klassische Web-Technologie auf der Basis von HTML kam schon früh an ihre Grenzen, was die Benutzerfreundlichkeit betraf. Entsprechend vielfältig waren die Erweiterungen, die entwickelt wurden. So z.B. Java Applets, die es erlaubten, Anwendungsfunktionalität in Webseiten einzubetten. Oder Macromedias Flash, das mittlerweile selbst zu einer veritablen Rich-Client-Plattform avancierte.

Allerdings ist es ein Irrtum, zu glauben, Rich Clients hätten nur etwas mit guten Benutzeroberflächen zu tun. Es geht um viel mehr:

- **Mobile Anwendungen**. Zunehmend steigt der Bedarf nach Anwendungen, die unabhängig von einer bestimmten Workstation, aber auch unabhängig vom Internet oder vom lokalen Netzwerk betrieben werden können. MDAs, PDAs, Handys, Memory Sticks, Laptops können sowohl Applikationen als auch Daten enthalten und können an verschiedenen Orten on- und offline eingesetzt werden. Zum einen verlangt das nach lokaler Datenhaltung, damit die Anwendungen auch betriebsbereit sind, wenn einmal keine Verbindung zum Server besteht. Zum anderen müssen die Daten aber auch zentral auf dem Server gehalten werden, denn dort ist die nötige Infrastruktur vorhanden, um wichtige Daten sicher aufzubewahren. Lokale Datenhaltung allein genügt nicht. Schließlich können mobile Endgeräte auch verloren gehen. Und in der Regel arbeiten auch mehrere Benutzer auf dem gleichen Datenpool, der dann natürlich auf einem Server gepflegt werden muss. Erforderlich wird also eine Datenreplikation zwischen Client und Server. Im Offlinebetrieb geänderte Daten müssen nachträglich synchronisiert werden können. Das kann in der Regel nur von einer Rich-Client-Anwendung geleistet werden.
- **Datenkonsistenz**. Firmen, die ihren Mitarbeitern keine Rich-Client-Lösungen zur Verfügung stellen, und auf starren Thin-Client- oder Internet-Lösungen beharren, werden früher oder später in Datenkonsistenzprobleme hineinlaufen. Denn wenn die Anwendungen nicht mobil werden – die Daten werden es auf jeden Fall. Mitarbeiter, die Daten mobil benötigen, werden diese in der einen oder anderen Form mit sich führen, z.B. auf dem Laptop oder in einem Memory Stick. Und da dann die Daten nicht synchronisiert

werden, wird es zu einer Fülle unterschiedlicher Datenversionen kommen. Das Phänomen ist nicht neu – das gleiche Chaos gab es schon einmal bei der Einführung der PCs. Kaum noch einer hatte die Übersicht, auf welcher Floppy welche Version eines Dokuments gespeichert war, und wie das alles zusammenpasste. Eine Rich-Client-Lösung, welche die Datenmobilität unterstützt, kann deshalb helfen, die redundanten Datenbestände synchron und konsistent zu halten.

- **Zero Administration.** Gleichzeitig sollten aber auch die guten Eigenschaften von Webapplikationen nicht beiseite geschoben werden. Dazu gehört auch die angenehme Tatsache, dass der Endanwender neue Programme oder neue Programmversionen – anders als bei traditionellen Desktop-Anwendungen – nicht installieren muss. Bei einer Webanwendung genügt es, dass eine neue Anwendung auf dem Server installiert wird. Sie steht damit allen Endanwendern mit Zugriffsrechten zur Verfügung. Eine gute Rich-Client-Anwendung wird ähnlichen Komfort bieten: Angefangen von der Erstinstallation bis hin zu Programmaktualisierungen sollte so viel wie möglich automatisiert werden. Neue Programmversionen werden auf dem Server vorgehalten und werden, wenn erforderlich, automatisch heruntergeladen und installiert. Dabei sind freilich Sicherheitsvorkehrungen zu treffen, damit keine Viren oder Lauscher eingeschmuggelt werden.

### Eine Begriffsbestimmung

Damit lassen sich die Charakteristika von Rich-Client-Anwendungen wie folgt bestimmen:

- **State-of-the-Art-Benutzeroberfläche.** Eine Rich-Client-Benutzeroberfläche sollte hinter der Benutzeroberfläche der nativen Plattform nicht zurückstehen. Eine Rich-Client-Benutzeroberfläche, die sich genau so verhält wie die native Benutzeroberfläche, ist natürlich ideal, denn der Endanwender kennt in der Regel bereits die Bedienelemente der nativen Plattform. Eclipse ist also in dieser Hinsicht mit dem *Standard Widget Toolkit* (SWT), das auf den nativen GUI-Elementen der jeweiligen Plattform aufsetzt, bestens gerüstet. Auch bringt die Verwendung von Eclipse als Rich-Client-Plattform eine gewisse Standardisierung von GUI-Techniken mit sich, was die positive Tradition von Webanwendungen fortsetzt. So wird z.B. auf einer Eclipse-Rich-Client-Anwendung ein Inhaltsassistent immer auf die gleiche Art aufgerufen, und auch die Benutzerpräferenzen dürften in der Regel immer am gleichen Ort zu finden und in der gleichen Art organisiert sein.

Allerdings verlangt der Entwurf und die Entwicklung von guten Benutzeroberflächen einigen Aufwand. Durch die Verwendung von Standardkomponenten aus der Eclipse-Plattform lässt sich dieser Aufwand einigermaßen reduzieren. Vor allen Dingen ist bei der Entwicklung von Rich-Client-Anwendungen eine gute Rückkopplung mit den Endanwendern nötig. Hier kommt es darauf an, entsprechende Kommunikationskanäle aufzubauen und Organisationsstrukturen zu finden, welche die Entwicklung qualitativ hochstehender Benutzeroberflächen in Zusammenarbeit mit Endbenutzern gestattet und fördert. Ein guter GUI-Designer sollte nicht nur seine Endanwender kennen, sondern in ähnlichen Bahnen wie sie denken! Ergonomische Studien können notwendig werden, um Benutzeroberflächen leicht benutzbar zu machen. *Multiple Strain Injury* (MSI) tritt unter Computerbenutzern häufig auf und sollte durch den Entwurf ergonomischer Software so gering wie möglich gehalten werden. Auch das hat etwas mit Produktivität zu tun.

- **Notlaufeigenschaften.** Eine Rich-Client-Anwendung sollte auch funktionieren, wenn die Verbindung zum Server nicht besteht. Das verlangt nach lokaler Datenhaltung und nach Anwendungslogik auf der Klientenplattform. Sobald die Verbindung zum Server wieder besteht, erfolgt der Abgleich der Datenbestände zwischen Client und Server automatisch. Nur bei Konflikten in den Datenbeständen wird unter Umständen der Eingriff des Endbenutzers nötig. Die Arbeitsweise sollte weitestgehend transparent sein – der Endanwender sollte in der gleichen Form offline wie online arbeiten können. Angesichts der zunehmenden Mobilität von Endgeräten halte ich diese Forderung für so wesentlich, dass ich eine Anwendung ohne Notlaufeigenschaften kaum als Rich-Client-Anwendung einstufen möchte.
- **Server-managed clients.** Der Endanwender sollte weder mit der Installation noch der Konfiguration der Anwendung behelligt werden. Je nach der Rolle des Endanwenders sollte die Software auf dem Client automatisch installiert, aktualisiert und konfiguriert werden. Eclipse bietet auch hier mit seiner Plugin-Architektur und seiner Update-Funktionalität einige Unterstützung.

Die von Eclipse bereitgestellte Rich-Client-Plattform stellt deshalb auch nur einen Anfang dar. Eclipse glänzt insbesondere im Bereich der Benutzeroberflächen; seine nativen GUIs stellen für Java den Durchbruch auf dem Desktop dar. Andere Bereiche wie z.B. die Persistenz, die Synchronisierung oder die Administration müssen (noch) mit Fremdprodukten oder Eigenentwicklungen gefüllt werden. Wir werden im

Laufe dieses Buches detailliert auf diese Bereiche eingehen, wobei wir besonderen Augenmerk auf Open-Source-Produkte richten werden.

Zusammen mit Java und auf dem Markt verfügbaren Java-Packages stellt das Eclipse-RCP inzwischen eine veritable Ablaufplattform für alle Arten von Anwendungen dar. Dabei läuft die Eclipse-RCP inzwischen auf einer breiten Schar von Betriebs- und Fenstersystemen, angefangen vom Windows32-System über Linux bis zu den verschiedenen Unix-Dialekten. Auch 64-Bit-Systeme sind mit dabei. Am anderen Ende der Skala befinden sich die mobilen und eingebetteten Systeme: Auch hier ist Eclipse nun mit dem eRCP-Projekt vertreten, das auf Windows-Mobile-2003- und Nokia-Series/80-Systemen ablaufen kann. Dabei bleiben die Anwendungen aufwärtskompatibel – was auf eRCP abläuft, kann auch auf einer »ausgewachsenen« Eclipse-Plattform ablaufen. Ausschließlich mit Letzterem werden wir uns auch im Rahmen dieses Buches beschäftigen – die hier geschilderten Konzepte sollten allerdings auch auf die eRCP-Plattform übertragbar sein.

### Über dieses Buch

Dieses Buch wendet sich an Java-Programmierer – vom Studierenden bis hin zum Profi – die eigene Rich-Client-Applikationen auf Grundlage der Eclipse Rich-Client-Plattform entwickeln wollen. Dabei setzen wir Grundkenntnisse in Java und auch im Eclipse-IDE voraus.

### Wie dieses Buch organisiert ist

Dieses Buch handelt von der Programmierung von Rich-Client-Anwendungen mit Java unter Eclipse, wobei die Anwendungen auf der Eclipse-Rich-Client-Plattform zum Ablauf kommen sollen. Dabei beschränkt sich das Buch nicht auf Eclipse-Technologien, sondern führt auch in andere relevante Themen wie z.B. relationale Datenbanken und Office-Komponenten ein und untersucht, wie solche Komponenten in eine Eclipse-RCP eingebettet werden können.

In Teil I führen wir in die Grundlagen der RCP-Programmierung ein. Nach einer Übersicht über die Eclipse-Architektur und der Vorstellung eines Anwendungsbeispiels führen wir zunächst in die Plugin-Programmierung mit Eclipse ein, denn alles, was unter der Eclipse-Plattform zum Ablauf gebracht werden soll, muss als Plugin implementiert worden sein. Anschließend beschäftigen wir uns dediziert mit der Entwicklung von Rich-Client-Anwendungen und diskutieren, was darüber hinaus zu einem auslieferungsfähigem Produkt gehört. Eine Diskussion von Installations- und Update-Prozeduren schließt diesen Teil ab.

In Teil II gehen wir dann ausführlich auf die GUI-Programmierung mit Hilfe des *Standard Widget Toolkit* (SWT), dem *JFace* und dem *Forms API* ein. Hier entwickeln wir auch eine Infrastruktur für die Benutzeroberfläche unserer Beispielanwendung. Die Diskussion von SWT-basierten XML-Skriptsprachen für die Beschreibung von Benutzeroberflächen schließt diesen Teil ab.

In Teil III diskutieren wir die verschiedenen Optionen, die bestehen, um Anwendungsdaten persistent zu machen. Ausführlich behandeln wir relationale Datenbanken, die auf dem Client zum Einsatz kommen können und objektrelationale Brücken wie Hibernate. Für unsere Beispielanwendung nutzen wir diese Techniken, um eine Persistenzschicht zu implementieren.

In Teil IV erweitern wir das Arsenal der Komponenten, die für eine Rich-Client-Anwendung genutzt werden können, um eine grafische Komponente (GEF), um eine Office-Komponente (Open Office) und um eine Komponente für die Ausgabe von PDF-Dateien. Wir verwenden diese Komponenten, um unsere Beispielanwendung mit Grafik, Tabellenkalkulation und PDF-Export aufzurüsten.

Schließlich diskutieren wir in Teil V die Möglichkeiten der Datensynchronisation zwischen Client und Server. Am konkreten Beispiel zeigen wir, wie Sync4J genutzt werden kann, um die Datensynchronisierung auf Ebene von Geschäftsobjekten zu realisieren. Schließlich gehen wir noch darauf ein, wie Klienten vom Server aus konfiguriert werden können.

### Danksagung

Wie auch schon in der Vergangenheit, so war auch dieses Buch wieder Teamarbeit, auch wenn nur der Name des Autors auf dem Umschlag steht. Die dort nicht genannten Helfer sollen deshalb hier gewürdigt werden.

Besonderer Dank geht natürlich an meinen Verleger, den dpunkt.verlag, insbesondere an René Schönfeldt, der dieses Projekt als verantwortlicher Lektor betreute. Das Korrekturlesen besorgte Annette Schwarz, für den Satz und das Layout ist Birgit Bäuerlein verantwortlich, und das Titelbild entwarf Helmut Kraus.

Dank geht auch an die vielen Gesprächspartner, denen ich auf Kursen oder in Beratungen begegnen durfte, und deren Anregungen wesentlich zu diesem Buch beigetragen haben.

August 2005

*Berthold Daum*
berthold.daum@bdaum.de

# Teil I
# Die Eclipse-Rich-Client-Plattform

In diesem Teil werde ich die Komponenten und Werkzeuge vorstellen, die Eclipse spezifisch für die Realisierung von Rich-Client-Anwendungen zur Verfügung stellt. Von Eclipse 3.0 zu Eclipse 3.1 haben diese Komponenten und Werkzeuge einen erheblichen Wandel durchgemacht. War unter Eclipse 3.0 die Rich-Client-Entwicklung nur Eingeweihten vorbehalten, so ist sie mit Eclipse 3.1 (fast) zum Kinderspiel geworden.

Insbesondere der Wizard für das Anlegen neuer Plugin-Projekte und der Editor für die Produktkonfiguration sind die wichtigsten Werkzeuge bei der Erstellung einer Rich-Client-Anwendung. Mir ihrer Hilfe ist es möglich, innerhalb weniger Minuten eine Rich-Client-Anwendung zu erstellen, zu konfigurieren, auszuliefern und am Zielort zu installieren. Gerade für das Testen einer Rich-Client-Anwendung außerhalb des Eclipse SDK ist dies eine wertvolle Hilfe – Tests können nun viel häufiger und in kürzeren Abständen durchgeführt werden.

# 1 Architektur der Eclipse-Rich-Client-Plattform

Um den Aufbau der Eclipse-Rich-Client-Plattform zu verstehen, ist es sinnvoll, zunächst die Vorgeschichte von Eclipse zu beleuchten.

Eclipse war zunächst als eine Plattform für Softwarewerkzeuge geplant. Es sollte Visual Age – IBMs IDE für SmallTalk, Java und andere Sprachen – ablösen und wurde von der gleichen Firma (OTI, einer 100-prozentigen Tochter von IBM Kanada) implementiert, die auch für die Implementierung von Visual Age verantwortlich war.

## 1.1 Die Rich-Client-Plattform

Bis Eclipse 2.1 war Eclipse denn auch nur als Plattform für Entwicklungswerkzeuge interessant. Gleichzeitig wurde jedoch deutlich, dass auf Grund seiner Plugin-Struktur Eclipse das Zeug zu einer allgemeinen Plattform für Desktop- und Rich-Client-Anwendungen hatte. Was noch störte, war, dass viele Komponenten eng mit dem Eclipse-Workspace, dem Datenpool für Entwicklungsartefakte, verwoben waren.

Dieses Problem wurde mit Eclipse 3.0 gelöst. Die gesamte Plattform wurde neu organisiert, was bei praktisch allen Plugin-Herstellern Umstellungen notwendig machte. Heute ist diese Umstellung Geschichte, und Eclipse kann nun als eine allgemeine Plattform für Rich-Client-Anwendungen eingesetzt werden. Das Eclipse-IDE selbst ist nur noch eine spezifische Rich-Client-Anwendung, die auch den Eclipse-Workspace beinhaltet (siehe Abb. 1–1).

Eine weitere bedeutende Änderung (ebenfalls mit Eclipse 3.0) war die Umstellung von einer proprietären Ablaufumgebung auf die OSGi-Plattform, einer standardisierten Ablaufumgebung für Java-Module (so genannte *Bundles*). Einer der Vorteile dieser Ablaufumgebung liegt darin, dass *Hot Plugging* (also der Austausch von Bundles im laufen-

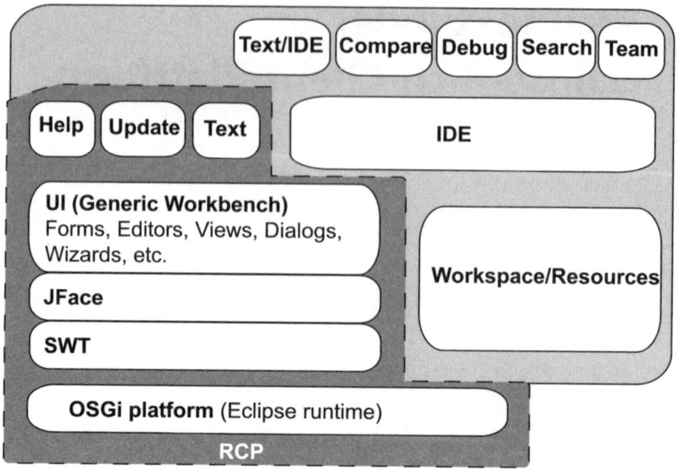


den Betrieb) möglich ist. In Abschnitt 3.2 gehen wir näher auf OSGi ein.

**Abb. 1–1** Die Eclipse-Plattform. Die in der obersten Reihe des RCP-Teils gezeigten Komponenten Help, Update und Text (und einige Komponenten der Generic Workbench) sind zwar nicht Bestandteil der RCP-Minimaldistribution, können aber bei Bedarf leicht der RCP-Plattform hinzugefügt werden, da sie die IDE-Funktionalität nicht benötigen.

Wie man aus Abbildung 1–1 ersieht, besteht der Großteil der Komponenten zur Realisierung der Rich-Client-Plattform aus Komponenten für die Benutzeroberfläche. Die Komponenten SWT (*Standard Widget Toolkit*) und das *JFace* stellen die Basisfunktionalität für grafische Benutzeroberflächen (GUI) zur Verfügung. Diese Komponenten lassen sich auch außerhalb der Eclipse-Plattform einsetzen. Eine weitere GUI-Bibliothek, das Forms API, wurde mit Eclipse 3.0 eingeführt. Wir werden diese Komponenten ausführlich im Kapitel 9 behandeln.

Auf diesen GUI-Bibliotheken baut die generische Workbench auf. Die Komponenten dieser Workbench (Verwaltung der globalen Menü- und Werkzeugleisten, Texteditoren, Views, Präferenzenbaum, Wizards usw.) stehen jeder Rich-Client-Anwendung zur Verfügung und stellen die Kernfunktionalität der Rich-Client-Plattform dar. In Kapitel 3 werden wir diese Komponenten der generischen Workbench genauer betrachten. Dazu kommen noch bei Bedarf das Eclipse-Hilfesystem, der Update-Manager und Bausteine für die Textverarbeitung. Diese Komponenten sind optional und können auch durch eigene Implementierungen ersetzt werden. Der Rest der traditionellen Eclipse-Plattform bildet das Eclipse-IDE, das als Rich-Client-Anwendung implementiert ist. In der Regel wird die IDE-Funktionalität für die Implementierung eigener Rich-Client-Anwendungen nicht benötigt.

## 1.2 Die RCP-Binärdistribution

Auf `www.eclipse.org` erhält man eine RCP-Binärdistribution, die nur enthält, was absolut für den Ablauf einer RCP-Anwendung notwendig ist. Mit etwa 5,8 MB ist diese Distribution relativ klein, verglichen mit den 100+ MB des Eclipse-SDK. Im Einzelnen sind enthalten:

*Minimalausstattung*

- die Plugins `org.eclipse.core.runtime`, `org.eclipse.core.commands` und `org.eclipse.core.expressions`, die den Kern der Eclipse-Plattform bilden, das Plugin `org.eclipse.osgi`, welches das OSGi-Framework bereitstellt, und das Plugin `org.eclipse.update.configurator`, das in der Lage ist, aus den Plugin-Manifesten abzuleiten, welche OSGi-Bundles alle geladen werden müssen
- die SWT- und JFace-Plugins ohne die JFace-Textverarbeitung
- die Plugins für die generischen Teile der Benutzeroberfläche inklusive der generischen Eclipse-Workbench: `org.eclipse.ui` und `org.eclipse.ui.workbench`
- das Plugin `org.eclipse.help` für den Anschluss von Hilfe-Systemen
- das Branding-Plugin `org.eclipse.rcp`

Diese Plugins sind in einem so genannten *Feature* (siehe Abschnitt 6.2) mit der Identifikation `org.eclipse.rcp` zusammengefasst.

Besteht Bedarf nach zusätzlicher Funktionalität, so kann man die entsprechenden Plugins aus dem Eclipse SDK entnehmen und der RCP-Distribution hinzufügen. So kämen für die Benutzeroberfläche zusätzlich in Frage:

- `org.eclipse.text` und `org.eclipse.jface.text` für die Textverarbeitung
- `org.eclipse.ui.forms` für das Forms-API
- `org.eclipse.ui.views` für die Implementierung von Views
- `org.eclipse.ui.workbench.texteditor` und `org.eclipse.ui.editors` für die Implementierung von Editoren
- `org.eclipse.help.base`, `org.eclipse.help.ui`, `org.eclipse.help.appserver`, `org.eclipse.help.webapp`, `org.eclipse.tomcat` und `org.eclipse.ui.forms` für das komplette Eclipse-Hilfesystem

Für spezielle Zwecke wird man auch auf Plugins von anderen eclipse.org-Projekten oder von Fremdanbietern zurückgreifen. Insbesondere seien hier genannt das GEF für die Implementierung von Diagrammeditoren und das BIRT-Projekt für die Erstellung von Datenbankberichten.

In der Regel ist es nicht erforderlich, die Eclipse-RCP-Binärdistribution herunterzuladen. Eclipse 3.1 bietet eine Exportfunktion für

RCP-Anwendungen an, die in der Lage ist, ein komplettes Auslieferungspaket für die Anwendung zu erstellen, wobei die benötigten Plugins dem Eclipse-SDK entnommen werden (siehe Abschnitt 6.6).

## 1.3 Architektur eines Rich-Client-Frameworks

Wie wir gesehen haben, beschränkt sich die Funktionalität der Eclipse-RCP im Wesentlichen auf GUI-Komponenten. Doch eine vollständige Rich-Client-Architektur beinhaltet weitere Komponenten, beispielsweise eine lokale Datenhaltung (Persistenzschicht), Komponenten für die Konnektivität, die Komponenten für die Synchronisierung zwischen Client und Server, möglicherweise Komponenten für Grafikanwendungen und Office-Anwendungen. In den Teilen 2 bis 5 dieses Buches werde ich detailliert auf solche Komponenten eingehen, die meist von Fremdherstellern stammen.

*Das Beispiel Lotus Workplace*

Hier möchte ich als Beispiel die Architektur eines Rich-Client-Frameworks diskutieren, das auf der Eclipse-RCP beruht, dem Lotus Workplace von IBM (siehe Abb. 1–2).

Zunächst erweiterte IBM die Eclipse-RCP mit einer Persistenz- und Kommunikationsschicht. Dazu gehört das Datenbanksystem Cloudscape, ein zu DB2 kompatibles Datenbanksystem, das in Java geschrieben wurde und inzwischen auch bei Apache unter dem Namen Derby kostenlos erhältlich ist. In Kapitel 13 werde ich auf Derby eingehen und zeigen, wie es in die Eclipse-RCP integriert werden kann. Als Alternative werde ich aber auch das Datenbanksystem HSQLDB diskutieren. Die Synchronisierung zwischen lokaler Datenbank und Serverdatenbank erfolgt mit Hilfe der Sprache *SyncML*. In Kapitel 18 werden wir verschiedene Möglichkeiten für die Datensynchronisierung diskutieren. Schließlich ist diese Schicht auch noch für die Integration in das IBM-Produkt *WebSphere Portal* (`http://www-3.ibm.com/software/genservers/portal/`) zuständig. *WebSphere Portal* bietet den zentralen Zugangspunkt zu Anwendungen, Inhalten und Prozessen in einem Unternehmen. Diese Komponente dürfte auch dafür verantwortlich sein, die Klientenanwendung vom Server aus zu aktualisieren und zu konfigurieren. In Kapitel 7 zeige ich, welche Möglichkeiten mit dem Eclipse Update API bestehen, Anwendungen fast unbemerkt vom Endanwender zu aktualisieren. Schließlich erfolgt in Kapitel 18 noch eine Diskussion über Möglichkeiten, den Klienten servergesteuert je nach Anwenderrolle zu konfigurieren.

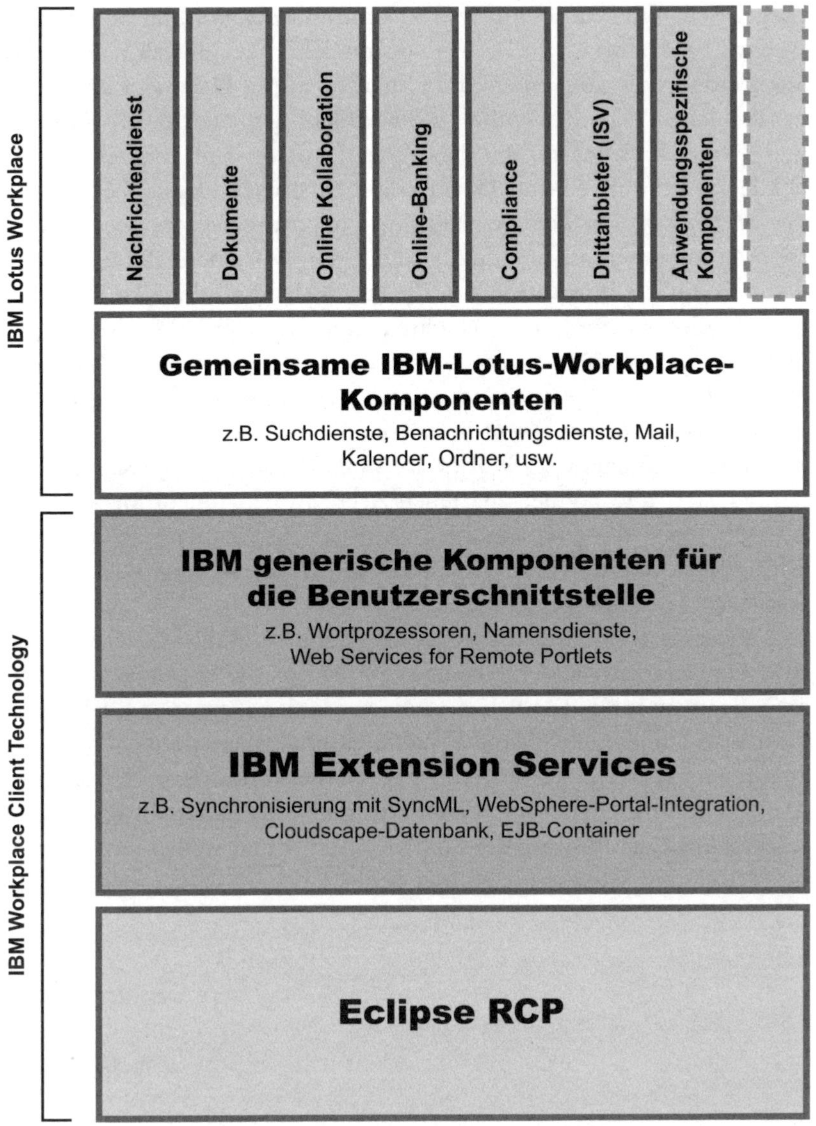


**Abb. 1–2** Die Eclipse RCP bildet die unterste Schicht von IBMs Rich-Client-Architektur. Die Eclipse-RCP wird ergänzt und erweitert von der IBM Workplace Client Technology, die käuflich zu erwerben ist. Darauf setzt dann der IBM Lotus Workplace auf, der Bestandteil der Lotus-Produktlinie ist.

Die nächste Schicht dient der Erweiterung der Benutzerschnittstelle. Insbesondere wird hier ein Rich-Text-Editor in die Eclipse-Plattform integriert. IBM verwendet hier eine modifizierte Version von OpenOffice, also der Office-Suite, die zunächst von Stardivision aus Hamburg geschaffen wurde und später (samt Stardivision) an Sun Microsystems verkauft wurde. In Kapitel 17 zeige ich, wie die Standardversion von OpenOffice in die Eclipse-Plattform eingebaut werden kann. Daneben enthält diese Schicht den Zugriff auf Namens- und Verzeichnisdienste, die den Zugriff auf im Unternehmen bestehende Anwendungen und Daten erlauben sowie auf die Webservices der *WebSphere Portlets*. Portlets sind Integrationskomponenten, welche Unternehmensanwendungen und Daten zu einem Portal verbinden, z.B. für die Integration von E-Mail, Kalender oder SAP R/3.

Auf diesen generischen Schichten setzt dann der IBM Lotus Workplace (`http://www-306.ibm.com/software/de/lotus/produkte/p-lwp-home.html`) auf, laut IBM »*eine innovative Plattform zur vollständigen Integration von Mitarbeitern in bestehende Geschäftsprozesse*«. Die einzelnen Funktionen dieses Workplace sind als unabhängige Komponenten realisiert und können speziellen Arbeitsrollen zugeordnet werden. Je nach Rolle des Endbenutzers wird der Arbeitsplatz automatisch konfiguriert, die nötigen Softwarekomponenten werden automatisch vom Server heruntergeladen und installiert.

Wie man sieht, war also das 40-Millionen-Dollar-Geschenk, das IBM der Java-Entwicklergemeinde in Form von Eclipse machte, nicht ganz uneigennützig. Die Beiträge, die heute von Dritten in die Eclipse-Plattform eingebracht werden, kommen auch dem Lotus Workplace zugute und stärken so das Produkt gegen die Konkurrenz. Wir können damit nur zufrieden sein, denn erfolgreiche Eclipse-Anwendungen stärken auch die Position der Plattform selbst und stellen ihre zukünftige Pflege und Weiterentwicklung sicher.

# 2 Die Beispielanwendung

In den folgenden Kapiteln werden wir des Öfteren das neue Wissen an einer RCP-Beispielanwendung ausprobieren. In diesem Kapitel möchte ich diese Beispielanwendung vorstellen. Gleichzeitig möchte ich ein Modellierungswerkzeug vorstellen, das als Eclipse-Plugin erhältlich ist, und mit dem wir große Teile des Datenmodells der Anwendung generieren können.

## 2.1 Projektplaner

Die von mir vorgeschlagene Beispielanwendung ist ein einfacher Projektplaner, der freilich eine Besonderheit aufweist. Mehrere Benutzer sollen ihre eigenen Einsatzpläne erstellen können, greifen aber dabei auf gemeinsame Projektressourcen zu. Üblicherweise implementiert man so etwas als eine Client-Server-Lösung, bei der die gemeinsamen Ressourcen auf dem Server verwaltet werden. Hier verlangen wir aber zusätzlich noch, dass der Zugriff auf den Projektplan auch dann gewährleistet bleibt, wenn keine Verbindung zum Server besteht. Benutzer sollen auch dann in der Lage sein, ihre Termine zu planen und globale Ressourcen zu reservieren.

Eine typische Situation also für eine Rich-Client-Applikation. Die Anwendungslogik des Projektplaners muss in der Tat bei jedem Klienten vorhanden sein. Auch die Daten müssen lokal vorhanden sein, müssen jedoch – wenn immer möglich – mit dem Server abgestimmt werden. Bestehen Konflikte (z.B. wenn zwei Benutzer unabhängig voneinander die gleiche Ressource im gleichen Zeitraum belegt hatten), so müssen diese Konflikte aufgelöst werden.

*Anforderungsanalyse*

Stellen wir also zunächst die Anforderungen an unseren Projektplaner zusammen:

- Benutzer erstellen individuelle Projektpläne.
- Projektpläne bestehen aus individuellen Aufgaben, wobei die Zeitplanung einer gegebenen Aufgabe von anderen Aufgaben abhängen kann.
- Aufgaben können globale Ressourcen benötigen, die Zeitplanung für Aufgaben hängt von der Auslastung der benötigten Ressourcen ab.
- Die Verwaltung der globalen Ressourcen soll auf einem Server durchgeführt werden. Dabei soll es jedoch möglich sein, Planungen offline durchzuführen und später bei bestehender Verbindung mit dem Server zu synchronisieren.
- Der Projektplaner soll die Möglichkeit der Kostenrechnung bieten. Es soll möglich sein, die Kostenrechnung in Form einer Tabellenkalkulation zu exportieren. Bearbeitungsmöglichkeiten für die so erzeugte Tabellenkalkulation sollen angeboten werden.
- Client-Implementierungen sollen vier Benutzerrollen berücksichtigen, wobei ein konkreter Benutzer in mehreren Rollen agieren kann:
    - Planer: Planer können Aufgaben definieren und Projektpläne erstellen.
    - Supervisor: Der Supervisor kann Ressourcen anlegen und verwalten.
    - Controller: Der Controller kann die generierten Tabellenkalkulationen bearbeiten.
    - Administrator: Der Administrator verwaltet die Benutzerkonten und spielt neue Softwareversionen ein.

  Die einzelnen Rollen sollen auf der Benutzeroberfläche verschiedene, den jeweiligen Aufgaben angemessene Perspektiven erhalten.
- Softwareaktualisierungen sollen weitestgehend unbedient erfolgen.
- Die Konfiguration der Anwendung sollte aus Gründen der Wartbarkeit weit gehend skriptgesteuert erfolgen.

## 2.2 Das Datenmodell

Nach der Anforderungsanalyse beginnt die Erstellung der Anwendung mit der Formulierung eines konzeptuellen Modells. Ein solches Modell beschreibt die Grobstruktur der Anwendung, bevor Implementierungsdetails festgelegt werden.

### 2.2.1 Der Modellierer

Wir verwenden hier das konzeptuelle Modellierungswerkzeug KLEEN, das als Eclipse-Plugin zur Verfügung steht, und an dessen Entwicklung der Autor dieses Buches nicht ganz unbeteiligt war. Die von KLEEN verwendete Modellierungsmethode AOM (*Asset oriented Modeling*) ähnelt den in der Datenbankmodellierung gebräuchlichen Entity-Relationship-Diagrammen (ERD), verzichtet jedoch auf die Unterscheidung zwischen Entities und Relationships, sondern subsumiert beide Begriffe unter dem Begriff *Asset*.

Was sich zunächst als zusätzliche Arbeit darstellt – die Erstellung eines konzeptuellen Modells –, erweist sich später als Arbeitserleichterung, denn KLEEN kann direkt aus dem konzeptuellen Modell heraus u.a. Java-Klassen, SQL-Tabellendefinitionen und Hibernate-Mapping-Dateien generieren.

Zunächst müssen wir aber erst einmal KLEEN installieren. Dazu rufen Sie *Help>Software Updates>Find and Install>Search for new features to install* auf. Unter *New Remote Site...* legen Sie einen Eintrag auf `http://www.aoModeling.org/KLEENupdate` an. Anschließend markieren Sie diesen Eintrag und setzen die Installation fort. Nach einem Neustart von Eclipse öffnen Sie dann die Perspektive *AOM-Java* und erzeugen mit einem Klick auf die Werkzeugtaste *Create new AOM project* ein neues Projekt namens `planner`.

### 2.2.2 Das erste Modell

Anschließend können Sie mit Hilfe der Werkzeugtaste *Create new Model File* ein neues Modell erzeugen, welches den Namen `planner.aom` erhält. Auf der Wizard-Seite *Model Features* werden noch einige Angaben benötigt:

- Unter *Default Namespace* tragen Sie eine eindeutige URL ein, welche das Modell identifiziert. Für das Modell in diesem Buch wurde die URL `http://www.bdaum.de/planner` gewählt.
- Unter *Default Typesystem* wählen Sie *AOM Java Typesystem*. So können Sie im Modell Java-Datentypen verwenden. Zwar unterstützt KLEEN auch das SQL-Typsystem und das leistungsfähigere XML-Schema-Typsystem, für die Zwecke dieses Beispiels ist aber das Java-Typsystem völlig ausreichend. Bei der Generierung von SQL-Tabellen erfolgt automatisch eine Konversion.
- Unter *Default Constraint Language* belassen Sie den Eintrag auf *XPath based constraint language*. So können Sie XPath-Ausdrücke für die Formulierung von Geschäftsregeln verwenden.

- Unter *Default Operation Vocabulary* belassen Sie den Eintrag auf *##local*. Dies erlaubt Ihnen später die unbeschränkte Definition von Operationen für Assets.
- Bei *Initial Content* kreuzen Sie *Nothing* an, um ein leeres Modell zu erzeugen.
- Den *Model Type* belassen Sie auf *Basic*.

Mit einem Klick auf *Finish* wird dann die Modelldatei erzeugt.

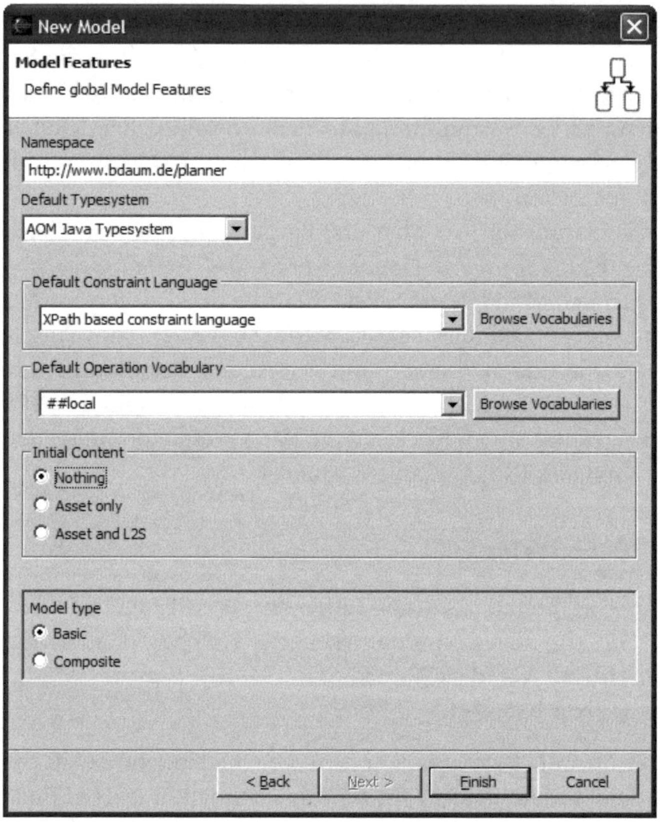


**Abb. 2–1** Beim Anlegen eines neuen Modells tragen wir das Java Typesystem als Standardtypsystem ein. Als Constraint-Sprache wird eine Untermenge von XPath verwendet.

Beim Erstellen des Modellinhaltes machen wir Gebrauch von *KleenTalk*, einer Methode, den Modellinhalt mittels (fast) natürlicher Sprache zu definieren. Dazu öffnen Sie den KleenTalk-View (*Window>Show View>KleenTalk*) und geben die unten angegebene Beschreibung in das untere Fenster dieses Views ein. Mit einem Klick auf die *Execute*-Taste des Views werden diese Eingaben verarbeitet. Sie können das Satz für Satz tun oder aber alle Sätze in einem Schritt verarbeiten. Die verarbeiteten Sätze werden im oberen Fenster protokolliert; gleichzeitig entsteht im Editorbereich das Diagramm des Modells.

*Modellbeschreibung*

```
--- Gemeinsame Eigenschaften aller Assets ---
Asset IdentifiedAsset features an id of String type and a
      description of String type.
IdentifiedAsset is identified by id.
IdentifiedAsset is abstract.
--- Ressource ---
A resource is an IdentifiedAsset.
A resource features a name of String type, a capacity of int type,
      a costPerHour of float type, and fixCostPerTask of float type.
A resource is constrained by: capacity > 0.
--- Projekt ---
A project is an IdentifiedAsset.
A project features a name of String type, an earliestDate of
      Date type, and fixCosts of float type.
A project can computeSchedule.
--- Task als Komponente von Projekt ---
A project has at least one task.
A task is an IdentifiedAsset.
A task features a name of String type, an earliestDate of
      Date type, a duration of int type, fixCosts of float
      type, and an actualDate of Date type.
A task is constrained by: duration > 0.
--- Beziehungen zwischen Tasks ----
A task as client requires a task as prerequisite.
Asset Requires is an IdentifiedAsset.
Requires features a rule out of SF or SS and a delay of int type.
--- Beziehungen zwischen Tasks und Ressourcen ----
A task as user utilizes a resource as used.
Utilizes is an IdentifiedAsset.
Utilizes features a workload of float type and an owner
      of String type.
Asset Utilizes is constrained by:
      workload > 0 and workload <= used/capacity.
```

Das sich so ergebende Modell beschreibt die wesentlichen Datenobjekte der Anwendung und die Beziehungen zwischen ihnen. Dieses Modell wäre schon vollständig ausreichend definiert, um relationale Datenbanktabellen erzeugen zu können. Für eine objektorientierte Implementierung fehlt jedoch noch die Beschreibung der Komponentenhierarchie, also die Beschreibung von Lebenszyklus-Abhängigkeiten zwischen den Datenobjekten. So brauchen die Tasks eines Projek-

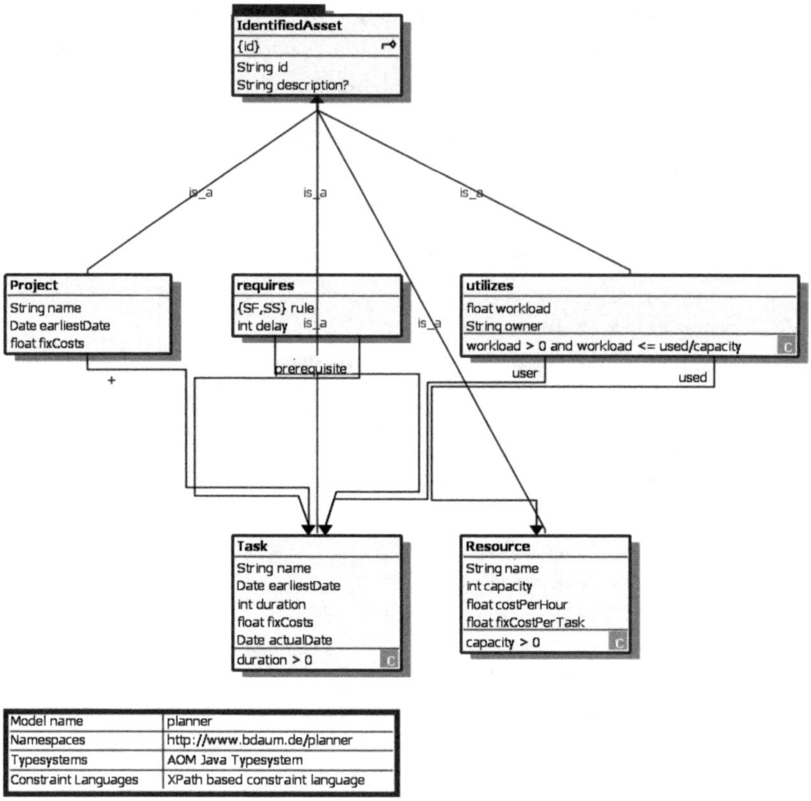


**Abb. 2–2** Das Datenmodell des Projektplaners. Projekte bestehen aus mindestens einem Task. Tasks können auf anderen Tasks aufbauen, was über die Beziehung »requires« beschrieben wird. Über die Beziehung »utilizes« können die Tasks Ressourcen belegen. Alle diese Assets beziehen sich mit einem »is_a«-Pfeil auf das abstrakte Asset »Identified-Asset« und erben damit dessen Eigenschaften. So verfügt dann jedes Asset über eine Identifikation (id), die auch als Schlüssel verwendet wird, über einen Namen (name) und über eine optionale Beschreibung (description).

tes nur so lange zu existieren, wie auch das Projekt existiert. Ebenso wird die Beschreibung der Vorbedingungen und der Ressourcenbelegung eines Tasks (in »requires« und »utilizes«) nur so lange benötigt, wie dieser Task existiert.

*Geschäftsobjekte*

AOM bietet für diesen Zweck so genannte Level2-Strukturen (*L2S*), die als Behälter für Geschäftsobjekte dienen können. Als Geschäftobjekte bezeichnen wir Datenkonglomerate, die einen unabhängigen Lebenszyklus besitzen. Das ist zweifellos für Projekte und Ressourcen der Fall. Wir können also schreiben:

```
--- Geschäftobjekte ---
Assets Project and Resource are business objects.
```

Im Kontext eines Projektes verhält sich ein Task wieder wie ein eigenständiges Geschäftsobjekt, das auch die Assets »requires« und »utilizes« enthält, welche ja – wie oben beschrieben – von einem Task abhängig sind:

```
Task is a business object in context Project.
Assets requires and utilizes belong to business object task.
```

Damit ist dann zwar die Containerhierarchie definiert, jedoch enthält das Modell nun Fehler. Die Assets »requires« und »utilizes« sind als Waisen (*Orphans*) gekennzeichnet, denn sie lassen sich vom identifizierenden Asset »Task« des Geschäftsobjektes »Task« nicht über die Pfeile erreichen. Das Problem kann durch das Umdrehen von Pfeilen gelöst werden – eine für AOM typische Operation. In KleenTalk geschieht das durch die Definition von Abhängigkeiten:

```
--- Pfeile umdrehen ---
Asset requires depends on task as client.
Asset utilizes depends on task.
```

Da vom Asset »requires« zwei Pfeile zum Asset »Task« laufen, muss hier bei der Definition der Abhängigkeit der umzudrehenden Pfeile über die Spezifikation des Rollennamens ausgewählt werden.

Damit ist die Definition des Datenmodells des Projektplaners abgeschlossen. Wir werden später bei der Implementierung darauf zurückkommen und KLEEN für die Generierung von Applikationscode verwenden.

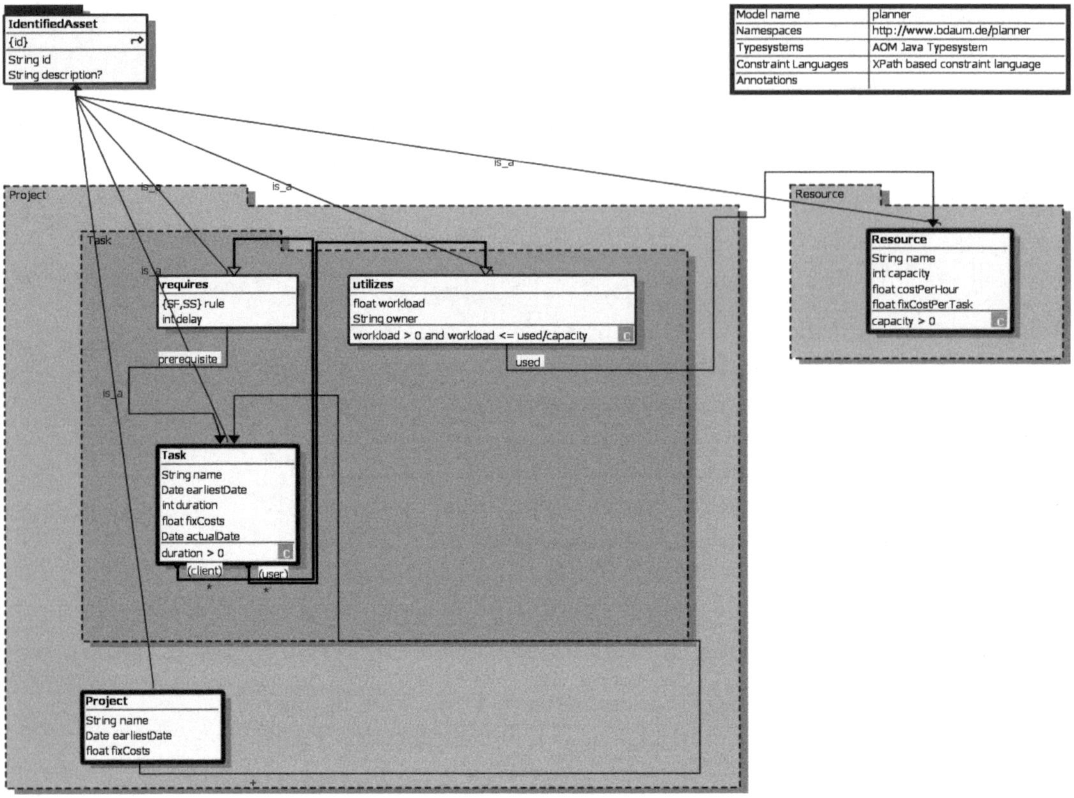


**Abb. 2–3** Das endgültige Datenmodell des Projektplaners. Die umgedrehten Pfeile sind stärker gezeichnet und besitzen eine reichere Semantik als einfache Pfeile, was von den KLEEN-Generatoren ausgewertet werden kann.

## 2.3 Die Benutzeroberfläche

Wie schon oben erwähnt, wollen wir für den Projektplaner verschiedene Benutzerrollen zulassen. Abhängig von der Benutzerrolle wollen wir dann den Zugriff auf bestimmte Inhalte des Datenmodells zulassen und verschiedene Werkzeuge bereitstellen. Dazu implementieren wir für jede Benutzerrolle eine eigene *Perspektive*. Perspektiven beschreiben sowohl das Layout der Workbench (also die Anwesenheit und Position von Views) als auch die in Menü- und Werkzeugleiste angebotenen Funktionen.

- Zunächst beginnt jeder Benutzer, der sich anmeldet, mit einem Log-in-Dialog, welcher die Eingabe von Benutzernamen und Passwort fordert. Die Eingaben werden dann gegen die Datenbank geprüft, und aus der Datenbank werden die Benutzerrollen (ein Benutzer kann in verschiedenen Rollen arbeiten) und die Anfangsperspektive ermittelt. Dann wird auf diese Perspektive umgeschaltet.

- Der *Administrator* besitzt Administratorrechte und darf den Benutzerbestand verändern. Seine Perspektive enthält zwei Views: den View für die Pflege des Benutzerbestands und einen View für den Eclipse-Error-Log, der über Systemfehler Auskunft gibt. Es empfiehlt sich, diese Rolle zuerst zu implementieren, um das Testen zu vereinfachen.
- Der *Supervisor* erhält Zugriff auf die Projektressourcen und kann Ressourcen löschen, editieren oder neue Ressourcen anlegen. Die Supervisor-Perspektive enthält einen einzigen View, welcher die Pflege des Ressourcenbestandes organisiert.
- Der *Taskplaner* erhält Zugriff auf die Projektstruktur und kann Projekte verändern, Tasks hinzufügen, bearbeiten oder löschen. Auch die Taskplaner-Perspektive enthält nur einen einzigen View, welcher die Pflege der Projektstrukturen organisiert.
- Der *Controller* erhält Zugriff auf das Projektverzeichnis und kann Tabellenkalkulationen aus Projekten heraus generieren. Die Controller-Perspektive enthält zwei Views, einen, der die vorhandenen Projekte auflistet, und einen, der die Tabellenkalkulation des ausgewählten Projektes anzeigt. Wir setzen in diesem View die OpenOffice-Tabellenkalkulation ein.

# 3 Plugin-Entwicklung

Wenn Sie in Eclipse neu sind, mögen Sie sich erstaunt fragen: Was soll Plugin-Entwicklung in einem Buch über Eclipse-Rich-Client-Plattform-Entwicklung? Sie wollen ja keine Plugins für die Eclipse-IDE schreiben, sondern eigenständige Anwendungen, die außerhalb von Eclipse eingesetzt werden können!

Doch in Eclipse funktioniert alles auf der Basis von Plugins. Der eigentliche Kern von Eclipse ist winzig klein und ist nur dafür zuständig, Plugins zum Ablauf zu bringen. Sämtliche Funktionalität, die Sie als Eclipse-Benutzer kennen, ist in Form von Plugins implementiert. Und daraus folgt, dass auch Module, die Sie im Rahmen Ihrer RCP-Anwendung verwenden möchten, in Form eines Plugins vorliegen. Auch ihre eigene Anwendungslogik müssen Sie in Form von Plugins implementieren, um sie in die Eclipse-RCP einbetten zu können. Und deshalb werden wir uns zunächst ein wenig mit Plugin-Entwicklung beschäftigen.

Bei der Erstellung von Eclipse-RCP-Anwendungen kann es auch durchaus sinnvoll sein, die erstellten Plugins zunächst nicht als eigenständige RCP-Anwendung zu testen, sondern den Test innerhalb einer Eclipse-IDE durchzuführen, denn die Eclipse-IDE ist bereits mit Komponenten für die Fehleranzeige und -analyse ausgerüstet.

## 3.1 Die Anatomie eines Plugins

Plugins werden in der Programmiersprache Java erstellt. So besteht denn in der Regel ein Plugin auch aus einem oder mehreren Java-Archiven, welche die benötigten Klassen enthalten. Zwingend erforderlich ist das nicht – es gibt auch Plugins, die deklarativen Charakter haben und keinerlei aktive Programme benötigen.

*Plugin-Manifest*
*plugin.xml*

Gefordert ist allerdings das Vorhandensein eines Plugin-Manifests. Das ist eine XML-Datei, die immer den Namen `plugin.xml` trägt. Diese Datei beschreibt die Konfiguration des jeweiligen Plugins und seine Integration in die Plattform. Wird die Eclipse-Plattform gestartet, werden für jedes installierte Plugin nur die Manifest-Dateien analysiert. Die Java-Klassen werden zu diesem Zeitpunkt in der Regel ignoriert. Nur wenn ausdrücklich verlangt, werden Java-Klassen des Plugins zum Startzeitpunkt instanziert.

*Erweiterungen*

Eine Hauptaufgabe der Plugin-Manifeste ist die Deklaration der *Extensions* und der *Extension Points*. Das englische Wort »Points« kann hier in seiner elektrischen Bedeutung verstanden werden: Ein *Extension Point* ist eine Erweiterungssteckdose, an die sich Plugins anschließen können. Die Eclipse-Plattform definiert bereits eine ganze Reihe solcher Steckdosen. Plugins, welche die Funktionalität der Plattform erweitern wollen, müssen im Plugin-Manifest *Extensions* (Erweiterungen) für diese *Extension Points* deklarieren. Zusätzlich dürfen (und sollten!) Plugins eigene *Extension Points* beitragen, die dann wieder von anderen Plugins als Steckdosen genutzt werden können.

Die meisten Plugins besitzen eine spezielle Java-Klasse, eine Unterklasse der Klasse `Plugin`, die den Lebenszyklus des Plugins verwaltet. Zwingend erforderlich ist auch diese Klasse nicht, doch größere Plugins benötigen in der Regel die Dienste einer solchen Klasse. Von dieser Klasse existiert immer nur eine einzige Instanz, und diese Instanz wird automatisch von Eclipse erzeugt, bevor irgendeine andere Klasse aus demselben Plugin aktiviert wird. Diese Automatik ist ein wesentlicher Bestandteil der Eclipse-Plugin-Architektur.

## 3.2 Eclipse und OSGi

Seit Version 3.0 benutzt die Eclipse-Plattform als Ablaufumgebung die Dienste des OSGi-Standards (*Open Service Gateway Initiative*). Der Zweck dieser Initiative ist die Standardisierung von Diensten, die auf lokalen Netzwerken und eingebetteten Geräten zum Einsatz kommen sollen. OSGi-konforme Dienste können auf OSGi-konformen Servern ausgeführt werden, z.B. auf IBMs *SMF Server* oder auf dem *Java Embedded Server* von Sun Microsystems. Java-Anwendungen werden auf einem solchen Server in Form so genannter *Bundles* eingesetzt. Bei der Eclipse-Plattform arbeitet der Eclipse-Ablaufkern als OSGi-Server. Obwohl in Eclipse Bundles und Plugins durch verschiedene Klassen repräsentiert werden, gibt es doch eine Eins-zu-eins-Entsprechung zwischen Bundles und Plugins. Der Vorteil von OSGi liegt unter anderem darin, dass *Hot Plugging* möglich ist, d.h., Bundles können installiert bzw. deinstalliert werden, ohne den Server neu starten zu müssen.

*OSGi-Manifest*

Alle Bundles müssen eine Instanz des Interfaces `BundleActivator` und eine OSGi-Manifest-Datei bereitstellen. Der `BundleActivator` registriert den jeweiligen Dienst in seiner `start()`-Methode mit dem OSGi-Server und meldet ihn in seiner `stop()`-Methode wieder vom Server ab. In Eclipse wird das von der abstrakten Klasse `Plugin` erledigt, die einen solchen `BundleActivator` implementiert. Das OSGi-Manifest wird notfalls von Eclipse bei Bedarf automatisch und für den Programmierer unsichtbar aus dem Plugin-Manifest generiert. Seit Eclipse 3.1 wird jedoch standardmäßig beim Anlegen eines neuen Plugins auch gleich ein OSGi-Manifest generiert. Dies hat den Vorteil, dass erstens feinere Export- und Importregeln für Java-Packages zwischen Plugins definiert werden können (das kann erheblichen Einfluss auf die Performanz haben) und zweitens das OSGi-Manifest nicht mehr zur Ablaufzeit generiert werden muss.

## 3.3 Der Eclipse-Classloader

Normalerweise braucht man sich um den *Java ClassLoader* in Eclipse nicht zu kümmern. Will man jedoch Fremdsoftware in Plugins integrieren, die ursprünglich nicht für den Betrieb unter Eclipse vorgesehen war, so kann man leicht an Probleme stoßen. Das liegt daran, dass Eclipse für jedes Plugin eine eigene `ClassLoader`-Instanz erzeugt. Damit wird erreicht, dass jedes Plugin einen eigenen Namensraum (*Classpath*) besitzt, also praktisch eine abgeschlossene kleine Welt darstellt. So können in Eclipse beliebige Plugins beliebiger Herkunft nebeneinander benutzt werden, sogar gleiche Plugins verschiedener Versionen nebeneinander betrieben werden, ohne dass es zu Konflikten kommt. Außerdem wird durch dieses Verfahren der Mechanismus zum Klassenladen wesentlich effektiver als beim Standard-Java.

*Classpath*

Zum Classpath eines Plugins gehören folgende Komponenten:

- Die Klassen des Plugins selbst.
- Fragmente, die zum Plugin gehören. (Fragmente sind Plugin-Bestandteile, die als selbstständige Projekte definiert werden.)
- Die exportierten Archive aller unmittelbar oder mittelbar importierten Plugins, also der Plugins, die unter *Dependencies* im Plugin-Manifest aufgeführt wurden, deren *Dependencies* usw. und deren Fragmente.

Nicht zum Classpath des Plugins gehören Klassen auf dem globalen Classpath des Ablaufsystems! Die sonst übliche Anweisung »Fügen Sie xxx.jar zum Classpath Ihres Systems hinzu« bewirkt für Eclipse und Eclipse-Rich-Client-Anwendungen zunächst überhaupt nichts. Am besten wird Fremdsoftware so in Eclipse integriert, dass sie in ein Plugin gekapselt und dann als Plugin in die Plattform eingebracht wird. Dabei kann es allerdings manchmal zu Überraschungen kommen:

- Verwendet die Fremdsoftware intern Aufrufe vom Typ `ClassLoader.getSystemClassLoader()`, so erhält sie den Standard-Classloader des JDK und damit einen anderen Namensraum als den des Plugins. Das ist z.B. der Fall, wenn Klassennamen in Konfigurationsdateien spezifiziert werden. Die jeweilige Anwendung benötigt dann expliziten Zugriff auf einen Classloader, um die Klasse zu laden. Hat man den Quelltext verfügbar, lassen sich solche Aufrufe abändern in `this.getClass().getClassLoader()`. Man erhält mit diesem Aufruf den Classloader des aktuellen Plugins.
- Erzeugt die Fremdsoftware Java-Klassen per *Java Reflection*, dann entstehen diese neuen Klassen im Namensraum des Plugins, das die Fremdsoftware enthält. Dies wird dann zum Problem, wenn Zugriff auf diese Klassen aus einem anderen Plugin benötigt wird. In Kapitel 14 zeige ich, wie ein solches Problem, das beim Einsatz von Hibernate auftrat, gelöst werden kann.

*Buddies*

Seit Eclipse 3.1 lässt sich allerdings der Namensraum eines Classloaders durch die Definition von *Buddies* erweitern. Damit lässt sich auch in vielen Fällen Fremdsoftware problemlos einbinden. Die Buddy-Technik verlangt allerdings eine manuelle Modifikation des OSGi-Manifests. Beschrieben ist das im Eclipse-Hilfesystem unter *Platform Plug-in Developer Guide>Reference>Other Reference>Third party libraries and classloading*. In den Abschnitten 14.1.3 und 14.2.1 sehen Sie ein Beispiel.

## 3.4 Die Kernklassen der Eclipse-Plattform

Der eigentliche Kern der Eclipse-Plattform ist sehr klein und beinhaltet nur die Funktionalität, die nötig ist, um Eclipse-Plugins in einer OSGi-Umgebung zum Ablauf zu bringen. Dazu kommen noch einige Interfaces und Klassen, die von übergreifender Bedeutung sind. Alle diese Interfaces und Klassen sind im Plugin `org.eclipse.core.runtime` enthalten. Zusammen mit den Plugins `org.eclipse.osgi` und `org.eclipse.core.commands` und `org.eclipse.core.expressions` gehört dieses Plugin zur absoluten Grundausrüstung einer jeden Eclipse-basierten Applikation.

### 3.4.1 Die Klasse Platform

Von zentraler Bedeutung ist die Klasse `Platform`. Die Klasse beinhaltet nur statische Methoden – Instanzen können nicht erzeugt werden. Sie verwaltet alle installierten Plugins, kümmert sich um die Zugriffsautorisierung zu Eclipse-Ressourcen und verwaltet das Eclipse-URL-Protokoll. Innerhalb von Eclipse benutzte URLs können mit einem Eclipse-spezifischen Präfix (z.B. `platform://`) verschen sein. Mit den Methoden `resolve()` und `asLocalURL()` können diese Protokolle in »echte« URLs aufgelöst werden.

Mittels der Methode `getLocation()` erfahren wir den Ort des Eclipse-Arbeitsverzeichnisses. Mit `getCommandLineArgs()` erfahren wir die Kommandozeilenoptionen, die beim Start der Eclipse-Plattform angegeben waren. So ist es uns möglich, über Kommandozeilenparameter auch Plugins zu steuern.

### 3.4.2 Die Klasse Plugin

Die Implementierung eines Eclipse-Plugins beginnt in der Regel mit der Definition des Plugin-Manifests und der Implementierung einer Unterklasse der abstrakten Klasse `Plugin`. Normalerweise wird eine solche Unterklasse automatisch erzeugt, wenn man ein neues Plugin-Projekt mit Hilfe des Eclipse-PDE (*Plugin Development Environment*) erzeugt. Wird ein Plugin aktiviert, so wird genau eine Instanz (*Singleton*) dieser Klasse erzeugt. Auf diese Instanz kann man mit Hilfe der statischen Methode `getDefault()` zugreifen.

Im Wesentlichen erlaubt die Klasse `Plugin` Zugriff auf die Plugin-spezifischen Benutzerpräferenzen und auf den OSGi-Kontext. Die Methoden `start()` und `stop()` werden bei der Aktivierung bzw. Deaktivierung des Plugins aufgerufen. In unserer Beispielanwendung werden wir diese Methoden verwenden, um eine Datenbank hochzufahren und auch wieder herunterzufahren. Mit der Methode `getPluginPreferences()` können die Benutzerpräferenzen des Plugins abgefragt werden. Interessant ist auch die Methode `find()`, mit der man den Installationsort einer Plugin-Komponente herausfinden kann. Dabei wird die Adresse jedoch als URL unter Verwendung eines internen Protokolls zurückgegeben und muss noch mit `Platform.resolve()` aufgelöst werden. Mit der Methode `openStream()` kann ein Eingabestrom auf eine solche Plugin-Komponente geöffnet werden.

*AbstractUIPlugin*

Für Plugins, die an der Benutzeroberfläche in Erscheinung treten, wird nicht die Klasse `Plugin` direkt erweitert, sondern deren Unterklasse `AbstractUIPlugin`. Diese Klasse stellt unter anderem die

Methode `getDialogSettings()` zur Verfügung, mit deren Hilfe man die Einstellungen aller persistenten Dialoge im Plugin erhalten kann. Auch sei die Methode `imageDescriptorFromPlugin()` erwähnt, mit deren Hilfe auf einfache Art Bilder geladen werden können.

### 3.4.3 Die Klasse Preferences

Die Klasse `Preferences` repräsentiert die Plugin-spezifischen Benutzereinstellungen (Präferenzen), wobei jeweils eine Instanz dieser Klasse alle Präferenzen eines Plugins enthält. Präferenzen sind Tripel, bestehend aus Namen, Wert und Vorbelegung. Bei Werten und Vorbelegungen werden mit entsprechenden `get...()`- und `setValue()`-Methoden die Datentypen `boolean`, `double`, `float`, `int`, `long` und `String` unterstützt. Änderungen an den Präferenzen können mit einem `IPropertyChangeListener` beobachtet werden.

Für die Vorbelegung der Präferenzen ist das Plugin selbst verantwortlich, während die eigentlichen Werte aus Benutzereingaben stammen. Diese Werte sind persistent, die Vorbelegung dagegen nicht – sie müssen immer wieder neu beim Start vom Plugin initialisiert werden. Dazu muss eine konkrete Unterklasse der Klasse `AbstractPreferenceInitializer` implementiert werden und über den Erweiterungspunkt `org.eclipse.core.runtime.preferences` der Plattform bekannt gemacht werden (siehe Abschnitt 3.5.4).

```
public class MyInitializer extends AbstractPreferenceInitializer {
  public void initializeDefaultPreferences() {
    // Zugriff auf Vorbelegungen erfolgt über das default-Scope
    IEclipsePreferences node =
                          new DefaultScope().getNode("my.plugin.id");
    node.put("Key1", "Value1");
    node.putInt("Key2", 42);
  }
}
```

Alternativ ist auch über die `AbstractUIPlugin`-Methode `getPreferenceStore()` Zugriff auf die Plugin-spezifische `IPreferenceStore`-Instanz möglich. Dort können dann mit `setDefault()` ebenfalls Vorbelegungen für Präferenzenwerte gesetzt werden.

### 3.4.4 Pfadangaben

Das Interface `IPath` und seine Standardimplementierung `Path` repräsentieren Pfadangaben für Ressourcen innerhalb und außerhalb des Eclipse-Workspace. Die Darstellung der Pfadangaben ist plattformunabhängig: Als Separator wird immer »/« verwendet. Auch die Angabe eines Geräts wie `c:` oder `server/disk1:` ist möglich. `IPath` und `Path` sind mit einer Vielzahl von Methoden ausgestattet, mit denen Pfadangaben ausgewertet, synthetisiert und modifiziert werden können.

### 3.4.5 Lang laufende Prozesse überwachen

Ebenfalls enthalten im Plugin `org.eclipse.core.runtime` ist ein Programmrahmen für die Überwachung lang laufender Prozesse. Dazu gehören: das Interface `IProgressMonitor` und die Klassen `NullProgressMonitor`, `ProgressMonitorWrapper` und `SubProgressMonitor`. `IProgressMonitor`-Instanzen werden von vielen Eclipse-Methoden übergeben bzw. angefordert, insbesondere, wenn eine Methode eine längere Zeit laufen kann. Mit der Methode `beginTask()` kann ein solches Objekt initialisiert werden. Mit `worked()` kann es nach Arbeitsschritten jeweils aktualisiert werden. Der Abschluss aller Arbeiten wird mit `done()` signalisiert. Mit `isCanceled()` kann abgefragt werden, ob der Prozess vom Benutzer oder von einer anderen Programmeinheit (über `cancel()`) abgebrochen wurde. Durch die Angabe eines `NullProgressMonitors` kann auf eine Visualisierung des Prozessfortschritts verzichtet werden. Will man jedoch einen Fortschrittsbalken zeigen, kann man auf zwei JFace-Klassen (siehe Abschnitt 9.2) zurückgreifen: `org.eclipse.jface.dialogs.ProgressMonitorDialog` und `org.eclipse.jface.wizard.ProgressMonitorPart`.

## 3.5 Plugins konfigurieren

Nachdem wir uns mit den grundlegenden Klassen in Eclipse vertraut gemacht haben, wenden wir uns nun der praktischen Erstellung von Eclipse-Plugins zu. Einer der großen Vorteile der Plugin-Entwicklung ist, dass Plugins meist sofort innerhalb der Eclipse-Workbench ablauffähig sind. In weniger als einer Minute hat man ein Standard-Plugin erstellt, das in einer zweiten Eclipse-Plattform (der Testplattform) oder sogar als Rich-Client-Anwendung sofort ausgetestet werden kann. Anschließend bringt man die eigene Logik als Änderungen am Plugin-Code an, und kann diese Änderungen mühelos immer wieder austesten.

### 3.5.1 Die Plugin-Development-Perspektive

Plugin-Entwicklung findet in der *Plug-in Development Perspective* statt, die Sie über die Taste *Open Perspective* auf der Perspektivenleiste öffnen können. Diese Perspektive ähnelt der Java-Perspektive, enthält jedoch weitere Views. Außerdem sind die verfügbaren Shortcuts speziell an die Aufgaben der Plugin-Entwicklung angepasst.

### 3.5.2 Ein Plugin-Projekt anlegen

Eine der speziellen Erleichterungen dieser Perspektive ist der Shortcut *Project>Plug-in Project* für das Anlegen eines neuen Plugin-Entwicklungsprojekts, den Sie unter dem Pfeil rechts vom *New*-Button finden.

**Abb. 3–1** Nach einem Druck auf den New Plug-in Project Shortcut und der Eingabe des Projektnamens auf der ersten Seite des Wizards, erfolgt auf der nächsten Wizard-Seite die eigentliche Plugin-Konfiguration. Mit einem Druck auf die Next-Taste gelangt man dann zur Auswahl der Templates.

Mit Hilfe der im *New*-Wizard angebotenen Templates lassen sich beträchtliche Teile eines Plugins vorgenerieren. So gibt es Templates für Views, für Aktionen, für Editoren usw. Man spart sich dadurch nicht nur viel Tipparbeit, sondern vor allen Dingen die Suche nach den geeigneten Komponenten. Neu in Verson 3.1 ist die Möglichkeit, Komponenten einer RCP-Anwendung (sogar komplette RCP-Anwendungen) von Eclipse generieren zu lassen – in Eclipse 3.0 mussten diese Komponenten alle noch von Hand erstellt werden. In Kapitel 4 werden wir von diesen neuen Möglichkeiten Gebrauch machen.

*Beispiel*

Wir können hier schon einmal versuchsweise ein Plugin für unsere Beispielapplikation implementieren. Erzeugen Sie ein neues Plugin-Projekt namens `com.bdaum.planner.supervisor`. Auf der Seite *Plug-in Content* des *New*-Wizards vervollständigen Sie lediglich die Angaben für den *Plug-in Provider* und den Classpath (hier geben Sie den Namen des Archivs an, in das später die übersetzten Klassen aufgenommen werden) und betätigen die *Next*-Taste.

Auf der Seite *Templates* markieren Sie *Create a plug-in using one of the templates* und wählen *Plug-in with a view*. Auf der nächsten Seite kann nun der View konfiguriert werden. Unter *View Class Name* tragen Sie `ResourceView` ein, unter *View Name* nur »Resources«, denn der Supervisor ist für Projektressourcen zuständig. Unter *View Category ID* tragen Sie `com.bdaum.planner.viewCategory` ein, unter *View Category Name* den Wert »Project Planner«. Diese Angaben werden benutzt, um den View im Menüpunkt *Window>Show View* in die Gruppe *Project Planner* einzuordnen. Entfernen Sie außerdem das Häkchen von *Add the view to the resource perspective*, denn in der geplanten Rich-Client-Anwendung haben wir keine Ressourcenperspektive. Auf der nächsten Seite entfernen Sie außerdem das Häkchen von *Add double-click support*. Nach einem Druck auf die *Finish*-Taste wird das neue Plugin generiert.

*Ausführen*

Ein neues Plugin kann in der Regel sofort mit *Run>Run as...>Eclipse Application* getestet werden. Eclipse startet dann eine zweite Eclipse-Plattform, in der das Plugin aktiv ist. In dieser zweiten Plattform kann das Plugin ausprobiert werden, eventuelle Testausgaben erscheinen im *Console*-View (evtl. mit *Window>Show View* öffnen) der ersten Plattform. Auch die Fehlersuche ist auf diese Weise möglich: Mit *Debug>Debug as...> Eclipse Application* wird eine Testplattform im Debug-Modus gestartet. Die Kontrolle des Debug-Prozesses (Haltepunkte setzen, schrittweise Ausführung) erfolgt dann von der ersten Plattform aus. In vielen Fällen ist es sogar möglich, in der ersten Plattform Änderungen am Code anzubringen, die sofort in der zweiten Plattform getestet werden können, ohne diese neu starten zu müssen (*Hot Swap*).

Wenn Sie nun auf diese Weise das oben erzeugte neue Plugin testen wollen, sehen Sie zunächst nichts, denn der neue View ist noch geschlossen. Nach dem Start der Test-Plattform rufen Sie zunächst die Funktion *Window>Show View>Other>Project Planner>Supervisor* auf, und der neue View wird sichtbar.

### 3.5.3 Das Plugin-Manifest

Doch kehren wir zur Entwicklungsplattform zurück. Hier sehen wir bereits den geöffneten Manifest-Editor mit der Übersichtsseite. Der Manifest-Editor stellt eine gemeinsame Sicht auf die Manifest-Dateien *MANIFEST.MF* (das OSGi-Manifest), `plugin.xml` (das Plugin-Manifest) und die Konfigurationsdatei für den Build-Prozess `build.proper-`

`ties` her. Er gestattet das komfortable Editieren dieser Dateien und den gelegentlichen Blick auf deren Quellcode.

Der Editor stellt die Informationen dieser Dateien auf verschiedenen Karteikarten zusammen:

### Die Karteikarte *Overview*

Diese Karteikarte zeigt eine zusammenfassende Übersicht über die wesentlichsten Eigenschaften des Plugins. Daneben dient sie als zentraler Anlaufpunkt für das Testen und die Auslieferung des Plugins. Mit den Hyperlinks in der Rubrik *Testing* kann eine Testplattform im Run- oder Debug-Modus gestartet werden. In der Rubrik *Exporting* kann bestimmt werden, was ins Auslieferungsarchiv geht. Außerdem kann der *Export Wizard* gestartet werden, der dann das Plugin in eine geeignete Auslieferungsform verpackt.

Die Angaben auf dieser Karteikarte werden im OSGi-Manifest abgelegt.

### Die Karteikarte *Dependencies*

Hier werden alle Plugins aufgezählt, die zum Ablauf des aktuellen Plugins notwendig sind. Mit der *Add*-Taste können leicht weitere Plugins zur Liste hinzugefügt werden. Tatsächlich stehen dann in der weiteren Plugin-Entwicklung nur die in den auf dieser Seite genannten Plugins (oder rekursiv von diesen Plugins als Dependencies angegebene Plugins) zur Verfügung: Nur Klassen, Interfaces und Erweiterungspunkte aus diesen Plugins sind sichtbar.

Die Angaben auf dieser Karteikarte werden im OSGi-Manifest abgelegt.

### Die Karteikarte *Runtime*

Auf dieser Seite werden im Abschnitt *Classpath* die Java-Archive (JAR-Dateien) deklariert, welche die Binärdateien des Plugins enthalten.

Im Abschnitt *Exported Packages* kann bestimmt werden, welche Packages für andere Plugins sichtbar sein sollen. Hier ist ein guter Ort, um eine Anwendung zu tunen: Je weniger Packages hier deklariert sind, umso weniger Packages müssen später vom Classloader durchsucht werden.

Im Abschnitt *Plugin Package Visibility* kann schließlich ganz genau bestimmt werden, ob ein Package für alle anderen Plugins sichtbar ist oder nur für bestimmte, ausgewählte Plugins.

Die Angaben auf dieser Karteikarte werden im OSGi-Manifest abgelegt.

### Die Karteikarte *Extensions*

Diese Karteikarte bietet einen Überblick über die vom Plugin genutzten Erweiterungspunkte. (Eine Übersicht über die wichtigsten Erweiterungspunkte im Rahmen einer RCP-Entwicklung zeigen wir in Abschnitt 3.5.4.) Mit der *Add*-Taste können dem Plugin bequem neue Funktionalitäten wie Editoren, Views, Menüpunkte oder Werkzeuge hinzugefügt werden. Dabei stehen nur Erweiterungspunkte aus den in *Dependencies* genannten oder von diesen abhängigen Plugins zur Verfügung.

Erweiterungspunkte werden mit Hilfe von *Extension Point Schemas* beschrieben. Diese Schemata steuern das Ausfüllen der Parameter für einen gegebenen Erweiterungspunkt. Oft stehen auch Templates für Erweiterungspunkte zur Verfügung, mit denen große Teile der neuen Erweiterung generiert werden können.

Als Beispiel zeigen wir hier kurz die Erweiterung für das Anlegen einer neuen Perspektive: *Beispiel*

1. Nach einem Druck auf die *Add*-Taste wählt man den Erweiterungspunkt `org.eclipse.ui.perspectives` aus.
2. Die neue Erweiterung wird selektiert. Mit einem rechten Mausklick wählt man *new>perspective* aus dem Kontextmenü.
3. Rechts, in der Detailansicht, wird unter *id* der Wert *com.bdaum.planner.supervisor.perspective* als Identifikation der neuen Perspektive eingetragen. Unter *name* wird »Supervisor« eingetragen, und unter *class* der vollständige Name der Perspektivenfabrik (`com.bdaum.planner.supervisor.Perspective`). Mit einem Klick auf den *class*-Bezeichner kann man zu dieser Klasse navigieren oder, falls diese noch nicht existiert, einen Klassenrumpf erzeugen, der noch vervollständigt werden muss. Wahlweise kann unter *icon* der Pfad eines Icons angegeben werden, welches die neue Perspektive visuell repräsentiert. Schließlich wird noch im Eintrag *fixed* der Wert `true` gewählt. Damit wird verhindert, dass der Anwender die Perspektive verändern kann.

Die Angaben auf dieser Karteikarte werden im Plugin-Manifest abgelegt.

### Die Karteikarte *Extension Points*

Soll die Funktionalität eines Plugins durch andere Plugins erweitert werden können, so muss das Plugin im Abschnitt *Extension Points* eigene Erweiterungspunkte definieren. Dabei werden drei Angaben benötigt:

- Mit der *Extension Point ID* wird eine im Plugin eindeutige Identifikation angegeben. Andere Plugins können diesen Erweiterungspunkt mit der voll qualifizierten Identifikation (also mit vorangestellter Plugin-Identifikation) ansprechen.
- Unter *Extension Point Name* wird der Name des Erweiterungspunkts im Klartext angegeben.
- Unter *Extension Point Schema* wird auf das zu dem Erweiterungspunkt gehörige Schema (siehe oben) verwiesen.

Nach diesen drei Angaben kann der Schema-Editor für das angegebene Schema gestartet werden. In Abschnitt 3.5.5 gehen wir detailliert auf diesen Editor ein. In Abschnitt 19.5.2 zeigen wir ein Beispiel für die Definition eines Erweiterungspunktes.

Die Angaben auf dieser Karteikarte werden im Plugin-Manifest abgelegt.

#### Die Karteikarte *MANIFEST.MF*

Hier befindet sich der Quelltext des OSGi-Manifests. Normalerweise braucht man den Quelltext nicht manuell zu verändern.

#### Die Karteikarte *plugin.xml*

Hier befindet sich der Quelltext des Plugin-Manifests. Normalerweise braucht man den Quelltext nicht manuell verändern.

#### Die Karteikarten *Build* und *build.properties*

Hier wird definiert, welche Komponenten in den Build-Prozess und damit in die Auslieferung aufgenommen werden sollen. In Abschnitt 6.1 gehen wir genauer auf den Build-Prozess ein. Die Angaben auf dieser Karteikarte werden in Datei `build.properties` abgelegt. Der Quelltext dieser Datei findet sich auf der Karteikarte *build.properties*.

### 3.5.4 Wichtige Erweiterungspunkte

Wie schon erwähnt, stehen alle Komponenten der Eclipse-Plattform als Plugins zur Verfügung. Über deren Erweiterungspunkte kann diese Funktionalität in eigenen Plugins genutzt werden bzw. eigene Plugins können die Funktionalität dieser Plugins erweitern.

Unter *Platform Developer Guide>Reference>Extension Points Reference* der Eclipse-Hilfe findet man alle im SDK verfügbaren Erweiterungspunkte ausführlich beschrieben. In der folgenden Aufstellung haben wir die wichtigsten Erweiterungspunkte für die RCP-Entwicklung aufgelistet:

- **~.core.runtime.applications**
  Mit dieser Erweiterung können Eintrittspunkte für eine RCP-Anwendung definiert werden. (Auch die Eclipse-IDE ist eine RCP-Anwendung.) Die Angabe eines Eintrittspunktes erfolgt im Element `application/run` im Attribut `class` und muss eine Klasse des Typs `IPlatformRunnable` spezifizieren. Zusätzlich können im `run`-Element noch `parameter`-Kindelemente angegeben werden, die dem `IPlatformRunnable` zugestellt werden.
- **~.core.runtime.preferences**
  Mit diesem Erweiterungspunkt können *Scopes* und *Initialisierer* für die Plugin-Präferenzen definiert werden. Scopes definieren den Gültigkeitsbereich von Präferenzenwerten. Bereits vordefiniert sind die Scopes *configuration* (System), *instance* (Benutzer) und *default* (Vorbelegung). Mit dem Initialisierer können die Präferenzenwerte eines bestimmten Scopes gesetzt werden. Normalerweise wird dies das *default*-Scope für die Vorbelegungen sein.
- **~.core.runtime.products**
  Mit dieser Erweiterung kann eine RCP-Anwendung als Produkt konfiguriert werden. Wir diskutieren diesen Erweiterungspunkt ausführlich in Kapitel 5.
- **~.help.contexts, ~.help.toc, ~.help.base.browser, ~.help.base.luceneAnalyzer** und **~.help.contentProducer.**
  Mit `contexts` wird kontextabhängige Hilfe für das aktuelle Plugin definiert. `toc` ordnet dem aktuellen Plugin ein Hilfe-Inhaltsverzeichnis zu. Das `toc`-Attribut `primary="true"` besagt, dass es sich hier um ein eigenständiges Inhaltsverzeichnis handelt und nicht um eines, das in andere Inhaltsverzeichnisse eingebettet werden soll. Im Attribut `extradir` kann der relative Pfad eines Verzeichnisses angegeben werden, in dem solche Hilfeseiten abgelegt sind, die nicht im Inhaltsverzeichnis erscheinen, aber trotzdem indiziert werden sollen.

  Für die Indizierung von Hilfetexten verwendet Eclipse die Lucene-Engine von Apache. Mit `luceneAnalyzer` kann ein Textanalyseprogramm für Lucene festgelegt werden. Mit dem Erweiterungspunkt `browser` kann ein Browser für die Anzeige von HTML-Hilfetexten festgelegt werden. Mit `contentProducer` werden auch dynamische Hilfeinhalte, die erst zur Ablaufzeit erzeugt werden, unterstützt.
- **~.ui.helpSupport**
  Dieser Erweiterungspunkt definiert die verwendete Benutzeroberfläche für das Hilfesystem. Standardmäßig ist das die Klasse `DefaultHelpUI`, durch entsprechende Angaben können jedoch auch eigene Unterklassen von `AbstractHelpUI` eingebracht werden.

- **~.ui.actionSets** und **~.ui.actionSetPartAssociations**
  actionSets definieren Aktionen und Aktionsgruppen. Eine *Action* ist in Eclipse eine abstrakte Benutzeraktion, die verschiedene Erscheinungsformen annehmen kann, wie Menüs, Menüpunkte oder Werkzeuge auf der Werkzeugleiste (siehe Abschnitt 9.2.6). Benutzer können (über *Window>Customize Perspective>Commands*) Aktionsgruppen aktivieren oder deaktivieren. Bei der Deklaration einer Aktion generiert Eclipse eine IActionDelegate, der die dynamisch zum Ablaufzeitpunkt von der Workbench erzeugte IAction-Instanz vertritt.

  actionSetPartAssociations können Aktionsgruppen ausgewählten Komponenten der Workbench zuordnen. Ist die Komponente nicht mehr aktiv, verschwinden die entsprechenden Aktionen automatisch aus Menü und Werkzeugleiste.
- **~.ui.cheatsheets.cheatSheetContent** und **~.ui.cheatsheets.cheatSheetItemExtension**
  Mit cheatSheetContent können Spickzettel (*Cheat Sheets*) deklariert werden, die dann vom Endbenutzer unter *Help>Cheat Sheets...* aufgerufen werden können (siehe Abschnitt 3.6.12). *Cheat Sheets* eignen sich besonders für die Implementierung von Tutorien und gehören mit zur Teachware, die mit einer Applikation ausgeliefert werden sollte. Mit der Erweiterung cheatSheetItemExtension können zusätzliche GUI-Elemente für *Cheat Sheets* definiert werden.
- **~.ui.commands**
  Unter einem Kommando versteht Eclipse ein abstraktes Benutzerkommando ohne definierte Semantik. Jedem Kommando (command) können ein oder mehrere Tastenkürzel zugeordnet werden (keyBinding). Viele Tastenzuordnungen sind bereits im Manifest des Plugins org.eclipse.ui vordefiniert. Die Zuordnung einzelner Kommandos zu Aktionen (siehe oben) erfolgt über das id-Attribut des Kommandos, welches mit der definitionID der zugehörigen Aktion identisch sein muss.

  Der Gültigkeitsbereich einer solchen Zuordnung kann eingeschränkt werden, wobei Plugins neben den vordefinierten Bereichen (global, Texteditor, Java-Editor) auch eigene Gültigkeitsbereiche (scope) spezifizieren können.

  Tastenzuordnungen können spezifisch für eine bestimmte Konfiguration getroffen werden. Dabei können neben den vordefinierten Konfigurationen (Standard, Emacs) auch eigene Tastenkonfigurationen (keyConfiguration) definiert werden.

Schließlich können einzelne Kommandos bestehenden oder neuen Kategorien (`category`) zugeordnet werden, um sie auf den entsprechenden Präferenzseiten (*Window>Preferences>Workbench>Keys*) entsprechend zu gruppieren.

- **~.ui.dropActions**
  Der Erweiterungspunkt `dropActions` definiert mögliche Drag& Drop-Aktionen zwischen Komponenten der Workbench. Durch Definition einer `dropAction` und der zugehörigen Implementierung eines `IDropActionDelegate` können bestehende Komponenten zu Datensenken umfunktioniert werden. Als generisches Übermittlungsformat kommen dabei `PluginTransferData`-Instanzen mit dem Transfertyp `PluginTransfer` in Frage (siehe auch Abschnitt 9.1.10). Einzelheiten zu diesem Thema findet man in [Arthorne2003].
- **~.ui.editors** und **~.ui.editorActions**
  Der Erweiterungspunkt `editors` liefert neue Editoren für die Workbench. Dabei kann auf eine Standard-Texteditor-Implementierung zurückgegriffen werden. Dieser Erweiterungspunkt kann auch benutzt werden, um externe Editoren zu starten.
  Mit `editorActions` können weitere Aktionen (siehe oben) zu bestehenden Editoren hinzugefügt werden.
- **~.ui.editors.templates**
  Mit diesem Erweiterungspunkt können Vorlagen (Templates) zu Editoren hinzugefügt werden.
- **~.ui.exportWizards** und **~.ui.importWizards**
  Mit diesen Erweiterungspunkten können neue Wahlmöglichkeiten in die Import- und Export-Wizards eingeführt werden.
- **~.ui.intro**
  Dieser Erweiterungspunkt definiert in seinen `intro`-Elementen Verweise auf Klassen, die für den Aufbau und die Verwaltung des Eclipse-Willkommensschirms zuständig sind. Diese Klassen müssen die Klasse `IntroPart` erweitern. Es sind mehrere solcher `intro`-Elemente möglich, um Produktvarianten zu unterstützen. In `introProductBinding`-Elementen können die `intro`-Elemente verschiedenen Produkt-Identifikationen (siehe oben) zugeordnet werden.
- **~.ui.intro.config**
  Dieser Erweiterungspunkt definiert in seinem `config`-Element den Pfad der Intro-Datei, wenn im Erweiterungspunkt `org.eclipse.ui.intro` die Klasse `CustomizableIntroPart` als `intro`-Element angegeben wurde. Jedes config-Element enthält ein `presentation`-Kindelement, welches die möglichen Implementierungen (`implementation`) der Willkommensseite und optional den Inhalt der LaunchBar (`launchBar`) definiert. (Die LaunchBar erscheint seitlich in der Workbench, wenn die Willkommensseite geschlossen wird.) `imple-`

mentation-Kindelemente sind mehrere möglich, für jede Ablauf-Plattform eines. Dabei kann abhängig von der Plattform gewählt werden, ob die Willkommensseite mit Hilfe eines HTML-Browsers (kind=html) oder mit Hilfe des Forms API (kind=swt) abgebildet werden soll, denn nicht auf jeder Plattform steht ein HTML-Browser zur Verfügung. Außerdem kann unter style ein CSS-Stylesheet angegeben werden.

- **~.ui.newWizards**
  Mit diesem Erweiterungspunkt können neue Wahlmöglichkeiten in den *New*-Wizard eingeführt werden. Dabei besteht die Möglichkeit, sowohl mit Hilfe eines category-Kindelements neue Wizard-Kategorien zu definieren, als auch mit Hilfe eines wizard-Kindelements neue Wizards zu bestehenden Kategorien hinzuzufügen. Die Implementierung des Wizards wird dabei im Attribut class angegeben und muss dem Interface INewWizard folgen (siehe Abschnitt 3.6.9).
- **~.ui.perspectives** und **~.ui.perspectiveExtensions**
  Mit dem Erweiterungspunkt perspectives können neue Perspektiven in die Workbench eingebracht werden. Die angegebene Klasse erzeugt das anfängliche Layout der Perspektive. Mit perspectiveExtensions lassen sich bereits vorhandene Perspektiven mit weiteren Komponenten anreichern.
- **~.ui.popupMenus**
  Mit diesem Erweiterungspunkt können bereits vorhandenen Kontextmenüs weitere Menüpunkte hinzugefügt werden.
- **~.ui.preferencePages**
  Mit diesem Erweiterungspunkt können dem Präferenzenbaum der Workbench neue Seiten hinzugefügt werden. Für jede Präferenzenseite wird ein page-Element hinzugefügt. Im Attribut class wird der Klassenname der jeweiligen PreferencePage angegeben.
- **~.ui.startup**
  Mit diesem Erweiterungspunkt kann man veranlassen, dass ein Plugin bereits beim Start der Plattform aktiviert wird.
- **~.ui.themes**
  Mit diesem Erweiterungspunkt kann das Erscheinungsbild der Plattform beeinflusst werden. Insbesondere können die vorgegebenen Farben und Schriftarten für verschiedene Einsatzarten (Text, Hintergrund etc.) abgeändert werden.
- **~.ui.views** und **~.ui.viewActions**
  Mit dem Erweiterungspunkt views können neue Views in die Workbench eingeführt werden. Mit viewActions kann man neue Aktionen (siehe oben) zu bereits bestehenden Views hinzufügen.

### 3.5.5 Der Schema-Editor

Für die Definition von Schemata eigener, neuer Erweiterungspunkte verwendet Eclipse einen Dialekt der W3C-Sprache *XML Schema*. Die Schemadateien haben die Dateierweiterung `.exsd`. Allerdings brauchen Sie zum Erstellen von Schemata nicht XML Schema zu lernen, denn Eclipse stellt einen Schema-Editor zur Verfügung, mit dem beliebig komplexe Beschreibungen von Erweiterungspunkten angefertigt werden können. In Abschnitt 19.5.2 zeigen wir die Anwendung des Schema-Editors.

Ein Schema besteht zunächst aus so genannten Elementen, die im linken Bereich des Editors definiert werden. Dabei kann jedem Element eine beliebige Zahl von Attributen zugeordnet werden. Die Eigenschaften dieser Elemente und Attribute können im *Properties*-View editiert werden. In einer Strukturbeschreibung auf der rechten Seite des Editors werden dann die Elemente zu einem Gesamtschema verknüpft.

#### Attribute

Bei den Attributen hat man die Wahl zwischen drei Arten (*Kind*):

- In Attributen der Art *java* wird später bei der Definition einer Erweiterung der Pfad einer Java-Klasse spezifiziert. In der Eigenschaft *BasedOn* kann der vollständige Pfad eines Interfaces bzw. einer Superklasse angegeben werden. Eclipse kann später diese Information nutzen, um die Methodenrümpfe der spezifizierten Klasse vorzugenerieren.
- Ein Attribut der Art *resource* wird später den Pfad einer Ressource aus dem Eclipse-Workspace enthalten, z.B. ein Icon.
- Ein Attribut der Art *string* wird später eine Zeichenkette enthalten. Dabei sind zwei Ausprägungen (*Type*) möglich. Boolesche Attribute (*boolean*) können später nur die Werte »true« und »false« annehmen. String-Attribute (*string*) können dagegen jede beliebige Zeichenkette enthalten. Dabei kann allerdings der Wertebereich durch Angabe einer *Enumeration* unter *Restriction* eingeschränkt werden.

Unter *Use* kann angegeben werden, ob ein Attribut angegeben werden muss (*required*), oder ob die Angabe optional ist. Außerdem kann unter *Value* eine Vorbelegung angegeben werden, wenn unter *Use* zuvor der Wert *default* angegeben wurde. Schließlich kann noch unter *Translatable* angegeben werden, ob der Inhalt des Attributs in andere Sprachen übersetzt werden soll. Derzeit hat diese Eigenschaft informellen Charakter, für die Zukunft sind jedoch Werkzeuge für die Internationalisierung von Manifest-Dateien zu erwarten.

#### Schemastruktur

Jedes Schema muss am Ende aus einem einzigen Wurzelelement `extension` bestehen, von dem aus die anderen Elemente direkt oder indirekt zu erreichen sind. Die zusätzlich definierten Elemente müssen deshalb mit dem vorgenerierten `extension`-Element verknüpft werden. Dabei bestehen folgende Möglichkeiten:

- **Sequence.** Die Kindknoten werden in einer geordneten Liste organisiert.
- **All.** Die Kindknoten werden in einer ungeordneten Liste organisiert.
- **Choice.** Die Kindknoten werden als Alternativen betrachtet.
- **Group.** Dieser Konnektor entspricht nicht dem W3C-Standard und ist ziemlich überflüssig. *Sequence*, *All* und *Choice* genügen völlig zur Konstruktion eines Schemas.

Alle diese Konnektoren können nach Belieben geschachtelt werden. Zudem können für jeden Konnektor (und auch für einzelne Elemente) Wiederholungen spezifiziert mit Unter- (*minOccurs*) und Obergrenze (*maxOccurs*) angegeben werden. Ist die Anzahl der Wiederholungen nicht nach oben begrenzt, muss für *maxOccurs* der Wert *unbounded* angegeben werden.

#### Dokumentation

Für jedes Element und Attribut kann im *Description*-Feld eine Beschreibung eingegeben werden. Zusätzlich sollte auch das Gesamtschema ausführlich beschrieben werden. Mit einem Klick auf den *Documentation*-Reiter gelangt man auf die Dokumentationsseite, wo die Schemadokumentation – in verschiedene Abschnitte gegliedert – eingegeben werden kann.

Mit der Kontextfunktion (*Preview Reference Document*) erhält man die Vorschau auf ein aus dem Schema generiertes HTML-Dokument.

## 3.6 Die Benutzeroberfläche der Eclipse-Plattform

Die Benutzeroberfläche der Eclipse-Plattform besteht aus allen Plugins, die den Namensteil »ui« enthalten. Im Rahmen der Plugin-Entwicklung dürfen Sie die APIs aller Klassen aus Packages, die nicht den

Namensteil »internal« enthalten, verwenden. Für die RCP-Entwicklung sind in der Regel nur die Plugins interessant, die nicht den Namensteil »ide« enthalten.

### 3.6.1 Die Eclipse-Workbench

Zu den Komponenten der generischen Workbench gehört eine ganze Hierarchie von Texteditoren, auf die in eigenen Projekten zurückgegriffen werden kann. Auch gibt es einige vordefinierte Views, die von Interesse sind. Dazu kommen weitere Komponenten wie die Benutzeroberfläche für die Präferenzen oder der *New*-Wizard. Außerdem gibt es einige zentrale Ereignismechanismen und Dienste, mit denen die Komponenten einer Workbench koordiniert werden können.

*Adaptables*

Alle konkreten Workbench-Komponenten implementieren das `IAdaptable`-Interface mit der Methode `getAdapter()`, einer Factory-Methode, die aus einer spezifizierten Klasse (einer `Class`-Instanz) eine Instanz dieser Klasse erzeugen kann. Über `getAdapter()` kann man jede Workbench-Komponente fragen, ob sie einen speziellen Dienst (z.B. Finden und Ersetzen) unterstützt. Wenn ja, gibt sie den entsprechenden Dienst als Instanz der spezifizierten Klasse zurück. Wenn nein, wird `null` zurückgegeben.

### 3.6.2 Die Architektur der Workbench

Die Eclipse-Workbench wird durch eine `IWorkbench`-Instanz repräsentiert (siehe Abb. 3–2). Dies ist das Wurzelobjekt für die gesamte Eclipse-Benutzeroberfläche. Man erhält diese Instanz durch Aufruf der statischen Methode `PlatformUI.getWorkbench()`.

*Fenster*

Die Workbench kann aus einem oder mehreren Workbench-Fenstern (`IWorkbenchWindow`) bestehen. Jedes dieser Fenster kann verschiedene Seiten (`IWorkbenchPage`) besitzen, die an der Benutzeroberfläche als Perspektiven in Erscheinung treten. Die Fenster erhält man von der `IWorkbench`-Instanz mit `getWorkbenchWindows()`, die Seiten von einer `IWorkbenchWindow`-Instanz mit Hilfe der Methode `getPages()`. Mit `getActiveWorkbenchWindow()` bzw. `getActivePage()` erhält man das gerade aktive Fenster bzw. die gerade aktive Perspektive.

*Seiten*

Jede Workbench-Seite beinhaltet Workbench-Komponenten (`IWorkbenchPart`). Dies sind entweder Editoren oder Views. Mit Hilfe der Methode `getEditorReferences()` erhält man Verweise auf alle auf der Seite verfügbaren Editoren, mit `getActiveEditor()`den gerade aktiven Editor und mit `getDirtyEditors()` die Editoren, deren Inhalt gesichert werden muss. Mit `openEditor()` kann ein Editor geöffnet wer-

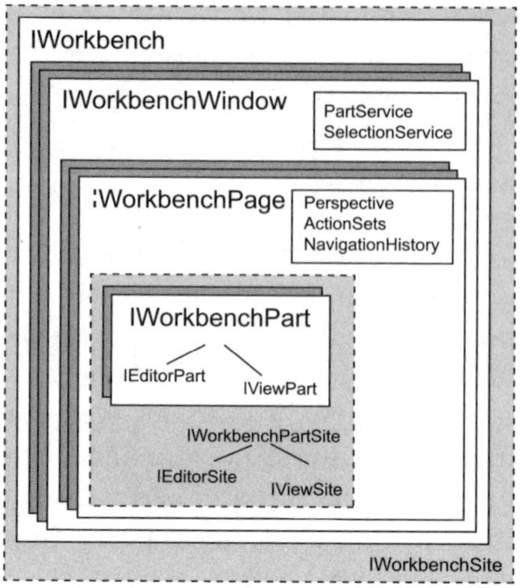


**Abb. 3–2** Die Eclipse-Workbench hat eine klare hierarchische Struktur. Auf der höchsten Ebene befindet sich die IWorkbench-Instanz, die unterste Ebene wird von den verschiedenen Workbench-Komponenten (IWorkbenchPart) wie Editoren oder Views gebildet. I...Site-Instanzen erlauben den Zugriff auf die Manifest-Deklarationen und andere Informationen der Ablaufumgebung.

den, mit `closeEditor()` oder `closeAllEditors()` werden Editoren geschlossen. Für Views sieht die Verwaltung etwas einfacher aus: Mit `getViewReferences()` erhält man Verweise auf die verfügbaren Views, mit `showView()` wird ein View sichtbar, mit `hideView()` unsichtbar gemacht. Mit `findView()` kann man einen View anhand seiner Identifikation (wie im Manifest definiert) finden. Mit `getViewStack()` kann man herausfinden, welche Views sich mit einem gegebenen View überlagern.

*Perspektive*

Das anfängliche Layout einer Workbench-Seite wird durch eine `IPerspectiveFactory`-Instanz beschrieben. Das Eclipse-SDK beinhaltet einige vordefinierte Perspektiven (Ressource-Perspektive, Java-Perspektive usw.), die jedoch im Rahmen einer RCP-Entwicklung nicht zur Verfügung stehen. Es müssen deshalb eigene `IPerspectiveFactory`-Klassen implementiert werden, die im Plugin-Manifest unter dem Erweiterungspunkt `org.eclipse.ui.perspectives` registriert werden müssen. Hier können Views, Action Sets und Shortcuts zur Perspektive hinzugefügt werden. Dies geschieht in der Methode `createInitialLayout()`. Als Parameter erhält diese Methode eine Instanz vom Typ `IPageLayout`, die das notwendige API für die Deklaration des Layouts beisteuert.

Anfänglich besteht eine Perspektive nur aus einem Editorbereich, dessen Identifikation man von dem IPageLayout-Objekt mit Hilfe der Methode getEditorArea() erhält. Von diesem Bereich ausgehend können zusätzliche View-Bereiche vom Typ IFolderLayout mit Hilfe der Methode createFolder() erzeugt werden. Ein solcher Bereich kann einen oder mehrere Views enthalten, die mit addView() hinzugefügt werden und die dann übereinander (gestapelt) erscheinen. Dabei kann der Bereich relativ zum Editorbereich oder zu einem bereits vorhandenen View-Bereich positioniert werden. Mit addFastView() kann ein View als *FastView* zum Layout hinzugefügt werden.

*Beispiel*

Als Beispiel soll uns die Perspektivenfabrik Perspective dienen, die wir im Supervisor-Plugin unserer Beispielapplikation verwenden. Hier wird nur ein einziger View, der RessourceView, zur Perspektive unter Angabe seiner Identifikation hinzugefügt. Die Position relativ zum Editorbereich spielt dabei keine Rolle, denn anschließend machen wir diesen Bereich mit setEditorAreaVisible(false) unsichtbar.

```
package com.bdaum.planner.supervisor;
import org.eclipse.ui.IPageLayout;
import org.eclipse.ui.IPerspectiveFactory;

public class Perspective implements IPerspectiveFactory {

  public void createInitialLayout(IPageLayout layout) {
    layout.addView
           ("com.bdaum.planner.supervisor.views.ResourceView",
            IPageLayout.LEFT, 1.0f, layout.getEditorArea());
    layout.setEditorAreaVisible(false);
  }
}
```

Anschließend können Sie das Plugin erneut testen. Öffnen Sie die Perspektive *Supervisor*. Der *Resources View* müsste dann erscheinen und den gesamten Arbeitsbereich ausfüllen.

*Sites*

Doch zurück zur Architektur der Workbench. Zu den Typen IWorkbench und IWorkbenchPart gibt es die korrespondierenden Typen IWorkbenchSite und IWorkbenchPartSite (mit den Untertypen IEditorSite und IViewSite), mit denen auf die Ablaufumgebung der Workbench und deren Komponenten zugegriffen werden kann. Dazu gehören die Deklarationen aus der Manifest-Datei, aber auch das Registrieren von Kontextmenüs und der Zugriff auf Aktionsleisten wie der Menüleiste, der Werkzeugleiste oder der Statusleiste. Instanzen dieser Typen lassen sich mit der Methode getSite() ermitteln.

### 3.6.3 Ereignisverarbeitung in der Workbench

Die Eclipse-Plattform stellt eine zentrale Ereignisverwaltung für verschiedene Ereignistypen zur Verfügung. Sehen wir uns einige dieser Ereignistypen genauer an.

- **Fensterereignisse** werden von einem `IWindowListener` beobachtet, der bei der `IWorkbench`-Instanz mit Hilfe der Methode `addWindowListener()`registriert wird. Beobachtet werden die folgenden Ereignisse:
  - `windowOpened()` Fenster geöffnet
  - `windowActivated()` Fenster aktiviert
  - `window-Deactivated()` Fenster deaktiviert
  - `windowClosed()` Fenster geschlossen
- **Komponentenereignisse** werden von einer `IPartService`-Instanz geliefert, die man von einer `IWorkbenchWindow`-Instanz mit Hilfe der Methode `getPartService()` erhält, und bei der man sich als `IPartListener` oder `IPartListener2` registriert. Beobachtet werden die folgenden Ereignisse:
  - `partActivated()` Komponente wurde aktiviert.
  - `partBroughtToTop()` Komponente wurde nach oben gebracht.
  - `partClosed()` Komponente wurde geschlossen.
  - `partDeactivated()` Komponente wurde deaktiviert.
  - `partHidden()` Komponente wurde unsichtbar gemacht (nur IPartListener2).
  - `partOpened()` Komponente wurde geöffnet.
  - `partVisible()` Komponente wurde sichtbar gemacht (nur IPartListener2).
- **Selektionsereignisse** treten auf, wenn irgendetwas innerhalb der Workbench selektiert wird, z.B. eine Ressource im Navigator. Selektionsereignisse erhält man von einer `ISelectionService`-Instanz, die man sich von einer `IWorkbenchWindow`-Instanz mit Hilfe der Methode `getSelectionService()` holen kann.

  Von einem solchen Selektionsdienst erfährt man die aktuelle Selektion mit Hilfe der Methode `getSelection()`. Mit Hilfe der Methoden `addSelectionListener()` bzw. `addPostSelectionListener()` kann man sich als Beobachter vom Typ `ISelectionListener` registrieren. Dabei werden an dessen Methode `selectionChanged()` `ISelection`-Instanzen übermittelt. Um an die entsprechenden Informationen heranzukommen, muss ein Typecast auf einen konkreten Selektionstyp (`IMarkSelection`, `IStructuredSelection`, `ITextSelection`) durchgeführt werden.

Um dem Selektionsdienst Ereignisse mitzuteilen, stellt die jeweilige Komponente einen `ISelectionProvider` zur Verfügung, den sie bei ihrer zugeordneten `IWorkbenchSite` mit Hilfe der Methode `setSelectionProvider()` registriert.

### 3.6.4 Operationen

Operationen sind in Eclipse ein einheitliches Konzept, um benutzerinitiierte Arbeitsschritte auszuführen, insbesondere in Editoren. Dabei stellt das Plugin `org.eclipse.core.commands` eine zentrale Verwaltung für Operationen zur Verfügung, die es erlaubt, Undo- und Redo-Aktionen auch für Operationensequenzen, die sich über mehrere Werkzeuge erstrecken, durchzuführen. Mit

```
IWorkbenchOperationSupport operationSupport =
                    PlatformUI.getWorkbench().getOperationSupport();
```

erhalten Sie eine Instanz dieser Verwaltung. Diese können Sie mit `getOperationHistory()` nach der `IOperationHistory` abfragen. Diese Instanz enthält alle bisher durchgeführten Operationen vom Typ `IUndoableOperation`. Jede dieser gespeicherten Operationen ist in der Lage, Undo- oder Redo-Aktionen auszuführen bzw. darüber zu informieren, ob solche Aktionen ausgeführt werden können.

### 3.6.5 Editoren

Alle Editoren innerhalb der Eclipse-Workbench bauen auf der abstrakten Klasse `EditorPart` auf. Diese Klasse verwendet das Interface `IEditorInput` für die Beschreibung von Inhaltsquellen für den Editor. Die wichtigsten Untertypen sind hier `IPathEditorInput` für pfadbezogene Quellen (normalerweise Dateien) und `IStorageEditorInput` für allgemeine Quellen aus Speicherbereichen.

Die Datenquelle wird von der Workbench kurz nach dem Erzeugen einer `EditorPart`-Instanz mit Hilfe der Methode `init()` gesetzt. Sie kann mit der Methode `getEditorInput()` abgefragt werden.

Klassen, welche auf `EditorPart` aufbauen, müssen die Methode `createPartControl()` überschreiben Dort wird das konkrete Erscheinungsbild des Editors mit Hilfe von SWT- bzw. JFace-Komponenten erzeugt (siehe Kapitel 9). Allerdings stellt Eclipse bereits eine ganze Hierarchie von textbasierten Editoren zur Verfügung (Abb. 3–3). Für grafikorientierte Editoren kann auf das Framework des GEF-Projektes zurückgegriffen werden.

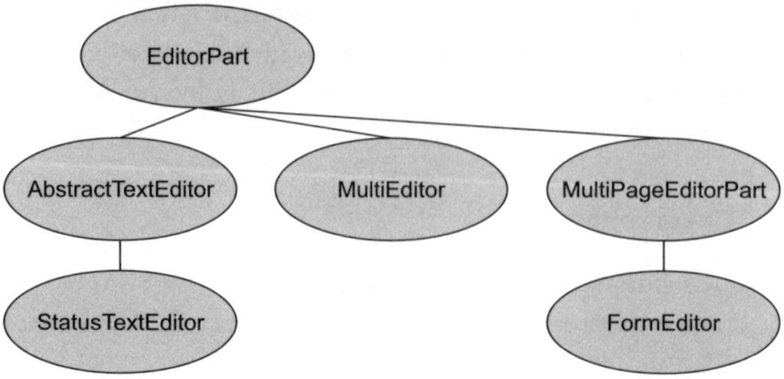


**Abb. 3–3** Die Hierarchie der textbasierten Editoren

Das API der Klasse `EditorPart` enthält die Methode `getEditorSite()`, mit der man Zugang zur Ablaufumgebung des Editors erhält. Von dort erhält man den Zugriff auf Aktionsleisten (Werkzeugleiste, Menü, Statuszeile) mit Hilfe der Methode `getActionBarContributor()`. In der Regel wird man jedoch Werkzeugleisten und Menüs nicht im Editor aufbauen, sondern deren Einträge als Action Sets im Plugin-Manifest definieren. Interessant ist vor allem der Zugriff auf die Statusleiste, den man von der `IActionBars`-Instanz mit `getStatusLineManager()` erhält.

Weiterhin enthält das `EditorPart`-API eine Methodengruppe für das Sichern der editierten Editor-Inhalte (`doSave()`, `doSaveAs()`, `isDirty()`, `isSaveAsAllowed()`, `isSaveOnCloseNeeded()`). Alle diese Methoden sind von Unterklassen von `EditorPart` geeignet zu implementieren.

### Die Klasse AbstractTextEditor

Die Klasse `AbstractTextEditor` ist die Standardimplementierung des Interfaces `ITextEditor` und bildet die gemeinsame Grundlage für alle textbasierten Editoren in der Eclipse-Workbench. `AbstractTextEditor` implementiert einige Standardfunktionen, wie sie immer wieder in textbasierten Editoren vorkommen, u.a.

- Funktionen für die Textverarbeitung wie Ausschneiden, Kopieren, Einfügen, Suchen und Ersetzen.
- Verwaltung von Kontextmenüs.
- Reaktion auf Ressourceänderungen, wenn eine geöffnete Ressource außerhalb des Editors verändert wurde.
- Verwaltung einer strukturierten Statusleiste, die mit `setStatusField()` konfiguriert werden kann.

Unterklassen von AbstractTextEditor müssen den Editor zunächst konfigurieren. Gegebenenfalls wird das Erscheinungsbild des Editors abgeändert. Standardmäßig besteht der Editor aus einem Editierbereich (SourceViewer) und einem vertikalen Ruler für Markierungen am linken Rand des Editorbereichs. Durch Überschreiben der Methode createPartControl() können weitere Komponenten hinzugefügt werden. Editierbereich und Ruler können mit separaten Kontextmenüs versehen werden. Dazu müssen mit Hilfe der Methoden setEditorContextMenuId() und setRulerContextMenuId() Andockpunkte deklariert werden. Über diese Identifikationen können sich die im Plugin-Manifest definierten Action Sets in den Editor einklinken. Natürlich können Aktionen auch programmatisch erzeugt werden und mit setAction() gesetzt bzw. mit getAction() abgefragt werden.

#### Unterklassen von AbstractTextEditor

Die Klasse StatusTextEditor implementiert einen konkreten Editor, der Eingabequellen mit beigefügten Statusinformationen verarbeiten kann. Deren Unterklassen AbstractDecoratedTextEditor und TextEditor stehen normalerweise in einer RCP-Umgebung nicht zur Verfügung, da sie Workspace-Konzepte wie Markierungen unterstützen.

#### Die Klasse MultiEditor

Ein MultiEditor fasst mehrere Editoren in einem GUI-Element zusammen. Zur Verwaltung dieser Editoren (der inneren Editoren) sind spezielle Methoden notwendig: Mit createInnerPartControl() wird das GUI eines inneren Editors erzeugt, getActiveEditor() liefert den gerade aktiven inneren Editor und getInnerEditors() liefert alle inneren Editoren.

#### Die Klasse MultiPageEditorPart

Die abstrakte Klasse MultiPageEditorPart implementiert einen Editor mit mehreren Seiten bzw. Karteikarten. Auf jeder Karteikarte kann ein eigener Editor aus beliebigen SWT- oder JFace-Komponenten implementiert werden. Unterklassen, die diese Klasse erweitern, müssen folgende Methoden implementieren: createPages() erzeugt mit Hilfe von addPage() die erforderlichen Seiten, doSave() und doSaveAs() sichern die Inhalte des Editors und isSaveAsAllowed() zeigt an, ob ein *SaveAs* erlaubt ist.

#### Die Klasse FormEditor

Die abstrakte Klasse `FormEditor` ist eine Unterklasse von `MultiPageEditorPart`. Sie wird benutzt, um formularbasierte Editoren (wie z.B. den Manifest-Editor) zu implementieren. Dabei kann der Seitenaufbau auch mit dem Forms API (siehe Abschnitt 9.3) erfolgen.

> **Tipp:** Eigene Editoren auf Grundlage von `EditorPart` können leicht mit dem *Eclipse Visual Editor* (VE) *1.1* erzeugt und gestaltet werden. Der Visual Editor ist auf eclipse.org kostenlos als Plugin erhältlich.

### 3.6.6 Views

Neben Editoren sind Views die andere grundlegende Komponentenart der Eclipse-Workbench. Alle Views bauen auf der abstrakten Klasse `ViewPart` auf. Anders als Editoren besitzen Views keine dedizierte Eingabequelle, sondern zeigen Zustandsdaten des aktiven Editors oder auch der Workbench an. Die meisten vom Eclipse-SDK bereitgestellten konkreten View-Klassen lassen sich in der Regel im Rahmen einer RCP-Anwendung nicht verwenden, da sie sich auf Workspace-Konzepte beziehen. Stattdessen wird man vielmehr eigene Views auf der Basis von `ViewPart` implementieren. Durch Überschreiben der Methode `createPartControl()` kann das GUI des Views gestaltet werden, die Initialisierung erfolgt durch Überschreiben der Methode `init()`.

*Persistenz*

Grundsätzlich besteht die Möglichkeit, bestimmte vom Benutzer vorgenommene View-Einstellungen persistent zu machen. Dazu wird die Methode `saveState()` überschrieben, der als Argument eine `IMemento`-Instanz übergeben wird, die dann bei der nächsten Sitzung in der `init()`-Methode wieder angeliefert wird. Das Eclipse-SDK stellt mit der Klasse `XMLMemento` eine konkrete Implementierung des `IMemento`-Interface bereit, welche die Zustandsdaten in Form einer XML-Datei speichert. Intern erfolgt die Speicherung im Ordner `.metadata` des Eclipse-Workspaces. Das gilt auch für RCP-Anwendungen, die keinen Workspace verwenden. Wundern Sie sich also nicht, wenn plötzlich ein `workspace`-Ordner in Ihrer RCP-Installation entsteht.

*Werkzeugleisten*

Während Editoren mit den globalen Werkzeugleisten und Menüs interagieren, besitzen Views eigene Werkzeugleisten und Drop-down-Menüs. Mit Hilfe der `IViewSite`-Methode `getActionBars()` erhält man eine `IActionBars`-Instanz, von der man mittels der Methode `getMenuManager()` bzw. `getToolManager()` die Manager für Menü bzw. Werkzeugleiste erhält. Will man eine Werkzeugleiste oder ein Drop-down-Menü aufbauen, fügt man einfach mit der `add()`-Methode `IAction`-Instanzen zu den Managern hinzu.

**Tipp:** Eigene Views auf Grundlage von `ViewPart` können leicht mit dem *Eclipse Visual Editor* (VE) *1.1* erzeugt und gestaltet werden. Der Visual Editor ist auf eclipse.org kostenlos als Plugin erhältlich.

### 3.6.7 Aktionen

Verschiedentlich hatten wir in diesem Kapitel schon den Begriff *Aktion* erwähnt. So können in einem *Action Set* im Plugin-Manifest Aktionen definiert werden, doch auch in Kontextmenüs können Aktionen zum Menü hinzugefügt werden. Letztendlich beruhen alle Eclipse-Aktionen auf dem JFace-Interface `IAction` (siehe Abschnitt 9.2.6). Das Interface abstrahiert von der Darstellung der Aktion in der Workbench. Für die Ausführung ist es unerheblich, ob die Aktion in der Workbench als Menüpunkt oder als Werkzeugtaste dargestellt ist oder gar in einem Kontextmenü vorkommt.

*Globale Aktionen*

Aktionen gibt es in der Eclipse-Workbench in zwei Ausprägungen: als lokale Aktion und als globale Aktion. Globale Aktionen sind insbesondere dann sinnvoll, wenn mehrere Editoren Aktionen gleichen Namens haben wie *Undo*, *Save* oder *Find*. Das Eclipse-SDK definiert bereits im Interface `org.eclipse.ui.IWorkbenchActionConstants` eine ganze Reihe von Konstanten, die als Identifikationen für bereits vorhandene globale Aktionen genutzt werden können.

Eigene globale Aktionen werden definiert, indem im Manifest beim Attribut `retarget` der Wert »true« angegeben wird. In diesem Fall entfällt die Angabe eines `class`-Attributs. Es ist dann die Applikation selbst für die Erzeugung einer konkreten `RetargetAction`- bzw. einer `LabelRetargetAction`-Instanz verantwortlich. Normalerweise macht man das in der `createPartControl()`-Methode des jeweiligen Editors. Anschließend registriert man die so erzeugte Aktion mit:

```
getViewSite().getActionBars().setGlobalActionHandler(id,
                                                      retargetAction);
```

Das im Eclipse-SDK mitgelieferte Beispiel eines *Readme-Editor*s erläutert ziemlich ausführlich die Arbeit mit globalen Aktionen.

*Aktionen programmieren*

Statt Aktionen in der Manifest-Datei zu deklarieren, können sie auch direkt in Java implementiert werden. Das ist üblich bei den Kontextmenüs von Editoren und Views, aber auch bei den Kernfunktionen im Menü einer RCP-Anwendung. Im Manifest deklarierte Aktionen werden dagegen meist verwendet, wenn bestehende Menüstrukturen erweitert werden sollen.

Implementiert man eine Aktion, wird man in der Regel dabei nicht das `IAction`-Interface neu implementieren, sondern wird stattdessen eine der Klassen aus dem Package org.eclipse.ui.actions erweitern. Natürlich muss dann auch selbst dafür gesorgt werden, dass die Aktion in den entsprechenden Werkzeugleisten und Menüs erscheint (siehe Abschnitte 3.6.6 und 9.2.6).

*Standardaktionen*

In vielen Fällen wurde eine solche Implementierung bereits schon von der Eclipse-Plattform vorweggenommen. Die ActionFactory stellt viele gebräuchliche Funktion schon fertig zum Gebrauch bereit, so z.B. ABOUT, COPY, HELP_CONTENTS, PASTE, QUIT und viele andere mehr.

### 3.6.8 Dialoge

Im Package org.eclipse.ui.dialogs findet man eine Reihe von fix und fertig implementierten Dialogen, die innerhalb von Plugins verwendet werden können. Alle diese Klassen basieren auf der in Abschnitt 9.2.2 vorgestellten JFace-Klasse Dialog.

- **SelectionDialog.** Die abstrakte Klasse SelectionDialog implementiert Methoden wie setInitialElementSelections() und setInitialSelections(), mit denen eine anfängliche Selektion von Dialogelementen spezifiziert werden kann. Die Methoden setTitle() und setMessage() erlauben es, den Titel und eine längere Nachricht im Mitteilungsbereich des Dialogs zu setzen. Das Ergebnis des Dialogs erhält man mit Hilfe der Methode getResult(), welche ein Array mit selektierten Elementen abliefert. Wurde der Dialog nicht mit der *OK*-Taste beendet, so liefert getResult() den Wert null zurück.
- Die Unterklassen **CheckedTreeSelectionDialog** und **ElementTreeSelectionDialog** erlauben die Auswahl von Elementen aus einem Baum. Mit setInput() werden diese Dialoge mit Eingabe versorgt. Mit setExpandedElements() kann festgelegt werden, welche Elemente anfänglich expandiert sind. Ein Filter kann mit addFilter(), ein Sortierer mit setSorter() gesetzt werden. Mit setValidator() können Selektionen auf Gültigkeit prüft werden.

  Da beide Klassen auch Abkömmlinge von SelectionStatusDialog sind, verfügen sie außerdem über Methoden zur Verwaltung einer Statuszeile, so z.B. die Methode updateStatus(), mit der die Statuszeile aktualisiert werden kann.
- Ein weiterer Abkömmling von SelectionStatusDialog ist die Klasse **ElementListSelectionDialog**, welche die Auswahl von Elementen aus einer einfachen Liste erlaubt. Der Inhalt der Liste wird mit setElements() gesetzt.
- Auch der **ListSelectionDialog** implementiert eine Liste, aus der Elemente ausgewählt werden können. Allerdings arbeitet dieser Dialog mit beliebigen Datenmodellen. Der darzustellende Inhalt wird

mit Hilfe eines `ContentProviders` ermittelt, die Repräsentation der Einzelelemente erfolgt mit einem `LabelProvider`.

### 3.6.9 Workbench-Wizards

Wizards der Eclipse-Workbench beruhen auf dem Wizard-Konzept des JFace (siehe Abschnitt 9.2.7). Allerdings stellt die Workbench einige spezielle Wizards zur Verfügung, in die man sich einklinken kann. Ein Beispiel dafür ist der *New*-Wizard.

Auch Erweiterungen für den *New*-Wizard werden im Plugin-Manifest unter dem Erweiterungspunkt `org.eclipse.ui.newWizards` deklariert (siehe Abschnitt 3.5.4). Als Wizard-Klasse ist dabei jeweils eine Implementierung des Interfaces `INewWizard`, einer Unterklasse von `IWorkbenchWizard`, bereitzustellen.

`IWorkbenchWizard` beruht seinerseits auf dem JFace-Interface `IWizard`, spezifiziert jedoch zusätzlich die Methode `init()`. Diese übergibt beim Start dem Wizard die Workbench-Instanz und die aktuelle Selektion der Workbench.

### 3.6.10 Präferenzen-GUI

Die Implementierung der Verwaltung von Benutzerpräferenzen beruht auf dem von JFace bereitgestellten Framework (siehe Abschnitt 9.2.8). Allerdings ist es in der Praxis nur notwendig, sich mit den dort diskutierten `PreferencePages` und dem `PreferenceStore` auseinander zu setzen, denn der Aufbau eines Präferenzenbaumes wird bereits von der Workbench erledigt. Das Einklinken in den Baum erfolgt durch die Deklaration einer Erweiterung zum Erweiterungspunkt `org.eclipse.ui.preferencePages` im Plugin-Manifest.

### 3.6.11 Das Hilfesystem

Auch das Eclipse-Hilfesystem ist in Form von Plugins implementiert. Dabei verwendet Eclipse eine Client-Server-Lösung. Ein Server (Tomcat) stellt die Hilfeseiten und zusätzliche Dienste wie die Suche und die Indizierung bereit, die HTML-Hilfeseiten werden dann im Webbrowser der Ablaufplattform angezeigt. Seit Eclipse 3.1 gibt es auch einen Help-View, der mit Hilfe des Browser-Widgets (siehe Abschnitt 9.1.3) realisiert wurde. Da diese Komponenten in Form separater Plugins realisiert wurden, können die entsprechenden Teile des Hilfesystems bei Bedarf durch eigene Entwicklungen ersetzt werden.

Es gibt zwei verschiedene Arten, Hilfe anzubieten: zum einen strukturiert über ein Inhaltsverzeichnis (aufgerufen über *Help>Help*

*Contents*), zum andern gekoppelt an GUI-Elemente in Form kontextsensitiver Hilfe (aufgerufen über *F1*).

Sowohl das Inhaltsverzeichnis als auch die Zuordnung von Hilfeseiten zu GUI-Elementen wird in separaten XML-Dateien definiert. Im Plugin-Manifest wird nur ein Verweis auf diese XML-Dateien unter den Erweiterungspunkten `org.eclipse.help.contexts` und `org.eclipse.help.toc` (siehe Abschnitt 3.5.4) abgelegt. Das hat den Vorteil, dass die Hilfeseiten relativ unabhängig von der Applikation entwickelt werden können. Es ist sogar möglich, die Hilfe (mitsamt ihrer Manifest-Einträge) in einem separaten Plugin auszuliefern.

### Inhaltsverzeichnis

Das Inhaltsverzeichnis muss mit einem Wurzelelement namens `<toc>` beginnen. Gewöhnlich enthält ein solches `toc`-Element ein oder mehrere `topic`-Elemente, die geschachtelt werden dürfen. Die `label`-Attribute dieser Elemente spezifizieren den Anzeigetext für das Inhaltsverzeichnis, die `href`-Attribute verweisen auf die Hilfeseite. Zusätzlich ist es möglich, über `anchor`-Elemente Andockpunkte zu schaffen, an die sich sekundäre Inhaltsverzeichnisse anlagern können. So wird es möglich, Hilfeseiten aus verschiedenen Plugins unter einem einheitlichen Inhaltsverzeichnis erscheinen zu lassen.

Beispiel:

```
<?xml version="1.0" encoding="UTF-8"?>
<?NLS TYPE="org.eclipse.help.toc"?>
<toc label="Project Planner" topic="html/toc.html">
    <topic label="Log-in" href="html/Login.html"/>
    <topic label="Roles" href="html/Roles.html">
        <anchor id="roles"/>
    </topic>
</toc>
```

Im Manifest würde für ein solches Inhaltverzeichnis `primary=true` angegeben, damit es in der Kapitelübersicht der Hilfe erscheint. Mit `primary=false` werden Inhaltsverzeichnisse attributiert, die in andere Inhaltsverzeichnisse eingebettet werden, z.B.:

```
<?xml version="1.0" encoding="UTF-8"?>
<?NLS TYPE="org.eclipse.help.toc"?>
<toc link_to="../com.bdaum.planner.help/toc.xml#roles"
     label="Administrator Role">
  <topic label="Administrator" href="html/Administrator.html"/>
</toc>
```

Dieses Inhaltsverzeichnis (das in einem anderen Plugin liegen kann), dockt sich an den oben definierten anchor-Punkt an. Spezifiziert werden muss im link_to-Attribut Name und Ort (Plugin-ID) des übergeordneten Inhaltsverzeichnisses und die ID des Anschlusspunktes (hier roles). So lassen sich komplexe Inhaltsverzeichnisse aufbauen, die sich über mehrere Plugins erstrecken und auf diese Weise erweiterbar sind.

**Kontextsensitive Hilfe**

Die Datei für die Hilfe-Kontextzuordnung muss mit einem Wurzelelement namens <contexts> beginnen. Gewöhnlich enthält ein solches Element ein oder mehrere context-Elemente. Jedes dieser context-Elemente entspricht einem *InfoPop*, also einem kleinen Fenster für die Hilfeauswahl, welches erscheint, wenn die *F1*-Funktionstaste gedrückt wird.

Im id-Attribut des context-Elements wird festgelegt, für welche GUI-Elemente das context-Element zuständig ist. Im description-Kindelement kann eine kurze Beschreibung für die Anzeige im *InfoPop* spezifiziert werden, und die topic-Kindelemente verweisen im href-Attribut auf die zugeordneten HTML-Seiten.

Beispiel:

```
<?xml version="1.0" encoding="UTF-8"?>
<?NLS TYPE="org.eclipse.help.contexts"?>
<contexts>
   <context id="users_view_context">
      <description>Help for Project Planner User View
      </description>
      <topic href="html/UserView.html" label="User View"/>
   </context>
</contexts>
```

Freilich sind für diese Art von Hilfe noch entsprechende Definitionen im Anwendungsprogramm notwendig. Im Eclipse-Hilfesystem müssen die in der Kontextdatei deklarierten IDs GUI-Elementen zugeordnet werden. Das kann folgendermaßen aussehen:

```
PlatformUI.getWorkbench().getHelpSystem().
      setHelp(nameField,
               "com.bdaum.planner.admin.help.users_view_context");
```

Für GUI-Elemente, die nicht im Anwendungsprogramm erzeugt werden, sondern nur im Plugin-Manifest deklariert werden, ist das natürlich nicht möglich. Stattdessen verwendet man hier das Attribut helpContextId für solche Zuordnungen.

#### Aktive Hilfe

Sehr komfortabel ist die Möglichkeit, Hyperlinks in Hilfetexte einzubetten, die bei Betätigung Programmfunktionen ausführen. Um diese Funktionalität zu realisieren, bedient sich Eclipse des zentralen JavaScript `livehelp.js`. Dieses muss in den entsprechenden HTML-Seiten deklariert werden, zum Beispiel so:

```
<script language="JavaScript"
        src="../../org.eclipse.help/livehelp.js"/>
```

Anschließend kann dieses Skript in allen HTML-Elementen verwendet werden, die Skripte zulassen, so z.B. in einem Hyperlink:

```
<a href='javascript:liveAction("pluginId",
                "package.MyHelpAction", "parameter")'>Click me</a>
```

Der erste Parameter spezifiziert das Plugin, der zweite Parameter eine Klasse vom Typ `ILiveHelpAction`, und der dritte Parameter ist ein Parameter, welcher der Aktion zugestellt wird und in der Methode `setInitializationString()` entgegengenommen werden kann.

#### Generierte Hilfeseiten

Der Erweiterungspunkt `org.eclipse.help.contentProducer` erlaubt es, im Plugin-Manifest eine Java-Klasse als Erzeuger für Hilfeseiten zu registrieren. Diese Klasse muss das Interface `IHelpContentProducer` mit seiner Methode `getInputStream()` implementieren. Die Klasse gibt entweder die generierte Hilfeseite in Form eines `InputStream` zurück oder aber den Wert `null`. Im letzteren Falle wird die gewünschte Hilfeseite unter den statischen Hilfeseiten gesucht (siehe oben). So besteht die Möglichkeit, Hilfeseiten situationsabhängig zu erzeugen.

### 3.6.12 Cheat Sheets

Seit Eclipse 3.0 können Plugins auch gleich Teachware in Form von *Cheat Sheets* mit ausliefern. Cheat Sheets führen den Endbenutzer Schritt für Schritt durch eine Reihe von Arbeitsschritten (*item*). Jeder Arbeitsschritt enthält in der Regel einen Titel, eine Beschreibung, optional einen Hilfeverweis und optional eine Aktion, mit der Systemfunktionen aufgerufen werden können.

Cheat Sheets werden in Form von XML-Dateien mit dem Wurzelelement `<cheatsheet>` implementiert. Die Syntax dieser Seiten ist ausführlich im *Platform Plug-in Developers Guide* im Abschnitt *Advanced Workbench Concepts>Guiding the user through tasks>Cheat Sheets* beschrieben. Eine gute Idee ist es, sich die mit dem Eclipse-SDK ausgelieferten Cheat Sheets als Vorbild anzusehen. Sie finden solche Cheat Sheets in den `cheatsheet`-Ordnern der Plugins `org.eclipse.jdt`, `org.eclipse.pde`, `org.eclipse.ui` und `org.eclipse.platform`.

### 3.6.13 Webbrowser aufrufen

In einer RCP-Anwendung ist es oft erwünscht, per Hyperlink oder Tastendruck einen externen Webbrower aufzurufen, um eine Webseite anzuzeigen. Dazu gibt es in der Eclipse-Workbench die Webbrowser-Unterstützung, von der aus sie interne und externe Webbrowser aufrufen können, so z.B.:

```
IWorkbenchBrowserSupport browserSupport =
                    PlatformUI.getWorkbench().getBrowserSupport();
IWebBrowser browser = browserSupport.getExternalBrowser();
if (browser != null)
  browser.openUrl();
```

# 4 RCP-Entwicklung

Nach der Einführung in die Plugin-Entwicklung können wir uns nun der Erstellung von Rich-Client-Anwendungen widmen, denn auch unter der Eclipse-Rich-Client-Plattform erfolgt die Implementierung von Anwendungsfunktionalität in Form von Plugins. Dabei kann eine Anwendung aus mehreren Plugins bestehen bzw. durch zusätzliche Plugins erweitert werden. Grundsätzlich besitzt aber jede RCP-Anwendung ein bestimmtes Plugin, das wir in Zukunft als das Anwendungs-Plugin bezeichnen, welches die RCP-Anwendung konfiguriert und die Anwendung gegenüber der Eclipse-Plattform identifiziert.

## 4.1 Plugins und die RCP

Eine Rich-Client-Anwendung kennen Sie schon, und zwar die Eclipse-IDE. Auch die Eclipse-IDE ist nur eine spezifische Anwendung, die auf die Eclipse-RCP aufsetzt. Das Plugin `org.eclipse.ui.ide_3.0.0` besorgt das Starten dieser Applikation. Schauen wir uns einmal das Plugin-Manifest `plugin.xml` dieses Plugins etwas genauer an. Hier können wir lernen, wie das Anwendungs-Plugin einer RCP-Anwendung deklariert sein muss. So wird am Erweiterungspunkt `org.eclipse.core.runtime.applications` die Wurzelklasse für die RCP-Applikation definiert:

```
<extension id="workbench"
      point="org.eclipse.core.runtime.applications">
   <application>
      <run class="org.eclipse.ui.internal.ide.IDEApplication"/>
   </application>
</extension>
```

Anschließend erfolgt die Definition einer Perspektive, denn eine Standardperspektive (Layout des Workbench-Fensters) sollte jede RCP-

Applikation haben. Beim Eclipse-IDE wird die Ressourcen-Perspektive als Standardperspektive verwendet:

```
<extension point="org.eclipse.ui.perspectives">
   <perspective
         name="%Perspective.resourcePerspective"
         icon="icons/full/eview16/resource_persp.gif"
         class="org.eclipse.ui.internal.ide.ResourcePerspective"
         id="org.eclipse.ui.resourcePerspective">
   </perspective>
</extension>
```

Die Einzelheiten des Layouts des Workbench-Fensters werden in der Klasse `ResourcePerspective` oder in nachfolgenden Erweiterungen des Punktes `org.eclipse.ui.perspectiveExtensions` festgelegt.

Auch eine Plugin-Klasse wird ganz am Anfang des Manifestes spezifiziert: Die Klasse `IDEWorkbenchPlugin` erweitert die Klasse `AbstractUIPlugin` und besorgt unter anderem den Zugriff auf die Einsatzumgebung, die Protokollierung von Fehlern und die Verwaltung der Präferenzen. Die Angabe einer solchen Plugin-Klasse ist im Plugin-Manifest zwar optional, für ein Anwendungs-Plugin ist eine solche Klasse jedoch dringend empfohlen. Diese Klasse kann den gesamten Lebenszyklus der Applikation verwalten.

## 4.2 Applikationen

Jede RCP-Anwendung muss mindestens eine Applikationsklasse am Erweiterungspunkt `org.eclipse.core.runtime.applications` deklarieren, die das Interface `IPlatformRunnable` implementieren muss. Im obigen Beispiel war das die Klasse `IDEApplication`. Das Interface dient dazu, seine Implementatoren gegenüber Eclipse als Applikations-Eintrittspunkte zu identifizieren. Wir sprechen hier in der Mehrzahl, denn es ist durchaus möglich, mehrere Eintrittspunkte zu spezifizieren. Welcher der Eintrittspunkte beim Start von Eclipse aktiv werden soll, lässt sich über eine kleine Konfigurationsdatei außerhalb des Plugins nachträglich steuern. Doch dazu später mehr.

### 4.2.1 Das Interface IPlatformRunnable

Klassen, die das Interface `IPlatformRunnable` implementieren, müssen eine `run()`-Methode bereitstellen. Die typische Implementierung für diese `run()`-Methode sieht so aus:

```
public Object run(Object args) throws Exception {
  Display display = PlatformUI.createDisplay();
  try {
    int returnCode = PlatformUI.createAndRunWorkbench(display,
                           new ApplicationWorkbenchAdvisor());
    if (returnCode == PlatformUI.RETURN_RESTART)
      return IPlatformRunnable.EXIT_RESTART;
    return IPlatformRunnable.EXIT_OK;
  } finally {
    display.dispose();
  }
}
```

Hier wird zunächst ein neuer `WorkbenchAdvisor` erzeugt, der für die Konfiguration der Benutzeroberfläche zuständig ist (siehe Abschnitt 4.3.1). Dann wird von der Klasse `PlatformUI` eine neue `Display`-Instanz erzeugt, welche die Bildschirmanzeige repräsentiert. Anschließend erfolgt der Start der Workbench mit Hilfe der `PlatformUI`-Methode `createAndRunWorkbench()`. Wird die Workbench beendet, wird der Rückgabecode der Workbench noch in das OSGi-konforme `IPlatformRunnable`-Protokoll übersetzt.

Selbstverständlich ist man keineswegs gezwungen, die Methoden der Klasse `PlatformUI` auszuführen. Stattdessen könnte man eine mit SWT und JFace komplett selbst gebaute Benutzeroberfläche zum Ablauf bringen, müsste dann allerdings auf die höheren Schichten der Workbench wie Editoren und Views verzichten. Eine mögliche Anwendung einer solchen selbst gebauten Benutzeroberfläche wäre ein Login-Dialog, der erscheinen soll, bevor die Workbench aktiv wird. So könnten wir beispielsweise – unmittelbar nachdem die `Display`-Instanz erzeugt wurde – den folgenden Codeblock einfügen:

```
Shell topLevelShell = new Shell(display, SWT.NONE);
LoginDialog dialog = new LoginDialog(topLevelShell);
dialog.open();
topLevelShell.close();
User user = PlannerPlugin.getDefault().getUser();
if (user == null)
  // Shutdown
  return IPlatformRunnable.EXIT_OK;
```

Hier wird mit der `topLevelShell` zunächst ein provisorisches Anwendungsfenster und als Kind dieses Fensters dann ein Anmeldedialog erzeugt, wobei wir annehmen, dass dieser Dialog, falls er gültige Benutzerdaten erhält, diese der `PlannerPlugin`-Instanz mitteilt. Ist das nicht der Fall, wird die Anwendung beendet. Da wir mit der Implementierung dieses Dialogs bis zum Kapitel 10 warten wollen, kommentieren Sie am besten diese Zeilen wieder aus.

### 4.2.2 Eine minimale RCP-Anwendung

*Templates*

Seit Eclipse 3.1 ist es sehr einfach geworden, eine RCP-Anwendung zu beginnen. Man muss lediglich beim Neuanlegen eines Plugin-Projektes die Frage *Would you like to create a rich client application* mit *Yes* beantworten. Anschließend hat man die Möglichkeit, aus verschiedenen Vorlagen (Templates) sich ganz einfache oder auch komplexere Beispielanwendungen generieren zu lassen. Sehen Sie sich ruhig einmal einige dieser Beispiele in Ruhe an – man kann eine ganze Menge dabei lernen.

Hier möchten wir nun das *Hello-RCP*-Template dazu verwenden, das Anwendungs-Plugin unseres Projektplaners zu erzeugen. Gehen Sie dabei wie folgt vor:

- Rufen Sie die Funktion *File>New>Project>Plug-in Project* auf.
- Auf der nächsten Seite geben Sie als Projektname »com.bdaum.planner« an.
- Auf der folgenden Seite spezifizieren Sie einen *Plug-in Provider* und geben als *Classpath* den Wert »planner.jar« ein. Die Frage *Would you like to create a rich client application* beantworten Sie mit *Yes*.
- Auf der nächsten Seite wählen Sie *Hello RCP* aus.
- Auf der folgenden Seite tragen Sie unter *Application window title* den Wert »Project Planner« ein. Unter *Perspective name* tragen Sie »Log-in« ein.

Nach einem Klick auf die *Finish*-Taste wird das Projekt generiert.

*OSGi-Manifest*

Das generierte OSGi-Manifest müsste nun folgendermaßen aussehen:

```
Manifest-Version: 1.0
Bundle-ManifestVersion: 2
Bundle-Name: Planner Plug-in
Bundle-SymbolicName: com.bdaum.planner; singleton:=true
Bundle-Version: 1.0.0
Bundle-ClassPath: planner.jar
Bundle-Activator: com.bdaum.planner.PlannerPlugin
Bundle-Vendor: bdaum industrial communications
Bundle-Localization: plugin
Require-Bundle: org.eclipse.ui,
 org.eclipse.core.runtime
Eclipse-AutoStart: true
```

Hier werden also Name, ID, Classpath, Plugin-Klasse, Plugin-Provider und für den Ablauf benötigte weitere Plugins angegeben.

*Plugin-Manifest*

Das Plugin-Manifest für das neue Projekt wurde folgendermaßen generiert:

```
<?xml version="1.0" encoding="UTF-8"?>
<?eclipse version="3.0"?>
<plugin>
   <extension id="application"
            point="org.eclipse.core.runtime.applications">
      <application>
         <run class="com.bdaum.planner.Application"/>
      </application>
   </extension>
   <extension point="org.eclipse.ui.perspectives">
      <perspective name="Log-in"
            class="com.bdaum.planner.Perspective"
            id="com.bdaum.planner.perspective"/>
   </extension>
</plugin>
```

### 4.2.3 Eine Rich-Client-Anwendung starten

*Launch-Konfiguration*

Sie können bereits jetzt den Projektplaner als Rich-Client-Anwendung starten. Dazu müssen Sie lediglich eine neue Launch-Konfiguration anlegen. Rufen Sie dazu den Menüpunkt *Run>Run...* auf. Wählen Sie dann im linken Abschnitt des folgenden Dialogs *Eclipse Application* als Konfiguration aus und betätigen sie die *New*-Taste. Tragen Sie dann als *Name* »Planner« ein. Auf der Seite *Main* im Abschnitt *Program to Run* wählen Sie *Run an application* und selektieren sie aus der Drop-down-Liste den Eintrag `com.bdaum.planner.application`. Wie Sie sehen, wird die Anwendungsidentifikation aus der Plugin-ID und der Erweiterungs-ID zusammengesetzt.

Nun müssen wir noch festlegen, welche Plugins beim Test der neuen RCP-Anwendung dabei sein sollen. Auf der Seite *Plug-ins* wählen Sie dazu die Option *Choose plug-ins and fragments to launch from the list* und betätigen dann die Taste *Deselect All*. Anschließend selektieren Sie das Plugin `com.bdaum.planner`. Dann drücken Sie die Taste *Add required Plugins*. So erreichen Sie, dass die Testplattform nur mit den tatsächlich benötigten Plug-ins abläuft. Andere Plugins würden nur zu unerwünschten Effekten führen und den Testablauf stören.

Anschließend bringen Sie durch Betätigung der *Run*-Taste Ihre erste RCP-Applikation zum Ablauf.

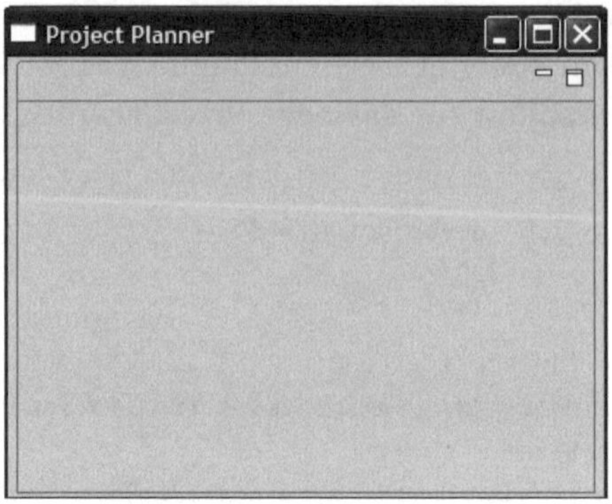


**Abb. 4–1** Wenig mehr als eine Minute hat es gedauert, die erste, noch embryonale Version des Projektplaners zum Ablauf zu bringen.

## 4.3 Die Workbench der Beispielanwendung

Im obigen Beispiel konnten wir sehen, dass außer der `IPlatformRunnable`-Klasse `Application` noch einige weitere Klassen generiert werden. Dazu zählen insbesondere die Klassen:

```
ApplicationActionBarAdvisor(ActionBarAdvisor),
ApplicationWorkbenchAdvisor(WorkbenchAdvisor),
ApplicationWorkbenchWindowAdvisor(WorkbenchWindowAdvisor),
Perspective(IPerspectiveFactory).
```

Diese Klassen dienen dazu, die Workbench der Anwendung zu konfigurieren und können entsprechend abgeändert werden.

### 4.3.1 Die Workbench konfigurieren

Doch nun zurück zur Eclipse-Workbench und ihrer Verwendung in einer RCP-Applikation. In Abschnitt 4.2.1 hatten wir bereits gesehen, wie in der `PlatformUI`-Methode `createAndRunWorkbench()` eine `ApplicationWorkbenchAdvisor`-Instanz erzeugt und an die Workbench übergeben wurde. Diese Klasse wird dazu verwendet, an verschiedenen Punkten des Lebenszyklus einer Applikation die Konfiguration der Eclipse-Workbench in geeigneter Weise einzustellen.

*WorkbenchAdvisor*

Sehen wir uns zunächst an, welche `WorkbenchAdvisor`-Methoden innerhalb des Lebenszyklus einer RCP-Applikation aufgerufen werden:

| | |
|---|---|
| `getInitialWindow-PerspectiveId` | Diese Methode liefert die Identifikation der anfänglich zu öffnenden Perspektive. |
| `getDefaultPageInput` | Diese Methode liefert Eingabewerte für neu geöffnete Workbench-Seiten, sofern keine Eingabewerte beim Öffnen angegeben wurden. Die Standardimplementierung liefert den Wert `null`. |
| `getMainPreference-PageId` | Liefert die Identifikation der primären Präferenzenseite. Die Standardimplementierung liefert den Wert `null`, was heißt, dass die Seiten alphabetisch sortiert werden. |
| `initialize` | Diese Methode wird von Eclipse aufgerufen, bevor eine neue Workbench-Instanz angelegt wird. Standardmäßig geschieht in dieser Methode nichts. Durch Überschreiben der Methode kann man hier aber z.B. die Kommandozeile, die beim Starten der Plattform mitgegeben wurde, untersuchen. Außerdem können andere Initialisierungen wie das Registrieren von Adaptern oder das Laden von Bildern vorgenommen werden. |
| `preStartup` | Diese Methode wird nach der Initialisierung der Workbench (jedoch vor dem Öffnen des ersten Fensters) aufgerufen. Auch hier geschieht standardmäßig nichts. Durch Überschreiben der Methode kann man bestimmen, welche Editoren und Views anfänglich geöffnet werden sollen. |
| `postStartup` | Diese Methode wird aufgerufen, nachdem alle Fenster geöffnet bzw. wiederhergestellt wurden, aber bevor die zentrale Ereignisschleife gestartet wird. Hier können Prozesse aufgerufen werden, die automatisch ablaufen sollen, oder es können Tipps angezeigt oder weitere Fenster geöffnet werden. Standardmäßig geschieht hier nichts. |
| `preShutdown` | Diese Methode wird nach Beendigung der Ereignisschleife aufgerufen, aber noch bevor Fenster geschlossen werden. Durch Rückgabe des Wertes `false` kann ein nicht erzwungener Shutdown verhindert werden (Veto). Standardmäßig gibt die Methode den Wert `true` zurück. |
| `postShutdown` | Diese Methode wird während des Herunterfahrens der Workbench aufgerufen, nachdem alle Fenster geschlossen wurden. Standardmäßig geschieht hier nichts. Durch Überschreiben der Methode kann hier der Zustand der Workbench dauerhaft abgespeichert werden, oder Ressourcen können wieder freigegeben werden. |
| `eventLoopException` | Diese Methode wird beim Auftreten einer nicht abgefangenen Ausnahmebedingung (*Exception*) aufgerufen. Die Standardimplementierung schreibt die Ausnahmebedingung in die Eclipse-Logdatei. |
| `eventLoopIdle` | Diese Methode wird aufgerufen, wenn der Ereignisschleife keine (weiteren) Ereignisse zur Bearbeitung vorliegen. Hier könnten Arbeiten ausgeführt werden, die im Hintergrund ablaufen sollen. |

*IWorkbenchConfigurer*

Der mit der Methode getWorkbenchConfigurer() erhaltende IWorkbenchConfigurer stellt die notwendigen Methoden für die Konfiguration der Workbench zur Verfügung. So kann mit Methode setSaveAndRestore() bestimmt werden, ob der Zustand der Workbench beim Schließen dauerhaft gespeichert werden soll, damit beim erneuten Start der aktuelle Zustand wiederhergestellt werden kann. Mit den Methoden setData() und getData() können einer Workbench beliebige Datenobjekte unter einem Schlüssel zugeordnet und später wieder abgefragt werden. Mit der Methode declareImage() werden unter einem symbolischen Namen Bilder deklariert, die während des Lebenszyklus der Workbench zur Verfügung stehen sollen. Solche Bilder können später von der Workbench-Instanz mit der Methode getSharedImages() geholt werden. Die Workbench kümmert sich komplett um die Verwaltung dieser Bilder – das lästige, unter SWT übliche Laden und Wiederfreigeben der Bildressourcen entfällt.

Außerdem stellt der IWorkbenchConfigurer noch die Methode emergencyClose() zur Verfügung, mit der die Applikation in Notfällen (z.B. bei *Out of Memory*) zwangsweise beendet werden kann. Mit der Methode emergencyClosing() lässt sich feststellen, ob gerade ein solcher Abbruch vorliegt. Alle IWorkbenchConfigurer-Methoden sollten, bevor Sie eine Benutzerinteraktion durchführen wollen, diese Methode aufrufen und im Falle eines Notfall-Abbruchs die Interaktion tunlichst unterlassen.

Schließlich besteht noch über die Methoden getWorkbenchWindowManager() und getWindowConfigurer() noch Zugriff auf die Workbench-Fenster, um deren Konfiguration wir uns im nächsten Abschnitt kümmern.

#### Beispiel

In unserem Projektplaner soll die anfänglich gezeigte Perspektive vom jeweiligen Benutzer abhängen. Wir nehmen hier zunächst an, dass die Daten des aktuellen Benutzers im Plugin-Objekt gespeichert sind, die ja den Lebenszyklus der Anwendung verwaltet. Wir fragen deshalb einfach das Plugin nach der anfänglichen Perspektive ab. Gibt es den Wert null zurück, verwenden wir die vorgenerierte Perspektive *Log-in*. Wir modifizieren deshalb in der Klasse ApplicationWorkbenchAdvisor die Methode getInitialWindowPerspectiveId():

```
package com.bdaum.planner;

import org.eclipse.ui.application.IWorkbenchWindowConfigurer;
import org.eclipse.ui.application.WorkbenchAdvisor;
import org.eclipse.ui.application.WorkbenchWindowAdvisor;

public class ApplicationWorkbenchAdvisor extends WorkbenchAdvisor {

  private static final String PERSPECTIVE_ID =
                               "com.bdaum.planner.perspective";

  public WorkbenchWindowAdvisor createWorkbenchWindowAdvisor(
                          IWorkbenchWindowConfigurer configurer) {
    return new ApplicationWorkbenchWindowAdvisor(configurer);
  }

  public String getInitialWindowPerspectiveId() {
    String initialPerspectiveId =
            PlannerPlugin.getDefault().getInitialPerspectiveId();
    if (initialPerspectiveId != null)
      return initialPerspectiveId;
    return PERSPECTIVE_ID;
  }
```

Da die Methode getInitialPerspectiveId() in der Klasse PlannerPlugin noch nicht existiert, erzeugen wir sie kurzerhand mit einem Klick auf das QuickFix-Symbol.

Unsere Beispielapplikation ist so aufgebaut, dass der Benutzer nicht in der anfänglichen Perspektive bleiben muss, sondern je nach seiner Rolle unter den verfügbaren Perspektiven auswählen kann. Welche Perspektiven verfügbar sind, hängt freilich von den installierten Plugins ab. Doch was geschieht, wenn während des laufenden Betriebs neue Plugins hinzugefügt oder Plugins deaktiviert werden? In diesem Falle müsste das GUI entsprechend aktualisiert werden. Auch das ist möglich. Es genügt, sich bei der ExtensionRegistry als Listener zu registrieren und bei einer Änderung der Registratur alle Perspektiven zurückzusetzen. Die Perspektiven werden dann neu aufgebaut, folglich auch die Registratur implizit neu ausgewertet. Am besten meldet man sich direkt nach dem Start der Workbench als IRegistryChangeListener an:

```
@Override
  public void postStartup() {
    super.postStartup();
    Platform.getExtensionRegistry().addRegistryChangeListener(
        new IRegistryChangeListener() {
          public void registryChanged(IRegistryChangeEvent event) {
```

```
                IWorkbench workbench =
                       getWorkbenchConfigurer().getWorkbench();
                 for (IWorkbenchWindow window :
                           workbench.getWorkbenchWindows())
                  for (IWorkbenchPage page : window.getPages())
                   page.resetPerspective();
              }
            });
        }
    }
```

### 4.3.2 Workbench-Fenster konfigurieren

Zusätzlich zu den Methoden, die der `WorkbenchAdvisor` für die Konfiguration der gesamten RCP-Applikation bereitstellt, kann er der Workbench auch einen `WorkbenchWindowAdvisor` bereitstellen, welcher die Konfiguration der einzelnen Workbench-Fenster übernimmt. In der konkreten `WorkbenchWindowAdvisor`-Implementierung können die folgenden Methoden überschrieben werden, um die Workbench-Fenster zu konfigurieren.

| | |
|---|---|
| `createEmptyWindowContents` | Diese Methode kann Fensterinhalte für den Fall erzeugen, dass das Fenster keine aktiven Seiten (Perspektiven) besitzt. |
| `openIntro` | Der Willkommensschirm wird normalerweise im ersten geöffneten Workbench-Fenster geöffnet, aber nur, wenn das in den Einstellungen so gewünscht ist und wenn der Willkommensschirm vor dem letzten Herunterfahren nicht geschlossen wurde. Durch geeignetes Überschreiben dieser Methode kann dieses Verhalten geändert werden. So könnte der Willkommensschirm zwangsweise immer beim Öffnen des ersten Fensters angezeigt werden. |
| `createWindowContents` | Diese Methode erzeugt den Fensterinhalt. Die Standardimplementierung erzeugt die Menüleiste, die Werkzeugleiste, die Statuszeile, die Perspektivenleiste und die Leiste für die *Fast Views*. |
| `postWindowCreate` | Diese Methode wird nach der Erzeugung eines Workbench-Fenster aufgerufen. Standardmäßig geschieht hier nichts. Durch Überschreiben der Methode kann hier das Fenster konfiguriert werden, z.B. kann festgelegt werden, ob das Fenster ein Menü besitzt oder nicht. Allerdings sind zu diesem Zeitpunkt die Fensterinhalte noch nicht vorhanden. |
| `postWindowRestore` | Diese Methode wird aufgerufen, nachdem ein Fenster wiederhergestellt wurde, dessen Zustand dauerhaft gespeichert wurde. Standardmäßig geschieht hier nichts. |
| `preWindowOpen` | Wird aufgerufen, bevor der Fensterinhalt aufgebaut wird. |

| | |
|---|---|
| `postWindowOpen` | Diese Methode wird aufgerufen, nachdem ein Fenster geöffnet wurde. Hier können Fensterinhalte verändert werden. Typischerweise wird hier der Fenstertitel oder die Fenstergröße gesetzt. Standardmäßig geschieht hier nichts. |
| `preWindowShellClose` | Diese Methode wird beim Schließen eines Fensters aufgerufen, jedoch bevor die Shell des Fensters geschlossen wird. Es ist möglich, durch Rückgabe des Wertes `false` das Schließen des Fensters zu verhindern. Eine typische Anwendung dafür wäre die Abfrage, ob offene Dateien gesichert werden sollen, wenn das Workbench-Fenster geschlossen wird. Betätigt der Benutzer die Abbruch-Taste, wird `false` zurückgegeben, um das Schließen des Workbench-Fensters zu verhindern. Standardmäßig gibt diese Methode den Wert `true` zurück. |
| `postWindowClose` | Diese Methode wird nach dem Schließen eines Fensters aufgerufen. Üblicherweise wird man hier Aufräumarbeiten erledigen. Standardmäßig geschieht hier nichts. |

*IWorkbenchWindow-Configurer*

Mit der Methode `getWindowConfigurer()` erhält man eine Instanz des Typs `IWorkbenchWindowConfigurer`. Durch Aufrufe von entsprechenden `IWorkbenchWindowConfigurer`-Methoden kann das jeweilige Fenster konfiguriert werden (das Fenster erhält man mittels Methode `getWindow()` von der `IWorkbenchWindowConfigurer`-Instanz). Beispielsweise kann mit `setTitle()` der Fenstertitel eingestellt werden. Daneben gibt es noch Methoden, um verschiedene Komponenten des Fensters ein- bzw. abzuschalten:

*Aktionsleisten ausschalten*

| | |
|---|---|
| `setShowTitleBar()` | Mit dieser Methode kann die Titelzeile an- oder abgeschaltet werden. |
| `setShowMenuBar()` | Mit dieser Methode kann die Menüleiste an- oder abgeschaltet werden. |
| `setShowCoolBar()` | Mit dieser Methode kann die Werkzeugleiste an- oder abgeschaltet werden. |
| `setShowFastViewsBars()` | Mit dieser Methode kann die Leiste für die *Fast Views* an- oder abgeschaltet werden. |
| `setShowPerspectiveBar()` | Mit dieser Methode kann die Perspektivenleiste an- oder abgeschaltet werden. |
| `setShowProgressIndicator()` | Mit dieser Methode kann der integrierte Fortschrittsbalken an- oder abgeschaltet werden. |
| `setShowStatusLine()` | Mit dieser Methode kann die Statuszeile an- oder abgeschaltet werden. |

Selbstverständlich gibt es für alle `set...()`-Methoden auch die entsprechende `get...()`-Methode.

*Drag&Drop*

Kommen im Rahmen einer Rich-Client-Anwendung Editoren zum Einsatz, wird man in vielen Fällen den Editorbereich als *Drag&Drop*-Bereich ausrüsten wollen. So wird es z.B. möglich, Objekte aus einem View oder vom Desktop der Ablaufplattform in den Editorbereich hineinzuziehen. Mit Hilfe der `IWorkbenchWindowConfigurer`-Methoden `addEditorAreaTransfer()` ist das möglich. Registriert man beispielsweise den Transfertyp `EditorInputTransfer` mit Hilfe der Methode `addEditorAreaTransfer()`, so können Objekte vom Typ `IEditorInput` mittels Drag&Drop verschoben werden. Mit `configureEditorAreaDropListener()` wird ein neuer `DropTargetListener` für den Editorbereich registriert. Dieser Listener kann auf Drag&Drop-Ereignisse reagieren. Ausführliche Informationen über Drag&Drop geben wir in Kapitel 9.

*Shell-Konfiguration*

Mit der Methode `setShellStyle()` können Aussehen und Verhalten der Fenster-Shell beeinflusst und mit `setInitialSize()` die anfängliche Größe des Fensters gesetzt werden. Natürlich müssen diese Methoden in Methode `preWindowOpen()` aufgerufen werden. Als Stilkonstanten kommen in `setShellStyle()` in Frage:

| | |
|---|---|
| **SWT.NONE** | Standardfenster (betriebssystemabhängig). |
| **SWT.BORDER** | Fenster hat einen Rand (plattformabhängig). |
| **SWT.CLOSE** | Fenster hat eine Titelzeile mit einem Button zum Schließen des Fensters. |
| **SWT.MIN** | Fenster hat eine Titelzeile mit einem Button zum Minimalisieren des Fensters. |
| **SWT.MAX** | Fenster hat eine Titelzeile mit einem Button zum Maximalisieren des Fensters. |
| **SWT.NO_TRIM** | Fenster hat weder Titelzeile noch Rand. |
| **SWT.RESIZE** | Fenstergröße kann durch Ziehen mit der Maus verändert werden. |
| **SWT.TITLE** | Fenster hat eine Titelzeile. |
| **SWT.SHELL_TRIM** | Kombination der Stilelemente SWT.CLOSE, SWT.TITLE, SWT.MIN, SWT.MAX, SWT.RESIZE. |
| **SWT.DIALOG_TRIM** | Kombination der Stilelemente SWT.CLOSE, SWT.TITLE, SWT.BORDER. |

Daneben bestünde noch die Möglichkeit, das Workbench-Fenster mit `SWT.SYSTEM_MODAL` systemweit modal zu machen. Ein modales Fenster, das sich im Vordergrund befindet, lässt keine anderen Fenster in den Vordergrund kommen. Ein solches Fenster sollte so instrumentiert sein, dass der Anwender das Fenster auch schließen kann. Die Standardeinstellung für das Workbench-Fenster ist `SWT.SHELL_TRIM`.

**Beispiel**

Bei unserem Projektplaner möchten wir das Workbench-Fenster etwas anders konfigurieren als vorgeneriert. Zunächst soll es größer sein, außerdem möchten wir keine Werkzeugleiste haben, dafür aber eine Statusleiste und eine Perspektivauswahlleiste. Wir modifizieren deshalb die Klasse `ApplicationWorkbenchWindowAdvisor`:

```
package com.bdaum.planner;
import org.eclipse.swt.graphics.Point;
import org.eclipse.ui.application.ActionBarAdvisor;
import org.eclipse.ui.application.IActionBarConfigurer;
import org.eclipse.ui.application.IWorkbenchWindowConfigurer;
import org.eclipse.ui.application.WorkbenchWindowAdvisor;

public class ApplicationWorkbenchWindowAdvisor
        extends WorkbenchWindowAdvisor {

  public ApplicationWorkbenchWindowAdvisor(
          IWorkbenchWindowConfigurer configurer) {
    super(configurer);
  }

  public ActionBarAdvisor createActionBarAdvisor(
          IActionBarConfigurer configurer) {
    return new ApplicationActionBarAdvisor(configurer);
  }

  public void preWindowOpen() {
    IWorkbenchWindowConfigurer configurer = getWindowConfigurer();
    configurer.setInitialSize(new Point(800, 600));
    configurer.setShowPerspectiveBar(true);
    configurer.setShowCoolBar(false);
    configurer.setShowStatusLine(true);
    configurer.setTitle("Project Planner");
  }
}
```

### 4.3.3 Aktionsleisten erzeugen

Mit Hilfe der Methode `createActionBarAdvisor()` des `WorkbenchWindowAdvisor` können `ActionBarAdvisor`-Implementierungen in die Workbench eingeführt werden. Dessen Methode `fillActionBars()` mit den Untermethoden `fillMenuBar()`, `fillCoolBar()` und `fillStatusLine()` ist für die Konstruktion der verschiedenen Aktionsleisten (Menü, Werkzeugleiste, Statuszeile) zuständig. Dabei besteht auch die Möglichkeit, mit Hilfe von Separatoren Andockpunkte für spätere Erweiterungen zu schaffen.

Die Methode `registerAction()` erlaubt die Zuordnung eines Aktionsobjektes zu einer Identifikation. Mit `getAction()` kann die Registratur abgefragt werden. Das Registrieren hat (neben der Aufbewahrungsfunktion) auch den Zweck, die Aktionen auch dem Mechanismus für die Vergabe von Tastaturkürzeln (*KeyBinding*) bekannt zu machen.

Die Methode `isApplicationMenu()` gibt an, wie sich die Anwendung beim *OLE-In-Place-Editing* verhält. Wird hier der Wert `true` zurückgegeben, bleibt das Menü im Fenster erhalten, beim Wert `false` (Standard) wird das Menü aus dem eingebetteten Fenster entfernt.

Mit der Methode `getActionBarConfigurer()` erhält man im `ActionBarAdvisor` ein Instanz des Typs `IActionBarConfigurer`. Mit Hilfe dieser Instanz ist der Zugriff auf die verschiedenen Manager für Menü, Werkzeugleiste und Statuszeile möglich. Außerdem können bestimmte Aktionen mit der Methode `registerGlobalAction()` als global registriert werden, wenn verschiedene Werkzeuge eine solche Aktion gemeinsam benutzen (also eine Art Aktions-Overloading). Damit wird vermieden, dass diese Aktionen mehrfach auf der Menüleiste erscheinen.

### Beispiel

Als Beispiel zeigen wir hier die Definition eines `ActionBarAdvisor`, welcher eine Menüleiste aufbaut, die aus einem *Print*-, einem *Exit*-, einem *Help*- und einem *About*-Menüpunkt besteht. (Wie der *About*-Dialog konfiguriert werden kann, erläutern wir im nächsten Kapitel.) Alle diese Aktionen sind Standardaktionen der Eclipse-Plattform, stehen also in der `ActionFactory` abrufbar bereit. Wir holen uns zunächst in Methode `makeActions()` Instanzen dieser Aktionen und registrieren sie im `ActionBarAdvisor`. Alle diese Aktionen sind global – intern führt die Methode `register()` die Methode `registerGlobalAction()` beim `IActionBarConfigurer` aus.

In der Methode `fillMenuBar()` werden dann Menütitel angelegt und mit den abgespeicherten Aktionen aufgefüllt. Dabei wird auch unter dem Help-Titel mit Hilfe eines Separators ein Andockpunkt für später einzufügende Update-Aktionen angelegt. Der Menüpfad für diese Erweiterungen lautet `help/update`.

```
package com.bdaum.planner;
import org.eclipse.jface.action.IMenuManager;
import org.eclipse.jface.action.MenuManager;
import org.eclipse.ui.IWorkbenchActionConstants;
import org.eclipse.ui.IWorkbenchWindow;
import org.eclipse.ui.actions.ActionFactory;
import org.eclipse.ui.application.ActionBarAdvisor;
import org.eclipse.ui.application.IActionBarConfigurer;

public class ApplicationActionBarAdvisor extends ActionBarAdvisor {

  public ApplicationActionBarAdvisor( IActionBarConfigurer
configurer) {
    super(configurer);
  }
  protected void makeActions(IWorkbenchWindow window) {
    register(ActionFactory.PRINT.create(window));
    register(ActionFactory.QUIT.create(window));
    register(ActionFactory.OPEN_PERSPECTIVE_DIALOG.create(window));
    register(ActionFactory.ABOUT.create(window));
    register(ActionFactory.HELP_CONTENTS.create(window));
  }
  protected void fillMenuBar(IMenuManager menuBar) {
    // File
    MenuManager fileMenu = new MenuManager("&File",
                           IWorkbenchActionConstants.M_FILE);
    menuBar.add(fileMenu);
    fileMenu.add(getAction(ActionFactory.PRINT.getId()));
    fileMenu.add(getAction(ActionFactory.QUIT.getId()));
    // Window
    MenuManager windowMenu = new MenuManager("&Window",
                           IWorkbenchActionConstants.M_WINDOW);
    menuBar.add(windowMenu);
    windowMenu.add(getAction(ActionFactory.
                           OPEN_PERSPECTIVE_DIALOG.getId()));
     // Help
    MenuManager helpMenu = new MenuManager("&Help",
            IWorkbenchActionConstants.M_HELP);
    menuBar.add(helpMenu);
    helpMenu.add(getAction(ActionFactory.HELP_CONTENTS.getId()));
    helpMenu.add(new Separator("update")); // für Update-Aktionen
    helpMenu.add(getAction(ActionFactory.ABOUT.getId()));
  }
}
```

*Standardaktionen*

*Menüleiste*

Wir können nun die Anwendung erneut testen. Vor der Ausführung bringen wir die Launch-Konfiguration auf den neuesten Stand, indem wir auf der Seite *Plug-ins* wieder die Taste *Add Required Plug-ins* betätigen.

Die Anwendung ist nun mit einem Menü ausgerüstet – die einzelnen Menüaktionen können schon ausprobiert werden.

### 4.3.4 Das Anwendungs-Plugin der Beispielanwendung

Nachdem wir den RCP-Programmrahmen für den Projektplaner aufgebaut und konfiguriert haben, können wir uns um die Plugin-Klasse `PlannerPlugin` kümmern. Diese Klasse wurde bereits so vorgeneriert, dass sie sich um die allgemeinen spezifischen Aufgaben kümmert. Wir ergänzen diese Klasse so, dass sie auch anwendungsspezifische Angelegenheiten verwaltet, wie z.B. die Benutzerverwaltung. Später kommen dann noch das Hoch- und Runterfahren der Datenbank und die Verwaltung der Hibernate-Sitzung hinzu.

Doch zunächst zur Benutzerverwaltung. Jeder Benutzer hat eine oder mehrere Rollen. Jeder Rolle können eine oder mehrere Perspektiven zugeordnet sein (welche, hängt von den zusätzlich installierten Features ab), wobei eine als Anfangsperspektive für eine Rolle ausgezeichnet sein sollte.

Interessant wird es in dem Fall, wenn einem Benutzer mehrere Perspektiven zugeordnet sind und der Benutzer zwischen diesen Perspektiven umschalten können soll. Der Benutzer bräuchte dazu eine Auswahlmöglichkeit zwischen diesen Perspektiven, aber eben nur zwischen den für ihn zugelassenen Perspektiven. Mit der Standard-Perspektivenleiste von Eclipse geht das nicht – diese Leiste kann nur die Gesamtheit aller Perspektiven verwalten.

Die Lösung des Problems lässt sich über das programmgesteuerte Deaktivieren von Plugins erreichen. Wird jede Perspektive durch ein eigenes Plugin implementiert und werden je nach Benutzerrolle nur die wirklich benötigten Plugins aktiviert, so kann die normale Eclipse-Perspektivenleiste für die Auswahl der Perspektiven verwendet werden. In Abschnitt 20.3.1 werden wir sehen, wie Plugins programmgesteuert deaktiviert werden können.

Zunächst müssen wir aber im Plugin-Manifest einen neuen Erweiterungspunkt anlegen, um die Definition solcher Rollen-Perspektiv-Zuordnungen zu ermöglichen. Dabei treffen wir auch gleich eine Zuordnung zwischen Rolle und Plugin.

### Erweiterungspunkt roles

*Erweiterungspunkt definieren*

Dazu betätigen Sie auf der Seite *Extension Points* des Manifest-Editors die *Add*-Taste und definieren einen neuen *Extension Point* mit der ID `roles`. Anschließend wird das Schema dieses neuen Erweiterungspunktes definiert. Das Plugin-Manifest müsste anschließend folgenden Eintrag enthalten:

```
<extension-point id="roles"
                 name="User roles"
                 schema="schema/roles.exsd"/>
```

*Schema definieren*

Im Schema-Editor (siehe Abschnitt 3.5.5) fügen Sie zunächst ein neues Element namens `role` hinzu (den Namen können Sie im *Properties*-View eingeben). Für dieses Element erzeugen Sie ein neues Attribute namens `name`. Außerdem erzeugen Sie noch ein neues Element namens `perspective` mit den Attributen `id` und `initial` und ein Element namens `plugin` mit dem Attribut `id`. Die Attribute `name` und `id` sind *string*-Attribute und sind *required*, das Attribut initial ist ein Boole´sches Attribut mit *Use=default* und dem Standardwert *false*.

Anschließend müssen die Elemente noch verknüpft werden. Selektieren Sie das Element `extension`. In der Sektion *Element Grammar* selektieren Sie `sequence` und wenden dann die Kontextfunktion *New>Reference>role* darauf an. Anschließend selektieren Sie das hinzugefügte Kindelement `role` und tragen im *Properties*-View unter *maxOccurs* den Wert *unbounded* ein.

Dann selektieren Sie das Element `role` und wenden die Kontextfunktion *New>Compositor>sequence* an. Den neuen *sequence*-Eintrag selektieren Sie und wenden darauf die Kontextfunktion *New>Compositor>choice* an. Dann selektieren Sie den neuen *choice*-Eintrag und setzen im *Properties*-View den Wert für *maxOccurs* auf *unbounded*. Nun wenden Sie auf den *choice*-Eintrag zunächst die Kontextfunktion *New>Reference>perspective* und dann die Kontextfunktion *New> Reference>plugin an.*

Damit ist das Projektplaner-Plugin auf den Anschluss weiterer Plugins vorbereitet und unterstützt mit Hilfe des Schemas die Definition von `roles`-Erweiterungen.

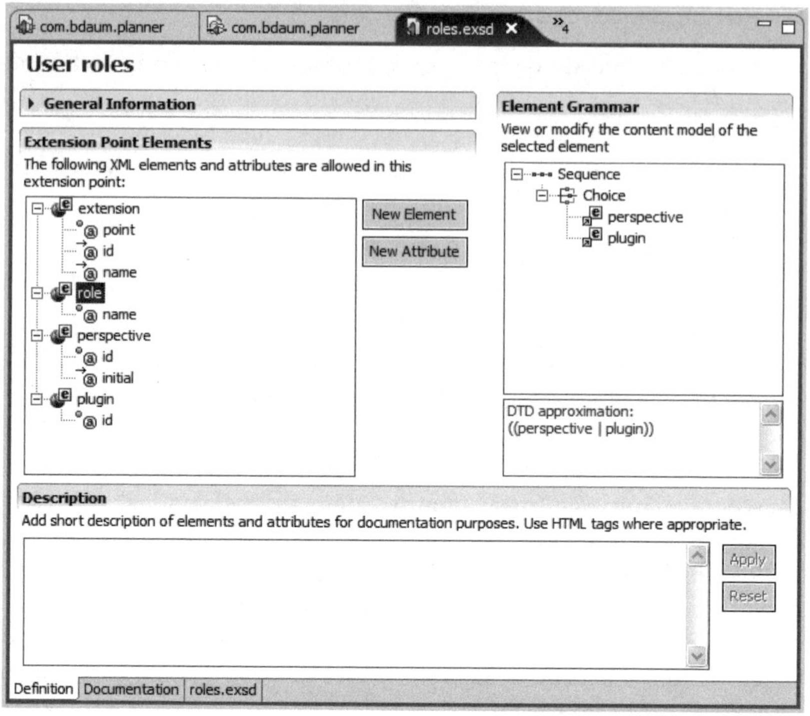


**Abb. 4–2** Das Schema für den neuen Erweiterungspunkt `roles`

Wenn Sie auf das Schema die Kontextfunktion *Preview Reference document* anwenden, so müsste das generierte DTD etwa so aussehen:

```
<!ELEMENT extension (role+)>
<!ATTLIST extension
         point CDATA #REQUIRED
         id    CDATA #IMPLIED
         name  CDATA #IMPLIED>
<!ELEMENT role ((perspective | plugin))>
<!ATTLIST role
         name CDATA #REQUIRED>
<!ELEMENT perspective EMPTY>
<!ATTLIST perspective
         id      CDATA #REQUIRED
         initial (true | false) "false">
<!ELEMENT plugin EMPTY>
<!ATTLIST plugin
         id CDATA #REQUIRED>
```

### Die Klasse User

Einzelne Benutzer repräsentieren wir durch Instanzen der Klasse User.

```
package com.bdaum.planner;
import java.util.List;

public class User {
  public String name;
  public String password;
  public List<String> roles;

  public User(String name, String password, List<String> roles) {
    this.name = name;
    this.password = password;
    this.roles = roles;
  }
}
```

### Die Klasse PlannerPlugin

In der Klasse PlannerPlugin definieren wir dann ein entsprechendes user-Feld mit seinen Zugriffsmethoden:

```
// Aktueller Benutzer
private User user;

public User getUser() {
  return user;
}

public void setUser(User user) {
  this.user = user;
}
```

Nun können wir darangehen, die schon weiter oben per *QuickFix* angelegte Methode getInitialPerspectiveId() zu implementieren. Dazu werten wir in der Methode die in der aktuellen User-Instanz gespeicherten Rollen aus. Wir verwenden die erste definierte Rolle und suchen dann die passende Perspektive dazu.

```
/**
 * Liefert die ID der rollenspezifischen Anfangsperspektive
 * @return - die ID der Anfangsperspektive
 */
public String getInitialPerspectiveId() {
  if (user != null) {
    String role = (user.roles != null) ? user.roles.get(0)
            : null;
```

```
      if (role != null)
        return findPerspective(role);
    }
    return null;
  }
```

Die Perspektive finden wir in der Erweiterungs-Registratur, wo spezifischen Rollen Perspektiv-Identifikationen zugeordnet wurden. So ist die Methode `findPerspective()` in der Lage, flexibel zu reagieren, wenn später über zusätzliche Plugins weitere Rollen, Perspektiven und Rollen-Perspektiv-Zuordnungen hinzukommen. In einer weiteren statischen Methode `getAllRoles()` leiten wir die Menge aller definierten Benutzerrollen aus den Einträgen in der Registratur ab. Damit können später dem Systemadministrator die verschiedenen Wahlmöglichkeiten bei der Rollenzuordnung angezeigt werden.

*Erweiterungs-Registratur*

```
/**
 * Sucht eine Perspektive für eine Rolle
 * @param initialRole
 * @return initialPerspective
 */
private String findPerspective(String initialRole) {
  String defaultPersp = null;
  IExtensionRegistry reg = Platform.getExtensionRegistry();
  try {
    // Alle Konfigurationselemente für diesen Punkt
    for (IConfigurationElement role : reg
            .getConfigurationElementsFor("com.bdaum.planner",
                    "roles"))
      // Mit Rolle vergleichen
      if (initialRole.equals(role.getAttribute("name")))
        for (IConfigurationElement persp : role
                .getChildren("perspective")) {
          String perspId = persp.getAttribute("id");
          if (defaultPersp == null)
            defaultPersp = perspId;
          // Abprüfen, ob dies eine Anfangsperspektive ist
          if ("true".equals(persp.getAttribute("initial")))
            return perspId;
        }
  } catch (InvalidRegistryObjectException e) {
    // Sollte nicht passieren, da gleichzeitig kein
    // Update gefahren wird
  }
  // Falls keine Anfangsperspektive gefunden,
  // geben wir die erste passende Perspektive zurück
```

```
    return defaultPersp;
  }
  /**
   * Verfügbare Benutzerrollen aus den Plugin-Manifesten ableiten
   * @return - Benutzerrollen
   */
  public static Set<String> getAllRoles() {
    Set<String> result = new HashSet<String>();
    IExtensionRegistry reg = Platform.getExtensionRegistry();
    // Alle Konfigurationelemente für diesen Punkt
    for (IConfigurationElement role :
            reg.getConfigurationElementsFor("com.bdaum.planner",
                                                          "roles"))
      result.add(role.getAttribute("name"));
    return result;
  }
```

Weiter unten werden wir die Einträge in der Registratur auch dafür benutzen, die Gestaltung der einzelnen Perspektiven zu beeinflussen. Konkret geht es dabei um das Einfügen von Shortcuts für die Perspektivenumschaltung.

*Protokolldatei*

Außerdem benötigen wir in der Klasse PlannerPlugin noch eine Methode zum Eintragen von Fehlern in die Eclipse-Logdatei. Dieses Vorgehen hat den Vorteil, dass wir ein einheitliches Format für die Fehlerprotokollierung benutzen und Standardkomponenten wie z.B. den *ErrorLog*-View verwenden können, um die Protokolldatei auszuwerten.

Der Fehlertext wird mit Hilfe der Methode log() in die Eclipse-Logdatei geschrieben. Dabei wird auch das Throwable mitgegeben, so dass diese Information (mitsamt des gesamten Stack-Trace) auch in die Logdatei aufgenommen wird.

```
  /**
   * Protokolliert interne Fehler
   * @param code - Plugin-spezifischer Fehlercode
   * @param msg - die Fehlernachricht
   * @param ex - Throwable, das den Fehler ausgelöst hat,
                                                  oder null
   */
  public static void logError(int code, String msg,
                                                Throwable ex) {
    getDefault().getLog().log(
            new Status(IStatus.ERROR, getId(), code, msg, ex));
  }
```

Log-Einträge müssen vom Typ `IStatus` sein, und benötigen die Angabe der Plugin-ID. Die können wir entweder hart kodieren (also direkt im Code angeben) oder aus dem Plugin-Manifest ableiten. Das geschieht hier mit der Methode `getId()`. Von der Plugin-Instanz erhält man den Zugriff auf das OSGi-Bundle. Der symbolische Name des Bundles ist identisch mit der Plugin-ID.

```
/**
 * Holt die Plugin-ID vom OSGi-Bundle
 * @return Plugin-ID
 */
private static String getId() {
  return getDefault().getBundle().getSymbolicName();
}
```

Ein Aufruf der Methode `logError()` sieht dann folgendermaßen aus:

```
PlannerPlugin.logError(1, "Fehler Nummer 1", exception);
```

### Die Klasse Perspective

Grundsätzlich können in dieser Anwendung einem Benutzer mehrere Rollen zugeordnet werden. Zusätzlich besteht die Möglichkeit, einer Rolle mehrere Perspektiven zuzuordnen. Damit braucht der Benutzer die Möglichkeit der Perspektivauswahl. Die besteht automatisch über die Perspektivenleiste, ist aber umständlich. Betätigt der Benutzer die Taste *Open Perspective*, so sieht er nur einen einzigen Menüpunkt *Other*. Erst beim Aufruf dieser Menüfunktion erhält er einen Auswahldialog für die verfügbaren Perspektiven. Schöner wäre es, wenn diese Perspektiven gleich angeboten würden. Normalerweise werden solche *Shortcuts* in den jeweiligen Plugin-Manifesten mit Hilfe des Erweiterungspunktes `org.eclipse.ui.perspectiveExtensions` definiert. Doch diese statische Art der Definition setzt voraus, dass das jeweilige Plugin vorab weiß, welche Perspektiven zur Verfügung stehen. Dies ist in unserem Fall bei wechselnden Benutzern nicht gegeben.

*Shortcuts anlegen*

Alternativ können jedoch in den jeweiligen `PerspectiveFactory`-Instanzen mit Hilfe der Methode `addPerspectiveShortcut()` solche Perspektiven-Shortcuts gesetzt werden. Damit ergibt sich die Möglichkeit, die Erweiterungs-Registratur auszuwerten und je nach registrierten Perspektiven die nötigen Shortcuts zu setzen. Da diese Funktionalität in allen Plugins identisch ist, implementieren wir hier in der Klasse `Perspective` eine kleine statische Methode, die genau dies besorgt:

```
  /**
   * Füllt das Shortcut-Menü der Perspektivenleiste
   * @param layout - Layout, zu dem das Menü gehört
   */
  public static void fillPerspectiveMenu(IPageLayout layout) {
    IExtensionRegistry registry = Platform.getExtensionRegistry();
    try {
      // Alle Konfigurationslemente
      for (IConfigurationElement conf : registry
              .getConfigurationElementsFor("org.eclipse.
                                          ui.perspectives"))
        // Perspektiven genauer untersuchen
        if (conf.getName().equals("perspective")) {
          String perspId = conf.getAttribute("id");
          if (perspAllowedForUser(perspId, PlannerPlugin
                .getDefault().getUser()))
            layout.addPerspectiveShortcut(perspId);
        }
    } catch (InvalidRegistryObjectException e) {
      // Beim gleichzeitigen Plattform-Update kann das
      // ignoriert werden
    }
  }
/**
   * Prüft, ob Perspektive für Benutzer zugelassen ist.
   * @param perspId - Perspektive-ID
   * @return - true, wenn Perspektive für aktuellen Benutzer
   *               zugelassen ist.
   */
  private static boolean perspAllowedForUser(String perspId,
                                                User user) {
    if (user == null)
      return false;
    IExtensionRegistry registry = Platform.getExtensionRegistry();
    try {
      // Alle Konfigurationslemente
      for (IConfigurationElement role : registry
              .getConfigurationElementsFor("com.bdaum.planner",
                                                "roles"))
        for (IConfigurationElement persp :
                                role.getChildren("perspective"))
          // Assoziation für gesuchte Perspektive
          if (perspId.equals(persp.getAttribute("id")) &&
            // Prüfen, ob aktueller Benutzer diese Rolle besitzt
```

```
                user.roles.contains(role.getAttribute("name")))
                  return true;
        } catch (InvalidRegistryObjectException e) {
          // Beim gleichzeitigen Plattform-Update kann das
          // ignoriert werden
        }
        return false;
      }
```

Der Aufruf der Methode erfolgt dann von den Perspective-Klassen der jeweiligen Plugins mit:

```
Perspective.fillPerspectiveMenu(layout);
```

Auf diese Art kann man also den Aufbau des GUIs dynamisch gestalten.

Im nächsten Kapitel wollen wir diskutieren, welche Möglichkeiten zur Produktgestaltung in der Eclipse-RCP bestehen.

# 5 Produktanpassung

Bei der Herstellung eines Softwareproduktes gibt es eine Phase, die als Customizing oder Branding bezeichnet wird. Hier geht es darum, das äußere Erscheinungsbild eines Produktes ohne großen Aufwand zu variieren, um so das Produkt z.B. unterschiedlichen Märkten oder Vertriebskanälen anzupassen. Die Applikationslogik bleibt dabei weit gehend unverändert. Gerade bei einer Rich-Client-Anwendung, die außerhalb der Eclipse-Plattform zum Einsatz kommt, ist dieses Thema besonders wichtig. Zum Beispiel soll beim Start einer solchen Applikation nicht der Eclipse-Splash-Screen gezeigt werden, sondern der hauseigene Splash-Screen, das Ausführungsprogramm soll nicht `eclipse.exe` heißen, sondern z.B. `planner.exe` usw.

Ein weiterer wichtiger Punkt für den Vertrieb eines Produktes in verschiedenen Märkten ist die Internationalisierung des Produktes. Hier geht es nicht nur um verschiedene Endbenutzersprachen, sondern es kann auch notwendig werden, Anpassungen in Formularaufbau und -gestaltung zu machen. So kann es notwendig werden, in Ländern, in denen von rechts nach links oder von oben nach unten gelesen wird, eine andere Formulargestaltung zu wählen als in Ländern, in denen von links nach rechts gelesen wird. Auch die Auswahl des Bildmaterials sollte sensibel zu den kulturellen Gepflogenheiten des Zielmarktes erfolgen. Eclipse unterstützt die Internationalisierung von Softwareprodukten mit verschiedenen Techniken, die wir in Abschnitt 5.3 diskutieren.

## 5.1 Produktgestaltung

Die im vorigen Kapitel erstellte Beispielanwendung sieht – abgesehen von der fehlenden Anwendungsfunktionalität – noch nicht sehr nach einem marktfähigem Produkt aus. Eclipse stellt jedoch verschiedene Möglichkeiten bereit, das Aussehen eines Produkts zu beeinflussen.

### 5.1.1 Produktdefinition im Plugin-Manifest

Dazu gehört zunächst die Definition einer Erweiterung für den Erweiterungspunkt org.eclipse.core.runtime.product im Plugin-Manifest. Hier wird unter anderem die Produktidentifikation und die Zuordnung des Produkts zu einer definierten Applikation spezifiziert. Zusätzlich können in property-Kindelementen weitere Produkteigenschaften angegeben werden:

```
<extension id="product"
           point="org.eclipse.core.runtime.products">
   <product application="com.bdaum.planner.application"
            name="Project Planner">
      <property name="aboutText"
       value="Projektplaner&#x0D;&#x0A;(c) 2005 Berthold Daum"/>
   </product>
</extension>
```

Dieser Erweiterungspunkt hat weit gehend die in früheren Eclipse-Versionen gebräuchliche about.ini-Datei verdrängt. Deren Einträge können nun als property-Einträge im products-Erweiterungspunkt erfolgen.

Doch auch der Erweiterungspunkt wird seit Eclipse 3.1 in der Regel nicht mehr manuell im Plugin-Manifest angelegt. Stattdessen wird die gesamte Produktkonfiguration in einer speziellen Datei, einer .product-Datei, zusammengefasst. Eine solche Datei steuert dann auch den Export des spezifizierten Produkts in ein Auslieferungsarchiv. So lässt sich praktisch auf Knopfdruck ein komplettes Produkt erzeugen.

### 5.1.2 Die Produktkonfiguration

Sehen wir uns eine solche Produktkonfiguration am Beispiel unseres Projektplaners etwas genauer an. Zunächst muss eine neue .product-Datei erzeugt werden. Das geschieht mit *File>New>Product Configuration*. Im folgenden Schirm spezifizieren wir den Namen der Datei als planner.product, wählen dann die Option *Use a launch configuration* und wählen dann die in Abschnitt 4.2.3 erstellte Launch-Konfiguration aus. Durch diese Angabe werden die in der Launch-Konfiguration aufgelisteten Plugins in die Produktkonfiguration übernommen, was später dann beim Export der kompletten Applikation zum Tragen kommt.

*Produkteditor*

Nach einem Klick auf die *Finish*-Taste öffnet sich denn auch gleich der Produkteditor. Die *Overview*-Seite zeigt ein noch leeres Feld für die Produkt-Identifikation. Wir betätigen die *New*-Taste und wählen im daraufhin erscheinenden Dialog unter *Defining Plug-In* das Plugin com.bdaum.planner aus, das so zum *Branding*-Plugin erklärt wird. Im Feld *Product ID* vergeben wir als Produktidentifikation den Wert »product«. Schließlich müssen wir im Feld *Application* eine Zuordnung zu einer definierten Applikation treffen. Hier wählen wir die Applikation com.bdaum.planner.application aus, die wir beim Anlegen des Planer-Projekts definiert hatten. Mit einem Klick auf die *Finish*-Taste fügen wir diese Produktdefinition der Konfiguration hinzu. Anschließend spezifieren wir noch im Feld *Product Name* den Wert »Project Planner«. Die Option *The product configuraton is based on* lassen wir zunächst auf »plug-ins«, denn Feature-Projekte haben wir noch nicht definiert. (In Abschnitt 7.1 gehen wir auf die »features«-Option ein.)

Dann betätigen wir den Hyperlink *Synchronize* im Abschnitt *Testing*. Dieser bringt das Plugin-Manifest auf den neuesten Stand. Konkret wird die oben gezeigte Erweiterung für den Erweiterungspunkt org.eclipse.core.runtime.products angelegt, allerdings noch ohne den *About*-Text.

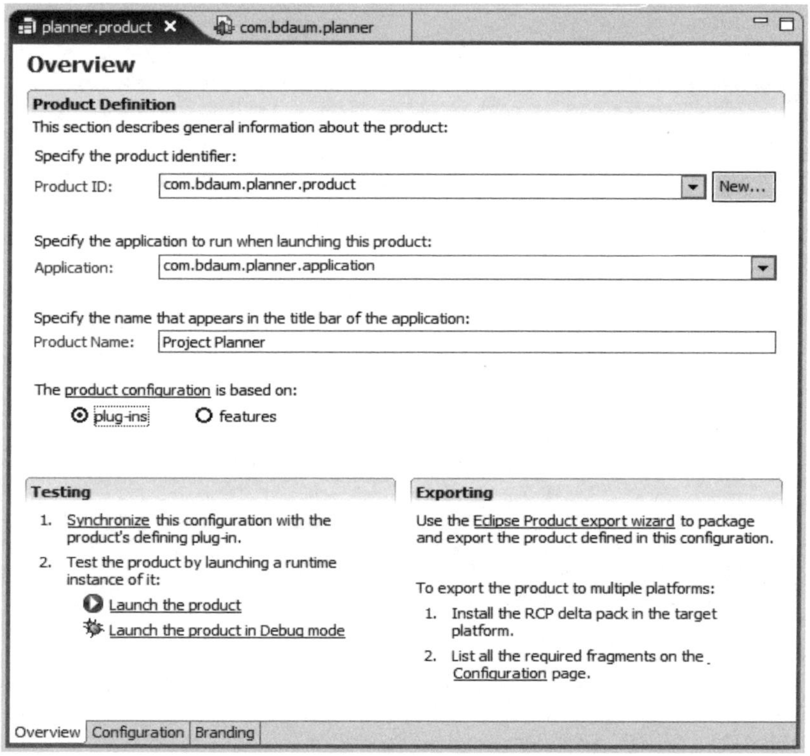


**Abb. 5–1** Die Übersichtsseite des Produkteditors. Von hier aus kann auch bequem eine neue Launch-Konfiguration erstellt werden oder das komplette Produkt exportiert werden.

Die nächste Seite des Produkteditors, die Seite *Configuration*, enthält Angaben über die benötigten Plugins (hätten wir statt der Option »plug-ins« die Option »features« ausgewählt, so wären stattdessen die benötigten Features aufgezählt). Diese Angaben wurden beim Anlegen der Produktkonfiguration aus der Launch-Konfiguration übernommen. Außerdem ist es hier möglich, Angaben über die beim Programmstart verwendete Datei `config.ini` zu machen. Wir kommen in Abschnitt 6.5 darauf zurück.

*Kommandozeilenparameter*

Außerdem ist es möglich, im Abschnitt *Programm Arguments* Kommandozeilenparameter für die Ausführung der RCP-Anwendung anzugeben. Im Abschnitt *VM Arguments* können Parameter für die *Java Virtual Machine* angegeben werden (z.B. `-Xmx256M`). In beiden Fällen wird pro Zeile ein Parameter eingetragen. Diese Angaben landen später in einer speziellen Datei `<productname>.ini` (in unserem Fall `planner.ini`) und werden später vom nativen Lader der Applikation (also `planner.exe`) ausgewertet.

*Branding*

Schließlich erfolgt die eigentliche Produktgestaltung auf der Seite *Branding*.

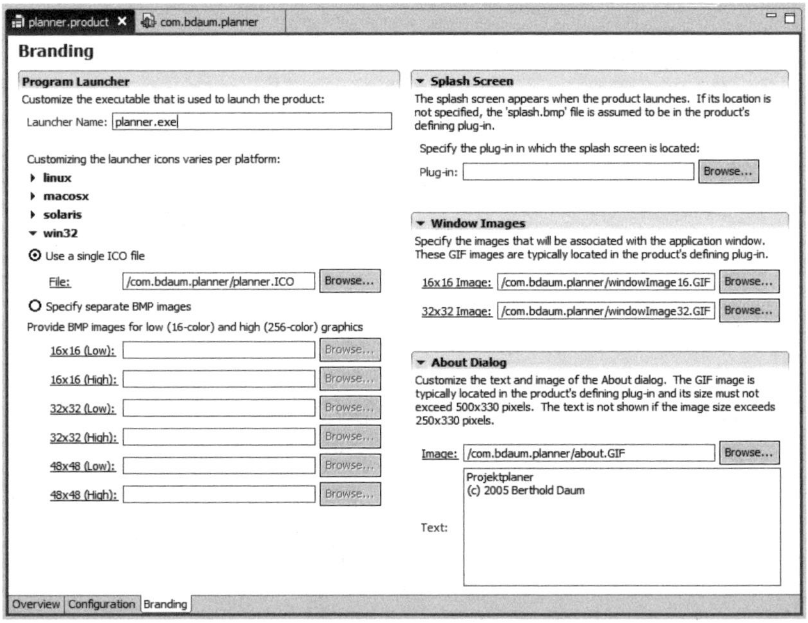


**Abb. 5–2** Die Branding-Seite des Produkteditors

Hier können die verschiedenen Aspekte der Produktgestaltung kontrolliert werden. So kann unter *Launcher Name* ein Name für das Ausführungsprogramm angegeben werden. Beim Export der Applikation wird dann das Modul `eclipse.exe` einfach entsprechend umbenannt. Es ist sogar möglich, dieses Modul mit einem produktspezifischen Icon zu versehen. Da Icon-Formate je nach Ablaufplattform verschieden sind, muss hier für jede Ablaufplattform ein eigenes Icon erstellt und angegeben werden. Für Windows-Plattform funktioniert das mit Eclipse 3.1.0 aber noch nicht richtig – hier empfiehlt sich eine Nachbearbeitung mit dem Werkzeug *ResBuild*.

Auf der rechten Seite kann unter Splash-Screen das Verzeichnis angegeben werden, in dem die Datei `splash.bmp` gespeichert ist. Dieses Bild wird beim Start der Anwendung kurz angezeigt. Wir lassen dieses Feld frei, denn wir speichern `splash.bmp` im Branding-Projekt com.bdaum.planner, wo es standardmäßig gesucht wird.

Unter *Window Image* werden Icons für die Titelleisten der Applikationsfenster definiert. Schließlich erfolgt noch in der Sektion *About Dialog* die Angabe eines *About*-Bildes und eines Textes. Damit diese Angaben dann tatsächlich im *About*-Dialog erscheinen, ist es notwendig, dass der Standard-*About*-Dialog der Eclipse-Plattform aufgerufen wird. Das geschieht am besten mit der Standardaktion `ABOUT`, wie in Abschnitt 4.3.3 gezeigt.

*Launch*

Wir können nun direkt von der *Overview*-Seite aus die Anwendung erneut testen. Dazu klicken wir vorsichtshalber zunächst den *Synchronize*-Hyperlink, um das Plugin-Manifest auf den neuesten Stand zu bringen. Anschließend starten wir mit einem Klick auf den Hyperlink *Launch the product* die Applikation. Der Produkteditor legt dabei automatisch eine neue Launch-Konfiguration namens `planner.product` an.

*Export*

Wenn Sie wollen, können Sie auch schon einmal den Hyperlink *Eclipse Product export wizard* ausprobieren. Allerdings müssten Sie dafür vorher auf der Seite Build des Plugin-Manifestes alle Artefakte ankreuzen, die in den Build-Prozess eingeschlossen werden sollen (in Abschnitt 6.4 wird dies ausführlicher behandelt). Wenn Sie sichergehen wollen, kreuzen Sie jetzt erst mal beim *Binary Build* alle Elemente an. Nachdem Sie das Plugin-Manifest mit *Strg+S* gesichert haben, betätigen sie den oben genannten Hyperlink. Sie erhalten dann die Dialogseite des Wizards. Nach Eingabe des *Root directory* (»planner«) und des *Directory* (z.B. C:\Programme) unter *Export destination*, erfolgt mit einem Klick auf Finish der Export. Anschließend können Sie das Programm unter `C:\Programme\planner\planner.exe` aufrufen.

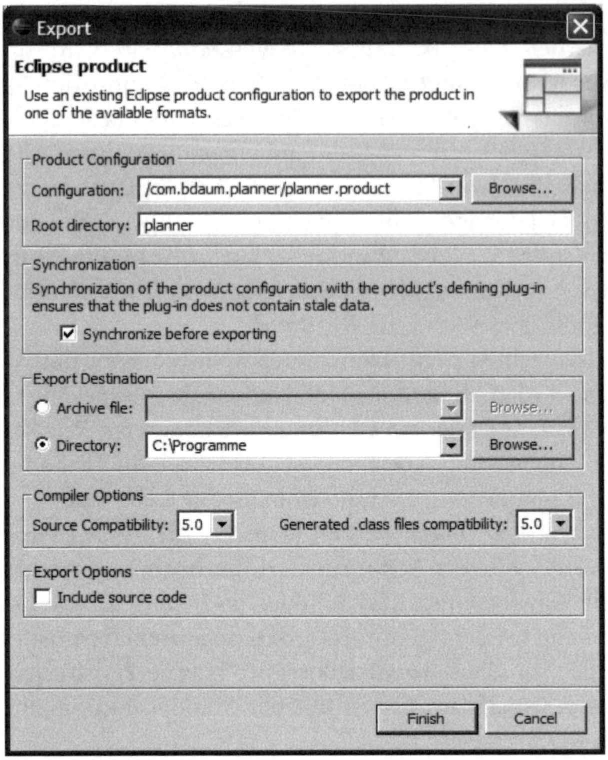


**Abb. 5–3** Der Export-Wizard für Eclipse-Produkte. Was hier noch fehlt, ist eine Option »Launch Product after Export«...

### 5.1.3 Plugin-Konfiguration

Weitere Gestaltungsmöglichkeiten bestehen über die Definition einer Datei `plugin_customization.ini` im jeweiligen Anwendungs-Plugin einer Rich-Client-Anwendung. Diese Datei gestattet es, die Präferenzen (Benutzereinstellungen) aller installierten Plugins abweichend vorzubelegen. Man muss dazu freilich die Identifikation der einzelnen Präferenz kennen. Diese herauszufinden ist nicht schwer. Man bedient sich eines alten Hackertricks und verändert einfach die entsprechende Einstellung unter *Window>Preferences*, exportiert dann die Einstellungen mit *File>Export>Preferences* und schaut sich anschließend die exportierte `.epf`-Datei in einem Texteditor an. Der eigentliche Schlüssel der Präferenz beginnt nach dem Präfix »/instance/«.

Auf einige Kandidaten für die Datei `plugin_customization.ini` möchte ich genauer eingehen:

```
# new-style tabs by default
org.eclipse.ui/SHOW_TRADITIONAL_STYLE_TABS=false
```

Mit diesem Eintrag kann die Form der View-Reiter festgelegt werden. Im traditionellen Stil sind sie eckig (Standard bei einer RCP-Anwendung), den nicht-traditionellen, kurvigen Stil kennen Sie bereits vom Eclipse-SDK, wo diese Einstellung Standard ist:

```
# put the perspective switcher on the top right
org.eclipse.ui/DOCK_PERSPECTIVE_BAR=topRight
```

Dieser Eintrag erlaubt die Positionierung der Perspektivenleiste. Mögliche Werte sind `topRight`, `topLeft` und `left`. Solange allerdings die Werkzeugleiste unsichtbar geschaltet ist (siehe Abschnitt 4.3.2), verhält sich `topRight` wie `topLeft`.

```
# show progress on startup
org.eclipse.ui/SHOW_PROGRESS_ON_STARTUP=true
```

Dieser Eintrag schließlich zeigt beim Laden der Anwendung einen Fortschrittsbalken an.

## 5.2 Willkommensseiten

Sowohl die Willkommensseite des Eclipse-SDK als auch das Eclipse-Hilfesystem tragen deutlich den Stempel von Eclipse. Während die Eclipse-RCP standardmäßig nicht mit einer Willkommensseite ausgerüstet ist, ist dagegen das Hilfesystem in der gleichen Aufmachung wie beim SDK vorhanden. Für eigene Produkte empfiehlt es sich also, sowohl über die Gestaltung einer eigenen Willkommensseite nachzudenken, als auch das Hilfesystem den eigenen Bedürfnissen anzupassen.

### 5.2.1 Die Willkommensseite der Workbench

Wenn Sie das Eclipse-SDK zum ersten Mal starten, gelangen Sie zunächst zur Eclipse-Willkommensseite, die Ihnen Auskunft über die verfügbare Hilfe, über Neuigkeiten, Beispiele und Tutorien gibt. Auch diese Funktionalität steht Rich-Client-Anwendungen zur Verfügung. Freilich wird man die vorgefertigte Willkommensseite nicht dazu verwenden, denn diese ist zu Eclipse-spezifisch. Stattdessen kann man eigene Willkommensseiten implementieren, die über den Erweiterungspunkt `org.eclipse.ui.intro` (siehe Abschnitt 3.5.4) im Manifest deklariert werden. Solche Willkommensseiten können als eigene Java-Klassen (auf Basis der Klasse `IntroPart`) implementiert werden. Dabei sind pro Produktdeklaration verschiedene Willkommensseiten möglich. In `introProductBinding`-Elementen können die `intro`-Elemente verschiedenen Produkt-Identifikationen (siehe oben) zugeordnet werden.

Alternativ zu eigenen `IntroPart`-Implementierungen kann auch die Klasse `CustomizableIntroPart` aus dem Plugin `org.eclipse.ui.intro` verwendet werden. Diese Klasse kann im Plugin-Manifest mit Hilfe des Erweiterungspunktes `org.eclipse.ui.intro.config` (siehe Abschnitt 3.5.4) konfiguriert werden und erlaubt die Definition von Willkommensseiten in Form von XML- oder XHTML-Seiten. Die Syntax dieser Seiten ist im *Platform Plug-in Developers Guide* im Abschnitt *Advanced Workbench Concepts>Guiding the user through tasks>Intro support* beschrieben. Eine gute Idee ist es, sich die mit dem Eclipse-SDK ausgelieferte Willkommensseite als Vorbild anzusehen. Sie finden die Willkommensseite unter dem Namen `introContent.xml` im Plugin `org.eclipse.platform`.

### 5.2.2 Das Hilfesystem

Im Wesentlichen hat man zwei Möglichkeiten, das Eclipse-Hilfesystem den eigenen Vorstellungen anzupassen:

- Verwendung eines eigenen Hilfesystems über den Erweiterungspunkt `org.eclipse.ui.helpSupport` (siehe Abschnitt 3.5.4).
- Umgestaltung des bestehenden Hilfesystems über die Vorbelegung von Präferenzen (siehe Abb. 5.1.3) für das Hilfesystem. Die Schlüssel für die einzelnen Präferenzen findet man in der Datei `preferences.ini` im Plugin `org.eclipse.help.base`. Insbesondere wird man die Home-Seite des Hilfesystems austauschen wollen. Standardmäßig wird dafür die Datei `help_home.html` im Ordner `doc/` des Plugins `org.eclipse.help.base` verwendet. Durch die Vorbelegung der Präferenz `org.eclipse.help.base/help_home` mit einer anderen Adresse kann die Seite ausgetauscht werden.

## 5.3 Produkte internationalisieren

Eclipse kennt zwei Möglichkeiten, Applikationen zu internationalisieren: über `.properties`-Dateien, die Übersetzungen zu einzelnen Textschlüsseln liefern, und über Ordnerstrukturen, wo komplette Dateien und Ordner sprachspezifisch ausgeliefert werden können.

### 5.3.1 Textkonstanten in Programmen

Am einfachsten ist die Internationalisierung von Textkonstanten in Programmen, denn hier bietet Eclipse im Java-Programmeditor mit der Kontextfunktion *Source>Externalize Strings* eine hervorragende Unterstützung an. Dieser Wizard erstellt eine Liste aller in einem Programm verwendeten String-Konstanten, die noch nicht als externalisiert (oder internalisiert) markiert sind. Anschließend lassen sich die aufgelisteten String-Konstanten in drei Kategorien einteilen:

- **Translate.** In diesem Fall wird die String-Konstante in eine `.properties`-Datei ausgelagert. Im Quelltext wird die String-Konstante durch den Aufruf einer Zugriffsroutine ersetzt. So wird z.B. die Anweisung

  ```
  configurer.setTitle("Project Planner");
  ```

  umgesetzt in

  ```
  configurer.setTitle(Messages.getString(
              "ApplicationWorkbenchWindowAdvisor.0"));//$NON-NLS-1$
  ```

  oder

  ```
  configurer.setTitle(Messages.ApplicationWorkbenchWindowAdvisor_0);
  ```

  Natürlich kann auch ein anderer Schlüssel als »0« gewählt werden.
- **Never Translate.** Die String-Konstante wird mit einem `//$NON-NLS-...$`-Kommentar versehen, damit sie in Zukunft nicht mehr im *Externalize Strings*-Dialog erscheint.
- **Skip.** Es wird nichts verändert. Die String-Konstante erscheint auch in Zukunft im *Externalize Strings*-Dialog.

Der Wizard führt in der Quelldatei die entsprechenden Ersetzungen aus. Er erzeugt außerdem in dem Package eine Properties-Datei, welche die ausgelagerten String-Konstanten enthält, und eine Klasse `Messages`, die den Zugriff auf diese Datei organisiert.

*Eclipse-NLS-Format*

Wie schon oben angedeutet, gibt es dabei zwei verschiedene Formate:

- Das erste Format extrahiert zur Ablaufzeit mit Hilfe der Methode `getString()` aus der Properties-Datei. Diese klassische Methode kann auch außerhalb der Eclipse-Plattform eingesetzt werden. Zudem ist es hier möglich, im Quelltext die Textschlüssel (unter Drücken der *Strg*-Taste) als Hyperlinks zu verwenden. So kann man vom Java-Quellcode in die Properties-Datei und auch wieder zurückspringen.
- Das zweite, mit Eclipse 3.1 eingeführte Format verwendet statische Felder aus der Klasse `Messages`, die beim Laden dieser Klasse initia-

lisiert werden. Diese Methode ist natürlich beim Ablauf erheblich schneller, benötigt jedoch die Unterstützung des Eclipse-Laufzeitsystems (konkret der Klasse `NLS` aus dem Plugin `org.eclipse.osgi.util`).

*Parameter*

In manchen Fällen ist es erforderlich, die Texte in den Properties-Dateien zu parametrisieren. Dazu können in den Texten Platzhalter definiert werden:

```
Editor.save.SVG.error=Error saving SVG file {0} in folder {1}
```

Verwendet man solche Parameter, so erweitert man am besten die `Messages`-Klasse um eine parametrisierte Variante der Methode `getString()`:

```
public static String getString(String key, Object[] params) {
  if (params == null)
    return getString(key);
  try {
    return java.text.MessageFormat.format(getString(key), params);
  } catch (Exception e) {
    return "!"+key+"!";
  }
}
```

Der Aufruf erfolgt dann mit

```
Messages.getString("SvgExport.0",
              new Object[] { file.getName(), folder.getName() });
```

Das ist natürlich nur beim klassischen Messages-Format möglich. Verwendet man die neue Eclipse-spezifische Methode, muss man auf die Dienste der Klasse NLS zurückgreifen:

```
NLS.bind(Messages.SvgExport_0, file.getName(), folder.getName());
```

*Locale*

Alles, was noch zu tun bleibt, ist, die Properties-Datei in die jeweilige Landessprache zu übersetzen. Hält man sich dabei an die Java-Namenskonventionen `{basename}_{lang}[_{region}[_{variant}]].properties`, so wird automatisch je nach Ablaufplattform die richtige Properties-Datei von der `Messages`-Klasse herangezogen. Unter *Windows>Preferences>Plug-in Development>Target Platform>Environment* kann man übrigens die Sprache der Testplattform einstellen, so dass man internationalisierte Anwendungen testen kann. Dort findet man auch unter *Locale* eine Aufstellung der Sprach- und Regionalcodes.

### 5.3.2 Textkonstanten in Manifest-Dateien

In den Manifest-Dateien hat man es etwas schwerer, Textkonstanten zu internationalisieren, da eine entsprechende Werkzeugunterstützung fehlt. Aber offensichtlich ist hier etwas für die Zukunft geplant, denn in den Schemas für Erweiterungspunkte ist mit Eclipse 3.1 die Eigenschaft *Translatable* hinzugekommen.

Zu jeder Manifest-Datei wird eine korrespondierende Properties-Datei angelegt, also z.B. `plugin.properties` oder `feature.properties`. Die Ausnahme sind Manifeste für Fragmente (siehe Kapitel 6) `fragment.xml`. Hier wird statt `fragment.properties` die Datei `plugin.properties` verwendet.

In der Originaldatei ersetzt man die übersetzbaren String-Konstanten durch einen Schlüsselbegriff, der durch ein vorangestelltes %-Zeichen gekennzeichnet wird. In der korrespondierenden Properties-Datei legt man dann die Definition des Schlüssels ab. Dann können diese Properties-Dateien übersetzt und entsprechend dem oben erwähnten Namensschema benannt werden.

#### Beispiel

In der Produktkonfiguration des Projektplaners war in Abschnitt 5.1.2 ein *About*-Text deklariert worden. Da dieser *About*-Text für das Plugin-Manifest bestimmt ist (mit einem Druck auf den *Synchronize*-Hyperlink wird er dort eingesetzt), kann er wie andere Einträge des Plugin-Manifests auch internationalisiert werden.

Dazu wird im Produkteditor unter *About Dialog* im Feld *Text* der Wert »%about« eingetragen. Dann wird im Projekt eine Datei `plugin.properties` angelegt, die den Eintrag

```
about=Projektplaner\n(c)\ 2005 Berthold Daum
```

enthält.

Nun könnte dieser Text ins Deutsche übersetzt werden und in einer Datei `plugin_de_DE.properties` abgelegt werden.

### 5.3.3 Internationalisierung von Hilfetexten, Cheat Sheets und Willkommensseiten

Bei Hilfeseiten (inklusive der Inhaltsverzeichnisse und Kontextzuordnungen) und Cheat Sheets ist es besser, die Seiten komplett zu übersetzen. Für jede Sprache wird ein getrennter Ordner angelegt, in den die übersetzten Seiten abgelegt werden.

Die Auswahl des entsprechenden Ordners geschieht über Substitutionsvariable. Eclipse kennt vier solcher Substitutionsvariablen, die Bibliothekspfade verändern können:

| | |
|---|---|
| `$os$` | Wird durch das aktuelle Betriebssystem (linux, macosx, qnx, solaris, win32) ersetzt. |
| `$ws$` | Wird durch das aktuelle Windowing-System (carbon, gtk, motif, photon, win32) ersetzt. |
| `$nl$` | Wird durch das aktuelle Java-Locale ersetzt. Bei Hilfeseiten muss diese Variable nicht spezifiziert werden, sie wird vom Hilfesystem automatisch dem Pfad vorangestellt. |
| `$arch$` | Wird durch die aktuelle Prozessorarchitektur (PA_RISC, ppc, sparc, x86) ersetzt. |

Alle diese Variablen lassen sich für das Testen von Plugins in den Einstellungen *Windows>Preferences>Plug-in Development>Target Platform>Environment and JRE* setzen.

Für internationalisierte Anwendungen ist natürlich die Variable `$nl$` interessant. Bei einer Pfadangabe

```
$nl$/doc/toc.xml
```

beispielsweise und einem *Locale* `de_DE` würde zunächst `nl/de/DE/doc/toc.xml` gesucht werden. Wenn diese Datei nicht existiert, wird nach `nl/de/doc/toc.xml` gesucht und dann nach `doc/toc.xml`.

Allerdings braucht im Hilfesystem die Variable `$nl$` nicht angegeben werden, das Hilfesystem stellt Dateipfaden automatisch den Präfix `$nl$/` voran.

### 5.3.4 Andere Ressourcen internationalisieren

Will man einen Eingabestrom auf eine sprachabhängige Datei aufbauen, so muss man diese Datei mit einer Systemfunktion suchen. Mit der Methode `Plugin`-Methode `find()` können sprachabhängige Ressourcen gefunden werden. Diese Methode ist in der Lage, die in Abschnitt 5.3.3 angegebenen Variablen aufzulösen. Die erhaltene plattformspezifische URL muss dann für die Verwendung mit Standard-Java-Bibliotheken erst noch mit `Platform.resolve()` in eine echte URL aufgelöst werden.

### 5.3.5 Plattformkomponenten internationalisieren

Will man eine Rich-Client-Anwendung internationalisieren, so sollte man die in der Eclipse-RCP-Plattform verwendeten Texte nicht vergessen. eclipse.org bietet dazu Language-Packs an, die für jede Ablaufplattform spezifisch sind. Diese Language-Packs werden einfach in das Eclipse-Installationsverzeichnis entpackt. Üblicherweise werden diese Language-Packs mit einiger zeitlicher Verzögerung nach der Freigabe einer Eclipse-Version veröffentlicht. So stand denn auch zur Zeit der Drucklegung dieses Buches noch kein Language-Pack für Eclipse 3.1 zur Verfügung.

Da diese Language-Packs ziemlich umfangreich sind (allein der Download für den Language-Pack `NLpack-eclipse-SDK-3.0.x-win32.zip` betrug etwa 23 MB), ist etwas Handarbeit gefragt. Es sollten alle die Features und Plugins aus dem Language-Pack entfernt werden, die für die jeweilige RCP-Anwendung nicht benötigt werden. Damit kann die Größe des Language-Packs signifikant reduziert werden.

# 6 Eine RCP-Anwendung installieren

Zur Erstellung einer Rich-Client-Anwendung als Produkt gehört natürlich etwas mehr als nur die Produktgestaltung, die wir im letzten Kapitel diskutierten. Zwar können wir nun die Anwendung aus der Eclipse-Workbench heraus starten, aber um eine Anwendung ins Feld ausliefern zu können, müssen wir uns noch Gedanken machen, wie eine solche Anwendung am besten verpackt und installiert wird. Die Wahl der richtigen Verpackungsmethode entscheidet später darüber, ob und wie die Anwendung im Feld aktualisiert werden kann und ob Erweiterungen auch noch später nachgeliefert werden können. Und sollte mal etwas schief gehen, so erweisen sich eingebaute Diagnosemöglichkeiten und das *Remote Debugging* als nützlich.

## 6.1 Plugins und Fragmente

Die in Kapitel 3 diskutierten Plugins bestehen im Minimalfall nur aus der Datei *plugin.xml*. Normalerweise kommen aber außer dem OSGi-Manifest noch binäre Java-Dateien hinzu – insbesondere die Plugin-Klasse – sowie Hilfeseiten, Inhaltsverzeichnisse, Kontextbeschreibungen, Icons, Schemata und andere Ressourcen.

In manchen Fällen kann es sinnvoll sein, ein Plugin in mehrere Fragmente aufzuteilen. So wird man die Kernfunktionalität eines Plugins manchmal schon so früh wie möglich ausliefern und dann ergänzende Komponenten wie Sprachpakete oder Unterstützung für andere Betriebssysteme später nachschieben. Genau das ist mit Fragmenten möglich.

*Fragment Project*

Auch Fragmente werden mit dem *New*-Wizard erzeugt. Mit *File>New>Project>Plugin Development>Fragment Project* lässt sich ein neues Fragmentprojekt anlegen. Dabei wird statt einem Plugin-Manifest ein Fragment-Manifest `fragment.xml` erzeugt, das aber einem

Plugin-Manifest sehr ähnlich sieht. Auch wird keine `Plugin`-Klasse erzeugt, denn Fragmente dürfen keine eigene `Plugin`-Klasse besitzen. Zusätzlich muss die Manifest-Datei `fragment.xml` noch auf die Identifikation und Version eines bereits existierenden Plugins verweisen.

Das Fragment kann dann unabhängig vom Rest des Plugins entwickelt und getrennt ausgeliefert werden. Bei der Installation wird es dem Namensraum (Classpath) des Ziel-Plugins hinzugefügt, so dass vom Plugin aus auf die Funktionalität des Fragments zugegriffen werden kann. Plugins sollten allerdings so geschrieben sein, dass sie auch dann ablauffähig sind, wenn Fragmente fehlen. Für den Endbenutzer ist das Fragment nicht als separate Einheit erkennbar – es geht völlig im Plugin auf.

## 6.2 Features

Features sind die grundlegende Auslieferungseinheit in Eclipse. Zwar sieht man manchmal Produkte, die nur als Plugins ausgeliefert werden. Dies ist allerdings schlechter Stil und Faulheit auf Seiten des Entwicklers. Ohne eine Feature-Beschreibung lassen sich z.B. Plugins im Feld später nicht aktualisieren, und auch andere Features können solche Feature-losen Plugins nicht als benötigte Plugins angeben. Man handelt sich also einige Probleme ein, wenn man die Feature-Beschreibung fortlässt.

Feature-Beschreibungen begleiten die Auslieferung eines oder mehrerer Plugins, die eine abgeschlossene Funktionsgruppe bilden. So ist z.B. das Eclipse-Java-IDE ein Feature, besteht aber aus mehreren Plugins. Die Feature-Beschreibung fügt der Auslieferung außerdem Copyright-Informationen und Lizenzbedingungen hinzu, und sie erlaubt, die Auslieferung zu signieren, ein nicht unwesentlicher Sicherheitsaspekt, wenn die Software über das Netz bezogen wird.

### 6.2.1 Das Feature-Manifest

Auch Features werden als gesonderte Feature-Projekte angelegt. Dies geschieht ebenfalls mit Hilfe des *New*-Wizards. Der Wizard führt dann durch die Spezifikation des Projektnamens, des Feature-Namens, der Identifikation des Features, der Version und des Feature-Providers. Abschließend werden die Plugins angekreuzt, die zu dem Feature gehören. Der Wizard erzeugt aus diesen Angaben das Manifest `feature.xml`, das anschließend im Feature-Manifest-Editor geöffnet wird. Hier können weitere Angaben gemacht werden. Die Identifikation eines Features sollte mit der Identifikation des hauptsächlichen Plugins übereinstimmen.

**Beispiel**

Wir legen für das Grundgerüst des Projektplaners ein Feature an. Zunächst rufen Sie den Wizard mit *File>New>Project...>Plugin Development>Feature Project* auf. Im folgenden Schirm spezifizieren Sie als Featurename den Wert »Project Planner Basic Feature«. Auf der folgenden Seite geben Sie als *Feature ID* den Wert »com.bdaum.planner« ein, außerdem einen passenden Wert für den *Feature Provider*. Im folgenden Schirm *Referenced Plugins and fragments* kreuzen Sie das Plugin `com.bdaum.planner` an. Nach einem Klick auf die *Finish*-Taste wird das Projekt generiert.

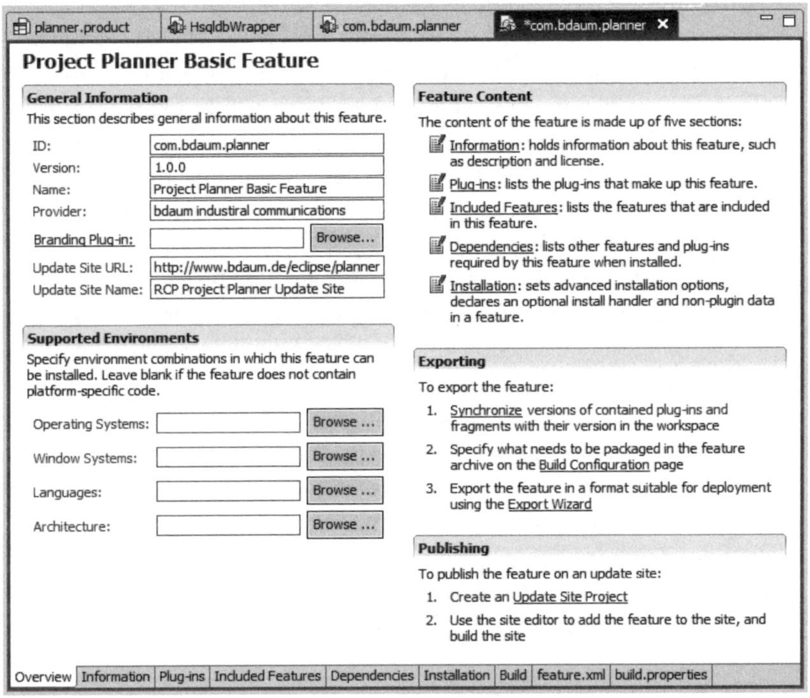


**Abb. 6–1** Die Overview-Seite des Feature-Editors mit dem Feature der Beispielapplikation. Als Update Site URL sollten Sie freilich eine andere Adresse wählen – localhost-URLs sind möglich.

- Auf der *Overview*-Seite treffen wir auf die Angaben, die wir schon beim Neuanlegen des Features gemacht haben. Zusätzlich kann eine Update-URL angegeben werden, unter welcher der Update-Manager (siehe Kapitel 7) neue Versionen dieses Features finden kann.

  Das *Branding Plugin* verweist auf das Plugin, das die Dateien für die Produktgestaltung (siehe Kapitel 5) enthält. Bleibt dieses

Feld leer, so wird als Branding-Plugin das Plugin verwendet, dessen ID mit der Feature-ID identisch ist.

In der Rubrik *Supported Environments* kann der Einsatz auf bestimmte Betriebs- und Windowing-Systeme, nationale Sprachen und Prozessorarchitekturen beschränkt werden. Wird hier nichts angegeben, so kann das Feature überall installiert werden.

Rechts auf dieser Seite sind verschiedene Hyperlinks angegeben, mit denen verschiedene Wizards, z.B. zum Exportieren des Features oder zum Anlegen einer Update-Site, gestartet werden können.

*Copyright und Lizenz*

- Auf der nächsten Seite *Information* können Feature-Beschreibung, Copyright-Notiz, Lizenzbedingungen und relevante Websites (für Anwendungserweiterungen) angegeben werden. Zusätzlich zu expliziten Texten kann hier auch mit URLs auf HTML-Seiten verwiesen werden. Lizenzbedingungen können sowohl explizit als Text als auch per URL angegeben werden. Die expliziten Texte werden dem Benutzer vor der Installation zur Annahme vorgelegt, die Texte, auf die per URL verwiesen wird, erscheinen, wenn der Anwender die Funktion *Help>About Eclipse Platform>Feature Details>License* anklickt.
- Auf der Seite *Plugins* werden die Plugins aufgelistet, die zum Feature gehören. Mit einem Druck auf die Taste *Versions* kann man bestimmen, ob die Versionsnummer des Features aus den Versionsnummern der Plugins bestimmt werden soll, oder ob die Versionsnummer des Features von den Plugins übernommen werden soll. Wichtig ist nach der manuellen Änderung von Versionsnummern in Plugins, diese Taste erneut zu betätigen, um das Feature-Manifest auf den neuesten Stand zu bringen!
- Auf der Seite *Features* werden Features angegeben, die im aktuellen Feature enthalten sind. So können Features geschachtelt werden (auch wenn die Feature-Projekte selbst nicht geschachtelt werden können).

*Abhängigkeiten*

- Auf der Seite *Dependencies* werden die Abhängigkeiten von anderen Features und Plugins definiert. Das aktuelle Feature wird auf einer Zielplattform nur dann installiert, wenn die hier genannten Features und Plugins in der spezifizierten Version vorhanden sind. Mit einem Druck auf die Taste *Compute* können diese Abhängigkeiten auch automatisch ermittelt werden. Wenn Sie während der Entwicklung häufiger Features exportieren, empfiehlt es sich, die Option *Recompute when feature Plugins change* zu markieren. So bleibt das Feature immer auf dem neuesten Stand.
- Auf der Seite *Installation* können externe Archivdateien dem Feature hinzugefügt werden. Auch können hier spezielle *Install Hand-*

*lers* definiert werden. Durch Ankreuzen von *Exclusive Install* kann das Installieren anderer Features verhindert werden. Außerdem gibt es noch die Möglichkeit, das Feature in den Ordner eines anderen Features hineinzuinstallieren (*collocate*).

**Beispiel**

Alles, was uns beim Projektplaner zu tun bleibt, ist, URL und Name der Update-Site (soweit schon bekannt) auszufüllen, auf der Seite *Information* des Feature-Editors die Beschreibung Feature, Copyright und Lizenzinformationen einzutragen und auf der Seite *Dependencies* die Taste *Compute* zu drücken.

### 6.2.2 Sprachpakete als Features ausliefern

Zusätzliche Sprachpakete (siehe Abschnitt 5.3) liefert man am besten als eigenständige Fragmente aus (siehe Abschnitt 6.1). Dazu erzeugt man innerhalb eines neuen Fragments eine Package-Struktur, die der Package-Struktur des zugehörigen Plugins gleicht. Nur enthalten die Packages im Fragment lediglich die übersetzten Properties-Dateien. Auch den übersetzten `nl/`-Ordner fügt man dem Fragment zu. Eine Ausnahme bilden die `plugin_`*locale*`.properties`-Dateien. Sie verbleiben nicht im Projektverzeichnis, sondern müssen in den `src/`-Ordner gestellt werden.

Bei der Installation eines solchen Features verschmelzen dann die darin enthaltenen Plugins mit den Ziel-Plugins.

## 6.3 Die Update-Site

Die Auslieferung eines Produktes als Feature ist zwar schon besser als die Auslieferung in Form »nackter« Plugins, jedoch noch immer nicht optimal. Der Endbenutzer müsste das Feature direkt in die Eclipse-Verzeichnisstruktur installieren, eine Aufgabe, bei der es Normalanwendern oft mulmig wird, insbesondere, wenn eine Meldung erscheint, dass ein Ordner überschrieben werden muss! Außerdem ist bei diesem Vorgehen noch nicht garantiert, dass anschließend das Feature auch aktiv ist. Es kann immer noch notwendig sein, mit Hilfe des Update-Managers das Feature anschließend zu aktivieren.

Die Erstellung einer *Update-Site* löst diese Probleme. Aktualisierte Features und auch Zusatzfeatures sollten immer in einer Update-Site bereitgestellt werden, von der aus die Installation entweder manuell oder automatisch mit Hilfe des Eclipse-Update-Managers erfolgen kann. Eine solche Update-Site besteht aus zwei Ordnern – dem `fea-`

tures-Ordner und dem plugins-Ordner – und aus einem Site-Manifest site.xml. Außerdem kann auf Wunsch eine HTML-Seite index.html mit einem Inhaltsverzeichnis generiert werden.

Ein solches Update-Site-Projekt wird mit Hilfe des *New*-Wizard erstellt (*File>New>Project...>Plugin Development>Update Site Project*). Nach Eingabe des Projektnamens und einem Druck auf die *Finish*-Taste wird das Manifest site.xml erzeugt und der Site-Editor geöffnet.

Auf der Seite *Site Map* geben Sie dann auf der linken Seite die Features an, für die ein *Build*-Prozess durchgeführt werden soll. Features werden hier mit einem Druck auf die Taste *Add Feature* hinzugefügt. Zusätzlich können Kategorien angelegt werden, in die sie dann die Features hineinziehen können. Dies ist insbesondere dann sinnvoll, wenn eine Update-Site viele Features enthält und eine Gruppierung erwünscht ist. Auf der rechten Seite können Sie weitere Angaben für ein Feature machen, so z.B. für die Plattformen auf denen das Feature ablaufen kann. Mit der Taste *Synchronize* können Sie diese Angaben auch aus dem Feature-Manifest übernehmen.

Mit *Build* bzw. *Build all* kann dann die Update-Site erstellt werden.

## 6.4 Build-Prozess

*Build*-Prozesse können von verschiedenen Punkten aus gestartet werden. So z.B., wenn Sie einen Export-Wizard über die Kontextfunktion *Export>Deployable Features* des Package-Explorers oder von der *Overview*-Seite des Produkteditors aufrufen. Oder aber, wenn Sie die Tasten *Build* oder *Build all* im Manifest-Editor der Update-Site betätigen.

Diese *Build*-Prozesse werden intern über ein Ant-Skript ausgeführt, das bei Bedarf aus der Definition der Manifest-Datei generiert wird. Nach Gebrauch wird es wieder gelöscht, so dass Sie es praktisch nie zu Gesicht bekommen. Sie können jedoch ein solches Ant-Skript gezielt erzeugen, und zwar mit der Kontextfunktion *PDE Tools>Create Ant Build File*, die Sie auf die Manifest-Datei im Package-Explorer anwenden müssen.

Allerdings sind die Definitionen im Manifest nicht ausreichend, um den Build-Prozess vollständig zu steuern. Deshalb verwendet Eclipse hier ein zweistufiges Verfahren. Das generierte Ant-Skript enthält Variablen, die noch versorgt werden müssen. Die nötigen Variablenwerte werden dabei in der Datei build.properties abgelegt. Diese Datei muss bearbeitet werden, wenn zusätzliche Entwicklungsartefakte wie Icons, Lizenzvereinbarungen u.a. mit in die Auslieferungsarchive aufgenommen werden sollen. Solche build.properties-Dateien existieren für Feature-, für Plugin- und auch für Fragment-Projekte.

Das Bearbeiten dieser Dateien wird vom jeweiligen Manifest-Editor mit übernommen. Auf der Seite *Build* können auf einfache Art und Weise Java-Bibliotheken (JAR-Dateien) und andere Dateien und Ordner zum Build-Prozess hinzugefügt werden. Dabei kann zwischen einem binären *Build* und einem *Build* für Archive mit Quelldateien unterschieden werden.

Falls Sie lieber mit einem hausgemachten Ant-Skript arbeiten wollen, sollten Sie auf der *Build*-Seite die Option *Custom Build* ankreuzen. Damit wird verhindert, dass Eclipse das Ant-Skript löscht und beim Aufruf der *Export*-Funktion überschreibt.

Nun, was gehört in ein Auslieferungsarchiv? Binärdateien müssen Sie nicht markieren, denn die befinden sich bereits in den JAR-Dateien, die Sie zur Auslieferung hinzugefügt haben. Nicht benötigt werden außerdem Meta-Dateien wie `.project`, `.classpath`, `.template`, `build.xml` und `build.properties`. Benötigt dagegen werden Icons, Hilfeseiten, Kontrolldateien für die Hilfe wie `toc.xml` und `contexts.xml`, Lizenzdateien, ggf. der Splash-Screen usw.

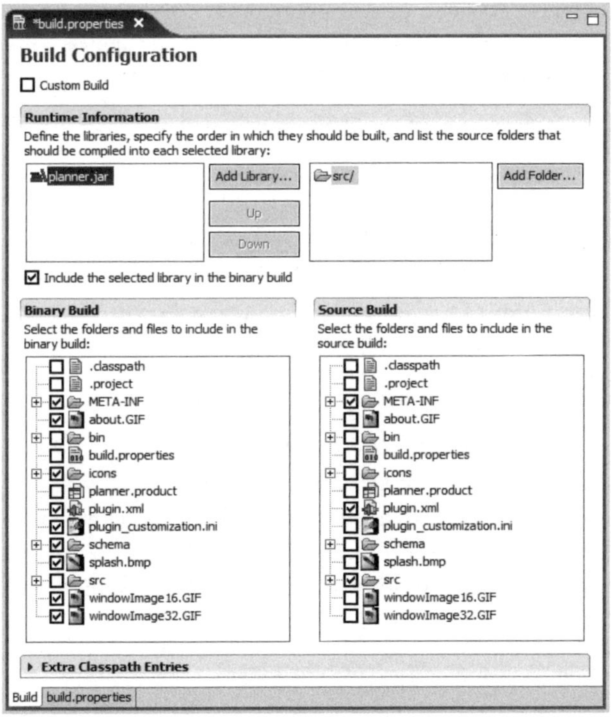


**Abb. 6–2** Die ausgewählten Entwicklungsartefakte in Datei build.properties. Beim binären Build wurden insbesondere noch Bilder, Schemata und die Initialisierungsdatei für Plugin-Präferenzen hinzugefügt. Beim Quellcode-Build werden nur der Inhalt des src/-Ordners und die Manifest-Dateien exportiert.

## 6.5 Konfiguration einer Rich-Client-Applikation

Beim Start einer Eclipse-Plattform – und das betrifft natürlich auch Rich-Client-Applikationen auf Basis der Eclipse-RCP – kann die Konfiguration der Plattform festgelegt werden. Das kann über Kommandozeilenparameter geschehen, aber bei der Auslieferung von Rich-Client-Applikationen wird man eher den Weg gehen, alle Einstellungen in der Datei `config.ini` vorzunehmen. Diese Datei liegt im Verzeichnis `\eclipse\configuration\` und kann so mit ausgeliefert werden. Falls Sie ein RCP-Produkt mit *File>Export>Eclipse Product* oder von der *Overview*-Seite des Produkteditors aus exportieren, so wird eine passende `config.ini`-Datei automatisch erzeugt und der Auslieferung beigefügt. Dennoch ist es gut, das Format dieser Datei zu kennen.

Die meisten Schlüssel-/Wertepaare in dieser Datei haben mit dem OSGi-Verhalten der Plattform zu tun, die beiden Einträge `eclipse.product` und `eclipse.application` jedoch spezifizieren Produkt und Applikation. Nur einer dieser beiden Einträge muss angegeben werden. Wird der Parameter `eclipse.product` verwendet, so muss, wie im vorigen Kapitel beschrieben, eine Produktbeschreibung am Erweiterungspunkt `org.eclipse.core.runtime.products` angelegt worden sein. Also entweder:

```
eclipse.product=com.bdaum.planner.product
```

oder:

```
eclipse.application=com.bdaum.planner.application
```

Ebenfalls wird im OSGi-Manifest der Ordner festgelegt, der die Datei `splash.bmp` enthält. Wird diese Angabe weggelassen, so wird die Datei im Anwendungs-Plugin gesucht.

```
osgi.splashPath = platform:/base/plugins/com.bdaum.planner
```

Schließlich wollen wir noch die Angabe `osgi.bundles` diskutieren. Hier werden alle Bundles (Plugins) aufgezählt, die beim Start der Anwendung zu laden sind. Nach dem Namen des Bundles wird – durch ein '@' abgetrennt – die Startreihenfolge spezifiziert, dann nach einem Doppelpunkt der Eintrittspunkt in das Bundle (bei Eclipse-Plugins immer der Wert `start`). Also z.B.

```
osgi.bundles=org.eclipse.core.runtime@2:start,
                                    org.eclipse.ui@3:start, ...
```

Diese starre Aufzählung hat natürlich einen großen Nachteil. Werden der Applikation nach und nach mehr Plugins hinzugefügt, muss die Datei `config.ini` immer wieder abgeändert werden. Solange man die

Datei vom Export-Wizard generieren lässt, macht das nichts, denn der Wizard bringt die Datei immer wieder auf den neuesten Stand. Erstellt man jedoch die Datei `config.ini` manuell, empfiehlt sich eine andere Technik. Man spezifiziert ein für alle Mal:

```
org.eclipse.core.runtime@2:start,
                                        org.eclipse.update.configurator@3:start
```

und fügt das Plugin `org.eclipse.update.configurator` der Auslieferung hinzu (z.B. bei den benötigten Plugins). Dieses Plugin ist in der Lage, zum Startzeitpunkt die Installation zu analysieren und dynamisch die zu ladenden Plugins zu bestimmen.

Warum aber sollte man die Datei `config.ini` manuell erstellen wollen? Nun, sämtliche Angaben, die auch beim Start von Eclipse als Kommandozeilenparameter angegeben werden können, lassen sich auch in `config.ini` deklarieren. So lässt sich der Ablauf von Eclipse in weiten Grenzen über `config.ini` konfigurieren. Unter *Window>Help> Contents>Platform Plugin Developers Guide>Reference>Other reference information>Runtime options* finden Sie eine Aufstellung aller möglichen Parameter.

Alle Parameter, die Sie auf diese Art (oder als Kommandozeilenparameter) angeben, erscheinen auch in den Java-System-Properties und lassen sich mit `System.getProperty()` abfragen. Damit eröffnet sich die Möglichkeit, auch anwendungsbezogene Konfigurationsparameter in der Datei `config.ini` abzulegen. In Kapitel 13 zeigen wir, wie eingebettete Datenbanken über `config.ini` konfiguriert werden können.

Natürlich will man mit solchen Konfigurationen auch testen können. Das ist ebenfalls möglich. Dazu legt man eine `config.ini`-Datei im jeweiligen Projekt ab und setzt in der Launch-Konfiguration auf der Seite *Configuration* die Option *Use an existing config.ini file as template*. Unter *Location* gibt man dann den Ort der `config.ini`-Datei an.

Das Gleiche ist auch im Produkteditor auf der Seite *Configuration* möglich.

## 6.6 Ausliefern einer Rich-Client-Applikation

Während eine Update-Site für die Aktualisierung und Erweiterung bestehender RCP-Anwendungen gut geeignet ist, eignet sie sich jedoch nicht für die Erstinstallation einer RCP-Anwendung, denn sie setzt voraus, dass eine lauffähige Eclipse-Plattform bereits auf der Zielplattform installiert ist.

### 6.6.1 Auslieferung als ZIP-Datei

Die wohl unaufwändigste Art der Auslieferung ist die Auslieferung als ZIP-Datei. Verkehrt ist das nicht. Schließlich wird ja auch das Eclipse-SDK auf diese Weise ausgeliefert. Seit Eclipse 3.1 ist die Erstellung einer solchen Datei sehr einfach. Führen Sie einfach die Funktion *File>Export>Eclipse Product* aus (oder klicken Sie den entsprechenden Hyperlink in der *Overview*-Seite des Produkteditors). Im anschließend erscheinenden Schirm wählen Sie als *Export destination* die Option *Archive file* (siehe auch Abschnitt 5.1.2).

### 6.6.2 Installationshilfen

Will man die Installation etwas komfortabler gestalten, oder handelt es sich um eine komplexe Anwendung, greift man am besten auf Installationshilfen zurück. Das können kommerzielle Installationshilfen wie *install4j* oder *InstallAnywhere* sein. Allerdings erfordern diese Installationshilfen immer noch, dass der Benutzer die Applikation von einer Website herunterlädt, ggf. entpackt und die Installation startet.

### 6.6.3 Java Web Start

Es gibt jedoch auch die Möglichkeit, eine Eclipse-Anwendung direkt aus einer Webseite heraus zu installieren und zu starten, und zwar mit Hilfe von *Java Web Start* (java.sun.com/products/javawebstart). In der Regel hat jeder Computer, der Java 1.4 installiert hat, auch ein Version von *Java Web Start* verfügbar. Für die Installation und das Starten einer Applikation ist es ausreichend, auf eine `.jlnp`-Datei (*Java Network Launching Protocol*) zu klicken.

Seit Eclipse 3.1 ist Eclipse in der Lage, solche JLNP-Steuerdateien zu generieren. Dazu führen Sie die Kontextfunktion *Export>Deployable Features* aus. Nach Auswahl der auszuliefernden Features kreuzen Sie die Option *Package features and Plugins as individual JAR archives* an und exportieren in ein Verzeichnis (nicht in eine Archivdatei). Auf der nächsten Wizard-Seite kreuzen Sie dann die Option *Create JLNP manifests for the JAR archives* an. Und so sieht dann das generierte JLNP-Manifest aus:

```
<?xml version="1.0" encoding="UTF-8"?>
<jnlp spec="1.0+" codebase="http://www.bdaum.de">
  <information>
    <title>com.bdaum.planner.feature</title>
    <vendor>bdaum industrial communications</vendor>
  </information>
```

```
    <offline-allowed/>
    <security>
      <all-permissions/>
    </security>
    <component-desc/>
    <resources>
      <j2se version="1.4" />
    </resources>
    <resources>
      <jar href="plugins/com.bdaum.planner_1.0.0.jar"/>
    </resources>
  </jnlp>
```

### 6.6.4 JRE

Mittels solcher Installationshilfen können Sie auch eine *Java Runtime Environment* (JRE) mit ihrer Rich-Client-Anwendung zusammen ausliefern. Der JRE-Ordner muss direkt unter dem Eclipse-Installationsordner liegen. Die Eclipse-Plattform schaut beim Start an dieser Stelle nach, ob eine JRE vorhanden ist, und benutzt nur, wenn dort keine JRE vorhanden ist, eine JRE der Ablaufplattform. Beachten Sie aber, dass, wenn Sie eine JRE mit ausliefern wollen, Sie eine Lizenz von Sun Microsystems benötigen.

## 6.7 Remote Debugging einer RCP-Anwendung

Das von Eclipse unterstützte Remote Debugging kann zur Fehlersuche für Applikationen eingesetzt werden, die bereits als RCP-Anwendung im Feld installiert wurden.

Um eine RCP-Anwendung einem externen Debugger zugänglich zu machen, müssen Sie einige zusätzliche Kommandozeilenparameter beim Aufruf der JVM mit angeben. Da eine RCP-Anwendung mit Hilfe des nativen Laders (`eclipse.exe`) gestartet wird, müssen diese Angaben als Kommandozeilenparameter für Eclipse verkleidet werden:

```
eclipse.exe -vmargs -Xdebug -Xnoagent -Djava.compiler=NONE
     -Xrunjdwp:transport=dt_socket,server=y,suspend=y,address=8787
```

Hier wird der Debug-Modus eingeschaltet, der `sun.tools.debug`-Agent wird abgeschaltet, genauso wie der JIT- oder HotSpot-Compiler. Mit `–Xrunjdwp` wird die Referenzimplementierung des *Java Debug Wire Protocol* (JDWP) geladen. Als Transportmodus wird eine Socket-Verbindung gewählt. Mit `server=y` legt wird die Funktionsweise als

Debug-Server festgelegt, und `suspend=y` bestimmt, dass man vor dem Start auf die Verbindung mit dem Debug-Klienten warten soll. Schließlich gibt `address=8787` eine Portnummer an, die man unter den freien Ports des Rechners frei wählen kann.

Starten wir nun diese Applikation, passiert erst einmal gar nichts. Es muss erst eine Remote-Debug-Konfiguration in Eclipse eingerichtet werden. Dazu rufen Sie die Funktion *Run>Debug...* auf. Auf der linken Seite wählen Sie *Remote Java Application* und drücken auf die Taste *New*.

Dann geben Sie der Konfiguration einen Namen (z.B. *RcpTest*) und wählen ein Projekt aus. Diese Angabe macht dem Eclipse-Debugger den Ort der Quelldateien bekannt. Es versteht sich, dass die in dem Projekt enthaltenen Quelldateien von der gleichen Version wie die installierte und getestete Anwendung sein müssen.

*Connection Type* lassen Sie auf *Standard (Socket Attach)*. Falls die Applikation auf dem gleichen Rechner abläuft, tragen Sie unter *Host* den Wert *localhost ein*. Für *Port* verwenden Sie den oben spezifizierten Wert; in unserem Beispiel wäre das *8787*. Schließlich markieren Sie noch die Checkbox *Allow termination of remote VM*. Damit wird es möglich, die Applikation aus dem Eclipse-Debugger heraus zu beenden.

Sie können nun den Debug-Prozess mit einem Klick auf *Debug* starten. Von jetzt ab verläuft alles wie beim lokalen Debugging. Sie können Haltepunkte setzen, Variablen ansehen und sogar verändern. HotSwap geht freilich nicht.

# 7 Eine RCP-Anwendung im Feld aktualisieren

Hat man erst einmal eine RCP-Applikation erstellt und ausgeliefert, so wäre es schön, wenn diese Anwendung über das Web auf den neuesten Stand gebracht oder erweitert werden könnte. Schließlich ist so etwas auch für Eclipse selbst möglich. Es liegt deshalb nahe, Eclipse-Bordmittel für den Update zu verwenden.

## 7.1 Voraussetzungen

Sollen RCP-Anwendungen mit Hilfe der Eclipse-Update-Funktionalität auf den neuesten Stand gebracht werden können, so sind einige Voraussetzungen nötig:

- Die Plugins der RCP-Anwendung müssen in einem oder in mehreren Features zusammengefasst werden. Nur Plugins, auf die in einem Feature verwiesen wird, können aktualisiert werden, denn alle Update-Funktionen von Eclipse beziehen sich ausschließlich auf Features.
- Für jedes Feature, das aktualisiert werden soll, muss im Feature-Manifest `feature.xml` auf der Seite *Overview* im Abschnitt *FeatureURLs* unter *UpdateFeature* eine Update-Site angegeben werden, welche dann bei einem Update nach einer neueren Version des Features durchsucht wird.
- Es ist eine saubere Versionsverwaltung nötig. Die Eclipse-Update-Funktion vergleicht die Version der installierten Features mit der Version des aktualisierten Features. Nur Features mit einer höheren Versionsnummer können ein vorhandenes Feature ersetzen. Das Gleiche gilt für Plugins. Auch wenn das aktualisierte Feature eine höhere Versionsnummer hat, werden nur die im Feature enthaltenen Plugins übernommen, die eine höhere Versionsnummer als die entsprechenden installierten Plugins haben.

- Beim Einrichten und Aktualisieren der RCP-Anwendung ist darauf zu achten, dass alle Plugins, die von zu installierenden Features benötigt werden, in einem bereits installierten Feature referenziert werden. Andernfalls lassen sich die neuen Features nicht installieren.

Insbesondere der letzte Punkt verlangt etwas Aufmerksamkeit, denn die RCP-Infrastruktur muss in einem Feature verpackt werden, weil die Plugins, die diese Infrastruktur bilden, ja von der installierten Anwendung benötigt werden.

*RCP-Minimal-Feature*

Zwar gibt es im Eclipse-SDK ein Feature namens `eclipse.org.rcp`, welches die Minimalausrüstung einer RCP-Infrastruktur enthält. Kommen aber andere Plugins hinzu (z.B. das Forms API oder das Hilfesystem), so müssen Sie diese Softwareschicht in einem oder mehreren zusätzlichen Features zusammenfassen und diese Features mit ausliefern. So ist gewährleistet, dass die Aktualisierung Ihrer Anwendungs-Features nicht schief geht.

*Produkteditor*

Der Produkteditor (siehe Abschnitt 5.1.2) ist in der Lage, mit Feature-basierten Konfigurationen zu arbeiten und diese entsprechend zu exportieren. So können auf einfache Weise Produkte ausgeliefert werden, welche später im Feld per Eclipse-Update aktualisierbar sind. Auf der *Overview*-Seite des Editors wird lediglich die Option *The product configuration is based on features* ausgewählt. Auf der Konfigurationsseite werden dann einfach die benötigten Features zum Produkt hinzugefügt.

#### Beispiel

Rufen Sie den Produkteditor des Plugins `com.bdaum.planner` mit einem Doppelklick auf die Datei `planner.product` auf. Auf der *Overview*-Seite wählen Sie die Option *The product configuration is based on features.* Auf der Seite *Configuration* fügen Sie die Features `org.eclipse.rcp` und `com.bdaum.planner` hinzu.

Für spätere Erweiterungen, die wir jetzt schon absehen können, sind jedoch noch einige weitere Plugins aus dem Eclipse-SDK erforderlich. So wird das Plugin `org.eclipse.pde.runtime` benötigt, um einen View auf die Eclipse-Protokolldatei in die Workbench einbetten zu können. Generell für Views wird das Plugin `org.eclipse.ui.views` benötigt, das nicht im RCP-Feature enthalten ist. Da wir ein formularbasiertes GUI planen, benötigen wir außerdem das Plugin `org.eclipse.ui.forms` (wird auch für die Hilfe benötigt). Zur Realisierung der Update-Funktionen benötigen wir das Plugin `org.eclipse.update.core`. Schließlich benötigen wir noch für die Benutzerhilfe alle Plugins `org.eclipse.help.*`, das Plugin `org.eclipse.tomcat` und das Plugin `org.apache.lucene`.

Erstellen Sie nun – wie in Abschnitt 6.2 beschrieben – ein Feature namens *Project Planner Infrastructure Feature*, dem Sie die Identifikation `com.bdaum.planner.infrastructure` geben. Fügen Sie diesem Feature alle der oben genannten Plugins hinzu und betätigen Sie dann auf der Seite *Dependencies* des Feature-Manifests die Taste *Compute*. Anschließend fügen Sie das neue Feature im Produkteditor auf der Seite *Configuration* dem Produkt hinzu.

## 7.2 Der Eclipse-Update-Manager

Eine Möglichkeit für die Aktualisierung von RCP-Anwendungen wäre, den Eclipse-Update-Manager aus dem Plugin `org.eclipse.update.ui` mit in die Anwendungen einzubinden. Doch gibt es dabei zwei entscheidende Nachteile:

1. Das Plugin `org.eclipse.update.ui` braucht eine ganze Reihe von Vorbedingungen, so dass die gesamte Installation recht groß wird.
2. Der Eclipse-Update-Manager erlaubt die unbeschränkte Installation von neuen Features. Der Endbenutzer hat also die Möglichkeit, Plugins und Features seiner Wahl in die RCP-Anwendung zu installieren, was zu unerwünschten Effekten führen kann.
3. Die benutzerinitiierte Aktualisierung ist nicht sehr komfortabel. Erwünscht bei RCP-Anwendungen ist eine weit gehend unbediente Aktualisierung.

Um es kurz zu machen: Der Eclipse-Update-Manager gehört eher ins Eclipse-IDE und nicht in eine Eclipse-RCP-Anwendung, weshalb wir hier auf eine weiter gehende Diskussion des Update-Managers verzichten.

## 7.3 Batch-Update

Seit Eclipse 3.0 gibt es die Möglichkeit, Eclipse-Installationen auch durch einen Batch-Job zu aktualisieren. Dabei stehen praktisch alle Funktionen des Eclipse-Update-Managers als Kommandos zur Verfügung:

| *Kommando* | -featureId | -version | -from | -to | Beschreibung |
|---|---|---|---|---|---|
| **install** | benötigt | benötigt | benötigt | optional | Installiert ein neues Feature. |
| **update** | optional | optional | | | Aktualisiert das spezifizierte oder alle installierten Features. |
| **enable** | benötigt | benötigt | | optional | Aktiviert das spezifizierte Feature. |
| **disable** | benötigt | benötigt | | optional | Deaktiviert das spezifizierte Feature. |
| **uninstall** | benötigt | benötigt | | optional | Deinstalliert das spezifizierte Feature. |

*Batch-Installation*

Beispiel:

```
java -cp startup.jar
     org.eclipse.core.launcher.Main
     -application org.eclipse.update.core.standaloneUpdate
     -command install
     -from http://www.bdaum.de/eclipse/planner
     -featureId com.bdaum.planner
     -version 1.0.1
```

Dabei haben die verschiedenen Parameter die folgende Bedeutung:

- `-featureId`: Die Identifikation des Features, so wie im Manifest `feature.xml` angegeben.
- `-version`: Die Version des Features, so wie im Manifest `feature.xml` angegeben.
- `-from`: Die URL der Update-Site, von der das Feature installiert werden soll.
- `-to`: Der vollständige Pfad des Zielverzeichnisses. Fehlt dieser Parameter, wird das Installationsverzeichnis der ausführenden Eclipse-Plattform verwendet.
- Außerdem kann durch die Angabe des Parameters `-verifyOnly=true` erreicht werden, dass lediglich überprüft wird, ob die Kommandoausführung möglich ist, die eigentliche Kommandoausführung dagegen unterbleibt.

*Verteilte Installationen*

Durch Verwendung des Parameters `-to` bei einer Batch-Installation hat man die Möglichkeit, auch Eclipse-Installationen zu aktualisieren, die auf mehrere *Extension Sites* verteilt sind.

*Update-Site verwalten*

Neben diesen Kommandos für die Installation und Deinstallation von Features gibt es noch eine Reihe von Kommandos für die Verwaltung von Update-Sites:

| *Kommando* | -featureId | -version | -from | -to | Beschreibung |
|---|---|---|---|---|---|
| **search** | | | benötigt | | Durchsucht eine Update-Site und listet die vorhandenen Features auf. |
| **listFeatures** | | | benötigt | | Durchsucht ein Installationsverzeichnis und listet die installierten Features auf. |
| **addSite** | | | benötigt | | Fügt eine neue lokale Update-Site dem Verzeichnis der Update-Sites hinzu. |
| **removeSite** | | | | benötigt | Entfernt eine neue lokale Update-Site aus dem Verzeichnis der Update-Sites. |
| **mirror** | optional | optional | benötigt | benötigt | Spiegelt das spezifizierte Feature oder alle Features der Update-Site. Wird zusätzlich der optionale Parameter `-mirrorURL` angegeben, so werden alle Features der gespiegelten Update-Site auf diese URL abgebildet. |

## 7.4 Programmgesteuerte Updates

Erfreulicherweise stehen die meisten der oben genannten Kommandos auch als Java-Klassen im Package `org.eclipse.update.standalone` zur Verfügung.[1] Damit lassen sich Update-, Installations- und Verwaltungsfunktionen auch aus einem Java-Programm, und insbesondere aus einer RCP-Anwendung heraus anwenden. Dies ist dann sinnvoll, wenn es sich um eine mobile Plattform handelt, die von einem Server-initiierten Update im Falle einer Verbindungsunterbrechung nicht erfasst würde. Bei einem Klienten-initiierten Update ist jedoch eine regelmäßige Versionskontrolle notwendig, damit der Client merkt, dass eine neuere Softwareversion auf dem Server vorliegt.

1. In Eclipse 3.0 hat das API vorläufigen Charakter, ist also mit einiger Vorsicht zu verwenden. Sie müssen darauf gefasst sein, dass sich das API noch in späteren Versionen ändert.

| Kommando | Klasse |
|---|---|
| install | `InstallCommand` |
| update | `UpdateCommand` |
| enable | `EnableCommand` |
| disable | `DisableCommand` |
| uninstall | `UninstallCommand` |
| search | `SearchCommand` |
| listFeatures | `ListFeaturesCommand` |
| addSite | `AddSiteCommand` |
| removeSite | `RemoveSiteCommand` |

In den Konstruktoren der jeweiligen Kommando-Klassen lassen sich die im vorigen Abschnitt aufgeführten Parameter angeben. Durch die Verwendung dieser Klassen ergeben sich verschiedene Möglichkeiten für die Aktualisierung einer RCP-Anwendung. So bestünde die Möglichkeit, eine eigene Update-Funktion im Menü anzubieten, die nur die installierten Features bzw. nur die spezifizierten Features aktualisiert. Eine andere Möglichkeit wäre, bei der Kommunikation mit dem Server jeweils die Versionsstände zu vergleichen und bei einer Versionsänderung den Update automatisch anzustoßen. Damit könnte eine Aktualisierung weit gehend automatisch erfolgen.

*Restart*

Allerdings ist auch beim Update mit diesem API ein Neustart des Systems nach erfolgreichem Update notwendig. Genau wie der Batch-Update sind auch die oben aufgeführten Kommandos nicht in der Lage, einen *Hot-Swap* von Plugins bzw. Features durchzuführen.

*Notwendige Update-Plugins*

Notwendig bei der Verwendung dieser Klassen ist, dass das Plugin `org.eclipse.update.core` als benötigtes Plugin im Manifest angegeben wird und dass sowohl das Plugin `org.eclipse.update.core` als auch das Plugin `org.eclipse.update.configurator` in der Auslieferung enthalten sind (und auch in einem Feature referenziert werden).

## 7.5 Die Beispielanwendung aktualisieren

Um das Gelernte an einem praktischen Beispiel anzuwenden, rüsten wir unsere Projektplaner-Beispielapplikation mit einer Update-Funktion aus. Aus Gründen der Testbarkeit steuern wir das Update über eine Menüfunktion. Es ist aber dann keine große Kunst mehr, jeweils beim Log-in den Server abzufragen, ob eine neuere Version vorliegt, um dann ggf. das Update zu starten.

In diesem Fall würde man beim Start der Anwendung zunächst prüfen, ob ein Update möglich ist (verifyOnly=true). Wenn ja, würde dann das Update automatisch angestoßen und der Benutzer nur noch von einem notwendigen Restart benachrichtigt.

### 7.5.1 Plugin-Manifest

Die Update-Funktionalität implementieren wir in einem neuen Plugin com.bdaum.planner.update, das wir auch dem Feature com.bdaum.planner hinzufügen. (Anschließend im Manifest dieses Features auf der Seite *Dependencies* die Taste *Compute* betätigen.) Im Manifest des neuen Plugins auf der *Dependencies*-Seite erweitern wir zunächst die Liste der benötigten Plugins um das Plugin org.eclipse.update.core. Diese Abhängigkeit re-exportieren wir mit Hilfe der Taste *Properties...*, so dass Benutzern von com.bdaum.planner.update auch die Funktionalität von org.eclipse.update.core zur Verfügung steht. Außerdem fügen wir auf der *Runtime*-Seite mit Hilfe der Taste *Add...* das Package com.bdaum.planner.update zur Liste der exportierten Packages hinzu.

Nun können wir die Update-Aktion im Manifest als eine Erweiterung des Menüpunktes org.eclipse.ui.actionSets deklarieren. Dabei beziehen wir uns auf den in Abschnitt 4.3.3 mit Hilfe eines Separators definierten Andockpunkt update im Help-Menü.

Die Aktivierung dieses Menüpunktes für die Log-in-Perspektive hätte genauso gut in der Log-in-Perspektivenfabrik erfolgen können, funktioniert aber hier in Form einer manifestdefinierten Perspektiverweiterung genauso gut.

```
<extension point="org.eclipse.ui.actionSets">
   <actionSet label="Update Management" visible="true"
              id="com.bdaum.planner.update_actionSet">
      <action label="&Update"
               class="com.bdaum.planner.update.UpdateAction"
               tooltip="Update this application"
               menubarPath="help/update"
               id="com.bdaum.planner.update_action">
      </action>
   </actionSet>
</extension>
<extension point="org.eclipse.ui.perspectiveExtensions">
   <perspectiveExtension targetID="com.bdaum.planner.perspective">
      <actionSet id="com.bdaum.planner.update_actionSet"/>
   </perspectiveExtension>
</extension>
```

### 7.5.2 Die Klasse UpdateAction

Die eigentliche Durchführung des Updates erfolgt in der Klasse `UpdateAction`. Wir erzeugen eine solche Klasse im Manifest-Editor auf der Seite *Extensions* mit einem Klick auf das `class`-Attribut der neu angelegten Action. Anschließend wird die Klasse vervollständigt. Dabei wird die Klasse so implementiert, dass die Aktion auch ablaufen kann, wenn noch kein Workbench-Fenster offen ist. Ist das der Fall, wird eine neue Shell erzeugt, unter der die notwendigen Dialoge laufen können. So kann sie auch beim Start des Systems eingesetzt werden.

```
package com.bdaum.planner.update;

import java.lang.reflect.InvocationTargetException;
import java.util.HashMap;
import java.util.Map;
import org.eclipse.core.commands.operations.OperationStatus;
import org.eclipse.core.runtime.IProgressMonitor;
import org.eclipse.core.runtime.MultiStatus;
import org.eclipse.core.runtime.PluginVersionIdentifier;
import org.eclipse.jface.action.IAction;
import org.eclipse.jface.dialogs.ErrorDialog;
import org.eclipse.jface.dialogs.MessageDialog;
import org.eclipse.jface.dialogs.ProgressMonitorDialog;
import org.eclipse.jface.operation.IRunnableWithProgress;
import org.eclipse.jface.viewers.ISelection;
import org.eclipse.osgi.util.NLS;
import org.eclipse.swt.SWT;
import org.eclipse.swt.widgets.Display;
import org.eclipse.swt.widgets.Shell;
import org.eclipse.ui.IWorkbenchWindow;
import org.eclipse.ui.IWorkbenchWindowActionDelegate;
import org.eclipse.ui.PlatformUI;
import org.eclipse.update.configuration.IConfiguredSite;
import org.eclipse.update.configuration.ILocalSite;
import org.eclipse.update.core.IFeatureReference;
import org.eclipse.update.core.SiteManager;
import org.eclipse.update.core.VersionedIdentifier;
import org.eclipse.update.standalone.UpdateCommand;

public class UpdateAction implements
        IWorkbenchWindowActionDelegate {

  private static final String COM_BDAUM_PLANNER =
                                    "com.bdaum.planner";
```

```
// Shell, unter der Dialoge ausgeführt werden
private Shell shell;
// Aktive Display-Instanz
private Display display;
// Aktives Workbench-Fenster oder null
private IWorkbenchWindow window;
// Zeigt Restart an
private boolean restart;

public void dispose() {
  if (window == null) {
    shell.close();
    display.dispose();
  }
}

/**
 * Initialisiert die Aktionen. Erzeugt eine neue Shell,
 * wenn kein Workbench-Fenster spezifiziert wurde.
 * @param window - Workbench-Fenster oder null
 */
public void init(IWorkbenchWindow window) {
  this.window = window;
  shell = window.getShell();
  display = shell.getDisplay();
}
```

Die eigentliche Aktion wird in der `run()`-Methode der `UpdateAction` ausgeführt. Dabei läuft die Aktion unter einem `ProgressMonitor` ab, der auch den jeweiligen `UpdateCommands` übergeben wird, damit der Fortschritt des Updates angezeigt werden kann. Zunächst wird die Anzahl der installierten Features bestimmt, um so den ProgressMonitor zu initialisieren. Anschließend werden alle Features durchlaufen, wobei hier nur die Features, deren ID mit »com.bdaum.planner« beginnen, aktualisiert werden. Dies geschieht mit je einem neuen `UpdateCommand`. Für den `verifyOnly`-Parameter wird »false« angegeben, da das Update tatsächlich durchgeführt werden soll. Beachten Sie, dass die Angabe hier im Stringformat erfolgt.

Gleichzeitig werden die aktualisierten Features in einer Map vermerkt. Mit einer erneuten Abfrage wird anschließend die neue Konfiguration gegen die gespeicherten Versionsnummern verglichen. Hat sich mindestens eine Versionsnummer geändert, wird der Benutzer benachrichtigt und erhält Gelegenheit, das System neu zu starten. Entscheidet sich der Benutzer für einen Restart, so wird über die `Workbench`-Instanz ein solcher angestoßen. Fall noch keine Workbench-

Instanz vorhanden ist, kann die Restart-Bedingung mit isRestart() abgefragt werden.

Fehler werden während des Updates in einem MultiStatus-Objekt aufgesammelt. So wird es einfach, am Ende der Verarbeitung alle Fehler in einem einzigen Dialog anzuzeigen.

```
  /**
   * Führt die Aktion aus
   */
public void run(IAction action) {
    if (shell == null) {
      display = Display.getCurrent();
      shell = new Shell(display, SWT.NONE);
    }
    final MultiStatus status = new MultiStatus(UpdatePlugin
            .getId(), 90, "Errors during system update", null);
    try {
      // Update unter einem ProgressMonitor ausführen
      IRunnableWithProgress op = new IRunnableWithProgress() {
        public void run(IProgressMonitor monitor)
                throws InvocationTargetException,
                InterruptedException {
          try {
            int work = 0;
            // Eigene Site
            ILocalSite localSite = SiteManager.getLocalSite();
            // Konfigurierte Sites
            IConfiguredSite[] sites = localSite
                  .getCurrentConfiguration().getConfiguredSites();
            // Anzahl der Features feststellen
            // Monitor damit initialisieren
            for (IConfiguredSite site : sites)
              work += site.getFeatureReferences().length;
            monitor.beginTask(
                  "Please wait while the system is updated", work);
            // Versionsnummern merken
            Map<String, PluginVersionIdentifier> featureVersions =
                  new HashMap<String, PluginVersionIdentifier>();
            // Alle Features durchlaufen
            for (IConfiguredSite site : sites)
              for (IFeatureReference featureRef : site
                    .getFeatureReferences()) {
                VersionedIdentifier identifier = featureRef
                      .getVersionedIdentifier();
                String id = identifier.getIdentifier();
                // In diesem Beispiel nur eigene Features
                // aktualisieren
```

```
          if (id.startsWith(COM_BDAUM_PLANNER)) {
            featureVersions.put(id, identifier.getVersion());
            // Update durchführen
            performUpdate(monitor, id, status);
          }
          // Monitor fortschreiben
          monitor.worked(1);
        }
      // Prüfen, ob Features aktualisiert wurden
      loop: for (IConfiguredSite site : localSite
              .getCurrentConfiguration().getConfiguredSites())
        for (IFeatureReference featureRef : site
                .getFeatureReferences()) {
          // Versionsnummer
          VersionedIdentifier identifier = featureRef
                  .getVersionedIdentifier();
          String id = identifier.getIdentifier();
          if (id.startsWith(COM_BDAUM_PLANNER)
                  && !identifier.getVersion().equals(
                          featureVersions.get(id))) {
            // Auf Restart abfragen
            restart = MessageDialog.openQuestion(shell,
                                                  "Update",
                "System was successfully updated.\n"
                + " It is recommended to restart the
                                               application.\n"
                + " Restart now?");
            if (restart)
             try {
                PlatformUI.getWorkbench().restart();
              } catch (Exception e) {
              }
            break loop;
          }
        }
    } catch (Exception e) {
      status.add(new OperationStatus(
              OperationStatus.ERROR, UpdatePlugin.getId(),
              93, "System update failed with error", e));
    } finally {
      monitor.done();
    }
  }
};
// Mit einem ProgressMonitor ausführen
new ProgressMonitorDialog(shell).run(true, true, op);
} catch (InvocationTargetException e) {
```

```
      status.add(new OperationStatus(OperationStatus.ERROR,
              UpdatePlugin.getId(), 94,
              "System update failed with error", e));
    } catch (InterruptedException e) {
      status.add(new OperationStatus(OperationStatus.ERROR,
              UpdatePlugin.getId(), 95,
              "System update cancelled", null));
    }
    if (!status.isOK()) {
      ErrorDialog dialog = new ErrorDialog(shell, "Update",
              "Error during automatic Update", status,
              OperationStatus.ERROR | OperationStatus.WARNING);
      dialog.open();
    }
  }

  /**
   * Update ausführen
   * @param monitor - der ProgressMonitor
   * @param id - Feature id
   * @param status - Statusobjekt
   */
  private void performUpdate(IProgressMonitor monitor,
          String id, MultiStatus status) {
    try {
      // Update-Kommando erzeugen
      UpdateCommand uc = new UpdateCommand(id, "false");
      // Ausführen
      boolean success = uc.run(monitor);
      if (!success)
        status.add(new OperationStatus(OperationStatus.WARNING,
                UpdatePlugin.getId(), 91, NLS.bind(
                       "Update of Feature {0} failed", id), null));
    } catch (Exception e) {
      status.add(new OperationStatus(OperationStatus.ERROR,
              UpdatePlugin.getId(), 92, NLS.bind(
               "Update of Feature {0} failed with error", id), e));
    }
  }

  public void selectionChanged(IAction action, ISelection
                                                 selection) {
  }
  public boolean isRestart() {
    return restart;
  }
}
```

### 7.5.3 Test der Update-Funktionalität

Damit ist die Implementierung der Update-Funktionalität dieses Beispielprogramms abgeschlossen. Zum Testen müssen Sie die Applikation zunächst als Rich-Client-Anwendung installieren (siehe Abschnitt 6.6.1). Ein Test über die Eclipse-Launch-Funktion ist nicht möglich. Anstatt die Anwendung in eine ZIP-Datei zu exportieren, können Sie sie vom Produkteditor aus direkt in ein Verzeichnis (z.B. `C:\Programme`) exportieren.

Der nächste Schritt wäre die Herstellung einer jüngeren Software-Version. Dazu erhöhen Sie im Feature-Manifest des Projektplaners die Versionsnummer. Auf der Seite *Plug-ins* des Feature-Manifest-Editors betätigen Sie die Taste *Versions* und wählen dann die Option *Force feature version into plug-in and fragment manifests*.

Dann muss eine Update-Site hergestellt (siehe Abschnitt 6.3) und auf der im Feature des Projektplaners angegebenen Adresse (hier `http://www.bdaum.de/eclipse/planner/`) veröffentlicht werden. Freilich müssten Sie hier eine andere Adresse verwendet haben! Anschließend steht einem Update von der Rich-Client-Applikation aus nichts mehr im Wege.

### 7.5.4 Automatischer Update während des Starts

Ist die Update-Funktionalität erst einmal ausgetestet, so kann die Durchführung des Updates z.B. in den Start der Applikation integriert werden. Die oben beschriebene `UpdateAction` ist so implementiert, dass sie schon in einer frühen Phase – wenn noch gar keine Workbench besteht – ausgeführt werden kann.

Am besten geschieht der Aufruf dieser Aktion direkt vor dem Start der Workbench, also in der `run()`-Methode der Klasse `Application` aus dem Plugin `com.bdaum.planner` (siehe Abschnitt 4.2.1).

```
public Object run(Object args) throws Exception {
  Display display = PlatformUI.createDisplay();
  // Update
  UpdateAction updateAction = new UpdateAction();
  updateAction.run(null);
  if (updateAction.isRestart())
    // Restart
    return IPlatformRunnable.EXIT_RESTART;
  try {
    int returnCode = PlatformUI.createAndRunWorkbench(display,
            new ApplicationWorkbenchAdvisor());
```

```
        if (returnCode == PlatformUI.RETURN_RESTART) {
          return IPlatformRunnable.EXIT_RESTART;
        }
        return IPlatformRunnable.EXIT_OK;
      } finally {
        display.dispose();
      }
    }
```

## 7.6 Verwaltung der Konfiguration

Damit kommen wir zu den Verwaltungsfunktionen für die aktuelle Konfiguration und die Konfigurationsgeschichte einer Installation. Mit der statischen Methode `getLocalSite()`[2] kann man sich von der Klasse `SiteManager` aus dem Package `org.eclipse.update.core` eine Beschreibung der Installation holen:

```
ILocalSite localSite = SiteManager.getLocalSite();
```

Auf diese `ILocalSite`-Instanz können dann verschiedene Verwaltungsmethoden angewandt werden :

- Mit der Methode `getCurrentConfiguration()` erhält man die aktuelle Konfiguration vom Typ `IInstallConfiguration`.
- Mit der Methode `getConfigurationHistory()` erhält man ein Array mit allen vergangenen Konfigurationen.
- Mit der Methode `revertTo()` kann die lokale Installation auf eine spezifizierte Konfiguration zurückgesetzt werden.

Bei der Installation von neuen Feature-Versionen bleiben übrigens die alten Versionen in der Installation erhalten. Dies geschieht mit voller Absicht, denn das Entfernen von Plugins könnte andere Plugins in ihrer Funktionsweise beeinträchtigen. Ist man sich jedoch sicher, dass ein älteres Feature ohne Gefahr gelöscht werden kann, so kann dies mit Hilfe eines `UninstallCommands` (siehe Abschnitt 7.4) geschehen.

## 7.7 Wenn etwas schief geht

Falls die Update-Funktion nicht richtig funktionieren sollte, müsste man die Anwendung mit *Debug* testen. Dabei stoßen wir aber auf Schwierigkeiten. Denn starten wir die Anwendung wie in Abschnitt 5.1.2 beschrieben von der Entwicklungsplattform aus, so schlägt jeder

2. Auch das API der in diesem Abschnitt genannten Klassen hat vorläufigen Charakter.

Update-Versuch fehl. Der Grund dafür liegt darin, dass beim Start der Testplattform eventuelle Feature-Definitionen nicht berücksichtigt werden. Deshalb ist in der zu testenden RCP-Applikation das zu aktualisierende Feature unbekannt, und das Update kann nicht durchgeführt werden. Die Lösung zu diesem Problem heißt *Remote Debugging*, welches wir bereits in Abschnitt 6.7 beschrieben haben. Die separat (und mit der Feature-Definition) installierte RCP-Anwendung wird mit den entsprechenden in diesem Abschnitt beschriebenen Ablaufparametern gestartet. In der Entwicklungsplattform wird dann mit einer entsprechenden Remote-Debugging-Launch-Konfiguration der Debug-Prozess gestartet. Damit kann nun die Update-Funktion Schritt für Schritt durchgetestet werden.

## 7.8 Eclipse-Module mit in den Update einbeziehen

Auf die beschriebene Weise können Sie jederzeit Ihre eigenen Plugins durch neuere Versionen ersetzen. Doch was tun, wenn Sie für ein Plugin aus der Eclipse-Distribution eine neue Version einspielen müssen, um einen Fehler zu beheben?

Die Antwort ist einfach: Wenn sich ein Plugin der RCP-Minimalplattform geändert hat, so muss das Feature `org.eclipse.rcp` aktualisiert werden. Wenn sich dagegen ein anderes Plugin aus dem Eclipse-SDK geändert hat, muss das selbst gemachte Infrastruktur-Plugin (siehe Abschnitt 7.1) aktualisiert werden. Natürlich muss vorher die Versionsnummer dieses Features erhöht werden.

## 7.9 Der Feature-Patch

Wurde ein Produkt ausgeliefert, so ist es fast unvermeidlich, dass hinterher Fehler entdeckt werden (was wir bei dem Buch hier nicht hoffen wollen ...). Sollen Fehlerkorrekturen ausgeliefert werden, so ist es für den Kunden oft nicht akzeptabel, dass das gesamte Produkt erneut ausgeliefert wird. Diese gilt insbesondere dann, wenn das Produkt groß ist. Die Zeiten für das Herunterladen des Produkts können sehr lang sein, und in einigen Fällen werden aus diesem Grund Online-Aktualisierungen unmöglich. Das Verteilen von Korrekturen über CDs scheidet jedoch aus Kostengründen meist aus. Schon deshalb sollten RCP-Anwendungen modular aufgebaut werden, so dass partielle Aktualisierungen möglich werden. Doch manchmal ist auch der Austausch kompletter Features noch zu aufwändig.

Genau dieses Problem wird mit dem Feature-Patch adressiert. Anstatt das gesamte aktualisierte Feature neu auszuliefern, wird nur der Feature-Patch mit den geänderten Plugins ausgeliefert. Die Eclipse-Update-Funktionen sind schlau genug, um den Patch in das installierte Feature einzufügen.

Um einen Feature-Patch zu erzeugen, legen Sie ein neues Projekt mit Hilfe von *File>New>Other...>Plugin Development>Feature Patch* an. Im Wizard geben Sie zunächst den Projektnamen ein und gehen zur nächsten Seite. Dort definieren Sie die Patch-ID, den Patch-Namen und den Hersteller des Patches. Dann wählen Sie das Feature aus, das modifiziert werden soll. Auf der Seite *Included Plugins and Fragments* wählen Sie die Plugins und Fragmente aus, die in den Patch gehen sollen. Dann drücken Sie *Finish*. Der Feature-Patch ist nun fertig für die Auslieferung, die genau wie bei jedem anderen Feature-Projekt verläuft.

# 8 RCP-Kochbuch

In diesem Kapitel möchte ich noch einmal die Schritte aufführen, die für eine erfolgreiche Implementierung und Auslieferung einer Eclipse-RCP-Anwendung nötig sind:

1. RCP-Anwendung als Plugin-Projekt anlegen. Die Frage *Would you like to create a rich client application* mit *Yes* beantworten. Ein geeignetes RCP-Template auswählen, siehe Abschnitt 4.2.2).
2. Workbench, Workbench-Fenster und Aktionsleisten durch Abändern bzw. Implementieren der Klassen `WorkbenchAdvisor`, `WorkbenchWindowAdvisor` und `ActionBarAdvisor` konfigurieren (siehe Abschnitt 4.3).
3. Anwendung testen. Dazu eine neue Launch-Konfiguration erstellen. Unter *Run an application* die Applikations-ID der Anwendung auswählen. Auf der Seite *Plug-ins* nur die wirklich benötigten Plugins angeben (siehe Abschnitt 4.2.3).
4. Geschäftlogik implementieren. Die `Plugin`-Klasse verwaltet den Lebenszyklus der Anwendung. Zum Testen ist es sinnvoll, einen *ErrorLog*-View mit einzubauen (siehe Abschnitt 13.5.6).
5. Features definieren (siehe Kapitel 6 und 7). Geplante Update-Sites in den Features angeben.
6. Update-Logik implementieren (siehe Kapitel 7).
7. Nun kann die Produktgestaltung erfolgen (siehe Abschnitt 5.1). Dazu eine neue *Product Configuration* erstellen und mit dem Produkteditor vervollständigen. Die Produktkonfiguration muss (wenn Update-Funktionalität gewünscht ist) auf Features aufgebaut werden.
8. Anwendung testen. Dazu im Produkteditor nach *Synchronize* den Hyperlink *Lauch the product* klicken.
9. Build-Konfigurationen für alle Plugin- und Feature-Projekte erstellen (siehe Abschnitt 6.4).

10. Produkt mit *File>Export>Eclipse Product* in eine Verzeichnisstruktur exportieren und Update-Funktionalität testen (siehe Abschnitt 7.5.3). Dazu müssen die Update-Sites mit neueren Versionen der Features bestückt werden.
11. Produkt mit *File>Export>Eclipse Product* als ZIP-Datei exportieren und ausliefern.

# Teil II
# Benutzeroberflächen für Rich Clients

Benutzeroberflächen spielen bei Rich-Client-Anwendungen eine große Rolle – die Vokabel »Rich« deutet ja einen üppigen Benutzerkomfort an. Eclipse ist hier mit seinen nativen GUI-Bibliotheken, dem Standard Widget Toolkit (SWT) und JFace, gut positioniert. Seit Eclipse 3.0 gibt es außerdem das Forms API, das die Entwicklung einheitlich gestalteter, formularorientierter Benutzeroberflächen erleichert. In den Beispielen dieses Buches werden wir das Forms API intensiv verwenden.

Ergänzt werden diese Bibliotheken durch Widget-Bibliotheken von Fremdherstellern und durch XML-Skriptsprachen, welche die Definition SWT-basierter Benutzeroberflächen erheblich flexibler machen.

# 9 SWT, JFace und das Forms API

Bevor wir die Implementierung unserer RCP-Beispielanwendung fortsetzen, ist es nötig, sich mit den Grundlagen der GUI-Programmierung unter Eclipse vertraut zu machen. Das sind vor allem das *Standard Widget Toolkit* (SWT), das JFace und auch das Forms API, das wir hier intensiv verwenden werden.

Einer der stärksten Gründe für die Eignung von Eclipse als Plattform für generische Anwendungen ist genau die SWT-GUI-Bibliothek. Man kann ruhig behaupten, dass es ohne das SWT eine Eclipse-RCP kaum geben würde.

Blicken wir auf die Entwicklung von Java zurück: Die ersten Vermarktungserfolge wurden mit dem Einsatz von Java auf dem Internet erzielt – mit Java konnten Applets erstellt werden, welche die oft ziemlich drögen Webseiten aufpeppten. Damals verfügte Java nur über recht karge Mittel für die Erstellung von grafischen Benutzeroberflächen, das Java AWT beschränkte sich auf das Nötigste.

Dann kam Swing. Und seltsamerweise verschwand mit Swing Java weit gehend vom Desktop. Wegen fehlender Browserunterstützung kam Swing zunächst für Applets nicht in Frage. Für Webanwendungen kamen andere Technologien wie z.B. Flash zum Einsatz, die leistungsfähiger als Swing waren. Java wurde immer mehr als eine Serversprache eingesetzt.

Mir geht es hier nicht darum, Swing zu verdammen. Es gibt ganz hervorragende Komponenten in Swing wie z.B. das Grafikpaket Java2D; und wer sich in Swing sehr gut auskennt, kann damit auch ansprechende und reaktionsfreudige Benutzeroberflächen erstellen. Doch die Mehrzahl der Swing-Anwendungen verhält sich in der Praxis doch etwas behäbig, und rechte Freude kommt bei der Bedienung einer Swing-Anwendung selten auf. Was noch schwerer wiegt, ist, dass Swing-Anwendungen meist anders aussehen und sich anders verhalten als native Anwendungen unter Windows, GTK, Motif oder Photon.

Der normale Büro- und Heim-Anwender ist damit oft überfordert. Und so lassen sich Swing-Anwendungen schwerer verkaufen als native Anwendungen. Zwar lassen sich mit Swing native Oberflächen visuell nachahmen, jedoch wird auch eine native Oberfläche auch durch andere Elemente geprägt, z.B. durch das Verhalten des Systems auf Maus-Gestures.

Mit dem SWT hat sich die Lage für Java nun gründlich geändert. Kernphilosophie des SWT ist es, für die Komponenten der grafischen Benutzeroberfläche native Komponenten des jeweiligen Windowing-Systems zu verwenden, und nicht – wie bei Swing – diese Komponenten in Java zu emulieren. SWT-Anwendungen sehen deshalb so aus und verhalten sich auch so wie native Anwendungen unter Windows, Linux, Unix oder Mac OS X. Die einzelnen Komponenten haben ein ausgezeichnetes Ansprechverhalten, und die Anwendungen sind sehr robust. Das SWT läutet meiner Meinung nach die Rückkehr von Java auf den Desktop ein.

Folgerichtig baut die *Eclipse Rich Client Platform* auf dem SWT auf. Dazu kommen noch die höheren Schichten des JFace und (seit Eclipse 3.0) die des Forms APIs, welche das SWT ergänzen und erweitern. Ich werde die drei Grafikbibliotheken in diesem Kapitel vorstellen, wobei ich mich auf die wesentlichen Aspekte beschränken werde. Dabei werde ich mich auf wesentliche Aspekte dieser Komponenten beschränken. Detaillierte Informationen finden Sie in der Literatur, z.B. in [Daum2005].

## 9.1 Das Standard Widget Toolkit

### 9.1.1 Übersicht über die SWT-Funktionsgruppen

Das SWT besteht aus den folgenden Funktionsgruppen:

- Das Package `org.eclipse.swt` enthält alle SWT-spezifischen Konstanten und Exceptions.
- Das Package `org.eclipse.swt.accessibility` enthält Klassen für die Implementierung behindertengerechter GUIs.
- Das Package `org.eclipse.swt.awt` unterstützt die Integration von AWT/Swing mit dem SWT.
- Das Package `org.eclipse.swt.browser` enthält die Klassen für die Implementierung des `Browser`-Widgets, welches die Funktionalität des nativen Webbrowsers der jeweiligen Plattform in Form eines Widgets anbietet. In Abschnitt 18.2 zeigen wir den Einsatz dieses Widgets.

- Das Package `org.eclipse.swt.custom` enthält die nicht-nativen Widgets der Eclipse-Plattform.
- Das Package `org.eclipse.swt.dnd` unterstützt Funktionen des Datentransfers (Drag&Drop und Zwischenablage).
- Das Package `org.eclipse.swt.events` unterstützt die SWT-Ereignisverarbeitung.
- Das Package `org.eclipse.swt.graphics` enthält Klassen für grafische Operationen.
- Dieses Package `org.eclipse.swt.layout` implementiert verschiedene Layoutmanager.
- Das Package `org.eclipse.swt.ole.win32` unterstützt OLE für Windows-Betriebssysteme.
- Das Package `org.eclipse.swt.printing` enthält die Druckerunterstützung.
- Das Package `org.eclipse.swt.program` unterstützt Dateiassoziationen und den Start externer Programme.
- Das Package `org.eclipse.swt.widgets` enthält alle nativen Widget-Klassen des SWT-API.

### 9.1.2 Ereignisse

Zentraler Kommunikationsmechanismus der Anwendung mit dem GUI ist die Ereignisverarbeitung. Dabei registrieren Applikationen Zuhörerinstanzen (Listener) mit den einzelnen Widgets, um auf Ereignisse reagieren zu können. Meistens von Benutzeraktionen wie z.B. Mausklicks oder Tastaturbetätigungen hervorgerufen, werden Ereignisobjekte, die über die Art der Aktion informieren, an die Listener verschickt.

Bei der Anwendungsentwicklung kommen meist typisierte (also nach Art des Ereignisses kategorisierte) Listener zum Einsatz. So z.B. der `MouseListener`, der `MouseMoveListener`, der `KeyListener` oder der `SelectionListener`. Zwar gibt es auch eine allgemeine, nicht-typisierte Listener-Klasse, jedoch kommt diese vorwiegend auf der Systemebene innerhalb der SWT-Klassen zum Einsatz. Den typisierten Listenern entsprechen denn auch typisierte Ereignisobjekte wie das `MouseEvent`, das `MouseMoveEvent`, das `KeyEvent` oder das `SelectionEvent`.

*Adapter*

Zu vielen Listener-Typen gibt es zusätzlich noch korrespondierende Adapter, z.B. den `KeyAdapter`. Diese Adapter sind Standardimplementierungen der entsprechenden Listener: mit leerer Methodendefinition. Neue Funktionalität bringen diese Adapter nicht, sie sparen nur etwas Schreibarbeit, wenn man bei einem Listener-Typ auf die Implementierung bestimmter Methoden verzichten möchte.

*Anonyme Klassen*

Die jeweiligen Listener können den verschiedenen Widgets mit `add...Listener()` hinzugefügt und mit `remove...Listener()` wieder entfernt werden. Populär dabei ist die Verwendung anonymer innerer Klassen:

```
Button myButton = new Button(parent, SWT.PUSH);
myButton.addSelectionListener(new SelectionListener() {
  public void widgetSelected(SelectionEvent e) {
    System.out.println("Button pressed!");
  }
  public void widgetDefaultSelected(SelectionEvent e) {
  }
});
```

oder bei der Verwendung eines Adapters:

```
Button myButton = new Button(parent, SWT.PUSH);
myButton.addSelectionListener(new SelectionAdapter() {
  public void widgetSelected(SelectionEvent e) {
    System.out.println("Button pressed!");
  }
});
```

Dieses Vorgehen hat allerdings einen Nachteil: Man kann solche Listener schlecht wieder entfernen. Eine bessere Methode ist, die erzeugte Listener-Instanz erst einem Feld zuzuordnen. Eine solche Listener-Instanz kann dann auch leicht für mehrere Widgets verwendet werden:

```
SelectionListener selectionListener = new SelectionAdapter() {
  public void widgetSelected(SelectionEvent e) {
    System.out.println("Button pressed!");
  }
};
Button myButton = new Button(parent, SWT.PUSH);
myButton.addSelectionListener(selectionListener);
myButton2.addSelectionListener(selectionListener);
  ...
myButton.removeSelectionListener(selectionListener);
```

Eine gute Übersicht über die verschiedenen Ereignistypen und ihre Erzeugung erhält man mit Hilfe der SWT-Beispielapplikation, die wir im nächsten Abschnitt diskutieren.

### 9.1.3 Widgets

Widgets sind die Bausteine für Benutzeroberflächen, wir finden sie in den verschiedensten Ausprägungen vor: Tasten, Schieberegler, Textfelder, Behälter und vieles anderes mehr.

Wie schon in Abschnitt 9.1.1 erwähnt, enthält auch das SWT nicht-native Widgets, die im Package `org.eclipse.swt.custom` zusammengefasst sind. Sie sind dadurch gekennzeichnet, dass dem Klassennamen der Buchstabe »C« vorangestellt wird. Die Mehrzahl der Widgets sind jedoch native Widgets. Für diese Widgets werden Java-Klassen zur Verfügung gestellt, welche lediglich die Java-Methodenaufrufe mit entsprechenden JNI-Aufrufen (*Java Native Interface*) an die korrespondierenden Komponenten aus dem jeweiligen Windowing-System weitergeben.

#### Die Klasse Widget

Wurzelklasse aller Widgets ist die abstrakte Klasse `Widget`. Diese Klasse implementiert nur einige Basismethoden wie `dispose()` oder `addDisposeListener()`. Bei der Erzeugung einer `Widget`-Instanz kann das Widget im Konstruktor mit einer Stilkonstante konfiguriert werden. So kann z.B. ein Textfeld mit `SWT.MULTI` mehrzeilig und mit `SWT.READ_ONLY` mit Schreibschutz erzeugt werden; ein `Table`-Widget kann mit `SWT.H_SCROLL` bzw. `SWT.V_SCROLL` mit horizontalen bzw. vertikalen Scroll-Balken ausgerüstet werden. Diese Stilkonstanten sind alle in der Klasse `SWT` definiert und können mit dem »|«-Operator auch kombiniert werden.

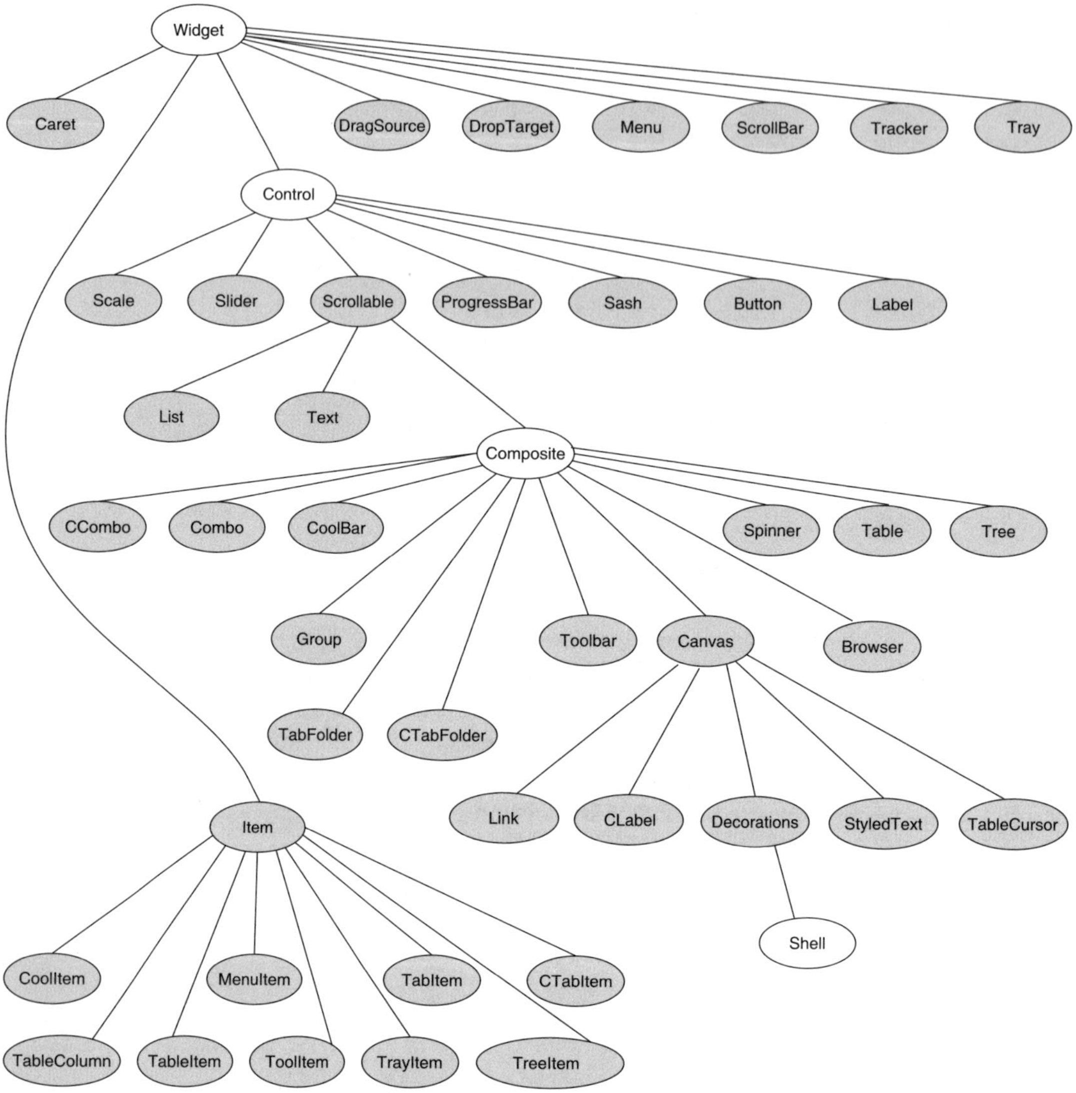


**Abb. 9–1** Die Widget-Hierarchy im SWT. Von besonderer Bedeutung sind die Klassen Widget, Control, Composite und Shell, auf die wir ausführlicher eingehen.

### Die Klasse Control

Unmittelbarer Abkömmling der Klasse `Widget` ist die abstrakte Klasse `Control`. Instanzen dieser Klasse repräsentieren bedienbare GUI-Elemente. Auf dieser Ebene gibt es bereits Methoden für die Verwaltung verschiedenster Ereignistypen: `ControlEvent`, `FocusEvent`, `HelpEvent`, `KeyEvent`, `MouseEvent`, `MouseTrackEvent`, `MouseMoveEvent`, `PaintEvent`.

Außerdem stellt `Control` viele Standardmethoden zur Verfügung wie `setVisible()` oder `setEnabled()`.

### Visuelle Übersicht

Die beste Übersicht über die meisten nativen Widgets des SWT erhalten Sie mit Hilfe einer Eclipse-Beispielapplikation (*Example Plug-ins*), die auf `http://www.eclipse.org` erhältlich ist. Nach dem Herunterladen und Installieren dieser Applikation können Sie den *SWT-Controls*-View mit *Window>Show View>Other...>Examples>SWT Controls* öffnen. Mit einem Doppelklick auf den Reiter dieses Views maximieren Sie den View und können anschließend mit den verschiedensten Widgets experimentieren. Ein weiterer View namens *Custom Controls* liefert die Übersicht über die nicht-nativen Widgets.

### Displays und Threads

Natürlich laufen die Widgets in einem Umfeld ab – der Anzeige. Diese wird von der Klasse `Display` repräsentiert. `Display` ist genau wie `Printer` eine Unterklasse der Klasse `Device`, die allgemeine Geräte repräsentiert. Dabei kann `Display` auch Anzeigeeinrichtungen mit mehreren angeschlossenen Monitoren repräsentieren. Außerdem erhält man über die Klasse `Display` Zugriff auf Systeminformationen wie systemweite Farben und Schriftarten oder den System-Tray.

Jede Applikation mit einem SWT-GUI erzeugt mindestens eine Instanz der Klasse `Display`. In Applikationen, bei denen nur ein einziger Thread für die Bildschirmausgabe zuständig ist – und das ist auch in der Regel der Fall –, existiert auch nur eine einzige `Display`-Instanz. In Abschnitt 4.2.1 hatten wir bereits gesehen, wie diese `Display`-Instanz beim Start der RCP-Anwendung mit Hilfe von

```
PlatformUI.createDisplay();
```

erzeugt wird. Innerhalb einer RCP-Anwendung erhält man diese `Display`-Instanz mittels

```
PlatformUI.getWorkbench().getDisplay();
```

*Nebenläufigkeit*

Und damit wären wir auch schon beim Thema Nebenläufigkeit. Lang laufende Operationen wie z.B. umfangreiche Berechnungen dürfen auf keinen Fall im SWT-Thread ausgeführt werden, denn sonst wäre ja die Benutzeroberfläche während der Dauer der Operation »eingefroren«. Solche Operationen müssen in einem separaten Thread ausgeführt werden; und das JFace bietet auch die notwendige Funktionalität zum Verwalten solcher Threads an. Will man aber aus einem solchen nebenläufigen Thread einen Zugriff auf die Benutzeroberfläche durchführen, stößt man auf eine Schwierigkeit, denn das SWT erlaubt keine Zugriffe aus nebenläufigen Threads. In einem solchen Fall ist es notwendig, diese Zugriffe an die aktuelle `Display`-Instanz zu delegieren. `Display` bietet dazu die Methoden `syncExec()`, `asyncExec()` und `timerExec()` an.

#### Die Shell

Die Klasse `Shell` agiert als Wurzelbehälter für alle SWT-Fenster und -Dialoge. Dabei können `Shell`-Instanzen mit verschiedenen Dekorationen (Titelzeile, Drop-down-Menü, Buttons zum Minimalisieren, Maximalisieren, Schließen) versehen werden und in verschiedenen Betriebsarten (Modes) ablaufen.

Im Rahmen der RCP-Entwicklung werden Sie in der Regel Shells nicht direkt verwenden, sondern stattdessen mit den JFace-Klassen `Window` und `Dialog` arbeiten, die Ihnen die Verwaltung von Shells abnehmen. Übrigens stehen auch für manch andere SWT-Widgets höherwertige JFace-Komponenten zur Verfügung.

### 9.1.4 Layouts

Mit der Klasse `Shell` sind wir bei den Behältern angelangt. Als Behälter fungieren im SWT die Klasse `Composite` und ihre Unterklassen. Behälter sind ein ganz wesentliches Konzept, denn Benutzeroberflächen werden als hierarchische Strukturen aufgebaut. Bei der Erzeugung einer Widget-Instanz muss jeweils ein Behälter angegeben werden, in dem das Widget zu liegen kommt, z.B.:

```
Button button = new Button(parent, SWT.PUSH);
```

Das ist anders als in Swing, wo Widgets mit Hilfe einer `add`-Methode explizit zum Behälter hinzugefügt werden müssen. Swing ist in diesem Punkt flexibler, denn es erlaubt auch die Entfernung von Widgets aus einem Behälter.

Die Reihenfolge der Instanzenerzeugung entscheidet dann auch über die Reihenfolge der Widgets im Behälter. Eine Ausnahme von der Regel ist natürlich der Wurzelbehälter `Shell`, bei dem bei der Erzeugung eines neuen Fensters statt einem Behälter eine `Display`-Instanz angegeben wird.

### Explizite Positionierung

Legt man auf diese Weise ein neues Widget in einem Behälter an, so sieht man erst einmal gar nichts, denn das neue Widget hat die Größe Null. Um es sichtbar zu machen, muss seine Größe und Position angegeben werden:

```
button.setBounds(X,Y,WIDTH,HEIGHT);
```

In der Praxis stößt man allerdings mit dieser Technik schnell an Grenzen, denn eine feste Positionierung und Größenbestimmung würde bekannte Fenster-Ausmaße voraussetzen – was eher unwahrscheinlich ist. Man müsste also die Bestimmung von Position und Größe von der Fenstergröße abhängig machen, was bei geschachtelten Behältern ziemlich schwierig geraten kann. Besser ist es, für diese Aufgabe einen vorgefertigten Layoutmanager zu verwenden, der diese Aufgaben übernimmt.

### Layoutmanager

Das SWT bietet fünf vorgefertigte Layoutmanager an, die auf `Composites` mit Hilfe der Methode `setLayout()` angewendet werden können:

| | |
|---|---|
| **`FillLayout`** | Hier füllen die Kindelemente das `Composite` komplett aus. Es gibt weder Zwischenräume zwischen den einzelnen Elementen noch Randbereiche, und auch ein automatischer Umbruch wird nicht unterstützt. Alle GUI-Elemente haben die gleiche Größe, wobei die Höhe vom höchsten GUI-Element und die Breite vom breitesten GUI-Element bestimmt wird. Normalerweise werden die Elemente in der Horizontalen aneinander gereiht, jedoch ist durch Zuweisung von `SWT.VERTICAL` an das `type`-Feld des Layouts auch eine vertikale Ausrichtung möglich. |
| **`RowLayout`** | Ähnlich wie beim `FillLayout` ordnet das `RowLayout` die GUI-Elemente in einer horizontalen oder vertikalen Reihe an. Allerdings ist hier automatischer Umbruch möglich (`wrap=true`). Mit Hilfe der Variablen `pack` and `justify` kann zwischen verschiedenen Optionen zur Ausrichtung der Kindelemente gewählt werden. Schließlich gibt es noch die Möglichkeit, mit den Variablen `marginLeft`, `marginTop`, `marginRight`, `marginBottom` die Größe der Randbereiche und mit `spacing` den Abstand zwischen den Elementen zu bestimmen.<br>Außerdem besteht die Möglichkeit, jedes Kindelement in Höhe und Breite durch die Zuweisung einer `RowData`-Instanz individuell zu konfigurieren. Die `RowData`-Instanz wird mit `setLayoutData()` dem jeweiligen Kindelement zugewiesen. |

| | |
|---|---|
| **GridLayout** | Das GridLayout hat einige Ähnlichkeiten mit HTML-Tabellen. Auch hier gibt es Reihen und Spalten, und es ist möglich, horizontal oder vertikal angrenzende Tabellenelemente miteinander zu verschmelzen. Die einzelnen Reihen werden von links nach rechts mit Kindelementen gefüllt, wobei die Anzahl der Spalten über numColumns gesetzt werden kann. Ist eine Reihe voll, erfolgt ein Umbruch in die nächste Reihe. Mit Hilfe der Variablen makeColumnsEqualWidth, marginHeight, marginWidth, horizontalSpacing und verticalSpacing kann das gesamte Layout zusätzlich konfiguriert werden.<br>Die Möglichkeiten für das Layout der individuellen Kindelemente mit Hilfe von GridData-Instanzen sind sehr weit gehend (und manchmal in ihrem Zusammenwirken recht schwierig zu durchschauen). So gibt es Parameter für die Verwendung ungenutzten Platzes (grabExcessHorizontalSpace und grabExcessVerticalSpace), für die Ausrichtung (horizontalAlignment, verticalAlignment) und das Einrücken (horizontalIndent), für das Verschmelzen von Rasterzellen (horizontalSpan und verticalSpan) und schließlich noch Parameter für explizite Größenangaben (heightHint und widthHint). Nach meiner Erfahrung ist es besser, auf das Verschmelzen von Zellen möglichst zu verzichten, und stattdessen mit geschachtelten Composites zu arbeiten, von denen jedes mit einem GridLayout versehen werden kann. |
| **FormLayout** | Der FormLayout-Manager erlaubt es, die Position von Kindelementen in Relation zu den Rändern eines Composites und in Relation zueinander zu spezifizieren. Das geschieht mit Hilfe von FormData- und FormAttachment-Instanzen, die jedem Kindelement zugeordnet werden müssen.<br>In der FormData-Instanz kann zunächst in den Variablen width und height die Größe des Kindelements bestimmt werden. In den Variablen top, bottom, left und right können FormAttachment-Instanzen angegeben werden, welche den oberen, unteren, linken oder rechten Rand des Elements auf einen Bezugsort hin positionieren.<br>Geschieht die Positionierung in Relation zum Rand des Composites, wird bei der Erzeugung einer FormAttachment-Instanz eine Formel angegeben, die den aktuellen Abstand des Kindelements vom Rand aus der Gesamtgröße des Composites berechnen kann. Natürlich kann auch angegeben werden, auf welchen Rand (links, rechts, oben, unten) man sich bezieht<br>Bei der zweiten Methode muss ein Referenzkindelement angegeben werden. Zusätzlich kann angegeben werden, auf welche Kante des Referenzelementes man sich bezieht, und wie groß der Abstand sein soll.<br>Auf Composite-Ebene können zusätzlich Randbereiche mit marginHeight und marginWidth) spezifiziert werden. |
| **StackLayout** | Dieser Layoutmanager macht immer nur ein einziges Kindelement in einem Composite sichtbar. Alle Kindelemente werden in der gleichen Größe angelegt und überdecken einander, so dass nur das oberste sichtbar ist. Durch Zuweisung eines Kindelements an die Variable topControl kann dieses Kindelement sichtbar gemacht werden. Randbereiche sind möglich und können über marginHeight und marginWidth gesetzt werden. |

Unter diesen fünf Layoutmanagern ist wohl das `GridLayout` das vielseitigste und wird meiner Erfahrung nach in 90 Prozent aller Fälle angewendet. (Ein `BorderLayout` wie im Java AWT sucht man übrigens vergebens.) Aber auch mit dem `FormLayout` lassen sich komplexe Oberflächen realisieren. Wer mit den Layoutmanagern etwas herumspielen und die Wirkung der einzelnen Parameter ausprobieren will, sei auf die Eclipse-Beispielapplikation *SWT Layouts* verwiesen. Hat man dort ein passendes Layout gefunden, kann man mit einem Klick auf die *Code*-Taste den nötigen Java-Code erzeugen lassen, um ihn dann in die eigene Anwendung zu importieren.

Noch mehr Komfort bieten visuelle Editoren wie der *Eclipse Visual Editor* (VE), der *SWT Designer* oder *Jigloo*. Diese Editoren unterstützen die visuelle Komposition komplexer Benutzeroberflächen inklusive Ereignisverarbeitung. Eine ausführliche Diskussion des *Eclipse Visual Editors* finden Sie in [Daum2005].

### 9.1.5 SWT-Dialoge

Die Klasse `Dialog` ist eine abstrakte Klasse, von der konkrete native Dialoge abgeleitet werden können. In der Regel wird man das aber nicht tun, sondern lieber die gleichnamige, aber komfortablere JFace-Klasse `Dialog` verwenden.

Das SWT stellt allerdings einige konkrete Unterklassen von `Dialog` bereit, welche vorgefertigte Dialoge des jeweiligen Windowing-Systems repräsentieren, insbesondere:

| | |
|---|---|
| **`ColorDialog`** | Dialog zur Auswahl einer Farbe. |
| **`DirectoryDialog`** | Dialog zur Auswahl eines Verzeichnisses im Dateisystem. |
| **`FileDialog`** | Dialog zur Auswahl einer Datei. Durch Stilparameter kann festgelegt werden, zu welchem Zweck die Datei ausgewählt wird: `SWT.OPEN` und `SWT.SAVE`. |
| **`FontDialog`** | Dialog zur Auswahl einer Schriftart. |
| **`MessageBox`** | Dialog zur Ausgabe einer Mitteilung. Durch Stilparameter kann festgelegt werden, mit welchen Knöpfen der Dialog instrumentiert wird: `SWT.OK`, `SWT.CANCEL`, `SWT.YES`, `SWT.NO`, `SWT.RETRY`, `SWT.IGNORE`. Weitere Stilparameter dienen zur Auswahl des Icons: `SWT.ICON_ERROR`, `SWT.ICON_INFORMATION`, `SWT.ICON_QUESTION`, `SWT.ICON_WARNING`, `SWT.ICON_WORKING`. |
| **`PrintDialog`** | Dialog zur Auswahl eines Druckers und für die Druckereinrichtung. |

Auch diese Dialoge können mit der oben erwähnten Eclipse-Beispielanwendung *SWT Controls* ausprobiert werden. Hier ist ein Code-Beispiel für eine `MessageBox`:

```
// MessageBox erzeugen
MessageBox box = new MessageBox(toplevelShell,
   SWT.YES | SWT.NO | SWT.APPLICATION_MODAL | SWT.ICON_QUESTION);
// Titelzeile setzen
box.setText("A Question");
// Nachricht setzen
box.setMessage("To be or not to be?");
// MessageBox öffnen und Ergebnis abfragen
if (box.open() == SWT.YES) {
} else {
}
```

### 9.1.6 Grafik

Die Interfaces und Klassen für grafische Operationen sind im Package `org.eclipse.swt.graphics` enthalten. Der Funktionsumfang dieser Bibliothek orientiert sich an den grafischen Fähigkeiten der unterstützten Ablaufplattformen. Seit Eclipse 3.1 werden auch Koordinatentransformationen (incl. Textrotation), transparente Zeichenoperationen und Pfade unterstützt, allerdings wird dabei das *GDI+* auf Windows (in Windows XP standardmäßig vorhanden) und die *Cairo Vector Engine* auf Linux vorausgesetzt. Bevor Sie sich aber nun darauf stürzen, Diagrammeditoren oder Geschäftsgrafiken mit Hilfe der SWT-Grafikfunktionen zu implementieren, sollten Sie sich vorher unbedingt die eclipse.org-Projekte GEF (*Graphical Editor Framework*) und BIRT (*Business Intelligence and Reporting Tools*) ansehen. In Kapitel 16 werde ich das GEF ausführlich behandeln.

#### Der Grafikkontext

Die Klasse `GC` enthält alle für Zeichenoperationen benötigten Methoden – Methoden wie `drawLine()`, `drawOval()`, `drawPolygon()`, `setFont()`, `drawText()`, `getFontMetrics()` u.v.a.m.

Gezeichnet werden kann auf Instanzen aller Klassen, welche das `Drawable`-Interface implementieren. Insbesondere sind das die Klassen `Image`, `Control` und ihre Unterklassen wie `Canvas` und `Display`. Dabei wird `Image` besonders für Double-Buffering-Zwecke eingesetzt, `Display` dient der bildschirmfüllenden Ausgabe von Grafiken, `Canvas` ist das Standardausgabemedium für Zeichnungen und Diagramme. Da `Canvas` auch eine Caret (Schreibmarke) unterstützt, wird es auch als Superklasse von Texteingabefeldern wie `StyledText` verwendet.

*PaintListener*

Einen Grafikkontext kann man auf zwei Arten erhalten: Man kann mit Hilfe eines Konstruktors sich selbst einen Grafikkontext erzeugen, oder man implementiert einen `PaintListener` und erhält in dessen paintControl()-Methode den Grafikkontext im PaintEvent-Objekt übermittelt. Die zweite Methode wird insbesondere bei Ausgaben auf das Display verwendet, denn die eigene Applikation hat keine Kontrolle darüber, wann das Zeichnen erfolgen muss. Andere Applikationen können zeitweilig die eigene Grafikfläche überdecken und so ein Neuzeichnen notwendig machen, wenn die Grafikfläche wieder sichtbar wird. Im folgenden Beispiel zeigen wir, wie für einen neu angelegten Canvas zunächst ein PaintListener erzeugt und registriert wird und dann das Zeichnen des Canvas mit der redraw()-Methode erzwungen wird:

```
Canvas canvas = new Canvas(parent, SWT.NONE);
canvas.addPaintListener(new PaintListener () {
  public void paintControl(PaintEvent event){
    // Display aus Ereignis holen
    Display display = event.display;
    // Blaue Systemfarbe holen
    Color blue = display.getSystemColor(SWT.COLOR_BLUE);
    // Grafikkontext vom Ereignisobjekt holen
    GC gc = event.gc;
    // Linienfarbe setzen
    gc.setForeground(blue);
    // Nun ein Quadrat zeichnen
    gc.drawRectangle(50, 50, 100, 100);
  }
});
// Zeichnen erzwingen
canvas.redraw();
```

Bei Ausgaben auf einen Drucker ist ein solcher Umweg über einen PaintListener nicht nötig – was auf dem Papier ist, ist auf dem Papier und muss nicht wiederhergestellt werden. In diesem Falle erzeugt man einen Grafikkontext direkt per Konstruktor, muss ihn dann aber nach Abschluss der Zeichenoperation mit dispose() wieder entsorgen (Beispiel im nächsten Abschnitt).

### Grafikressourcen

Grafische Operationen kommen in der Regel nicht ohne zusätzliche Ressourcen aus. Schon der Grafikkontext selbst ist eine solche Ressource. Dazu kommen noch Farben, Schriftarten, Bilder usw. Für alle diese Objekte gibt es zwei Darstellungsformen: eine geräteabhängige Darstellungsform, die Ressourcen im Ablaufsystem belegt, und eine geräteunabhängige Darstellungsform, die zwar keine Ressourcen im Ablaufsystem belegt, dafür aber nicht direkt in Zeichenoperationen angewandt werden kann, sondern erst in eine geräteabhängige Darstellung umgewandelt werden muss.

| geräte-abhängig | geräte-unabhängig | Beschreibung |
|---|---|---|
| Color | RGB | Farbobjekt im RGB-Farbraum. Mit setForeground(color) bzw. setBackground(color) kann die aktuelle Linien- bzw. Füllfarbe eines Grafikkontextes gesetzt werden. |
| Font | FontData | Schriftart. Die angegebene Schriftart sollte auf dem Ablaufsystem installiert sein! Mit setFont(font) wird die aktuelle Schriftart eines Grafikkontextes gesetzt. Mit getFontMetrics(), getTextExtent() bzw. getStringExtent() können die Ausmaße von Zeichen bzw. Texten bestimmt werden. |
| Image | ImageData | Bilder können mittels des Image()-Konstruktors von einer Datei oder einem java.io.Stream-Objekt geladen werden. Mindestens die folgenden Dateiformate werden gelesen: BMP, GIF, JPG, PNG, TIFF und ICO. Sowohl die direkte 32-Bit-Farbdarstellung als auch die indizierte 8-Bit-Farbdarstellung wird unterstützt. Bilder können auf einen Grafikkontext mit drawImage() gezeichnet werden, aber auch einen eigenen Grafikkontext zur Verfügung stellen, um das Ziel von Zeichenoperationen zu werden. Transparenz wird in beiden Formaten unterstützt (alpha-Kanal beim 32-Bit-Format, Transparentfarbe im indizierten Format) |

*Ressourcen freigeben*

Für alle diese Ressourcen gilt: Man kann sich selbst Instanzen dieser Ressourcen mit Hilfe eines Konstruktors anfertigen. Bei den geräteabhängigen Ressourcen muss ein Gerät, z.B. ein Display- oder ein Printer-Objekt im Konstruktor angegeben werden. Solche Ressourcen müssen dann später, wenn sie nicht mehr gebraucht werden, wieder mit dispose() entsorgt werden. Zum Beispiel:

```
Color pink = new Color(device, 255,192,192)
gc.setForeground(pink);
  drawOval (X, Y, WIDTH, HEIGHT);
pink.dispose();
```

oder

```
Font arial12i = new Font(device, "Arial",12, SWT.ITALIC);
gc.setFont(arial12i) ;
// Abmessungen des Textes bestimmen
Point tx = gc.getTextExtent("Hello");
// Text mittig in einem gegebenen Bereich anordnen
gc.drawText("Hello", X+(WIDTH-tx.x)/2, Y);
arial12i.dispose();
```

Die andere Möglichkeit ist, sich mit Instanzen dieser Ressourcen von Systemeinheiten versorgen zu lassen. Insbesondere kann man sich von `Device`-Instanzen wie dem Display systemweite Farben (mit `getSystemColor()`) besorgen. Die entsprechenden `COLOR_`...-Konstanten zur Auswahl der Farbe sind in der Klasse `SWT` definiert. Ähnlich erhält man die systemweiten Schriftarten (mit `getSystemFont()`) und systemweite Bilder mit `getSystemImage()`. Auch hier stellt die Klasse `SWT` wieder einige `ICON_`...-Konstanten für die Bildauswahl zur Verfügung.

Auch das JFace und die Eclipse-Workbench besitzen Repositorien, bei denen man sich Farben, Schriftarten und Bilder besorgen kann.

### 9.1.7 Der Mauszeiger

Ebenfalls im Package `org.eclipse.swt.graphics` befindet sich die Klasse `Cursor`, die den Mauszeiger repräsentiert. Um dem aktuellen Mauszeiger eine neue Gestalt zu geben, wird eine neue Instanz dieser Klasse erzeugt werden. Dabei wird das aktuelle Display als Parameter übergeben. In einer Stilkonstante wird angegeben, welche Gestalt der Mauszeiger haben soll. Die entsprechenden `CURSOR_`...-Konstanten sind wieder in der Klasse `SWT` definiert.

Zusätzlich besteht die Möglichkeit, die Pixel des Mauszeigers auch direkt über die Angabe einer `ImageData`-Instanz anzugeben. Eine zweite `ImageData`-Instanz kann eine zusätzliche Maske definieren.

*System-Mauszeiger*

Grundsätzlich müssen so erzeugte Mauszeiger nach Gebrauch wieder mit `dispose()` entsorgt werden, denn sie belegen Ressourcen im Ablaufsystem. Alternativ besteht freilich die Möglichkeit, sich von der aktiven Display-Instanz mit Hilfe der Methode `getSystemCursor()` einen System-Mauszeiger geben zu lassen, der nicht entsorgt zu werden braucht (und nicht entsorgt werden darf!).

### 9.1.8 Swing-Integration

Insbesondere bei der Umstellung von Swing-Projekten auf die Eclipse RCP und das SWT kann es vorkommen, dass vorhandene AWT- und Swing-Komponenten in SWT-Applikationen integriert werden sollen. Mit der Klasse `SWT_AWT` aus der Package `org.eclipse.swt.awt` ist das möglich. Unter Windows funktioniert das unter JRE 1.3 und 1.4, für die anderen Plattformen wird JRE 1.5 benötigt. In Kapitel 13 zeigen wir die Integration von SWT mit Swing an einem größeren Beispiel (*OpenOffice*-Integration).

### Eingebettete Inhalte

Für solche Swing-Inhalte erzeugt man zunächst einen Container in Form eines `Composites`, dem im Konstruktor die Stilkonstante `SWT.EMBEDDED` mitgegeben wird. Ein solches `Composite` darf dann keine SWT-Inhalte enthalten. Mit Hilfe der Fabrikmethode `SWT_AWT.new_Frame()` kann dann eine AWT-`Frame`-Instanz erzeugt werden, welche dann die benötigten AWT- und Swing-Komponenten aufnehmen kann:

```
Composite awtContainer = new Composite(parent, SWT.EMBEDDED);
java.awt.Frame myFrame = SWT_AWT.new_Frame(awtContainer);
```

Umgekehrt geht's auch: Mit Hilfe der `SWT_AWT`-Methode `new_Shell()` kann auf einem gegebenen AWT-Canvas eine SWT-Shell gleicher Größe erzeugt werden, welche dann ihrerseits andere SWT-Komponenten aufnehmen kann.

### Ereignisse

*SWT-Thread*

Ereignisse werden auf die in den verschiedenen grafischen Subsystemen gebräuchliche Art und Weise verarbeitet. Den SWT- und AWT-Komponenten werden die entsprechenden Listener zugeordnet, die auf die jeweiligen Ereignisse reagieren können. Vorsicht ist aber geboten, wenn man aus einem AWT-Listener auf das SWT zugreifen will – und auch umgekehrt. Der Grund liegt darin, dass das SWT und das AWT in verschiedenen Threads ablaufen. Deshalb müssen SWT-Zugriffe, die aus AWT-Listenern heraus erfolgen, mit Hilfe der Methoden `syncExec()`, `asyncExec()` oder `timerExec()` an eine Display-Instanz delegiert werden (siehe Abschnitt 9.1.3).

*EventQueue*

Umgekehrt verhält es sich beim Zugriff von der SWT-Ereignisverarbeitung auf AWT- bzw. Swing-Komponenten ganz ähnlich: Auch hier wird die eigentliche Verarbeitung in ein `Runnable` gekapselt und dann mit Hilfe der AWT-Methode `EventQueue.invokeLater()` zur Ausführung gebracht. Das wird zwar vom AWT nicht erzwungen (wie beim SWT), ist aber dringend empfohlen.

## 9.1.9 Druckerunterstützung

Druckausgaben werden im SWT mit Hilfe der Klassen `PrintDialog`, `PrinterData` und `Printer` bewerkstelligt. `PrintDialog` repräsentiert den Druckauswahldialog des jeweiligen Betriebssystems. Als Ergebnis liefert die `open()`-Methode des `PrintDialogs` eine `PrinterData`-Instanz zurück. Die `PrinterData`-Instanz enthält alle im Druckerauswahldialog gemachten Angaben wie Anzahl der Kopien, Druckbereich etc. Durch Abfrage der entsprechenden Felder kann man diese Angaben auswerten.

*Print-Job*

Zum Drucken muss dann eine `Printer`-Instanz unter Angabe der `PrinterData`-Instanz erzeugt werden. Vor und nach den eigentlichen Ausgaben müssen einige Methoden zur Verwaltung des Druckauftrages aufgerufen werden: Mit `startJob()` wird ein neuer Druckauftrag erzeugt. Mit `startPage()` und `endPage()` müssen die einzelnen Seiten voneinander abgegrenzt werden, und mit `endJob()` wird der Druckauftrag abgeschlossen. Anschließend muss das `Printer`-Objekt mit `dispose()` entsorgt werden.

Für die eigentlichen Druckausgaben gibt es verschiedene Optionen:

*Texte*

- Das `StyledText`-Widget unterstützt mit der Methode `print()` den Ausdruck von formatiertem Text. Dabei führt diese Methode die erforderliche `startPage()`- und `endPage()`-Verarbeitung schon durch. Alle Texteditoren benützen diese Methode für ihre Druckausgaben.

*GEF*

- GEF- bzw Draw2D-Grafiken (siehe Kapitel 16) können mit Hilfe einer `PrintOperation`-, `PrintGraphicalViewerOperation`- bzw. `PrintFigureOperation`-Instanz ausgedruckt werden. Diese Operationen organisieren den kompletten Print-Job.
- Grafische Druckausgaben können auf einer niedrigeren Ebene mit Hilfe von SWT-Zeichenoperationen durchgeführt werden. Dazu wird zunächst mit

```
GC gc = new GC(printer);
```

ein neuer grafischer Kontext erzeugt (der nach Benutzung auch wieder mit `dispose()` entsorgt werden muss).

*Auflösung*

Auf diesen Grafikkontext werden dann die Zeichenoperationen ausgeführt. Dabei ist die andere Auflösung des Druckers zu beachten. Ein Bildschirm hat in der Regel eine Auflösung zwischen 72 und 120 dpi, ein guter Drucker etwa zwischen 600 und 1200 dpi, wobei horizontal und vertikal verschiedene Auflösungen möglich sind. Die jeweilige Druckauflösung erhalten Sie von `Printer`- und `Display`-Objekten mit Hilfe der Methode `getDPI()`. Wollen Sie die gleiche Grafikroutine für Drucker und Bildschirm verwenden, müssen Sie diese so implementieren, dass sie sich selbst entsprechend der jeweiligen Auflösung skaliert. Diese Skalierung ist für Schriftarten (Fonts) nicht erforderlich, da hier die Größe in Points (1/144 inch) und nicht in Pixeln angegeben wird. Allerdings müssen bei der Druckausgabe für alle geräteabhängigen Ressourcen (`Font`, `Color`, `Image`) druckerspezifische Instanzen erzeugt werden (und auch anschließend wieder entsorgt werden).

*Formulare*

- Für die Ausgabe komplexer Bildschirmformulare gibt es in Eclipse keine Standardlösung. Ein Bildschirm-Hardcopy ist wegen der schlechten Auflösung in der Regel nicht zu empfehlen. In Abschnitt 9.4.2 zeige ich deshalb, wie der Ausdruck eines Formulars selbst organisiert werden kann. Dabei werden die Kindelemente von `Composites` rekursiv durchlaufen und der jeweilige Inhalt an die entsprechende Stelle eines Grafikkontextes gezeichnet. Allerdings wären für die Formularausgabe auch andere Lösungen denkbar. Auf ähnliche Weise könnte die Struktur eines `Composites` in eine generische XML-Beschreibung umgewandelt werden. Mit einem XSLT-Stylesheet könnte diese Beschreibung dann in ein Zielformat (SVG oder PDF) umgewandelt und von dort aus ausgedruckt werden. Durch Änderungen am XSLT-Stylesheet kann die Ausgabe zudem leicht an unternehmensspezifische Belange angepasst werden.

*Thread*

Selbstverständlich müssen Druckroutinen in einem separaten Thread ausgeführt werden, denn sonst bleibt die Benutzeroberfläche während des Druckens inaktiv. So wird auch der Druckvorgang für den Benutzer abbrechbar. Am besten organisiert man den Thread für das Drucken mit Hilfe der JFace-Typen `ProgressMonitorDialog` und `IRunnableWithProgress` (siehe Abschnitt 9.2.2). Auch das zeige ich in Abschnitt 9.4.3 an einem praktischen Beispiel.

### 9.1.10 Datentransfer

Der SWT-Datentransfer umfasst sowohl den Austausch von Daten über die Zwischenablage als auch die Drag&Drop-Funktionalität. Die zugehörigen Klassen befinden sich in Package `org.eclipse.swt.dnd`.

#### Die Zwischenablage

Die Klasse `Clipboard` repräsentiert die systemweite Zwischenablage der Ablaufplattform. Sie stellt zum Setzen und zur Abfrage des Inhalts dieser Ablage die Methoden `setContents()` und `getContents()` zur Verfügung. Beim Erzeugen einer `Clipboard`-Instanz muss eine `Display`-Instanz mit angegeben werden. Da das `Clipboard` Betriebssystemressourcen belegt, muss es mit `dispose()` wieder freigegeben werden, wenn es nicht mehr benötigt wird. Mit der Methode `getAvailableTypes()` erhält man von der Zwischenablage Informationen über die verwendeten Transfertypen. Im Plugin `org.eclipse.swt.examples` findet man unter `Clipboard.java` ein Beispielprogramm für die Verwendung der Zwischenablage.

### Transfertypen

Transferdaten von der Zwischenablage oder von anderen Quellen liegen üblicherweise in mehreren Formaten vor, je nachdem, welche Formate von der Datenquelle unterstützt werden. So liefern beispielsweise Webbrowser die Transferdaten im HTML-Format und als einfachen Text. Das SWT unterscheidet diese Datenformate anhand von Transfertypen (`FileTransfer`, `MarkerTransfer`, `RTFTransfer`, `TextTransfer` u.a.). Eigene Transfertypen können als Unterklasse von `ByteArrayTransfer` implementiert werden. Der Quellcode dieser Klasse enthält eine Anleitung, wie das geht.

### Drag&Drop

Für Drag&Drop-Operationen benötigt man eine Datenquelle und eine Datensenke. Dabei kann die eine oder andere von einer anderen Anwendung oder auch vom System bereitgestellt werden. Im SWT wird eine Datenquelle durch eine `DragSource`-Instanz repräsentiert, die Datensenke durch eine `DropTarget`-Instanz. Dabei muss jede dieser Instanzen eindeutig einer `Control`-Instanz zugeordnet werden. Das geschieht durch die Angabe der `Control`-Instanz im Konstruktor von `DragSource` bzw. `DropTarget`. Damit sind dann auch Position und Größe des Transferbereiches festgelegt. Außerdem werden an dieser Stelle auch die erlaubten Operationstypen (`DND.NONE`, `DND.MOVE`, `DND.COPY`, `DND.LINK`) deklariert.

*Ereignisse*

Mit den entsprechenden Listenern (`DragSourceListener` bzw. `DropTargetListener`) kann man sich dann über Drag- und Drop-Operationen unterrichten lassen. Die Methoden `dragStart()`, `dragEnter()`, `dragLeave()`, `dragOver()`, `dragOperationChanged()`, `dragSetData()`, `dragFinished()` des `DragSourceListener` erlauben eine lückenlose Überwachung der Drag-Operation. Dabei kann auch der Operationstyp durch Zuweisung an das `detail`-Feld des Ereignisobjektes geändert werden. In der Methode `dragSetData()`werden die zu übermittelnden Daten durch Zuweisung an das `data`-Feld des Ereignisobjekts bereitstellt. Auf der Gegenseite beim `DropTargetListener` wird lediglich die Methode `drop()` aufgerufen, welche die übertragenen Daten aus dem `data`-Feld des Ereignisobjekts entgegennimmt. Die Felder `dataType` bzw. `currentDataType` der Ereignisobjekte enthalten den Transfertyp.

Einen ausführlichen Artikel über SWT-basiertes Drag&Drop finden Sie in der Eclipse-Corner (`http://www.eclipse.org`) [Irvine2003].

### 9.1.11 Ressourcenverwaltung

In den vorangegangenen Abschnitten hatten wir bereits mehrfach erwähnt, dass bestimmte SWT-Objekte Betriebsmittel im jeweiligen Ablauf-Windowing-System reservieren. Dazu gehören insbesondere Instanzen der Klassen `Color`, `Font`, `Image`, `GC`, `Cursor`, `Transform`, `Printer`, `Display`, `Shell` und `Clipboard`.

Bei allen diesen Ressourcen gilt der Grundsatz:

> Haben Sie etwas selbst erzeugt, müssen Sie es auch selbst mit `dispose()` wieder entsorgen. Tun Sie das nicht, friert nach einiger Betriebszeit Ihr System ein. Haben Sie dagegen eine Ressource von anderswo bezogen (z.B. mit `getSystemColor()`), so dürfen Sie diese Ressource nicht selbst entsorgen, denn sie wird vielleicht noch von anderen benötigt.

In der Praxis kann das leider recht unübersichtlich werden und ist auch manchmal nicht effektiv. Wird beispielsweise die gleiche Schriftart immer wieder benötigt, so macht es kaum Sinn, diese immer wieder freizugeben, um sie dann gleich wieder zu erzeugen. In solchen Fällen erweisen sich Repositorien zur Ressourcenverwaltung als nützlich. Das JFace stellt solche Repositorien für Farben, Schriftarten und Bilder zur Verfügung. In Abschnitt 9.2 werden wir darauf zurückkommen.

### 9.1.12 Windows32-Unterstützung (OLE)

Das SWT stellt eine spezielle Bibliothek für die Unterstützung des OLE-Mechanismus in Microsofts Windows-Betriebssystemen zur Verfügung. Das *Object Linking and Embedding* wird über die Klassen der Package `org.eclipse.swt.ole.win32` unterstützt. OLE gestattet es, OLE-Dokumente oder ActiveX-Kontrollelemente in andere Applikationen (Container) einzubetten. So wird es z.B. möglich, Office-Komponenten als SWT-GUI-Element zu verwenden (auch das `Browser`-Widget ist so implementiert). Um diese Klassen nutzen zu können, sollten Sie über ausreichende OLE-Kenntnisse verfügen. Weitere Informationen finden Sie in einem Artikel von Jeff Gunther über die Integration eines Acrobat Reader in Eclipse [Gunther2003a]. Ein Beispiel findet man in der Eclipse-Beispielsammlung unter `org.eclipse.swt.examples.ole.win32_3.0.0`.

## 9.2 JFace

Das JFace baut auf dem SWT auf und stellt dem Programmierer höherwertige GUI-Komponenten wie z.B. Viewer, Aktionen, Dialoge, Wizards u.v.a.m. zur Verfügung. In den folgenden Abschnitten stellen wir die wichtigsten Funktionsgruppen vor.

### 9.2.1 Ressourcenverwaltung

Wir beginnen dort, wo wir im letzten Kapitel aufgehört hatten, bei der Ressourcenverwaltung. Das JFace implementiert einige Repositorien für Schriftarten, Farben und Bilder. Klassen dieser Gruppe sind in Package `org.eclipse.jface.resource` enthalten. Das Portal der Ressourcenverwaltung ist die Klasse `JFaceResources`. Verschiedene statische Methoden erlauben die Abfrage spezifischer Schriftarten, z.B. für Dialoge, Texte, Banner usw. Außerdem können die aktiven `ColorRegistry`-, `FontRegistry`- und `ImageRegistry`-Instanzen ermittelt werden.

#### Farbverwaltung

Die Klasse `ColorRegistry` kann beliebige Farben verwalten. Mit der Methode `put()` können Farben (geräteunabhängige RGB-Instanzen) unter einem symbolischen Namen abgelegt werden. Mit `get()` erhält man dann die für den angegebenen Namen gespeicherte geräteabhängige `Color`-Instanz (erzeugt für das Display). Die erhaltene `Color`-Instanz dürfen Sie nicht selbst mit `dispose()` wieder freigeben, die `ColorRegistry` besorgt das für Sie.

Neben der `ColorRegistry` gibt es noch die Klasse `JFaceColors`, die Zugriff auf besonders gebräuchliche Farben im JFace erlaubt, so auf die Farben von Fehlermeldungen, Hyperlinks, Banner und Umrahmungen.

#### Schriftartenverwaltung

Die Klasse `FontRegistry` ist in der Lage, alle verwendeten Schriftarten innerhalb einer Applikation zu verwalten. Genau wie bei der `ColorRegistry` können mit `put()` Schriftarten unter einem symbolischen Namen in Form von geräteunabhängigen `FontData`-Instanzen hinzugefügt werden. Mit der Methode `get()` kann die `FontRegistry` nach einem Font mit dem spezifizierten symbolischen Namen abgefragt werden. Die erhaltene `Font`-Instanz dürfen Sie nicht selbst mit `dispose()` wieder freigeben, die `FontRegistry` besorgt das für Sie.

### Bildverwaltung

Ganz ähnlich funktioniert auch die Klasse `ImageRegistry`, die für die Verwaltung von Bildern zuständig ist. Bilder (geräteabhängige `Image`-Instanzen) werden mit `put()` unter einem symbolischen Namen der Registratur zugeordnet und können mit `get()` wieder abgefragt werden. Auch hier dürfen Sie die erhaltene `Image`-Instanz nicht selbst mit `dispose()` wieder freigeben, die `ImageRegistry` besorgt das für Sie.

An Stelle einer `Image`-Instanz kann dieser Registratur mit `put()` auch eine `ImageDescriptor`-Instanz zugeordnet werden. `ImageDescriptor`-Instanzen agieren als leichtgewichtige Stellvertreter für Bilder: Sie enthalten nur beschreibende Daten und wissen, wo und wie das zugeordnete Bild zu holen ist. Erst wenn das Bild tatsächlich gebraucht wird (also mit `get()` abgefordert wird), wird es auch geladen.

## 9.2.2 Dialoge und Fenster

Fenster und Dialoge stellt das JFace in Package `org.eclipse.jface.dialogs` zur Verfügung. Alle diese Klassen bauen auf der abstrakten Klasse `Window` auf.

### Window

Die Klasse `Window` kann als Grundlage für die Implementierung eigener Fenster dienen. Sie baut intern eine `Shell` auf und gibt sie während der `close`-Verarbeitung auch wieder frei.

Der typische Lebenzyklus eines Fensters ist:

```
new   create()   open()  close()
```

Falls `create()` weggelassen wird, führt `open()` automatisch ein `create()` aus. `create()` ruft die Methoden `createContents()` und `initializeBounds()` aus, die von Unterklassen überschrieben oder erweitert werden können. So wird man z.B. `createContents()` überschreiben, um den Fensterinhalt aufzubauen.

Mit der Methode `getReturnCode()` erhält man den Zustand des Fensters: `Window.OK` für ein geöffnetes Fenster, `Window.CANCEL`, wenn das Fenster geschlossen wurde. Wer schon einmal eine `Window`-Unterklasse erzeugt hat, wird festgestellt haben, dass der Lebenszyklus eines unmodifizierten Fensters ziemlich kurz ist: Es blitzt nur kurz am Schirm auf. Um das Fenster langlebiger zu machen, muss die Methode `setBlockOnOpen(true)` aufgerufen werden.

### Dialog

Die Window-Unterklasse Dialog hat einen ähnlichen Lebenszyklus. Nur wird man hier nicht die Methode createContents() überschreiben, um den Dialog mit Inhalt zu füllen, sondern die Methoden createDialogArea() und createButtonBar() bzw. createButtonsForButtonBar(). Standardmäßig sind Dialoge mit einer *OK*- und einer *Cancel*-Taste ausgerüstet.

Tasten mitsamt Ereignisverarbeitung können mit der Methode createButton() erzeugt werden. Beim Druck auf eine Taste wird die Methode buttonPressed() aufgerufen. Standardmäßig ruft diese die Methoden okPressed() bzw. cancelPressed() auf. Beide Methoden schließen den Dialog mit close(). Alle diese Methoden können von Unterklassen überschrieben oder erweitert werden.

Ein Rückkehrcode wird in der open()-Methode zurückgegeben und kann auch über die Methode getReturnCode() abgefragt werden: Window.OK für den *OK*-Button, Window.CANCEL für den *Cancel*-Button.

### Der InputDialog

Diese Klasse InputDialog erzeugt einen einfachen Dialog mit einem Textfeld, einem *OK*- und einem *Cancel*-Button:

```
InputDialog inputDialog = new InputDialog(shell,
                "Input","Please enter text","text",null);
if (inputDialog.open() == Dialog.OK)
  System.out.println(inputDialog.getValue());
```

### Der MessageDialog

Die Klasse MessageDialog erzeugt einen einfachen Dialog für die Ausgabe einer Mitteilung. Dabei sind die Anzahl und die Beschriftung der Tasten über den Konstruktor konfigurierbar. Außerdem kann ein Icon für die Titelzeile des Dialogfensters angegeben werden. Zusätzlich stellt diese Klasse einige statische Methoden bereit, mit denen auf einfache Weise einige Standarddialoge aufgerufen werden können. Dazu gehören die Methoden openConfirm(), openError(), openInformation(), openQuestion() und openWarning().

### Die Klasse TitleAreaDialog

Die Klasse TitleAreaDialog dient als Basisklasse für komplexe Dialoge. Sie stellt verschiedene Bereiche zur Verfügung, die von Unterklassen gefüllt werden können: Titelzeile, Mitteilungsbereich für Texte, Icon und Fehlermeldungen, der eigentliche Dialogbereich, der mit Hilfe der

Methode `createDialogArea()` gefüllt wird, und der Tastenbereich mit *OK*-Button und *Cancel*-Button. Die durchgängige Verwendung des `TitleAreaDialog` trägt zu einer konsistenten Benutzeroberfläche bei.

### Persistente Dialoge

In manchen Fällen ist es nötig, bestimmte Dialogdaten persistent zu machen. Beispielsweise soll dem Endbenutzer ein Dialog in der nächsten Sitzung in derselben Größe und an derselben Position gezeigt werden, oder bestimmte Eingaben sollen in einer Historie angezeigt werden und in der nächsten Sitzung wieder zur Auswahl bereitstehen.

Diese Aufgabe kann mit `IDialogSettings`-Instanzen gelöst werden. Hier können beliebige Dialogdaten als Schlüssel-/Wertepaare eingetragen werden und bis zur nächsten Sitzung gespeichert werden. Mit `get()` bzw. `getArray()` können String-Werte bzw. String-Arrays gelesen und mit `put()` gesetzt werden. Dazu gibt es noch eine Reihe von datentypspezifischen `get...()`-Methoden.

*Abschnitte*

Mit den Methoden `addSection()`, `addNewSection()` und `getSection()` können weitere `IDialogSettings`-Instanzen als Kindelemente eingetragen und abgefragt werden. Damit ist es möglich, die Dialogdaten in Abschnitte zu gliedern und einen beliebig tiefen Baum zu konstruieren.

Mit `load()` und `save()` kann der Inhalt einer `IDialogSettings`-Instanz geladen bzw. abgespeichert werden. Die Standardimplementierung `DialogSettings` speichert die Daten im XML-Format.

### Die Klasse ProgressMonitorDialog

Die Klasse `ProgressMonitorDialog` implementiert einen Dialog mit einem Fortschrittsbalken. Mit der Methode `run()` können in ein `IRunnableWithProgress` verpackte Operationen ausgeführt werden. Dessen `run()`-Methode erhält bei der Ausführung die Kontrolle und führt die entsprechenden Operationen aus. Dabei kann der übergebene `IProgressMonitor` mit den Methoden `beginTask()`, `subTask()`, `worked()` und `done()` fortgeschrieben werden. Beim Aufruf der `ProgressMonitorDialog`-Methode `run()` kann gewählt werden, ob die Ausführung im gleichen oder in einem separaten Thread erfolgen soll. Auf Wunsch kann dem Benutzer die Möglichkeit des Abbruchs gegeben werden – im `IProgressMonitor` kann dann mit der Methode `isCanceled()` ein solches Ereignis abgeprüft werden.

### 9.2.3 Viewer

*MVC-Pattern*

Getreu der Absicht, höherwertige GUI-Komponenten zu implementieren, stellt das JFace einige Viewer zur Verfügung, welche die Viewer-Komponente des *Model-Viewer-Controller*-Entwurfsmusters (MVC) implementieren. Einem Viewer müssen lediglich die Modelldaten übermittelt werden. Diese werden dann vom Viewer angezeigt. Außerdem erzeugt der Viewer Ereignisse, die dem Kontroller (einem Listener) zugesandt werden, der daraufhin Änderungen an den Modelldaten vornehmen kann. Außer einer sauberen Trennung der Verantwortlichkeiten hat dieses Entwurfsmuster den Vorteil, dass für dieselben Modelldaten durchaus mehrere Viewer aktiv sein können, welche die Daten in verschiedenen Repräsentationen zeigen können. Viewer sind für Plugin-Programmierer das tägliche Brot.

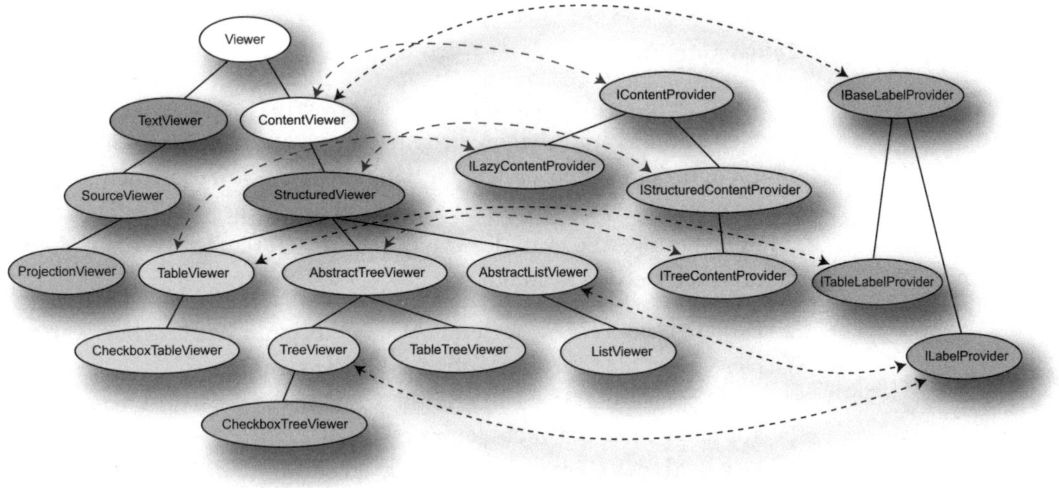


**Abb. 9–2** Die Viewer-Hierarchie. Das Schaubild zeigt, welche ContentProvider und LabelProvider zu welchen ContentViewern passen.

Die Untergruppe der `ContentViewer` wird mit `ContentProvidern` und `LabelProvidern`, die sich um die Bereitstellung bzw. Aufbereitung der Modelldaten kümmern, instrumentiert. Dies geschieht mit Hilfe der Methoden `setContentProvider()` und `setLabelProvider()`. Für die `TextViewer` auf der linken Seite sind solche Provider nicht nötig – diese Viewer benutzen das `IDocument`-Format für die Modelldaten (siehe nächster Abschnitt).

### Viewer-Ereignisse

Auch für Viewer stehen spezielle, typisierte Listener zur Verfügung, die sich bei einem Viewer registrieren können und dann die entsprechenden Ereignisobjekte übermittelt bekommen. Insbesondere sind das:

- der `ICheckStateListener`, der reagiert, wenn sich der Zustand einer Checkbox im Viewer ändert.
- der `IDoubleClickListener`, der bei einem Doppelklick auf ein Datenelement im Viewer reagiert.
- der `IOpenListener`, der reagiert, wenn ein Datenelement im Viewer per Doppelklick oder per Enter-Taste geöffnet wird.
- der `ISelectionChangedListener`, der bei Änderungen der Selektion im Viewer reagiert.
- der `ITreeViewerListener`, der reagiert, wenn in einem `TreeViewer` ein Baumknoten expandiert oder kollabiert.

### Zelleneditoren

Alle tabellenorientierten Viewer, also `TableViewer` und `TableTreeViewer`, können mit Zelleneditoren ausgestattet werden. So wird es möglich, die einzelnen Tabelleninhalte nicht nur anzuschauen, sondern auch zu ändern. Für diesen Zweck steht eine Reihe von Zelleneditoren zur Verfügung, die mit der Methode `setCellEditor()` dem Viewer zugeordnet werden können.

- Der `CheckboxCellEditor` erlaubt das Editieren Boole´scher Werte.
- Der `ColorCellEditor` erlaubt die Farbauswahl.
- Der `ComboBoxCellEditor` erlaubt sowohl die Auswahl von Werten aus einer Liste als auch die freie Eingabe.
- Der `DialogCellEditor` erlaubt die Erfassung von Werten in einem besonderen Dialogfenster.
- Der `TextCellEditor` erlaubt das freie Ändern eines Zellenwerts.

*Eingaben prüfen*

Zusätzlich kann jedem Editor mit der Methode `setValidator()` eine `ICellEditorValidator`-Instanz für die Prüfung der Eingaben zugeordnet werden. Für den Datentransport zwischen Viewer-Zelle und `CellEditor` sind geeignete `ICellModifier`-Instanzen zu implementieren, die dem Viewer mittels `setCellModifier()` zugeordnet werden. Außerdem müssen mit `setColumnProperties()` Spaltenidentifikationen gesetzt werden, damit die `ICellModifier` erkennen können, aus welcher Spalte die Daten kommen.

### JFace-Datentransfer

Alle Viewer des JFace sind darauf vorbereitet, Drag&Drop-Operation mittels der SWT- Datentransferfunktionalität (siehe Abschnitt 9.1.10) durchzuführen. So kann einem Viewer mittels der Methoden `addDragSupport()` bzw. `addDropSupport()` ein `DragSourceListener` bzw. `DropTargetListener` zugeordnet werden.

Einzelheiten zum Thema JFace-Datentransfer erfährt man im Eclipse-Corner (`http://www.eclipse.org`) Artikel von John Arthorne [Arthorne2003].

## 9.2.4 Textverarbeitung

In der JFace-Textverarbeitung wirken die zwei Plugins `org.eclipse.jface.text` und `org.eclipse.text` zusammen. Das Letztere gehört nicht zum JFace-GUI, sondern implementiert das Datenmodell der Textverarbeitung. Das Plugin `org.eclipse.jface.text` dagegen stellt die Text-Viewer bereit.

*IDocument*

Die Grundlagen des Textdatenmodells werden durch das Interface `IDocument` beschrieben. Dazu kommen dann noch Zusätze wie Annotationen, Templates und die Unterstützung für komplexe Textoperationen, so genannte `TextEdits`. Für `IDocument` gibt es als Standardimplementierungen die Klassen `AbstractDocument` und `Document`.

### Dokumente

Klassen, die das `IDocument`-Interface implementieren, müssen folgende Dienste anbieten:

- *Textmanipulation.* Veränderungen am Textinhalt eines Dokuments werden mit der Methode `replace()` durchgeführt. Registrierte `IDocumentListener`-Instanzen werden über die Textänderungen informiert.
- *Positionierung.* Jedem Dokument können beliebig viele `Position`-Instanzen zum Merken von Positionen zugefügt werden, wobei sich diese Positionen in *Kategorien* einteilen lassen. So kennt der Java-Editor beispielsweise Haltepunkte, Problemmarkierungen und weitere Positionskategorien. Die Aktualisierung der Positionen bei Textänderungen besorgen `IPositionUpdate`-Instanzen, die dem Dokument zugeordnet werden können. (Die Standardimplementierung ist die Klasse `DefaultPositionUpdater`.)
- *Partitionierung.* Partitionen sind disjunkte Bereiche eines Dokuments. Die Partitionierung eines Dokuments erfolgt durch eine dem Dokument zugeordnete `IDocumentPartitioner`-Instanz. Bei-

spielsweise könnte ein Java-Programm in Partitionen der Typen Kommentar, Javadoc und Code eingeteilt werden. Besitzt ein Dokument keinen `IDocumentPartitioner`, so besteht es auch nur aus einer einzigen Partition, dem Dokument selbst. Änderungen an den Partitionen werden registrierten `IDocumentPartitioningListener`-Instanzen mitgeteilt.

- *Suchen.* Die Methode `search()` unterstützt die Suche nach einer Zeichenkette. Dabei kann vorwärts oder rückwärts gesucht werden, und die Suche kann sensitiv zu Groß- und Kleinschreibung und unter Berücksichtigung von Wortgrenzen durchgeführt werden.
- *Zeilenverfolgung.* Die Zeilenverfolgung ist lediglich Bestandteil der Standardimplementierungen `AbstractDocument` und `Document` und nicht Bestandteil des `IDocument`-Interfaces oder einer seiner Erweiterungen. Mit einer `ILineTracker`-Instanz (Standardimplementierungen sind `AbstractLineTracker`, `DefaultLineTracker` und `ConfigurableLineTracker`) kann eine Beziehung zwischen Positionen im Text und Zeilennummern hergestellt werden.

### Skripte

Mit Hilfe von `TextEdits` können mehrere Textoperationen zu einem `MultiTextEdit`-Skript zusammengefasst werden. Für die verschiedenen Textoperationen gibt es verschiedene konkrete `TextEdit`-Klassen wie `DeleteEdit`, `InsertEdit` und `ReplaceEdit`. Da `MultiTextEdit`-Objekte geschachtelt werden können, entstehen so Baumstrukturen.

*TextEdit*

Das Schöne an solchen `TextEdits` ist, dass, wenn sie mit Hilfe der `apply()` auf eine `IDocument`-Instanz angewandt werden, diese Methode ein `UndoEdit`-Objekt liefert, mit dem die durchgeführten Operationen wieder rückgängig gemacht werden können. Das folgende Beispiel:

```
public static void main(String[] args)
              throws MalformedTreeException, BadLocationException {
  IDocument document=
            new Document("Java-Entwicklung mit Eclipse 3.1");
  System.out.println(document.get());
  MultiTextEdit edit= new MultiTextEdit();
  edit.addChild(new ReplaceEdit(0, 5, "RCP-"));
  edit.addChild(new InsertEdit(31, "!"));
  UndoEdit undo = edit.apply(document);
  System.out.println(document.get());
  undo.apply(document);
  System.out.println(document.get());
}
```

liefert als Ergebnis die Ausgabe:

```
Java-Entwicklung mit Eclipse 3.1
RCP-Entwicklung mit Eclipse 3.1!
Java-Entwicklung mit Eclipse 3.1
```

Neben diesen Lösch-, Einfüge- und Ersetzungs-TextEdits werden außerdem noch Verschiebe- und Kopieroperationen mit MoveSourceEdit, MoveTargetEdit, CopySourceEdit und CopyTargetEdit unterstützt.

### Der TextViewer

Alle Text-Viewer benutzen das IDocument-Datenmodell. Die Basisklasse TextViewer stellt die grundlegende Funktionalität für die Dokumentenbearbeitung zur Verfügung. Darauf baut der SourceViewer auf, der opulenten Benutzerkomfort wie Inhaltsassistenten, Syntaxkolorierung, Formatierung u.v.a.m. unterstützt. Der ProjectionViewer schließlich erlaubt das Zusammen- und Aufklappen von Textabschnitten.

Die folgenden drei Codezeilen erzeugen mit Hilfe des TextViewers einen voll funktionsfähigen Texteditor:

```
Document doc = new Document("Ihre Eingabe hier.");
TextViewer textViewer = new TextViewer(composite, SWT.MULTI
                                  | SWT.H_SCROLL | SWT.V_SCROLL);
textViewer.setDocument(doc);
```

Die wichtigsten Funktionsgruppen des TextViewers sind:

- *Ereignisse* Für die Ereignisverarbeitung stehen dem TextViewer vier spezielle Listener zur Verfügung. Der ITextInputListener wird aufgerufen, wenn ein anderes Dokument mit setDocument() gesetzt wird, und zwar vor und nach der eigentlichen Ersetzung. Der ITextListener wird bei Textänderungen aufgerufen. Der IViewPortListener wird aufgerufen, wenn sich der Text innerhalb des sichtbaren Fensters des TextViewers verändert hat. Außerdem kann ein VerifyKeyListener gesetzt werden, der die Tastaturereignisse des dem TextViewer zu Grunde liegenden StyledText-Widget analysiert und ggf. zurückweisen kann.
- *Selektionen* Textselektionen können mit den Methoden getSelectedRange(), setSelectedRange(), getSelection() und setSelection() abgefragt und gesetzt werden. Dabei werden TextSelection-Instanzen ausgetauscht. Mit setTextColor() bzw. changeTextPresentation() kann selektiertem Text eine andere Farbe zugeordnet werden. Zusätzlich kann mit setMark() und getMark() eine Textmarke gesetzt und abgefragt werden.

- Die Verwaltung des *Viewports*, also des sichtbaren Textfensters, erfolgt mit den Methoden `getTopIndex()`, `setTopIndex()`, `getBottomIndex()`, `getTopIndexStartOffset()` und `getBottomIndexEndOffset()`. Mit `revealRange()` kann das Fenster so bewegt werden, dass der spezifizierte Bereich sichtbar wird.
- Die Methoden `getVisibleRegion()`, `setVisibleRegion()`, `resetVisibleRegion()` und `overlapsWithVisibleRegion()` erlauben die Verwaltung des sichtbaren Textbereichs. Dieser Bereich umfasst alle Textzeilen, die im Viewer angezeigt werden können. Alle anderen Zeilen bleiben für den Viewer unsichtbar.
- *Hover* Mit den Methoden `setHover()` und `getHover()` kann für jede Textpartition eine `ITextHover`-Instanz gesetzt bzw. abgefragt werden. `ITextHover`-Instanzen bewerkstelligen die Anzeige von Erläuterungstexten, wenn die Maus über einem bestimmten Textbereich verweilt. Dazu implementieren sie die Methode `getHoverInfo()`, die abhängig vom Textbereich den anzuzeigenden Text liefert, und die Methode `getHoverRegion()`, die aus einer Textposition den für Hover-Funktionen aktivierten Textbereich berechnet.
- *Hyperlinks* Die Darstellung von Hyperlinks erfolgt über einen `IHyperlinkPresenter`, der mit `setHyperlinkPresenter()` gesetzt wird. Die Standardimplementierung ist die Klasse `DefaultHyperlinkPresenter`. Bestimmte syntaktische Konstrukte können mit einem `IHyperlinkDetector` (gesetzt mit `setHyperlinkDetectors()`) als Hyperlink identifiziert werden. Die Standardimplementierung `URLHyperlinkDetector` erkennt URLs als Hyperlink.

*Textoperationen* Neben diesen Basisfunktionen stellt der `TextViewer` weitere Funktionen für Texteditoren zur Verfügung. Dazu gehört die Unterstützung von Textoperationen und die Möglichkeit, zusätzliche Manager zu installieren. Der `TextViewer` implementiert das Interface `ITextOperationTarget` mit den Methoden `canDoOperation()` und `doOperation()`. Durch den Aufruf der ersten Methode kann geprüft werden, ob eine Operation ausgeführt werden kann. Wenn ja, kann sie mit der zweiten Methode dann auch ausgeführt werden. Die Art der Operation wird in Form einer `ITextOperationTarget`-Konstanten spezifiziert:

```
if (textViewer.canDoOperation(ITextOperationTarget.PRINT))
    textViewer.doOperation(ITextOperationTarget.PRINT);
```

Über die Registrierung verschiedener Manager (z.B. eines `UndoManagers`) kann die Funktionalität des `TextViewers` erweitert werden. In der Praxis wird man allerdings normalerweise darauf verzichten und lieber den `SourceViewer` verwenden. Dieser verfügt über die Funktionalität des TextViewers, bietet aber noch zusätzliche Funktionsgruppen und Erweiterungsmöglichkeiten an.

### Der SourceViewer

Die wesentlichen Einstellungen und Manager des SourceViewers werden in einer separaten SourceViewerConfiguration zusammengefasst. Diese Konfiguration wird mittels configure() dem SourceViewer mitgeteilt. Für die Implementierung eigener Editoren genügt es in der Regel, Unterklassen der SourceViewerConfiguration anzulegen, anstatt Unterklassen des SourceViewer selbst bilden zu müssen.

Die folgenden zusätzlichen Funktionsgruppen stehen im SourceViewer zur Verfügung:

- **Anmerkungen.** Anmerkungen zu einem Dokument werden abseits der IDocument-Instanz in einem IAnnotationModel verwaltet. Mit deren connect()-Methode kann das Modell mit dem Dokument verbunden werden. Dem SourceViewer wird das jeweilige Annotierungsmodell mit der setDocument()-Methode zusammen mit der IDocument-Instanz mitgeteilt. Annotation-Instanzen können zu einem IAnnotationModel hinzugefügt, daraus entfernt oder ermittelt werden. Änderungen an den Anmerkungen können mit einem IAnnotationModelListener beobachtet werden. Anmerkungen können zusätzlich mit einem Hover-Verhalten ausgerüstet werden: IAnnotationHover-Instanzen können im SourceViewer mit der Methode setAnnotationHover() gesetzt werden.
- **Textformatierung.** Textformatierer vom Typ IContentFormatter werden von einer SourceViewerConfiguration in der Methode getContentFormatter() bereitgestellt. Die Standardimplementierung ContentFormatter kann in zwei Modi arbeiten: unter Beachtung von Textkategorien und unabhängig von Textkategorien. Für jede Textkategorie kann eine spezielle Formatierungsstrategie vom Typ IFormattingStrategy im ContentFormatter mit der Methode setFormattingStrategy() gesetzt werden.
- **Inhaltsassistenten.** Inhaltsassistenten vom Typ IContentAssistant werden von einer SourceViewerConfiguration in der Methode getContentAssistant() bereitgestellt. Die Standardimplementierung ContentAssistant zeigt die Vorschläge in Form einer Liste an. Die Inhalte dieser Liste werden dem ContentAssistant von einem IContentAssistProcessor übergeben, der beim ContentAssistant mit setContentAssistProcessor() registriert wird. Für verschiedene Textkategorien sind unterschiedliche ContentAssistants möglich. Die Vorschläge werden als ICompletionProposal-Array übergeben.

Das können zum einen einfache Vorschläge vom Typ CompletionProposal oder PositionBasedCompletionProposal sein oder auch vorlagenbasierte Vorschläge vom Typ TemplateProposal. Einen detaillierten Artikel zum Thema Inhaltsassistenten finden Sie auf IBM developerworks [Daum2003b].

- **Textpräsentation.** Für die Syntaxkolorierung wird ein IPresentationReconciler von der SourceViewerConfiguration in der Methode getContentAssistant() bereitgestellt. Die Standardimplementierung dieses Interfaces ist die Klasse PresentationReconciler. Dieser verweist auf Instanzen des Typs IPresentationDamager und des Typs IPresentationRepairer. Der IPresentationDamager ermittelt den Bereich des Dokuments, dessen Repräsentation aufgrund einer Inhaltsänderung nicht mehr gültig ist. Der IPresentationRepairer sorgt für die Ausstattung dieses Bereichs mit neuen Textattributen. Die Standardimplementierung DefaultDamagerRepairer fasst beide Typen zusammen und verwendet einen ITokenScanner für die Textanalyse. Dessen Standardimplementierung RuleBasedScanner benutzt dafür einfache Regeln vom Typ IPredicateRule wie SingleLineRule, WordRule, MultiLineRule oder NumberRule.

*Folding*

Kommen wir noch zum ProjectionViewer, einer Erweiterung des SourceViewers. An Stelle einer einzelnen sichtbaren Textregion unterstützt er mehrere Textregionen, die dynamisch geändert, z.B. aufgeklappt und zugeklappt (*Folding*), werden können. Der Eclipse-Java-Editor nutzt diese Funktionalität aus. Dazu wird dem ProjectionViewer mit addVerticalRulerColumn() eine weitere Randleiste hinzugefügt, auf der die Steuerungselemente für das *Folding* abgebildet werden. Zusätzliche Textoperationen unterstützen das *Folding* im API.

### 9.2.5 Inhaltsassistenten für Widgets

Seit Eclipse 3 stellt das JFace Inhaltsassistenten, wie man sie vom SourceViewer her kennt, auch für einfache Text-Widgets zur Verfügung. Widgets, die diese Funktionalität nutzen möchten, müssen das Interface IContentAssistSubjectControl implementieren. Das tun Textfelder und Combos natürlich nicht. Deshalb müssen diese Widgets in ein Adapterobjekt eingepackt werden. Der TextContentAssistSubjectAdapter kann Text-Widgets einkapseln, und der ComboContentAssistSubjectAdapter macht das Gleiche mit Combo-Widgets. (Für das Widget StyledText gibt es diese Möglichkeit nicht, hier müsste statt dem Widget ein SourceViewer verwendet werden.) Die Adapter stellen die vom Inhaltsassistenten benötigten Methoden wie getCaretOff-

`set()`, `getLocationAtOffset()`, `getSelectedRange()` und `getDocument()` bereit. Auf Wunsch kann ein Hinweissymbol links vom Eingabefeld angezeigt werden.

### 9.2.6 Aktionen und Menüs

Im ersten Teil dieses Buches waren wir schon verschiedentlich bei der Realisierung von Menüfunktionen auf den Begriff der Aktion gestoßen. Mit dem `IAction`-Interface stellt das JFace eine abstrakte Repräsentation für Benutzeraktionen zur Verfügung. Diese Aktionen können dann in verschiedenen Formen in der Benutzeroberfläche repräsentiert werden: als Menüpunkt oder als Werkzeugtaste. Die abstrakte Klasse `Action` kann als Grundlage für Implementierungen des `IAction`-Interfaces verwendet werden.

#### Aktionen

Verschiedene Methoden dieses Interfaces dienen dazu, eine konkrete Aktion zu konfigurieren. So kann mit `setId()` eine Identifikation, mit `setText()` ein Anzeigetext und mit `setToolTipText()` ein Hover-Text gesetzt werden. Zusätzlich kann man mit `setDescription()` einen längeren Text definieren, der beim Selektieren der Aktion in der Statuszeile gezeigt werden soll. Weitere Methoden erlauben das Setzen unterschiedlicher Icons für die verschiedenen Betriebszustände einer Aktion (*disabled*, *enabled*, *hover*). Mit `setEnabled()` kann die Aktion aktiviert oder deaktiviert werden und mit `setChecked()` als gesetzt markiert bzw. die Markierung wieder entfernt werden.

In der `run()`-Methode der Aktion wird die eigentliche Geschäftslogik implementiert, die ausgeführt werden soll, wenn der Benutzer die Aktion aufruft.

#### Aktionsleisten

Aktionen können von verschiedenen `IContributionManager`-Instanzen wie `IMenuManager`, `IToolBarManager` und `ICoolBarManager` verwaltet werden. Diese Manager sind für die GUI-Seite der Aktionen zuständig. So können z.B. beim `MenuManager` mit `createContextMenu()` Kontextmenüs und mit `createMenuBar()` Menüleisten erzeugt werden. Menüereignisse können in einem registrierten `IMenuListener` empfangen werden. In dessen Methode `menuAboutToShow()` wird dann in der Regel das Menü dynamisch aufgebaut, denn welche Menüpunkte gezeigt werden sollen, hängt oft vom aktuellen Zustand der Applikation ab. Dazu werden dem `MenuManager` mit Hilfe der `add()`-Methode `IAction` bzw.

Separator-Instanzen zugefügt. Vorher sollte die Methode `setRemoveAllWhenShown()` aufgerufen werden, um alte Einträge zu entfernen. In Abschnitt 13.5.6 zeigen wir `MenuManager` und `ToolBarManager` in Aktion.

Auch der `StatusLineManager` stammt vom `IContributionManager` ab. Dieser Manager besitzt Methoden wie `setMessage()` und `setErrorMessage()` zur Ausgabe von Mitteilungen und Fehlermeldungen in der Statuszeile. Zusätzlich kann ein Fortschrittsbalkens angezeigt werden. Mit `getProgressMonitor()` erhält man den für den Fortschrittsbalken zuständigen `ProgressMonitor`, mit `setCancelEnabled()` kann man den Abbruch einer Operation zulassen, und mit `isCancelEnabled()` kann man auf einen solchen Abbruch hin abfragen.

### 9.2.7 Wizards

Wizards bestehen aus einer Folge von Dialogen, die den Benutzer durch verschiedene Arbeitsschritte leiten. Typische Beispiele für Wizards sind der *New File*-Wizard, der *Import*-Wizard oder der *Export*-Wizard.

Die Package `org.eclipse.jface.wizard` stellt ein Framework für die Realisierung eigener Wizards zur Verfügung:

- Alle `Wizards` müssen das Interface `IWizard` implementieren. Dabei kann auf die abstrakte Klasse `Wizard` aufgesetzt werden. Normalerweise wird man die Methoden `performCancel()` und `performFinish()` überschreiben, um dort die Anwendungslogik zu implementieren.
- Die Klasse `WizardDialog` dient als Behälter, innerhalb dessen die einzelnen Wizard-Seiten angezeigt werden. Die zugehörige `IWizard`-Instanz wird beim Erzeugen des Dialogs im Konstruktor übergeben. Anschließend kann man den `WizardDialog` mit `open()` öffnen. Normalerweise wird man `WizardDialog` in seiner ursprünglichen Form verwenden. Bei komplexen Wizards kann es jedoch notwendig werden, die Methoden `backPressed()` und `nextPressed()` zu überschreiben, um beim Seitenwechsel spezielle Logik anzuwenden.
- Wizard-Seiten müssen das Interface `IWizardPage` implementieren, können dabei aber auf die abstrakte Klasse `WizardPage` aufsetzen. Die Methode `createControl()` muss überschrieben werden, um die Seite mit Inhalt zu füllen. Jede neue Seite muss im Konstruktor mit einer eindeutigen Identifikation versorgt werden. Weiterhin wird man insbesondere die Methoden `canFlipToNextPage()` für die Freigabe *der Next*-Taste und die Methode `isPageComplete()` für die

Freigabe von *Next*- und *Finish*-Taste überschreiben. Die erzeugten Seiten werden der IWizard-Instanz mit Hilfe der Methode addPage() zugeordnet.

- Eine spezielle Implementierung von IWizardPage ist die Klasse WizardSelectionPage, mit welcher der Benutzer unter mehreren angebotenen Wizards auswählen kann. Mit setSelectedNode() und getSelectedNode() kann hier die Selektion (vom Type IWizardNode) gesetzt bzw. abgefragt werden.

### 9.2.8 Präferenzen

Zur Definition und Verwaltung von Benutzerpräferenzen stellt das JFace ein Framework zur Verfügung, das aus folgenden Komponenten besteht:

- **PreferenceStore.** Die Interfaces IPreferenceStore und IPersistentPreferenceStore definieren einen abstrakten Speicher für Benutzerpräferenzen. Eine Standardimplementierung liegt in Form der Klasse PreferenceStore vor. Benutzerpräferenzen werden darin in Form von Tripeln gespeichert: ein Schlüsselbegriff, ein Wert und eine Vorbelegung (*Default*). Der PreferenceStore unterstützt die Datentypen boolean, int, long, float, double und String. Anwendungen müssen bei der Initialisierung den PreferenceStore mit den Default-Werten versorgen. Mit load() und save() kann der PreferenceStore von Datei gelesen bzw. auf Datei geschrieben werden. Änderungen am PreferenceStore können mit einem IPropertyChangeListener beobachtet werden. So können Anwendungen sofort reagieren, wenn ein Benutzer einen Präferenzenwert verändert hat.
- **PreferenceConverter.** Die Klasse PreferenceConverter stellt Methoden zur Verfügung, mit denen Instanzen gängiger Objekttypen im PreferenceStore gespeichert und abgefragt werden können. Insbesondere werden die Typen RGB (Farben), FontData (Schriftarten), Point (Koordinaten) und Rectangle (Bereichsgrenzen) unterstützt. Intern erfolgt die Speicherung als Zeichenkette.
- **PreferencePage.** Die abstrakte Klasse PreferencePage dient der Implementierung eigener Präferenzenseiten. Dabei muss die createControl()-Methode überschrieben werden, um die Seite mit Inhalt zu füllen. Außerdem sollte die Methode doComputeSize() erweitert werden, um die Größe dieses Bereichs zu berechnen. Mit noDefaultAndApplyButton() können die standardmäßig vorhandenen *Apply*- und *Default*-Tasten ausgeblendet werden.

- **Feldeditoren.** Feldeditoren dienen der Vereinfachung des Aufbaus einer Präferenzenseite. Beim Erzeugen einer `FieldEditor`-Instanz muss nur die Identifikation der jeweiligen Präferenz und der `PreferenceStore` angegeben werden, der Feldeditor kümmert sich dann selbstständig um die Verwaltung des entsprechenden Wertes im `PreferenceStore`. Bei der Verwendung von Feldeditoren müssen Präferenzenseiten auf der Basis von `FieldEditorPreferencePage` implementiert werden. Um die Seite zu füllen, wird die Methode `createFieldEditors()` überschrieben, und mit `addField()` werden einzelne Feldeditoren der Seite zugefügt. Das JFace stellt schon eine Reihe von Standardfeldeditoren zur Verfügung wie `BooleanFieldEditor`, `ColorFieldEditor`, `DirectoryFieldEditor`, `FileFieldEditor`, `FontFieldEditor`, `ListEditor`, `IntegerFieldEditor`, `PathEditor`, `RadioGroupFieldEditor`, `ScaleFieldEditor`, `StringButtonFieldEditor`, `StringFieldEditor`. Eigene Implementierungen können natürlich hinzugefügt werden.

*Präferenzenbaum*

Die Klassen `PreferenceNode`, `PreferenceManager` und `PreferenceDialog` sind im Rahmen einer RCP-Anwendung weniger interessant. Sie dienen dem Aufbau des Präferenzendialogs mit dem Präferenzenbaum. In einer RCP-Anwendung wird man sich eher in den vorhandenen Mechanismus der Workbench über den Erweiterungspunkt `org.eclipse.ui.preferencePages` einklinken und den Präferenzendialog mit Hilfe der vordefinierten Aktion `PREFERENCES` aus der `ActionFactory` aufrufen.

## 9.3 Das Eclipse Forms API

Mit Eclipse 3 wurde das *Forms API* eingeführt, das die Gestaltung formularorientierter Benutzerschnittstellen vereinfacht und vereinheitlicht. Das Forms API ist als eigenständiges Plugin verpackt, baut auf dem SWT auf, benutzt jedoch zusätzlich die Funktionalität des Plugins `org.eclipse.ui`. Neben einer einfacheren Arbeitsweise erhält man durch die Anwendung des Forms API auch konsistentere Benutzeroberflächen. Bei der Realisierung unserer Beispielapplikation werden wir deshalb extensiven Gebrauch vom Forms API machen.

### 9.3.1 Grundlagen

Im Wesentlichen verwendet das Forms API die schon bekannten SWT-Widgets und -Layouts mit einigen Erweiterungen. Allerdings werden die SWT-Widgets für die Benutzung in Formularen speziell konfiguriert. Deshalb dürfen bei der Arbeit mit dem Forms API Widgets in der Regel nicht direkt mit einem Konstruktor erzeugt werden, sondern es muss von einer create*XXX*()-Methode des FormToolkit Gebrauch gemacht werden. Außerdem müssen die Widgets innerhalb einer Form- oder ScrolledForm-Instanz angelegt werden:

*FormToolkit*

```
FormToolkit toolkit = new FormToolkit(parent.getDisplay());
form = toolkit.createScrolledForm(parent);
// Achtung! LayoutManager immer dem Körper einer Form zuordnen!
form.getBody().setLayout(new FillLayout());
// Achtung! Immer den Körper (Body) einer Form
// als Behälter angeben!
Label label2 = toolkit.createLabel(form.getBody(), "Some text");
```

Widgets, die nicht mit Hilfe des FormToolkits erzeugt werden können, dürfen per Konstruktor erzeugt werden, müssen aber dann mit der Methode adapt() an die Konventionen des FormToolkits angepasst werden.

```
CCombo combo = new CCombo(parent, SWT.FLAT);
toolkit.adapt(combo, false, false);
// Optional kann einem Control ein Umrahmungsstil
// zugeordnet werden
combo.setData(FormToolkit.KEY_DRAW_BORDER,
                                   FormToolkit.TEXT_BORDER);
```

Nach Aufbau eines Formulars sollte die Methode paintBordersFor() aufgerufen werden, um sicherzustellen, dass Elementumrahmungen auch auf Plattformen gezeichnet werden, die dies nicht nativ unterstützen:

```
toolkit.paintBordersFor(form.getBody());
```

### 9.3.2 FormText

Das FormText-Widget dient der Ausgabe von ausgezeichnetem (*marked-up*) Text. Es Unterstützt drei Betriebsmodi, welche über die Methode setText() eingestellt werden können:

- normaler Text (Label-Modus)
- automatische Umwandlung von URLs in Hyperlinks
- Text mit XML-Tags

*Mark-up*

Auf die letzte Möglichkeit möchte ich ausführlicher eingehen:

```
FormText rtext = toolkit.createFormText(form.getBody(), true);
String data = "<form><p>
  + "Mehr Informationen über <b>Eclipse</b> finden Sie auf der"
  + "<a href=\"http://www.eclipse.org\">eclipse.org</a>-Website."
  + "</p></form>";
rtext.setText(data, true, false);
rtext.addHyperlinkListener(new HyperlinkAdapter() {
  public void linkActivated(HyperlinkEvent e) {
    System.out.println("URL aktiviert: " + e.getLabel() + ", "
                       + e.getHref());
  }
});
```

Text muss dabei in `<form>`-Tags eingeschlossen werden, einzelne Abschnitte werden in `<p>`- oder `<li>`-Tags gesetzt. Beide Tags können mit zusätzlichen Attributen konfiguriert werden. Außerdem stehen noch folgende Tags zur Verfügung:

| | |
|---|---|
| **<b>** | Fetter Text |
| **<span color=... font=...>** | Textfarbe und Schriftart können für den eingeschlossenen Bereich festgelegt werden. |
| **<a href="href">** | Hyperlink, das Ziel wird im Attribut `href` angegeben. |
| **<img href="ikey"/>** | Bild, das mit dem in `href` angegebenen Schlüssel identifiziert wird. Das Bild muss unter diesem Schlüssel vorher mit `setImage()` registriert worden sein. |
| **<control href="ckey"/>** | SWT-Control, das mit dem in `href` angegebenen Schlüssel identifiziert wird. Die `Control`-Instanz muss unter diesem Schlüssel vorher mit `setControl()` registriert worden sein. |

Obwohl `FormText` einiges an Funktionalität bietet, sollten Sie es trotzdem nicht mit HTML verwechseln. Wird fortgeschrittene HTML-Funktionalität benötigt, greift man besser auf das `Browser`-Widget zurück. Trotzdem ist `FormText` elegant – so ist es leicht, ganze Formulare zu internationalisieren oder rollenspezifisch zu gestalten. Der XML-Text könnte dynamisch aufgebaut, mit XSLT-Transformationen erzeugt oder von einem Server heruntergeladen werden. In Kapitel 10 werden wir mit den XML-Skriptsprachen für die Benutzeroberflächen einige Alternativen dazu diskutieren.

### 9.3.3 Kollabierbare Behälter

Mit ExpandableComposite steht ein Behältertyp zur Verfügung, der vom Benutzer wahlweise kollabiert oder expandiert werden kann. Dazu stehen in der Titelzeile des Behälters Bedienelemente zur Verfügung, die sich durch Angabe einer Stilkonstanten in der create...()-Methode des FormToolkits konfigurieren lassen:

*ExpandableComposite*

```
ExpandableComposite ec = toolkit.createExpandableComposite(
                        form.getBody(), ExpandableComposite.TWISTIE);
```

Der Inhalt eines solchen Behälters wird diesem mit der Methode setClient() zugewiesen:

```
Composite content = toolkit.createComposite(section);
ec.setClient(content);
```

Das Betätigen des Bedienelementes wird registrierten ExpansionListenern gemeldet. Diese sollten das Formular mit Hilfe der Methode reflow() zu einer Neupositionierung seiner Inhalte veranlassen:

```
ec.addExpansionListener(new ExpansionAdapter() {
  public void expansionStateChanged(ExpansionEvent e) {
    form.reflow(true);
  }
});
```

*Section*

Die Unterklasse Section unterscheidet sich von ExpandableComposite dadurch, dass zusätzlich ein Separator und ein Beschreibungstext unterhalb der Titelzeile abgebildet werden kann.

### 9.3.4 Layouts

Das Forms API fügt der Liste der SWT-Layoutmanager zwei weitere hinzu, die den speziellen Anforderungen an Formulare gerecht werden:

- **TableWrapLayout.** Das TableWrapLayout funktioniert ganz ähnlich wie das GridLayout (siehe Abschnitt 9.1.4), nur dass es in der Lage ist, lange Elemente innerhalb der Zellen des Grids zu brechen. Die einzelnen Elemente können mit TableWrapData-Instanzen konfiguriert werden. Das TableWrapLayout folgt den W3C-Empfehlungen für das Layout von Tabellen in HTML-Seiten.
- **ColumnLayout.** Das ColumnLayout funktioniert ähnlich wie ein vertikales RowLayout (siehe Abschnitt 9.1.4), ist jedoch in der Lage, die Eingabeelemente dynamisch auf mehrere Spalten aufzuteilen, wobei die Spaltenhöhe gegeneinander austariert werden kann. Für ein ColumnLayout kann eine Minimal- und Maximalzahl von Spal-

ten angegeben werden (standardmäßig 1 bis 3). Das Ergebnis sieht etwa so aus wie eine Zeitungsseite.

### 9.3.5 Ressourcenverwendung

*Farben*

Für Farben bietet das Forms API ein eigenes Repositorium vom Typ `FormColors`, welches einer `FormToolkit`-Instanz bei deren Erzeugung zugeordnet werden kann. In der Regel wird man ein `FormToolkit` über mehrere Formulare hinweg benutzen, so dass Farben zwischen den Formularen wieder verwendet werden können. So erreicht man auch ein einheitliches Erscheinungsbild. Wird ein `FormToolkit` nicht mehr benötigt, so muss es mit `dispose()` entsorgt werden. Es gibt dann auch automatisch die zugeordnete `FormColors`-Instanz frei.

*Schriftarten*

Was Schriftarten betrifft, sollte man nach Möglichkeit die Schriften aus den `JFaceResources` verwenden (siehe Abschnitt 9.2.1). Damit erspart man sich gleichzeitig Probleme mit der unterschiedlichen Ausstattung der jeweiligen Ablaufplattform mit Schriftarten.

### 9.3.6 Trennung von Datenmodell und Repräsentation

*MVC-Entwurfsmuster*

In Abschnitt 9.2.3 hatten wir bereits gesehen, wie das JFace das MVC-Entwurfsmuster implementiert. Auch das Forms API bietet für diesen Zweck ein Viewer-ähnliches Konstrukt an, die `ManagedForm`. Wird eine `ManagedForm`-Instanz erzeugt, wird ihr eine `ScrolledForm`-Instanz und ein `FormToolkit` zugeordnet. Geschieht das nicht, erzeugt sie selbst solche Objekte. Mit der Methode `addPart()` können dann einzelne Formularteile vom Typ `IFormPart` hinzugefügt werden. Wie bei Viewern wird mit der Methode `setInput()` das Datenmodell an die `ManagedForm` übermittelt. Abhängig von deren Zustand werden diese dann neu gezeichnet, und für das Formular wird automatisch die Methode `reflow()` ausgeführt.

Bei der Implementierung des `IFormPart`-Interfaces kann auf die Klasse `AbstractFormPart` aufgesetzt werden. Eine spezialisierte Klasse `SectionFormPart` steht für Formularteile zur Verfügung, die nur aus einer `Section` bestehen.

*Master-Details-Block*

Ein weiteres gängiges Entwurfsmuster in Benutzeroberflächen ist der Master-Details-Block. Ein solcher Block ist in zwei Hälften geteilt: in einen Master- und einen Detail-Bereich. Abhängig von der Selektion im Master-Bereich ändert sich der Inhalt des Detail-Bereichs. Das Forms API stellt für diesen Zweck die abstrakte Klasse `MasterDetailsBlock` zur Verfügung, die den ihr zugewiesenen Bereich mit einem verschiebbaren Rahmen (`Sash`) teilt. Um den Master-Bereich zu füllen, muss die Methode createMasterPart() dieser Klasse überschrieben werden. Durch Überschreiben der Methode createToolBarActions() können zusätzliche GUI-Elemente für die Bedienung des Blocks angelegt werden. Für den Detail-Bereich (repräsentiert von einer DetailsPart-Instanz) können durch Überschreiben der Methode registerPages() und mit Hilfe der DetailsPart-Methode registerPage() verschiedene typspezifische Detailseiten vom Typ IDetailPage registriert werden. Angewandt wird der MasterDetailsBlock, indem seine createContent()-Methode auf eine ManagedForm-Instanz angewandt wird, um deren ScrolledForm-Komponente mit Inhalt zu füllen. Im folgenden Beispiel werden wir ausgiebig vom MasterDetailsBlock Gebrauch machen.

## 9.4 Ein GUI-Framework für die Beispielanwendung

Die Benutzeroberfläche unserer Beispielapplikation werden wir durchgängig mit dem Forms API gestalten. Dabei wird insbesondere der MasterDetailsBlock in verschiedenen Views (Benutzerverwaltung, Ressourcenverwaltung, Taskplanung) zur Anwendung kommen. Bei einer solchen Vereinheitlichung macht es natürlich Sinn, die gemeinsamen Teile in separate Klassen auszulagern. Dazu müssen wir das Plugin org.eclipse.ui.forms zu den *Dependencies* des Plugins com.bdaum.planner hinzufügen. Unter den *Properties* von org.eclipse.ui.forms markieren Sie auch *Re-export the dependency*, denn spätere Plugins sollen auf dem hier entwickelten GUI-Framework aufsetzen und auch diese Abhängigkeit erben. In der Launch-Konfiguration des Projektplaners (in planner.product) hatten wir ja bereits das Forms-Plugin hinzugefügt.

Doch zunächst wollen wir uns um die Erstellung einer Widget-Bibliothek kümmern. Zwar gibt es bereits spezielle Widgets für die Eingabe Boole´scher Werte (Button mit SWT.CHECK), Ganzzahlen (Spinner) oder Texte (Text), spezielle Datenformate wie Datum oder Gleitkommazahlen werden dagegen nicht unterstützt. Benötigt man solche Eingabeformate, so sollte man die entsprechenden Widgets implementieren und in einer gemeinsamen Bibliothek bereitstellen. (Inzwischen gibt es auch eine Reihe von SWT-Widgets von Fremdherstellern, siehe Kapitel 10.)

In den folgenden Programmen werden Sie bemerken, dass wir Java-5-Syntax verwenden. Offiziell sollten RCP-Anwendungen noch unter Java 1.4 laufen, jedoch habe ich keine Probleme mit Java 5 festgestellt. Um den folgenden Code kompilieren zu können, sollten Sie Ihre Compiler-Compliance auf Java 5 (bzw. 1.5) einstellen.

### 9.4.1 Eigene Widgets

Hier stellen wir als Beispiel die Implementierung eines Widgets für die Gleitkommaeingabe vor. Bei Falscheingabe leuchtet der Hintergrund des Feldes rot auf. Die Eingabe selbst erfolgt in einem Text-Widget. Allerdings darf man das neue Widget nicht als Unterklasse von Text implementieren – das führt zu einem Ablauffehler, denn Vererbung ist bei Widgets verboten. Stattdessen wird eine Kapselungstechnik angewandt: Das neue Widget wird als Unterklasse von Composite angelegt, und in diesem Composite wird eine Text-Instanz mittels FillLayout angeordnet.

#### Die Klasse FloatInput

```
package com.bdaum.planner.widgets;
import org.eclipse.swt.SWT;
import org.eclipse.swt.events.VerifyEvent;
import org.eclipse.swt.events.VerifyListener;
import org.eclipse.swt.graphics.Color;
import org.eclipse.swt.layout.FillLayout;
import org.eclipse.swt.widgets.Composite;
import org.eclipse.swt.widgets.Text;

public class FloatInput extends Composite {
  // Das Eingabefeld
  Text field;
  // Hintergrundfarbe
  Color bgColor;
  // Fehlerfarbe
  Color errColor;
```

*Gültigkeitsprüfung*

Zunächst wird mit dem super()-Konstruktor ein Composite erzeugt. Mit FillLayout wird dann das Textfeld in diesem Composite angeordnet, so dass es das Composite komplett ausfüllt. Die Hintergrundfarbe wird gesichert, so dass sie nach einer Fehleranzeige wiederhergestellt werden kann. Das Textfeld erhält einen VerifyListener, der im Fehlerfalle die Hintergrundfarbe auf Rot setzt. Die Color-Instanz erhält man vom aktuellen Display. Absichtlich wurde hier darauf verzichtet, mit e.doit = false fehlerhafte Eingaben ganz zu verhindern. Auch unvollständige Eingaben können syntaktisch falsch sein – der Benutzer muss jedoch die Möglichkeit haben, die Eingabe zu vervollständigen.

```
/**
 * Konstruktor
 * @param parent – Behälter
 * @param style – Stilkonstante
 */
public FloatInput(final Composite parent, int style) {
  super(parent, style);
  setLayout(new FillLayout());
  field = new Text(this, style);
  // Bestehende Hintergrundfarbe sichern
  bgColor = field.getBackground();
  errColor = parent.getDisplay().getSystemColor(SWT.COLOR_RED);
  field.addVerifyListener(new VerifyListener() {
    public void verifyText(VerifyEvent e) {
      // Alten Feldinhalt holen
      String content = field.getText();
      // Neuen Feldinhalt berechnen
      content = content.substring(0, e.start) + e.text
              + content.substring(e.end);
      // Hintergrund bei Falscheingabe auf Fehlerfarbe setzen
      field.setBackground(Float.isNaN(parseFloat(content))
                    ? errColor : bgColor);
      field.redraw();
    }
  });
}

/**
 * Liefert Ergebnis
 * @return – Gleitkommawert
 */
public float getFloat() {
  return parseFloat(field.getText());
}

private float parseFloat(String s) {
  try {
    // Syntaxprüfung
    return Float.parseFloat(s);
  } catch (NumberFormatException e) {
    // Falsch
    return Float.NaN;
  }
}
```

```
    /**
     * Vorbelegung setzen
     * @param f - anzuzeigender Gleitkommawert
     */
    public void setFloat(float f) {
      field.setText((Float.isNaN(f)) ? "" : Float.toString(f));
    }

    /**
     * Liefert Textfeld
     * @return - Textfeld
     */
    public Text getTextControl() {
      return field;
    }
  }
```

Ein weiteres Beispiel für ein Widget für die Datumseingabe finden Sie im Quellcode der Beispielanwendung auf der Buch-Website.

### 9.4.2 Formulare erweitern und ausdrucken

Wir können nun darangehen, das auf dem Forms API basierende GUI-Framework für unsere Beispielanwendung zu implementieren. Dazu erweitern wir zunächst die Klasse `FormToolkit`, um unsere selbst implementierten Widgets bequem an die Formularkonventionen anpassen zu können. Insbesondere kann die von uns erweiterte `adapt()`-Methode Widgets mit einer Umrahmung versehen. Damit ist ein einheitliches Erscheinungsbild gewährleistet, wenn z.B. `FloatInput` oder `DateInput` mit `Text`-Widgets in einem Layout verwendet werden.

*Widgets anpassen*

#### Die Klasse ExtendedFormToolkit

```
package com.bdaum.planner.views;
import org.eclipse.swt.widgets.Composite;
import org.eclipse.swt.widgets.Control;
import org.eclipse.swt.widgets.Display;
import org.eclipse.ui.forms.FormColors;
import org.eclipse.ui.forms.widgets.FormToolkit;
public class ExtendedFormToolkit extends FormToolkit {

  public ExtendedFormToolkit(Display display) {
    super(display);
  }
  public ExtendedFormToolkit(FormColors colors) {
    super(colors);
  }
```

```
/**
 * Passt ein GUI-Element an den FormToolkit an
 *
 * @param control - das GUI-Element
 * @param trackFocus - Wenn auf true gesetzt, wird das
 *          Formular automatisch gescrollt, wenn das
 *          Element den Fokus erhält und sich nicht im
 *          sichtbaren Bereich befindet.
 * @param trackKeyboard - Wenn auf true gesetzt, werden
 *          bestimmte Tastenereignisse an das Formular
 *          durchgereicht, z.B. die Cursortasten.
 * @param borderStyle - die Umrahmung des GUI-Elementes,
 *          TEXT_BORDER, TREE_BORDER oder null
 */
public void adapt(Control control, boolean trackFocus,
        boolean trackKeyboard, String borderStyle) {
  if (control instanceof Composite) {
    super.adapt((Composite) control);
    paintBordersFor((Composite) control);
  } else
    super.adapt(control, trackFocus, trackKeyboard);
  if (borderStyle != null)
    control.setData(FormToolkit.KEY_DRAW_BORDER,
            borderStyle);
}
```

*Drucken*

Außerdem erweitern wir das FormToolkit noch mit einer Druckerunterstützung. Das Ausdrucken von Formularen ist eine oft gewünschte Funktion in Eclipse-RCP-Anwendungen, weshalb ich darauf näher eingehen möchte. Von der (recht einfachen) Möglichkeit, vom kompletten Formular eine Hardcopy anzufertigen, möchte ich aus Qualitätsgründen abraten. Qualitativ hochwertigere Ausdrucke erhält man, wenn man alle beteiligten Widgets auf dem Grafikkontext des Druckers neu zeichnet.

Dazu wird die Hierarchie der Widgets rekursiv durchlaufen und der Textinhalt jedes Widgets an der jeweiligen Position gezeichnet. Optional kann der Widget-Hintergrund gefüllt und eine Umrahmung gezeichnet werden. Allerdings ist eine vollständige Abdeckung aller Widget-Eigenschaften sehr aufwändig. Die hier vorgestellte Lösung deckt deshalb nur die in dieser Anwendung benötigte Funktionalität ab.

*Ressourcenverwaltung*

Zunächst sind zwei Repositorien für Schriftarten und Farben erforderlich. Für alle zum Display gehörigen Schriftarten und Farben müssen auch druckerspezifische Instanzen angefertigt werden. Ich zeige hier nur das Repositorium für Schriftarten, die Implementierung für das Farbrepositorium verläuft ganz ähnlich.

```
/**
 * Repositorium für Schriftarten
 */
private static class PrinterFonts extends HashMap<FontData, Font> {

  private Printer printer;

  /**
   * Konstruktor
   * @param printer - Drucker
   */
  PrinterFonts(Printer printer) {
    super();
    this.printer = printer;
  }

  /**
   * Liefert einen Druckerfont
   * @param data - Fontdaten, für welche ein Font benötigt wird
   * @return - Font
   */
  Font getFont(FontData data) {
    Font font = get(data);
    if (font == null) {
      font = new Font(printer, data);
      put(data, font);
    }
    return font;
  }

  /**
   * Entsorgt alle Fonts
   */
  void dispose() {
    for (Font font : values())
      font.dispose();
  }
}
```

*print()* Die Methode `print()` erzeugt zunächst einmal die notwendige Infrastruktur (Repositorien und Grafikkontext des Druckers), führt dann den Druck aus und gibt anschließend die Ressourcen wieder frei. Beim Ausdruck wird zunächst das eigentliche Widget ausgedruckt. Anschließend wird die Druckroutine rekursiv auf die Kindelemente des Widgets angewandt. Unterschieden werden muss zwischen `Control`-Instanzen, `TreeItems` und `TableItems`, `Tree`-Instanzen und `Table`-Instanzen, die alle leicht unterschiedlich behandelt werden.

```
private PrinterFonts printerFonts;
private PrinterColors printerColors;

/**
 * Druckt ein Control-Element
 * @param control – das zu druckende Element
 * @param printer – der Drucker
 * @param marginX – Abstand von der linken Kante in Zoll
 * @param marginY – Abstand von der Oberkante in Zoll
 * @param borders – true, wenn Umrahmungen gewünscht sind
 * @param fill – true, wenn Flächen ausgefüllt werden sollen
 */
public void print(Control control, Printer printer,
        float marginX, float marginY, boolean borders,
        boolean fill) {
  // Grafikkontext und Repositorien anfertigen
  GC gc = new GC(printer);
  printerFonts = new PrinterFonts(printer);
  printerColors = new PrinterColors(printer);
  // Druckerauflösung ermitteln
  Point dpi = printer.getDPI();
  // drucken
  print(control, gc, dpi, (int) (dpi.x * marginX),
          (int) (dpi.y * marginY), borders, fill);
  // Aufräumen
  printerColors.dispose();
  printerFonts.dispose();
  gc.dispose();
}

/**
 * Druckt ein Widget mitsamt seiner Kindelemente
 * @param w – das zu druckende Widget
 * @param gc – der grafische Kontext
 * @param dpi – Druckerauflösung
 * @param offX – X-Offset in Pixel
 * @param offY – Y-Offset in Pixel
 * @param borders – true, wenn Umrahmungen gewünscht sind
 * @param fill – true, wenn Flächen ausgefüllt werden sollen
 */
private void print(Widget w, GC gc, Point dpi, int offX,
        int offY, boolean borders, boolean fill) {
  // Das Widget ausdrucken
  Rectangle printBounds = null;
  if (w instanceof Control)
    printBounds = printControl((Control) w, gc, dpi, offX,
            offY, borders, fill);
```

```
else if (w instanceof TreeItem) {
  TreeItem item = (TreeItem) w;
  printBounds = printItem(item, gc, dpi, offX, offY, fill);
} else if (w instanceof TableItem) {
  TableItem item = (TableItem) w;
  printItem(item, gc, dpi, offX, offY, fill);
}
// Die Kindelemente ausdrucken
if (printBounds != null) {
  if (w instanceof TreeItem) {
    TreeItem item = (TreeItem) w;
    for (TreeItem child : item.getItems()) {
      print(child, gc, dpi, printBounds.x, printBounds.y,
              borders, fill);
    }
  } else {
    Rectangle oldClip = gc.getClipping();
    gc.setClipping(printBounds.x, printBounds.y,
            printBounds.width, printBounds.height);
    if (w instanceof Tree) {
      gc.setClipping(printBounds.x, printBounds.y,
              printBounds.width, printBounds.height);
      Tree tree = (Tree) w;
      for (TreeItem child : tree.getItems()) {
        print(child, gc, dpi, printBounds.x, printBounds.y,
                borders, fill);
      }
    } else if (w instanceof Table) {
      Table table = (Table) w;
      for (TableItem child : table.getItems()) {
        print(child, gc, dpi, printBounds.x, printBounds.y,
                borders, fill);
      }
    } else if (w instanceof Composite) {
      gc.setClipping(printBounds.x, printBounds.y,
              printBounds.width, printBounds.height);
      Composite composite = (Composite) w;
      for (Control child : composite.getChildren()) {
        print(child, gc, dpi, printBounds.x, printBounds.y,
                borders, fill);
      }
    }
    gc.setClipping(oldClip);
  }
 }
}
```

*Widget zeichnen*

Beim Ausdruck der Control-Instanzen, TreeItems und TableItems wird zunächst, falls gewünscht, der Bereich des Widgets mit der Hintergrundfarbe gefüllt und im Falle von Control-Instanzen mit der im FormToolkit definierten Umrahmungsfarbe ein Rand gezeichnet. Dann erfolgt der Ausdruck des Textes in der Vordergrundfarbe des Widgets, sofern freilich ein Text vorhanden ist.

```
/**
 * Druckt ein TableItem
 * @param item - das zu druckende TableItem
 * @param gc - der grafische Kontext
 * @param dpi - Druckerauflösung
 * @param offX - X-Offset in Pixel
 * @param offY - Y-Offset in Pixel
 * @param fill - true, wenn Flächen ausgefüllt werden sollen
 */
private void printItem(TableItem item, GC gc, Point dpi,
        int offX, int offY, boolean fill) {
  int columns = Math.max(1, item.getParent().getColumnCount());
  for (int i = 0; i < columns; i++) {
    // Umrandung und Ausfüllen
    Rectangle printBounds = renderArea(item.getDisplay(), gc,
            offX, offY, dpi, item.getBounds(i), null,
            (fill) ? item.getBackground() : null);
    // Text
    printText(gc, item.getText(), printBounds, item.getFont(),
            item.getForeground(), false);
  }
}

/**
 * Druckt ein TreeItem
 * @param item - das zu druckende TreeItem
 * @param gc - der grafische Kontext
 * @param dpi - Druckerauflösung
 * @param offX - X-Offset in Pixel
 * @param offY - Y-Offset in Pixel
 * @param fill - true, wenn Flächen ausgefüllt werden sollen
 * @return -Druckbereich des Widgets
 */
private Rectangle printItem(TreeItem item, GC gc, Point dpi,
        int offX, int offY, boolean fill) {
  int columns = Math.max(1, item.getParent().getColumnCount());
  Rectangle printBounds = null;
  for (int i = 0; i < columns; i++) {
    // Umrandung und Ausfüllen
```

```
        Rectangle bounds = renderArea(item.getDisplay(), gc, offX,
                offY, dpi, item.getBounds(), null,
                (fill) ? item.getBackground() : null);
        if (printBounds == null)
          printBounds = bounds;
        // Text
        printText(gc, item.getText(), bounds, item.getFont(), item
                .getForeground(), false);
      }
      return printBounds;
    }
```

*Textinhalte*

Beim Ermitteln des Textinhaltes einer `Control`-Instanz wurde hier – da allgemeine `Control`-Instanzen keine `getText()`-Methode besitzen – per Java-Reflection gearbeitet. Ist eine `getText()`-Methode vorhanden, wird sie verwendet, um den Widget-Text zu erhalten. Andernfalls unterbleibt der Ausdruck des Textes.

```
    /**
     * Druckt ein Control-Element
     * @param control - das zu druckende Control-Element
     * @param gc - der grafische Kontext
     * @param dpi - Druckerauflösung
     * @param offX - X-Offset in Pixel
     * @param offY - Y-Offset in Pixel
     * @param borders - true, wenn Umrahmungen gewünscht sind
     * @param fill - true, wenn Flächen ausgefüllt werden sollen
     * @return -Druckbereich des Widgets
     */
    private Rectangle printControl(Control control, GC gc,
            Point dpi, int offX, int offY, boolean borders,
            boolean fill) {
      if (!control.isVisible())
        return null;
      // Umrandung und Ausfüllen
      Display display = control.getDisplay();
      Rectangle printBounds = renderArea(display, gc, offX, offY,
              dpi, control.getBounds(),
              (borders && hasBorder(control)) ? getColors()
                      .getColor(FormColors.BORDER) : display
                      .getSystemColor(SWT.COLOR_WHITE),
              (fill) ? control.getBackground() : null);
      // Text - ExpandableComposites replizieren den Text in einem
      // Kindelement; wir verhindern den doppelten Ausdruck
      if (!(control instanceof ExpandableComposite)) {
```

```
      // Per Java-Reflection
      Class clazz = control.getClass();
      try {
        Method m = clazz.getMethod("getText", (Class[]) null);
        String text = (String) m.invoke(control, (Object[]) null);
        printText(gc, text, printBounds, control.getFont(),
                control.getForeground(),
                (control.getStyle() & SWT.WRAP) != 0);
      } catch (Exception e) {
      }
    }
    return printBounds;
  }
```

*Zeilenumbruch*

Beim Ausdruck von Texten ist Zeilenumbruch notwendig. Mit Hilfe der Methode textExtent() wird die jeweilige Länge einer Zeichenkette im Ausdruck gemessen und so die geeignete Umbruchstelle ermittelt. Die Pixelhöhe des Fonts erhält man über die FontMetrics – der Font selbst liefert die Höhe in Points!

```
  /**
   * Druckt den Widget-Text
   * @param gc – der grafische Kontext
   * @param text – Text
   * @param bounds – Druckbereich
   * @param font – Display-Font
   * @param color – Display-Farbe
   * @param wrap – true, wenn Text umgebrochen werden soll
   */
  private void printText(GC gc, String text, Rectangle bounds,
          Font font, Color color, boolean wrap) {
    Rectangle oldClip = gc.getClipping();
    gc.setClipping(bounds);
    text = text.trim();
    if (text != null && text.length() > 0) {
      gc.setForeground(printerColors.getColor(color.getRGB()));
      gc.setFont(printerFonts.getFont(font.getFontData()[0]));
      Point extent = gc.textExtent(text);
      if (extent.x <= bounds.width || !wrap)
        gc.drawText(text, bounds.x, bounds.y, true);
      else {
        int ty = 0;
        while (true) {
          int wordBreak = -1;
          boolean whiteSpace = false;
          for (int i = 0; i < text.length(); i++) {
```

```
            char c = text.charAt(i);
            if (Character.isWhitespace(c)) {
              if (!whiteSpace) {
                wordBreak = i;
                whiteSpace = true;
              }
              if (c == '\n')
                break;
            } else
              whiteSpace = false;
            if (gc.textExtent(text.substring(0, i)).x >
                                                bounds.width) {
              if (wordBreak < 0)
                wordBreak = i;
              break;
            }
          }
          if (wordBreak < 0) {
            gc.drawText(text, bounds.x, bounds.y + ty, true);
            break;
          }
          gc.drawText(text.substring(0, wordBreak), bounds.x,
                  bounds.y + ty, true);
          text = text.substring(wordBreak).trim();
          ty += gc.getFontMetrics().getHeight();
          if (ty > bounds.height)
            break;
        }
      }
    }
    gc.setClipping(oldClip);
  }
```

*Hintergrund und Rahmen*

Beim Zeichnen von Umrahmungen und Füllungen muss von der Bildschirmauflösung auf die Druckerauflösung skaliert werden. Für Schriftgrößen ist das nicht nötig, denn diese werden geräteunabhängig in *Points* angegeben.

```
/**
  * Umrahmungen und Füllungen
  * @param display – die Display-Instanz
  * @param gc – der grafische Kontext
  * @param offX – X-Offset in Pixeln
  * @param offY – Y-Offset in Pixeln
  * @param dpi – Druckerauflösung
  * @param bounds – zu füllender/umrahmender Bereich
  * @param borderColor – Rahmenfarbe oder null
  * @param fillColor – Füllfarbe oder null
  * @return – der Druckbereich des Widgets
  */
 private Rectangle renderArea(Display display, GC gc, int offX,
         int offY, Point dpi, Rectangle bounds,
         Color borderColor, Color fillColor) {
   // Bildschirmauflösung ermitteln
   Point screenDPI = display.getDPI();
   // Positionen umrechnen
   int x = offX + bounds.x * dpi.x / screenDPI.x;
   int y = offY + bounds.y * dpi.y / screenDPI.y;
   int width = bounds.width * dpi.x / screenDPI.x;
   int height = bounds.height * dpi.y / screenDPI.y;
   // Bereich füllen
   if (fillColor != null) {
     gc.setBackground(printerColors.getColor(fillColor.getRGB()));
     gc.fillRectangle(x, y, width, height);
   }
   // Bereich umrahmen
   if (borderColor != null) {

gc.setForeground(printerColors.getColor(borderColor.getRGB()));
     int pixX = dpi.x / screenDPI.x;
     int pixY = dpi.y / screenDPI.y;
     gc.drawRectangle(x - pixX, y - pixY, width + pixX, height +
                                                          pixY);
   }
   // Anfangsposition zurückgeben
   return new Rectangle(x, y, width, height);
 }
```

Die Logik für das Bestimmen der Umrahmung wurde weit gehend von der inneren FormToolkit-Klasse BorderPainter übernommen (Vorteile einer Open-Source-Software ...). Damit ergibt sich im Ausdruck ein ähnliches Erscheinungsbild für die Formulare wie auf dem Bildschirm.

```
    /**
     * Ermittelt, ob eine Umrahmung gezeichnet werden soll
     * @param c – das Control-Element
     * @return – true, wenn das Element eine Umrahmung hat
     */
    public boolean hasBorder(Control c) {
      boolean inactiveBorder = false;
      boolean textBorder = false;
      if (c.getEnabled() == false && !(c instanceof CCombo))
        return false;
      if ((c.getStyle() & SWT.BORDER) != 0)
        return true;
      if (c instanceof Hyperlink)
        return false;
      Object flag = c.getData(KEY_DRAW_BORDER);
      if (flag != null) {
        if (flag.equals(Boolean.FALSE))
          return false;
        if (flag.equals(TREE_BORDER))
          inactiveBorder = true;
        else if (flag.equals(TEXT_BORDER))
          textBorder = true;
      }
      if (getBorderStyle() == SWT.BORDER) {
        if (!inactiveBorder && !textBorder)
          return false;
        if (c instanceof Text || c instanceof Table || c instanceof
                                                             Tree)
          return false;
      }
      if (!inactiveBorder
            && (c instanceof Text || c instanceof CCombo ||
                                                      textBorder))
        return true;
      if (inactiveBorder || c instanceof Table || c instanceof Tree)
        return true;
      return false;
    }
  }
```

Damit ist der FormToolkit nun genügend für unsere Zwecke erweitert. Schauen wir uns nun an, wie ein generischer MasterDetailsBlock für den Projektplaner aussieht.

### 9.4.3 Ein Programmrahmen für formularorientierte Views

Die folgenden Klassen stellen einen Programmrahmen für die im Rest des Buches implementierten Views zur Verfügung. Alle diese Views basieren auf dem Master-Details-Block-Entwurfsmuster des Eclipse Forms API. Der hier vorgestellte Programmrahmen bestehend aus `AbstractMasterDetailsView`, `AbstractMasterDetailsBlock` und `AbstractDetailsPage` vereinfacht die Implementierung solcher Views erheblich.

#### Die Klasse AbstractMasterDetailsBlock

*Master-Details-Block*

Auf den ersten Blick ist das Zusammenspiel zwischen `ManagedForm`, `MasterDetailsBlock`, `BlockMasterPart`, `DetailsPart`, `Section`, `Composites` und `Viewer` etwas verwirrend. Macht man so etwas zum ersten Mal, wird man selten gleich Erfolg haben. Der hier gezeigte Code ist eine gute Vorlage für ähnliche Projekte.

```
package com.bdaum.planner.views;
import org.eclipse.jface.viewers.*;
import org.eclipse.jface.viewers.ISelectionChangedListener;
import org.eclipse.jface.viewers.SelectionChangedEvent;
import org.eclipse.jface.viewers.StructuredViewer;
import org.eclipse.swt.layout.GridData;
import org.eclipse.swt.layout.GridLayout;
import org.eclipse.swt.widgets.Composite;
import org.eclipse.ui.forms.*;
import org.eclipse.ui.forms.widgets.*;

public abstract class AbstractMasterDetailsBlock extends
                                              MasterDetailsBlock {
  // Pro-forma-Deklaration, um AbstractFormPart konkret zu machen
  private static class BlockMasterPart extends AbstractFormPart {}
  // Der Viewer im Master-Bereich (TableViewer oder TreeViewer)
  StructuredViewer viewer;
  // Der Detailbereich
  private DetailsPart detailsPart;
```

*ManagedForm*

Der `MasterDetailsBlock` wird für eine `ManagedForm` angelegt, welche die View-Komponente des MVC-Entwurfsmusters repräsentiert. Der `MasterDetailsBlock` wiederum wird mit einer `BlockMasterPart`- und einer `DetailsPart`-Komponente ausgerüstet. Diese Komponenten werden der `ManagedForm` zugeordnet, agieren als Controller und sind für die Zustandsverwaltung der entsprechenden Bereiche zuständig. So enthalten sie z.B. Information darüber, ob der entsprechende Bereich »dirty« ist oder nicht, d.h. ob die GUI-Daten noch dem Datenmodell entsprechen.

```
protected void createMasterPart(
        final IManagedForm managedForm, Composite parent) {
    // Toolkit aus ManagedForm holen
    FormToolkit toolkit = managedForm.getToolkit();
    // Master-Bereich erzeugen und mit ManagedForm initialisieren
    final BlockMasterPart part = new BlockMasterPart();
    part.initialize(managedForm);
```

*GUI* Anschließend wird das GUI aufgebaut. Hier wird zunächst im Behälter `parent` eine neue `Section` angelegt. In diese `Section` wird ein `Composite` geschachtelt, und dieses `Composite` wird mit dem Viewer gefüllt. Wir verwenden hier einen `StructuredViewer`, der die Ausprägungen `TableViewer` oder `TreeViewer` annehmen kann. Die Erzeugung konkreter Viewer bleibt den Unterklassen überlassen. In der Methode `refresh()` schließlich wird der gesamte Viewer neu aufgebaut. Anschließend wird die Selektion auf das angegebene Element gesetzt.

```
    // Layout für Behälter setzen
    TableWrapLayout layout = new TableWrapLayout();
    layout.topMargin = layout.rightMargin = layout.bottomMargin = 0;
    layout.leftMargin = 5;
    parent.setLayout(layout);
    // Neue Sektion erzeugen und konfigurieren
    Section section = toolkit.createSection(parent,
                                            Section.TITLE_BAR);
    section.clientVerticalSpacing = 7;
    section.marginHeight = 5;
    section.marginWidth = 5;
    section.setText(getMasterTitle());
    // Sektion mit Layoutdaten versehen
    TableWrapData td = new TableWrapData(
            TableWrapData.FILL, TableWrapData.TOP);
    td.grabHorizontal = true;
    section.setLayoutData(td);
    // Sektion mit einem Behälter füllen
    Composite client = toolkit.createComposite(section);
    // Behälter mit einem Gridlayout ausstatten
    GridLayout glayout = new GridLayout();
    glayout.marginWidth = glayout.marginHeight = 2;
    client.setLayout(glayout);
    // Viewer erzeugen und füllend im Behälter anordnen
    viewer = createViewer(client);
    viewer.getControl().setLayoutData(
            new GridData(GridData.FILL_BOTH));
    // Auf Selektionsänderungen im Viewer reagieren
```

```
    viewer.addSelectionChangedListener(
            new ISelectionChangedListener() {
              public void selectionChanged(SelectionChangedEvent
                                                             event) {
                managedForm.fireSelectionChanged(part,
                        event.getSelection());
              }
            });
    // Feldumrahmungen zeichnen lassen
    toolkit.paintBordersFor(client);
    // Den Behälter mit der Sektion registrieren
    section.setClient(client);
  }

  /**
   * Liefert den Titel für den Master-Bereich. Diese Methode
   * muss von Unterklassen implementiert werden
   * @return title of master part
   */
  protected abstract String getMasterTitle();

  /**
   * Viewer erzeugen. Diese Methode muss von Unterklassen
   * implementiert werden
   * @param parent - der Behälter
   * @return - der erzeugte Viewer
   */
  protected abstract StructuredViewer createViewer(Composite
                                                       parent);

  /**
   * Liefert den Viewer des Master-Bereichs
   * @return - der Viewer
   */
  public StructuredViewer getViewer() {
    return viewer;
  }

  /**
   * Refreshes the master block with new content
   * @param sel - The object to select or null
   */
  public void refresh(Object sel) {
    if (viewer == null || viewer.getControl().isDisposed())
      return;
    viewer.refresh();
    if (sel != null)
      viewer.setSelection(new StructuredSelection(sel), true);
  }
```

*Detailseiten*

In der Methode `registerPages()` erfolgt die Auswahl des Seitentyps je nach Selektion im Master-Bereich. Unterklassen müssen diese Methode erweitern und konkrete Seitentypen beisteuern. Hier wird lediglich der `DetailsPart` registriert.

```
/**
 * Seitentypen registrieren. Diese Methode muss von
 * Unterklassen je nach Seitentypen erweitert werden
 */
protected void registerPages(DetailsPart detailsPart) {
  this.detailsPart = detailsPart;
}

/**
 * Liefert den Detailbereich
 * @return – der Detailbereich
 */
public DetailsPart getDetailsPart() {
  return detailsPart;
}
```

*Fokus*

Für die Fokusverwaltung implementieren wir drei Methoden: eine, um den Fokus auf den Viewer im Master-Bereich zu setzen, eine, um den Focus auf die Detailseite zu setzen, und eine, bei der vorher noch die Selektion gesetzt wird.

```
/**
 * Der Fokus wird auf den Viewer im Master-Bereich gesetzt
 */
public void setFocus() {
  if (viewer != null)
    viewer.getControl().setFocus();
}

/**
 * Setzt den Fokus auf die aktuelle Detailseite
 */
public void setFocusToDetails() {
  if (detailsPart != null) {
    IDetailsPage page = detailsPart.getCurrentPage();
    if (page != null) {
      page.setFocus();
    }
  }
}
```

```
  /**
   * Selektiert ein Element im MasterBlock und
   * setzt dann den Fokus auf die Details
   * @param sel - das zu selektierende Objekt
   */
  public void selectAndSetFocusToDetails(Object sel) {
    if (viewer == null || viewer.getControl().isDisposed())
      return;
    viewer.setSelection(new StructuredSelection(sel), true);
    setFocusToDetails();
  }

  /**
   * Eine Toolbar im MasterDetailsBlock wird hier nicht benutzt.
   * Stattdessen verwenden wir die lokale ToolBar im übergeordneten
   * View.
   */
  protected void createToolBarActions(
          IManagedForm managedForm) {
  }
}
```

Damit ist die Definition des `MasterDetailBlocks` abgeschlossen und wir können uns der Definition einer generischen Detailseite widmen.

### Die Klasse AbstractDetailsPage

```
package com.bdaum.planner.views;
import java.util.ArrayList;
import java.util.List;
import org.eclipse.jface.viewers.ISelection;
import org.eclipse.jface.viewers.IStructuredSelection;
import org.eclipse.swt.SWT;
import org.eclipse.swt.custom.CCombo;
import org.eclipse.swt.events.*;
import org.eclipse.swt.layout.GridData;
import org.eclipse.swt.layout.GridLayout;
import org.eclipse.swt.widgets.*;
import org.eclipse.ui.forms.AbstractFormPart;
import org.eclipse.ui.forms.IDetailsPage;
import org.eclipse.ui.forms.IFormPart;
import org.eclipse.ui.forms.widgets.*;
import com.bdaum.planner.widgets.DateInput;
import com.bdaum.planner.widgets.FloatInput;

public abstract class AbstractDetailsPage extends AbstractFormPart
       implements IDetailsPage, ModifyListener, SelectionListener {

  // Der FormToolkit
  ExtendedFormToolkit toolkit;
```

*Ereignisse*

Zunächst organisieren wir die Ereignisbehandlung für Zustandsänderungen der Seite. Wenn eine Seite auf »dirty« gesetzt wird, bzw. wenn dieser Zustand wieder zurückgesetzt wird, müssen eventuell andere Einheiten benachrichtigt werden. Beispielsweise sollen in einem solchen Fall die Werkzeugtasten eines Views, der die Seite enthält, aktualisiert werden. Wir legen deshalb zunächst eine Listener-Liste an mit den zugehörigen `add...()`- und `remove...()`-Methoden. Die Methode `fireStateChanged()` benachrichtigt alle registrierten Listener.

```
// Listener, die auf Zustandsänderungen reagieren müssen
List<IStateChangedListener> stateChangedListeners =
                 new ArrayList<IStateChangedListener>(3);

/**
 * Listener registrieren
 * @param listener - ein Listener, der Zustandsänderungen
 *          beobachten soll
 */
public void addStateChangedListener(IStateChangedListener
                                              listener) {
  if (!stateChangedListeners.contains(listener))
    stateChangedListeners.add(listener);
}

/**
 * Listener deregistrieren
 * @param listener - der Listener, der entfernt werden soll
 */
public void removeStateChangedListener(
        IStateChangedListener listener) {
  stateChangedListeners.remove(listener);
}

/**
 * Zustandsänderung allen Listenern mitteilen
 */
private void fireStateChanged() {
  for (IStateChangedListener listener : stateChangedListeners)
    listener.stateChanged(this);
}
```

*Seitenaufbau*

Dann erfolgt der generelle Aufbau der Seite. Auch hier werden die Inhalte wieder in eine `Section` gelegt. Die `Section` selbst wird im übergebenen Behälter in einem `TableWrapLayout` angelegt.

```
/**
 * Inhalt der Detailseite erzeugen
 * @param parent - der Behälter
 */
public void createContents(Composite parent) {
  // Toolkit holen
  toolkit = (ExtendedFormToolkit) getManagedForm().getToolkit();
  // Layout für Behälter setzen
  TableWrapLayout layout = new TableWrapLayout();
  layout.topMargin = layout.rightMargin = layout.bottomMargin = 0;
  layout.leftMargin = 5;
  parent.setLayout(layout);
  // Sektion erzeugen und layouten
  Section section = toolkit.createSection(parent,
          Section.TITLE_BAR);
  section.clientVerticalSpacing = 7;
  section.marginHeight = section.marginWidth = 5;
  section.setText(getDetailsTitle());
  TableWrapData td = new TableWrapData(
          TableWrapData.FILL, TableWrapData.TOP);
  td.grabHorizontal = true;
  section.setLayoutData(td);
  // Sektion mit Inhalt füllen
  Composite client = toolkit.createComposite(section);
  GridLayout glayout = new GridLayout();
  glayout.marginWidth = glayout.marginHeight = 5;
  glayout.numColumns = 2;
  glayout.horizontalSpacing = 8;
  client.setLayout(glayout);
  // Konkreter Inhalt von Unterklassen
  fillClientArea(client);
  // Widgets initialisieren
  initWidgets();
  // Widgets mit Listenern instrumentieren
  addWidgetListeners();
  // Feldumrahmungen zeichnen
  toolkit.paintBordersFor(client);
  // Composite bei der Sektion registrieren
  section.setClient(client);
}
```

*Callbacks*

Die eigentlichen Inhalte werden von den folgenden drei Methoden geliefert. Diese Methoden müssen von den konkreten Unterklassen dieser Klasse implementiert werden.

```
/**
 * Liefert Titel der Detailseite - Muss von Unterklassen
 * implementiert werden
 * @return - Titel für Details-Sektion
 */
protected abstract String getDetailsTitle();

/**
 * Füllt die Seite - Muss von Unterklassen implementiert werden
 * @param parent - der Behälter
 */
protected abstract void fillClientArea(Composite parent);

/**
 * Initialisiert die Widgets - Muss von Unterklassen
 * implementiert werden
 */
protected abstract void initWidgets();
```

*Seite aktualisieren*

Die folgende Methode dient dazu, den Inhalt einer Seite zu aktualisieren. Dazu werden mit `initWidget()` einfach die Daten neu gesetzt. Vorher müssen die Listener entfernt (und hinterher wieder gesetzt) werden, sonst gibt's Endlosschleifen. Auch die beiden Methoden zum Setzen und Entfernen der Listener müssen von den konkreten Unterklassen implementiert werden.

```
/**
 * Seiteninhalte aktualisieren
 */
public void refresh() {
  super.refresh();
  // Listener ausschalten
  removeWidgetListeners();
  // Neu initialisieren
  initWidgets();
  // Listener wieder einschalten
  addWidgetListeners();
}

protected abstract void removeWidgetListeners();

protected abstract void addWidgetListeners();
```

*Widgets erzeugen*

Die folgenden Methoden sind Hilfsmethoden zum Erzeugen der verschiedenen Eingabefelder. Da der Behälter mit einem `GridLayout` mit zwei Spalten formatiert wurde, wird zunächst mit `createLabel()` ein Bezeichner erzeugt, dann das eigentliche Eingabefeld. So kommen Bezeichner und Eingabefeld nebeneinander zu liegen. Der Bezeichner wird mit einer geeigneten GridData-Instanz rechtsbündig ausgerichtet. Für das Eingabefeld wird mit einer weiteren GridData-Instanz die Breite bestimmt. Beide – Bezeichner und Eingabefeld – werden mit einer Fabrikmethode des FormToolkits erzeugt, nicht mit einem Konstruktor.

```
/**
 * Textfeld mit Bezeichner erzeugen
 * @param parent - Behälter
 * @param lab - Bezeichner
 * @param width - Breite
 * @param style - Stilkonstante
 * @return - das erzeugte Textfeld
 */
protected Text createTextEntry(Composite parent,
        String lab, int width, int style) {
  createLabel(parent, lab);
  Text text = toolkit.createText(parent, "", style);
  setWidth(text, width);
  return text;
}

/**
 * Bezeichner erzeugen
 * @param parent - Behälter
 * @param lab - Text
 * @return - der erzeugte Bezeichner
 */
protected Label createLabel(Composite parent, String lab) {
  Label label = toolkit.createLabel(parent, lab);
  label.setForeground(toolkit.getColors().
                                      getColor("labelColor"));
  label.setLayoutData(new GridData(
     GridData.VERTICAL_ALIGN_BEGINNING |
                              GridData.HORIZONTAL_ALIGN_END));
  return label;
}

/**
 * Breite für ein GUI-Element setzen
 * @param c - das GUI-Element
 * @param width - die Breite in Pixel
 */
private void setWidth(Control c, int width) {
  GridData data = new GridData();
  data.widthHint = width;
  c.setLayoutData(data);
}
```

*Widget adaptieren*

Für CCombo steht keine Fabrikmethode des FormToolkit zur Verfügung. Die CCombo-Instanz wird deshalb mit einem Konstruktor erzeugt und dann mit der adapt()-Methode des FormToolkits an die Formularkonventionen angepasst. Das Gleiche gilt für die von uns implementierten FloatInput- und DateInput-Widgets.

```
protected CCombo createComboEntry(Composite parent,
        String lab, int width, int style, String[] items) {
  toolkit.createLabel(parent, lab);
  CCombo combo = new CCombo(parent, style | SWT.FLAT);
  toolkit.adapt(combo, false, false, FormToolkit.TEXT_BORDER);
  combo.setItems(items);
  setWidth(combo, width);
  return combo;
}

protected FloatInput createFloatEntry(Composite parent,
        String lab, int width, int style) {
  createLabel(parent, lab);
  FloatInput floatInput = new FloatInput(parent, style);
  toolkit.adapt(floatInput, false, false,
          ExtendedFormToolkit.TEXT_BORDER);
  setWidth(floatInput, width);
  return floatInput;
}

protected DateInput createDateEntry(Composite parent,
        String lab, int width, int style, String format) {
  createLabel(parent, lab);
  DateInput dateInput = new DateInput(parent, style, format);
  toolkit.adapt(dateInput, false, false,
          ExtendedFormToolkit.TEXT_BORDER);
  setWidth(dateInput, width);
  return dateInput;
}
```

*Mehrzeiliger Text*

Die folgende Methode ist eine Spezialmethode für mehrzeiligen Text. Hier wird auch eine Höhe mitgegeben, die gesetzt werden muss. Für diesen Textbereich wird automatischer Umbruch und ein vertikaler Rollbalken eingeschaltet.

```
protected Text createTextEntry(Composite parent,
        String lab, int width, int height, int style) {
  createLabel(parent, lab);
  Text text = toolkit.createText(parent, "", style
          | SWT.MULTI | SWT.WRAP | SWT.V_SCROLL);
  GridData data = new GridData();
  data.widthHint = width;
```

```
    data.heightHint = height;
    text.setLayoutData(data);
    return text;
  }
```

*Trennlinien*

Da sich Trennlinien über beide Spalten des Layouts erstrecken sollen, wird in Methode `createSeparator()` dem Separator eine `GridData`-Instanz mit `horizontalSpan=2` zugewiesen.

```
  protected void createSeparator(Composite parent, int style) {
    Label lab = toolkit.createSeparator(parent, style);
    GridData data = new GridData(GridData.FILL_HORIZONTAL);
    data.horizontalSpan = 2;
    data.heightHint = 15;
    lab.setLayoutData(data);
  }
```

Die folgenden Methoden sind kleine Dienstmethoden, um `ModifyListener` und `SelectionListener` für Textfelder und Combos zu registrieren. Dabei agiert die Klasse `AbstractDetailsPage` sowohl als `ModifyListener` als auch als `SelectionListener`.

*ModifyListener*

```
  /**
   * Listener bei Textfeld registrieren
   */
  protected void addListeners(Text text) {
    if (text != null) {
      text.addModifyListener(this);
      text.addSelectionListener(this);
    }
  }

  /**
   * Listener bei Combo registrieren
   */
  protected void addListeners(CCombo combo) {
    if (combo != null) {
      combo.addModifyListener(this);
      combo.addSelectionListener(this);
    }
  }

  /**
   * Listener für Textfeld entfernen
   */
  protected void removeListeners(Text text) {
    if (text != null) {
      text.removeModifyListener(this);
```

```
        text.removeSelectionListener(this);
      }
    }

    /**
     * Listener für Combo entfernen
     */
    protected void removeListeners(CCombo combo) {
      if (combo != null) {
        combo.removeModifyListener(this);
        combo.removeSelectionListener(this);
      }
    }
```

*Seitenzustand*

Sowohl beim Modifizieren als auch bei der Selektion eines Check-Buttons gilt die Seite als modifiziert. Sie wird als »dirty« markiert, und eventuelle Listener werden benachrichtigt. Klienten müssen dafür Sorge tragen, die `AbstractDetailsPage` nur für solche Buttons als `SelectionListener` zu verwenden, die mit `SWT.CHECK` als Check-Buttons erzeugt wurden.

```
    public void modifyText(ModifyEvent e) {
      // Text in Textfeld oder Combo modifiziert,
      // Seite als dirty markieren
      markDirty();
    }

    public void markDirty() {
      super.markDirty();
      fireStateChanged();
    }
```

*SelectionListener*

```
    /* Implementierung des SelectionListeners */
    public void widgetSelected(SelectionEvent e) {
      if (e.widget instanceof Button)
        // Checkbox modifiziert, Seite als dirty markieren
        markDirty();
    }
```

Die Methode `widgetDefaultSelected()` wird aufgerufen, wenn die *Enter*-Taste gedrückt wird. Das gilt als Signal dafür, dass die Daten abgespeichert werden sollen, was in Methode `commit()` geschieht. Anschließend müssen auch hier wieder Listener über eine Zustandsänderung informiert werden, da die Seite nach dem Abspeichern nicht mehr als »dirty« gilt.

```
public void widgetDefaultSelected(SelectionEvent e) {
  // Enter gedrückt, Daten abspeichern
  commit(false);
}

public void commit(boolean onSave) {
  super.commit(onSave);
  fireStateChanged();
}
```

Schließlich müssen noch Selektionsereignisse aus dem Master-Bereich behandelt werden. Auch hier speichern wir vor einem Inhaltswechsel den aktuellen Zustand der Seite. Anschließend wird mit `setInput()` das selektierte Element als Eingabe übernommen. Die `setInput()`-Methode ist von den konkreten Unterklassen geeignet zu implementieren.

*Eingabe*

```
/**
 * Behandelt eine Selektionsänderung im Master-Bereich
 * @param part - Absender des Ereignisses
 * @param selection - die neue Selektion
 */
public void selectionChanged(IFormPart part, ISelection
                                              selection) {
  if (isDirty())
    // Seite sichern, wenn notwendig
    commit(false);
  if (selection instanceof IStructuredSelection) {
    // Selektion als Eingabe übernehmen
    setInput(((IStructuredSelection)
                               selection).getFirstElement());
    // Seite aktualisieren
    refresh();
  }
}
/**
 * Eingabe setzen - Muss von Unterklassen implementiert werden
 * @param element - die Eingabedaten
 */
protected abstract void setInput(Object element);
```

*Seite entsorgen*

Auch beim Entsorgen der Seite wird in `dispose()` noch einmal geprüft, ob noch ungesicherte Eingabedaten vorhanden sind.

```
    /**
     * Seite wird nicht mehr benötigt.
     * Führt eine Datensicherung durch, falls notwendig
     */
    public void dispose() {
      if (isDirty())
        commit(false);
      super.dispose();
    }
  }
```

#### Das Interface IStateChangedListener

Dieses Interface beschreibt Listener, die auf Zustandsänderungen einer Seite reagieren.

```
package com.bdaum.planner.views;
import org.eclipse.ui.forms.IFormPart;

public interface IStateChangedListener {
  /**
   * Eine Zustandsänderung ist erfolgt
   * @param part - der Absender
   */
  public void stateChanged(IFormPart part);
}
```

#### Die Klasse AbstractMasterDetailsView

Nach der Definition der Grundkomponenten aus dem *Forms API* können wir uns nun der Konstruktion von Workbench-Komponenten widmen. Dazu definieren wir eine Klasse, die als Superklasse für alle Views in der Applikation benutzt werden kann. Wir ersparen uns so in den einzelnen Plugins einiges an Implementierungsaufwand. Die Klasse verwaltet das Toolkit des Forms API, den `MasterDetailsBlock` und eine `Map` mit den Aktionen, die für den jeweiligen konkreten View erzeugt wurden.

```
package com.bdaum.planner.views;
import java.util.HashMap;
import java.util.Map;
import org.eclipse.jface.action.*;
import org.eclipse.jface.resource.ImageDescriptor;
import org.eclipse.jface.viewers.*;
import org.eclipse.swt.SWT;
import org.eclipse.swt.events.KeyAdapter;
import org.eclipse.swt.events.KeyEvent;
```

```
import org.eclipse.swt.widgets.Composite;
import org.eclipse.swt.widgets.Menu;
import org.eclipse.ui.IActionBars;
import org.eclipse.ui.IWorkbenchActionConstants;
import org.eclipse.ui.forms.*;
import org.eclipse.ui.forms.widgets.FormToolkit;
import org.eclipse.ui.forms.widgets.ScrolledForm;
import org.eclipse.ui.part.ViewPart;
import com.bdaum.planner.PluginImages;

public abstract class AbstractMasterDetailsView extends
        ViewPart implements IStateChangedListener {

  // FormToolkit
  protected ExtendedFormToolkit toolkit;
  // MasterDetailsBlock
  protected AbstractMasterDetailsBlock block;
  // Der "Viewer" dieses Views
  protected IManagedForm form;
  // Map der verwendeten Aktionen
  protected Map<Integer, ViewAction> actions =
            new HashMap<Integer, ViewAction>(11);
  // ID-Konstanten für Aktionen
  protected final static int SEPARATOR = -1;
  protected final static int NEWACTION = 1000;
  protected final static int DELETEACTION = 1001;
  protected final static int SAVEACTION = 1002;
  protected final static int PRINTACTION = 1003;
```

*GUI-Aufbau*

In der Methode `createPartControl()` wird der Inhalt des jeweiligen Views erzeugt. Nachdem für die kontextsensitive Hilfe eine View-spezifische Identifikation gesetzt wurde, wird zunächst ein `FormToolkit` mit einem eigenen Farbrepositorium erzeugt. Dadurch lassen sich leicht durchgängige Farbschemata implementieren. In diesem Repositorium legen wir eine neue Farbe für Label an – wir hatten bereits oben beim Erzeugen von `Label`-Instanzen darauf zugegriffen. Die Arbeit mit einem Repositorium für Farben hat überdies den Vorteil, dass wir uns um die Freigabe von Farbressourcen keine Gedanken machen müssen.

Anschließend wird der Inhalt des Views aufgebaut. Der besteht aus einem `MasterDetailsBlock`, der seine Elemente in einer `ManagedForm` aufbaut. Die `ManagedForm`-Instanz verwaltet den Lebenzyklus einer `ScrolledForm`, die wir zuvor in dem übergebenen `Composite` aufgebaut hatten.

*Ereignisse*

Anschließend erfolgt die Ereignisverarbeitung. Die Löschtaste koppeln wir mit der Lösch-Aktion. Außerdem werden bei Selektionsänderungen alle Aktionen (Menüfunktion, Werkzeugtasten) aktualisiert. Schließlich werden die Aktionen selbst erzeugt und der View damit instrumentiert.

```
/**
 * Inhalte erzeugen
 * @param parent - Behälter
 */
public void createPartControl(Composite parent) {
  // Hilfekontext setzen
  getSite().getWorkbenchWindow().getWorkbench().getHelpSystem()
              .setHelp(parent, getHelpName()+"_view_context");
  // Farb-Repository erzeugen
  FormColors colors = new FormColors(parent.getDisplay());
  colors.createColor("labelColor", 0, 96, 128);
  // Erweitertes FormToolkit erzeugen
  toolkit = new ExtendedFormToolkit(colors);
  ScrolledForm sform = toolkit.createScrolledForm(parent);
  // ManagedForm unter Angabe des Toolkits erzeugen.
  // So besteht Kontrolle über das verwendete Toolkit.
  form = new ManagedForm(toolkit, sform);
  // MasterDetailsBlock erzeugen
  block = createMasterDetailsBlock(toolkit);
  // ManagedForm als Inhalt dem MasterDetailsBlock zuordnen
  block.createContent(form);
  // Ereignisbehandlung für DELETE-Taste im Master-Bereich
  block.getViewer().getControl().addKeyListener(
        new KeyAdapter() {
          public void keyPressed(KeyEvent e) {
            if (e.character == SWT.DEL) {
              actions.get(DELETEACTION).run();
            }
          }
        });
  // Ereignisbehandlung für Selektionsänderungen im Master-Bereich
  block.getViewer().addSelectionChangedListener(
        new ISelectionChangedListener() {
          public void selectionChanged(SelectionChangedEvent
                                                        event) {
            // Alle Aktionen aktualisieren
            updateActions();
          }
        });
  // Viewer im Master-Bereich initialisieren
  initializeViewer(block.getViewer());
```

```
    // Aktionen anfertigen und registrieren
    makeActions();
    hookContextMenu();
    contributeToActionBars();
    updateActions();
  }

  /**
   * @return -View-spezifische Hilfe-ID
   */
  protected abstract String getHelpName();
```

*Aufräumen*

Wird der View nicht mehr benötigt, muss der FormToolkit entsorgt werden. Damit wird auch das Farbrepositorium (und die Repositorien für die Druckerfarben und -schriftarten ebenfalls) entsorgt, und die darin enthaltenen Ressourcen werden freigegeben. Es folgt die Definition einiger abstrakter Methoden zur Intitialisierung des View-Inhaltes und zum Aufbau des MasterDetailsBlocks. Diese Methoden sind von den konkreten Unterklassen zu implementieren.

```
  public void dispose() {
    if (toolkit != null) {
      toolkit.dispose();
      toolkit = null;
    }
    super.dispose();
  }

  /**
   * Viewer im Master-Bereich initialisieren
   * @param viewer – der Viewer im Master-Bereich
   */
  protected abstract void
          initializeViewer(StructuredViewer viewer);

  /**
   * MasterDetailsBlock anlegen
   * @param toolkit – das FormsToolkit
   * @return – der erzeugte MasterDetailsBlock
   */
  protected abstract AbstractMasterDetailsBlock
          createMasterDetailsBlock(FormToolkit toolkit);
```

*Aktionen*

Die Lösch-Aktion, die Speichern-Aktion und die Druck-Aktion sind Aktionen, die allen Views, welche diese Klasse erweitern, gemeinsam sind. Deshalb werden diese beiden Aktionen hier erzeugt. Anschließend werden mit den beiden ersten Aktionen das Kontextmenü, das lokales View-Menü und die lokale Werkzeugleiste des Views aufgebaut. Unterklassen können diese Methoden erweitern. Die Druck-Aktion dagegen wird mit der globalen Druck-Aktion, die auf der Menüleiste der Workbench residiert, registriert, um von dieser bei Bedarf angestoßen zu werden.

```
protected void makeActions() {
  createAction(DELETEACTION, "Remove",
          "Removes the selected item", "delete");
  createAction(SAVEACTION, "Save",
          "Saves the current changes", PluginImages
                 .getActionImageDescriptors("save"));
  IAction printAction =
          createAction(PRINTACTION, "Print", "", "");
  getViewSite().getActionBars().setGlobalActionHandler(
          ActionFactory.PRINT.getId(), printAction);
}

/**
 * Kontextmenü registrieren
 */
private void hookContextMenu() {
  // Menümanager anfertigen
  MenuManager menuMgr = new MenuManager("#PopupMenu");
  // Menüpunkte nicht bis zum nächsten Aufruf aufbewahren
  menuMgr.setRemoveAllWhenShown(true);
  // Beim Aufruf Menü dynamisch erzeugen
  menuMgr.addMenuListener(new IMenuListener() {
    public void menuAboutToShow(IMenuManager manager) {
      AbstractMasterDetailsView.this.fillContextMenu(manager);
    }
  });
  // Menü erzeugen – Table oder Tree wird dabei dem Menü
  // bekannt gemacht
  StructuredViewer viewer = block.getViewer();
  Menu menu = menuMgr.createContextMenu(viewer.getControl());
  // Das Menü der Table oder dem Tree bekannt machen
  viewer.getControl().setMenu(menu);
  // Mit der ViewSite registrieren
  getSite().registerContextMenu(menuMgr, viewer);
}

/**
 * Das Kontextmenü füllen
 * @param manager – der Menümanager
 */
protected void fillContextMenu(IMenuManager manager) {
  addItemToManager(manager, SEPARATOR);
```

```
    addItemToManager(manager, DELETEACTION);
    addItemToManager(manager, SEPARATOR);
    addItemToManager(manager, SAVEACTION);
    // Andere Plugins können hier andocken
    manager.add(new
               Separator(IWorkbenchActionConstants.MB_ADDITIONS));
  }

  /**
   * Menüs und Werkzeugleisten füllen
   */
  private void contributeToActionBars() {
    IActionBars bars = getViewSite().getActionBars();
    fillLocalPullDown(bars.getMenuManager());
    fillLocalToolBar(bars.getToolBarManager());
  }

  /**
   * Menü des Views füllen
   * @param manager – der Menümanager
   */
  protected void fillLocalPullDown(IMenuManager manager) {
    addItemToManager(manager, SEPARATOR);
    addItemToManager(manager, DELETEACTION);
    addItemToManager(manager, SEPARATOR);
    addItemToManager(manager, SAVEACTION);
  }

  /**
   * Lokale Werkzeugleiste füllen
   * @param manager – der ToolBarManager
   */
  protected void fillLocalToolBar(IToolBarManager manager) {
    addItemToManager(manager, DELETEACTION);
    addItemToManager(manager, SAVEACTION);
  }

  /**
   * Aktion oder Separator zum Manager hinzufügen
   * @param manager – der Manager
   * @param i – die Identifikation der Aktion (-1 für Separatoren)
   */
  protected void addItemToManager(
          IContributionManager manager, int id) {
    if (id < 0)
      manager.add(new Separator());
    else
      manager.add(actions.get(id));
  }
```

*Zustandsänderungen*

Bei Zustandsänderungen des Views müssen alle Aktionen aktualisiert werden. Beispielsweise werden abhängig von der Selektion bestimmte Aktionen freigeschaltet oder gesperrt. So wird die Lösch-Aktion nur freigegeben, wenn mindestens ein Element im Master-Bereich selektiert ist. Die Druck-Aktion benötigt mindestens einen installierten Drucker. Die Speichern-Aktion wird nur freigegeben, wennn die aktuelle Detailseite als »dirty« gekennzeichnet ist.

```
public void stateChanged(IFormPart part) {
  updateActions();
}

protected void updateActions() {
  for (ViewAction action : actions.values()) {
    action.update();
  }
}

/**
 * Standardaktionen aktualisieren
 * @param id - Identifikation der Aktion
 */
public boolean updateAction(int id) {
  switch (id) {
  case DELETEACTION:
    return (getFirstSelectedItem() != null);
  case PRINTACTION:
    return Printer.getPrinterList().length > 0;
  case SAVEACTION:
    DetailsPart part = block.getDetailsPart();
    IDetailsPage page =
                (part != null) ? part.getCurrentPage() : null;
    return page != null && page.isDirty();
  }
  return false;
}
```

*Aktion ausführen*

Die Methode `performAction()` schließlich führt die den Aktionen zugeordneten Operationen aus. Hier ist nur die Druck-Aktion und was von der Save-Aktion allen Unterklassen gemeinsam ist, implementiert. Auch diese Methode muss von den Unterklassen erweitert werden.

```
/**
 * Standardaktionen ausführen
 * @param id - Identifikation der Aktion
 */
public void performAction(int id) {
```

```
    switch (id) {
    case PRINTACTION:
      performPrint();
      break;
    case SAVEACTION:
      DetailsPart part = block.getDetailsPart();
      IDetailsPage page =
                  (part != null) ? part.getCurrentPage() : null;
      if (page != null)
        page.commit(true);
      break;
    }
  }
```

Die folgenden Methoden erzeugen die einzelnen bebilderten Aktionen. Dabei kann entweder ein Array mit verschiedenen Bildverweisen (`ImageDescriptor`) übergeben werden, für jeden Aktionszustand einer. Alternativ kann auch der Bildname spezifiziert werden – dann werden die Bildverweise mit Hilfe der Klasse `PluginImages` (siehe unten) ermittelt.

*Icons*

```
  /**
   * Erzeugt eine Aktion mit den spezifizierten Bildverweisen
   * @param id – Identifikation der Aktion
   * @param label – Bezeichner
   * @param tooltip – Hinweis
   * @param imageDescriptors – zwei Bildverweise
   * @return – erzeugte Aktion
   */
  protected IAction createAction(int id, String label,
          String tooltip, ImageDescriptor[] imageDescriptors) {
    ViewAction action = new ViewAction(this, id, label,
            tooltip, imageDescriptors);
    actions.put(id, action);
    return action;
  }

  /**
   * Erzeugt eine Aktion mit eigenen Bildverweisen
   * @param id – Identifikation der Aktion
   * @param label – Bezeichner
   * @param tooltip – Hinweis
   * @param imageName – Bildname
   * @return – erzeugte Aktion
   */
  protected IAction createAction(int id, String label,
          String tooltip, String imageName) {
```

```
    ViewAction action = new ViewAction(this, id, label, tooltip,
            PluginImages.getActionImageDescriptors(imageName));
    actions.put(id, action);
    return action;
  }
```

Die Methode getFirstSelectedItem() ist eine Hilfmethode, die das erste selektierte Element im Viewer des Master-Bereichs ermittelt.

Die Methode showErrorMessage() ermittelt den Manager der Statuszeile und gibt eine Fehlermeldung mit Hilfe dieses Managers aus.

Schließlich übergibt die Methode setFocus() den Fokus and den MasterDetailsBlock, wenn der View den Fokus erhält.

```
  /**
   * Ermittelt das erste selektierte Element des Viewers im
   * Master-Bereich
   * @return - das erste Element der Selektion
   */
  protected Object getFirstSelectedItem() {
    ISelection sel = block.getViewer().getSelection();
    return (sel instanceof IStructuredSelection) ?
          ((IStructuredSelection) sel).getFirstElement() : null;
  }

  /**
   * Gibt eine Fehlermeldung auf der Statuszeile aus
   * @param message - die Fehlermeldung
   */
  protected void showErrorMessage(String message) {
    IStatusLineManager manager = getViewSite()
          .getActionBars().getStatusLineManager();
    manager.setErrorMessage(message);
  }

  public void setFocus() {
    if (block != null)
      block.setFocus();
  }
```

*Druckausgabe*

Es verbleibt noch die Methode performPrint(), welche die Druckausgabe des Views besorgt. Hier wird zunächst ein PrintDialog geöffnet, der die Benutzereingaben in einer PrinterData-Instanz bereitstellt. Mit diesen Daten wird eine Printer-Instanz erzeugt. Der Druckvorgang wird mit startJob() begonnen. Der Druckvorgang wird in eine IRunnableWithProgress gekapselt und in einem separaten Thread ausgeführt. So wird sichergestellt, dass die Benutzeroberfläche während des Druckens reaktiv bleibt.

Das eigentliche Drucken wird dann von der `print()`-Methode des `ExtendedFormToolkits` besorgt, die wir weiter oben schon implementiert hatten. Am Beginn des Druckens, bei jeder neuen Kopie und am Ende wird der `ProgressMonitor` fortgeschrieben. Diese Zugriffe auf das SWT müssen in ein `Runnable` gekapselt werden, welches über die `Display`-Methode `asyncExec()` ausgeführt wird, denn die Ausgabe erfolgt ja aus einem anderen dem Druck-Thread. Da bei der Verwendung eines `ProgressMonitors` der Vorgang vom Benutzer abgebrochen werden kann, ist auch die Behandlung der Ausnahmebedingung `InterruptedException` notwendig.

```
/**
 * Form ausdrucken
 */
private void performPrint() {
  Shell shell = getViewSite().getShell();
  final Display display = shell.getDisplay();
  // Printdialog aufrufen
  PrintDialog dialog = new PrintDialog(shell);
  // Printerdaten enthalten Eingaben
  PrinterData pd = dialog.open();
  if (pd != null) {
    final int pages = pd.copyCount;
    // Printer-Device anlegen
    final Printer printer = new Printer(pd);
    // Job starten
    if (printer.startJob("Project Planner")) {
      // Mit ProgressMonitor ausführen
      final ProgressMonitorDialog pmd = new
                             ProgressMonitorDialog(shell);
      try {
        // Runnable anfertigen
        IRunnableWithProgress op = (new IRunnableWithProgress() {
          // Ausführen
          public void run(final IProgressMonitor pm)
                  throws InvocationTargetException,
                  InterruptedException {
            // ProgressMonitor initialisieren
            if (pm != null)
              // Muss im SWT-Thread geschehen
              display.asyncExec(new Runnable() {
                public void run() {
                  pm.beginTask(NLS.bind("Printing ({0} pages",
                          String.valueOf(pages)), pages);
                }
              });
```

```
                // Alle Seiten drucken
                for (int i = 0; i < pages; i++) {
                  final int pageNo = i + 1;
                  // Muss im SWT-Thread geschehen
                  display.asyncExec(new Runnable() {
                    public void run() {
                      if (printer.startPage()) {
                        // ProgressMonitor fortschreiben
                        if (pm != null) {
                          pm.worked(1);
                          pm.subTask(NLS.bind("Page {0}", String
                                  .valueOf(pageNo)));
                        // Formular drucken
                        toolkit.print(form.getForm().getBody(),
                                printer, 0.5f, 0.5f, true, false);
                        printer.endPage();
                      }
                    }
                  });
                }
                // Ende an ProgressMonitor signalisieren
                if (pm != null)
                  display.asyncExec(new Runnable() {
                    public void run() {
                      pm.done();
                    }
                  });
              }
            });
            // Das Ganze in einem separaten Thread ausführen
            pmd.run(true, true, op);
            // Erfolgreich - Job beenden
            printer.endJob();
          } catch (InterruptedException e) {
            printer.cancelJob();
            // handle cancellation
          } catch (InvocationTargetException e) {
            printer.cancelJob();
            PlannerPlugin.logError(20, "Printing failed", e);
          }
          pmd.close();
        }
        printer.dispose();
      }
    }
  }
```

### Die Klasse ViewAction

Die Klasse `ViewAction` implementiert eine generische Aktion für die View-Aktionen. Die Art der Aktion wird dabei über den Parameter `id` festgelegt. Sowohl die Aktionsaktualisierung als auch die Ausführung wird an den Eigentümer-View delegiert.

```
package com.bdaum.planner.views;
import org.eclipse.jface.action.Action;
import org.eclipse.jface.resource.ImageDescriptor;

public class ViewAction extends Action {

  private int id;
  private AbstractMasterDetailsView view;

  /**
   * Konstruktor
   * @param view – der Eigentümer-View
   * @param id – Identifikation
   * @param text – Beschriftung
   * @param tooltip – Hinweistext
   * @param imageDescriptors -
   *          Bilder für gesperrten und freigegebenen Zustand
   */
  public ViewAction(AbstractMasterDetailsView view, int id, String
        text, String tooltip, ImageDescriptor[] imageDescriptors) {
    super(text);
    this.id = id;
    this.view = view;
    setToolTipText(tooltip);
    if (imageDescriptors[0] != null)
      setDisabledImageDescriptor(imageDescriptors[0]);
    setImageDescriptor(imageDescriptors[1]);
  }

  /**
   * Aktion aktualisieren
   */
  public void update() {
    setEnabled(view.updateAction(id));
  }

  /**
   * Aktion ausführen
   */
  public void run() {
    view.performAction(id);
  }
}
```

### Die Klasse PluginImages

Was uns noch fehlt, ist die Klasse `PluginImages` für die Bildbeschaffung. Dabei verwenden wir nicht `Image`-, sondern `ImageDescriptor`-Instanzen. Damit brauchen wir uns nicht um die Entsorgung von Bildern (wie es ja sonst im SWT nötig ist) zu kümmern. Diese Arbeit wird von der Eclipse-Workbench übernommen, die in der Lage ist, anhand einer `ImageDescriptor`-Instanz das zugehörige Bild zu laden.

*Icons*

Für eine Aktion müssen zwei Bilder abgeliefert werden: eines für den »enabled«-Zustand der Aktion und eines für den »disabled«-Zustand. Beide Bilder tragen den gleichen Namen, befinden sich aber in verschiedenen Ordnern. »Enabled«-Bilder befinden sich im Ordner `icons/full/elcl16` und »disabled«-Bilder im Ordner `icons/full/dlcl16`. Diese Ordnernamen sind Konventionen, die auch in der Eclipse-SDK gebräuchlich sind. Der `ImageDescriptor` wird dann mit Hilfe der Plugin-Methode `getImageDescriptor()` aus dem `icons`-Ordner geholt.

```
package com.bdaum.planner;
import org.eclipse.jface.resource.ImageDescriptor;

public class PluginImages {

  /**
   * Liefert ImageDescriptoren für das angegebene Bild
   * @param name – der Name der Bilddatei ohne Dateinamenerweiterung
   * @return -ImageDescriptor-Tupel für disabled-Icons und
   *          enabled-Icons
   */
  public static ImageDescriptor[]
         getActionImageDescriptors(String name) {
    return new ImageDescriptor[] {
           create("full/dlcl16/", name),
           create("full/elcl16/", name) };
  }
  /**
   * Erzeugt einen ImageDescriptor für das angegebene Bild
   * @param prefix – Ordner, in dem sich die Bilder befinden,
   *          relativ zu icons
   * @param name – Name des Bildes
   * @return – ImageDescriptor des Bildes
   */
  private static ImageDescriptor create(String prefix, String name) {
    return PlannerPlugin.getImageDescriptor("icons/" + prefix
           + name + ".gif");
  }
}
```

## 9.5 Entwurfsfragen

Die Kenntnis von SWT, JFace und Forms API allein reicht nicht aus, um gute Benutzeroberflächen zu implementieren. Ganz wesentlich ist hier die Entwurfsphase, in der wie in einem Storyboard die Abfolge der Dialoge, die Navigation und die Visualisierung der abstrakten Softwarekonzepte festgelegt wird. Zudem gibt es auf verschiedenen Ebenen (Betriebssystem, Firma, Projekt) Entwurfsrichtlinien, die befolgt werden sollten, um einheitliche Oberflächen zu erreichen. Auch Ergonomiefragen spielen eine Rolle, denn *Multiple Strain Injury* (MSI) ist unter Computerbenutzern eine oft auftretende Berufskrankheit. Entwurfsrichtlinien für Eclipse finden Sie in einem Artikel in der *Eclipse Corner* [Edgar2004]. Eine generelle Diskussion von Entwurfsfragen bei Java-Oberflächen enthält [Marinilli2005]. Hinweise zur Gestaltung von behindertengerechter Software finden Sie im Eclipse-Hilfesystem im *Platform Plugin Developer Guide* unter *Reference>Other Reference Information>Tips For Making User Interfaces Accessible.*

# 10 Jenseits von SWT

## 10.1 SWT-Erweiterungen

Auf Grund des ursprünglich vorgesehenen Einsatzfeldes von Eclipse als IDE ist auch das SWT etwas IDE-spezifisch. So fehlen zur Zeit noch GUI-Elemente für kommerzielle Rich-Client-Anwendungen wie z.B. ein Kalender-Widget. Inzwischen gibt es einige Anbieter, die versuchen, diese Lücke zu füllen. Die folgende Übersicht listet einige Open-Source-Entwicklungen ohne Anspruch auf Vollständigkeit auf:

- *SwingWT* (`http://swingwt.sourceforge.net`) ist eine Open-Source-Entwicklung, die auf dem SWT aufsetzt, dem Anwender aber ein Swing API zur Verfügung stellt. Der Vorteil liegt auf der Hand: In Swing geschriebene Anwendungen lassen sich einfacher nach SWT migrieren, bzw. auf Swing basierende Komponenten können im Rahmen einer SWT-Anwendung eingesetzt werden. Gleichzeitig bleiben die Vorteile des SWT (gutes Antwortverhalten, native Oberfläche) erhalten.
- *SwtForms* (`http://ffxml.net/swtforms`) ist eine Adaption des *JGoodies*-Frameworks (`http://www.jgoodies.com/`) auf SWT.
- *Novocode SWT Controls* (`http://www.novocode.com/swt`) implementiert einige nützliche SWT-Widgets, unter anderem auch ein `BalloonWindow`.
- *SwtCalendar* (`http://swtcalendar.sourceforge.net/`) implementiert ein Kalender-GUI-Element als SWT-Widget.
- *jaret* (`http://www.jaret.de/`) implementiert u.a. ein Kalender-GUI-Element und ein Gantt-Chart als SWT-Widgets.

Selbstverständlich können auch eigene Widgets implementiert werden. Vier verschiedene Techniken stehen für den Eigenbau zur Verfügung:

- Widget aus vorhandenen SWT-Widgets zusammensetzen. In diesem Fall muss das neue Widget als Unterklasse von `Composite` implementiert werden. In der einfachsten Form hatten wir das bereits in Abschnitt 9.4.1 getan.
- Widget komplett neu zeichnen. In diesem Fall muss das neue Widget als Unterklasse von `Canvas` implementiert werden. Das Widget `StyledText` ist beispielsweise so implementiert.
- Widget aus vorhandenen nativen Widgets konstruieren. Dazu müssen ggf. native Bibliotheken (DLLs) für die jeweiligen JNI-Aufrufe implementiert werden, und zwar für jede Ablaufplattform.
- Widget nativ implementieren und nur einen Java/SWT-Wrapper darum bauen.

Weiterführende Information zum Eigenbau von Widgets finden Sie im eclipse.org-Artikel *Creating Your Own Widgets using SWT* [Northover2001].

## 10.2 XML-Skriptsprachen für Benutzeroberflächen

Wie wir im vorigen Kapitel gesehen haben, lassen sich mit SWT leistungsfähige grafische Benutzeroberflächen implementieren. Mit visuellen Editoren wie dem *Eclipse Visual Editor* (VE), *Jigloo* von *Cloud Garden* oder dem *SWT Designer* von *instantiations* geht das auch recht komfortabel.

Dennoch gibt es im Bereich der Rich-Client-Entwicklung Bedarf für flexiblere Lösungen. So ist es bei Webanwendungen oft nur nötig, die HTML-Seiten auszuwechseln, wenn ein neues Design für eine Website eingeführt wird – oder noch flexibler, das XSLT-Stylesheet zu ändern, welches die HTML-Seiten erzeugt. In einer SWT-basierten Rich-Client-Anwendung ist in einem solchen Falle unter Umständen die Überarbeitung und der Austausch sämtlicher GUI-bezogener Plugins notwendig.

*Problematik*

Das Problem besteht freilich auch bei Swing-basierten Rich-Client-Entwicklungen. In den letzten Jahren kam es deshalb dort auch zur Entwicklung so genannter *XML User Interface Languages* (XUIL), XML-basierter Skriptsprachen. Eine zugehörige Engine bildet das XML-Skript auf Swing-Aufrufe ab. Der Vorteil bei diesem Vorgehen liegt darin, dass durch den Austausch eines einfachen Skriptes das Layout eines Dialogs oder eines Views komplett geändert werden kann. Skripte können auch programmgesteuert erzeugt bzw. modifiziert werden, womit eine flexible Anpassung von Benutzeroberflächen an unterschiedliche Benutzerrollen möglich wird. Durch die Anwendung von Skripttransformation mit XSLT-Stylesheets kann das Erscheinungsbild einer kompletten Anwendung mit wenigen Instruktionen geändert werden. So genannte »Skins« (also austauschbare Erscheinungsbilder) können in Form von XSLT-Stylesheets realisiert werden.

Es wundert deshalb auch nicht, dass einige dieser Skriptsprachen auf SWT umgestellt wurden bzw. neue Skriptsprachen für SWT entwickelt wurden. Wir werden uns in den folgenden Abschnitten einige dieser Sprachen ansehen. Dabei unterscheiden wir Sprachen, die eine eigene Begrifflichkeit einführen, und Sprachen, die sich an die Begrifflichkeit des SWT anlehnen. Mit Sprachen der ersten Art (z.B. Luxor) lassen sich Benutzeroberflächen implementieren, die sowohl auf SWT als auch Swing ablaufen können – es muss lediglich die Engine ausgetauscht werden. Der Nachteil ist, dass der Programmierer ein weiteres Vokabular lernen muss – das der Skriptsprache. Bei Sprachen der zweiten Art kann das vertraute SWT-Vokabular verwendet werden.

*Abhängigkeiten*

Ein weiteres Unterscheidungskriterium ist, wie die Sprache aktive Logik in die Beschreibung der Benutzeroberfläche einbettet. Bei komplexen Dialogen und Formularen sind ja oft bestimmte GUI-Elemente von anderen GUI-Elementen abhängig, und die Abhängigkeiten müssen irgendwie dargestellt werden. Einige Sprachen wie z.B. JellySWT betten dazu Java-Instruktionen in das XML-Skript mit ein, andere Sprachen wie z.B. CookSWT erlauben den Zugriff auf mit dem XML-Skript erzeugte GUI-Elemente von außerhalb des Skripts. Beide Methoden haben ihre Vor- und Nachteile. Wird Java-Logik mit in das Skript eingebettet, kann es zur Vermischung von Geschäftslogik und Präsentation kommen. Bei großen Anwendungen wird das leicht zum Problem, da man die Übersicht über die Geschäftsregeln verliert. Auch die Fehlersuche wird schwieriger. Ist andererseits die Programmlogik strikt vom XML-Skript getrennt, entstehen Abhängigkeiten zwischen XML-Skript und Klientenprogramm, und der dynamische Austausch von Skripten wird schwierig. Es ist ja keineswegs so, dass sämtliche aktive Logik in einer Benutzeroberfläche zur Geschäfstlogik gehört, sondern durchaus auch Präsentationszwecken dienen kann. Deshalb bin ich auch nicht der Meinung, dass sämtliche Kontrolllogik aus der Präsentationsschicht entfernt werden muss. Worauf es ankommt, ist die Trennung der Geschäftslogik (*Business Rules*) von der Präsentationsschicht. Eine saubere Trennung zwischen Geschäftslogik und Präsentationslogik aber ist keine Frage der verwendeten Skriptsprache, sondern eine Frage der geeigneten Entwurfsmethodik. So gehört zum Entwurf einer guten Benutzeroberfläche auch die Definition eines hierarchischen Zustandsdiagramms, wie es z.B. mit *UCM Statecharts* [Horrocks1999] möglich ist. Die Definition solcher Zustandsdiagramme bzw. die Übernahme einer solchen Definition aus einem

UML-Werkzeug sollte in Skriptsprachen unterstützt werden. Derzeit sind mir allerdings keine derartigen SWT-basierten Entwicklungen bekannt.

*Wichtige Entwicklungen*

Außerhalb des Eclipse-Terrains gibt es zwei Entwicklungen, welche die Landschaft der XUILs in den nächsten Jahren prägen werden. Zum einen wird die Sprache UIML von der Organisation OASIS standardisiert. Ein kommerzieller Anbieter (Harmonia) bietet Werkzeuge und UIML-Renderer für verschiedene Plattformen an (allerdings bislang nicht für SWT). Auf die zweite Entwicklung starrt die Szene wie das berühmte Karnickel auf die Schlange: XAML ist Microsofts Beitrag und soll als einheitliche Sprache für die Formulierung von Benutzeroberflächen in künftigen Windows-Betriebssystemen dienen.

Doch auch IBM ist nicht untätig geblieben. Mit dem OpenLaszlo-Projekt von IBM alphaworks liegt eine leistungsfähige Skriptsprache für die Implementierung von Rich-Internet-Clients vor. Ausführungsplattform für diese Sprache sind derzeit die Flash-Plugins für die diversen Webbrowser. Inzwischen ist dieses Projekt allerdings ein offizielles eclipse.org-Projekt geworden. Eine Adaption dieser Sprache für das SWT ist geplant. Damit stünde eine einheitliche Skriptsprache für native Rich-Client-Anwendungen und für Internet-Anwendungen zur Verfügung. Spannend ist dabei: Der Flash-Eigentümer Macromedia ist inzwischen eclipse.org beigetreten. Macromedia hat jedoch eine eigene Skriptsprache für Flash entwickelt: Flex.

In der folgenden Tabelle stellen wir einige der vorhandenen Skriptsprachen vor. Anschließend implementieren wir zur Veranschaulichung den *Log-in*-Dialog unserer Beispielanwendung in einer dieser Sprachen.

*Dialekte*

| | |
|---|---|
| **Luxor-Swt** | Luxor (`http://sourceforge.net/project/showfiles.php?group_id=28946`) ist eine Implementierung der XUL-Sprache, die für den Mozilla-Browser geschaffen wurde – sozusagen der Veteran der XUL-Familie. Luxor verwendet deshalb das Vokabular von XUL und nicht das von SWT. Layout- und Präsentationsoptionen werden mit Hilfe von CSS-Style-Angaben deklariert und auf SWT abgebildet. Vom API her besteht Zugriff auf die einzelnen GUI-Elemente mit Hilfe des `id`-Attributes. Außerdem können GUI-Elementen Kommandos zugeordnet werden, welche am API entgegengenommen werden können.<br>Luxor unterliegt der *Gnu Public License* (GPL), was die Verwendung in kommerziellen Projekten schwierig macht. |
| **Reflexive User Interface Builder (RIB)** | Nicht besser in Lizenzfragen sieht es bei IBMs *Reflexive User Interface Builder* (RIB) aus, der von der *alphaworks* Website (`http://www.alphaworks.ibm.com`) heruntergeladen werden kann (IBM alphaworks Lizenzen sind zeitlich auf 90 Tage beschränkt).<br>Mit RIB können Benutzeroberflächen sowohl für Swing als auch für SWT formuliert werden. Dabei können spezifische Anweisungen |

| | |
|---|---|
| **Reflexive User Interface Builder (RIB)** (Fortsetzung) | der jeweiligen GUI-Architektur in das RIB-Skript eingebettet werden. Der Programmierer benötigt deshalb sowohl Kenntnisse der RIB-Sprache als auch SWT-Kenntnisse. RIB unterstützt sowohl den Zugriff auf GUI-Elemente von außerhalb des Skripts, kann aber auch Verarbeitungsschritte mit Hilfe einer Skriptsprache (JavaScript/Rhino, Jython oder JRuby) in das XML-Skript einbetten. Innerhalb des Skripts ist Ereignisverarbeitung mit Hilfe von Listenern möglich. Zum Beispiel kann beim Auftreten eines Ereignisses der Zustand von GUI-Elementen verändert oder eine Dialog- oder Messagebox geöffnet werden.<br>Optional können RIB-Skripts in Java-Code kompiliert werden. |
| **Jelly-SWT** | Jelly-SWT ist eine einfache Tag-Bibliothek für die XML-basierte Jelly-Skriptsprache. Diese Bibliothek kann von `http://jakarta.apache.org/commons/jelly/jellyswt.html` heruntergeladen werden. Jelly selbst ist unter `http://www.ibiblio.org/maven/commons-jelly/distributions/` erhältlich. Beide Produkte unterliegen der Apache-2.0-Lizenz, was auch den Einsatz in kommerziellen Produkten möglich macht. Jelly erlaubt es, Java-Anweisung à la JSP in den XML-Code einzufügen. Der Austausch von Informationen mit einem Klientenprogramm erfolgt über einen Jelly-Kontext, der die im Jelly-Skript definierten Variablen beherbergt und den Zugriff darauf erlaubt. In Jelly ist es relativ einfach, neue Tags einer Bibliothek hinzuzufügen, so dass es nicht schwer fallen dürfte, die SWT-Tag-Bibliothek zu erweitern. |
| **CookSWT** | Auch CookSWT basiert auf einer allgemeinen XML-Skriptsprache (CookXML) und lässt sich auf Grund dieser Tatsache leicht erweitern. Im Unterschied zu JellySWT und RIB erlaubt es keinerlei aktive Elemente innerhalb des XML-Skripts. Damit ist eine vollständige Definition der Benutzeroberfläche allein im Skript nicht möglich – zusätzliche Logik im Klientenprogramm kann erforderlich werden. Dafür aber ist das `cookswt.jar` sehr klein und kann gut in eingebetteten Systemen verwendet werden. Die Sprache selbst ist ziemlich intuitiv und kompakt, die Dokumentation recht gut.<br>CookSWT ist ein OpenSource-Produkt. Seine Lizenz erlaubt die uneingeschränkte Verwendung. Es ist erhältlich auf `http://cookxml.sourceforge.net/cookswt`. Die noch gerade vor den Abschlussarbeiten an diesem Buch erschienene Version 1.1 unterstützt nun auch Eclipse 3.1. |
| **XSWT** | XSWT ist eine Markup-Sprache, die aus dem Sweet-Projekt hervorgegangen ist. XSWT ist auf `http://sourceforge.net/projects/xswt` erhältlich. Der Vorteil von XSWT ist, dass es als Eclipse-Plugin verfügbar ist. Es gibt einen XSWT mit Syntaxkolorierung (allerdings ohne Inhaltsassistent) und einen Preview-View, mit dem man sofort die Ergebnisse ansehen kann. Das ist ein großer Vorteil, denn bei den anderen XUL-Sprachen ist der Testaufwand erheblich. Anders als bei der Java-Programmierung treten bei diesen Sprachen Fehler ja erst zur Ausführungszeit auf. Mangelhaft ist bei XSWT die Dokumentation (nicht vorhanden). Ein Einsatz von XSWT in einer RCP-Anwendung verbietet sich in den meisten Fällen, da XSWT einen Workspace benötigt. XSWT unterliegt der *Common Public License*, der auch Eclipse unterliegt. |

| **FormText-Widget** | Das im Eclipse Forms API angebotene `FormText`-Widget interpretiert ebenfalls in XML formulierte Benutzeroberflächen. Allerdings ist es nur für einfach strukturierte Benutzeroberflächen geeignet – weder ist es möglich, Bedienelementen zu gruppieren noch sie tabellarisch anzuordnen. Im Wesentlichen können Fließtexte mit eingestreuten Bildern und Bedienelementen erzeugt werden. Im Rahmen dieser Einschränkungen können jedoch ansprechende und flexible Benutzeroberflächen erzeugt werden. |
|---|---|

## 10.3 XML-GUI-Beschreibung in der Beispielanwendung

Auf den folgenden Seiten zeige ich die Anwendung einer XUIL-Sprache auf unser Projektplaner-Beispiel, und zwar auf den Login-View. Erzeugt werden sollen: Eine mit »Log-in« betitelte Gruppe, welche das Namensfeld und ein Feld für ein Passwort enthält. Das Namensfeld soll als Combo implementiert werden, in dessen Liste die früheren Eingaben erscheinen. Solange das Namensfeld leer ist, soll der *OK*-Button des *Log-in*-Dialogs gesperrt bleiben.

Ausgewählt habe ich CookSWT. Hier ist das entsprechende XML-Skript, das unter `gui/login.xml` abgespeichert wird. Vergessen Sie später nicht, den `gui/`-Ordner später beim *Binary Build* des Plugins mit anzugeben. CookSWT benutzt das `var`-Attribut, um die im XML-Skript definierten GUI-Elemente Programmvariablen zuzuordnen. Das erfolgt mit Hilfe der *Java Reflection.* Auch Listener können auf diese Weise angesprochen werden – einzige Bedingung ist, dass die Listener-Instanz im Programm einem entsprechend benannten Feld zugewiesen wurde.

Alternativ dazu besteht die Möglichkeit, eine Identifikation mit dem Attribut `id` zu spezifizieren, und später auf das korrelierende Objekt mit Hilfe der CookSWT-Methode `getId()` zuzugreifen.

*Skript*

```
<group text="Log-in">
  <gridlayout numcolumns="2">
    <griddata style = "HORIZONTAL_ALIGN_END">
      <label text="Name"/>
    </griddata>
    <griddata widthhint = "200">
      <combo style="BORDER" var="nameField"
                                 modifylistener="modifyAction"/>
    </griddata>
    <griddata style = "HORIZONTAL_ALIGN_END">
      <label text="Password"/>
    </griddata>
    <griddata widthhint = "100">
      <textarea var="password" style="BORDER | PASSWORD"/>
    </griddata>
  </gridlayout>
</group>
```

*Fremdsoftware einbetten*

Natürlich muss zunächst die Fremdsoftware CookSWT erst einmal in die RCP-Umgebung imporiert werden. Dazu wenden wir die Funktion *File>New>Project...>Plug-in from existing Java archives* an. Auf der folgenden Seite betätigen Sie die Taste *Add External...* und wählen `cookswt-1.1.jar` aus. Auf der folgenden Seite spezifizieren Sie als Projektnamen den Wert `com.bdaum.cookSwtWrapper` und das Gleiche als Plugin-ID. Außerdem entfernen Sie das Häkchen von der Option *Unzip the JAR archives into the project*. Im anschließend sich öffnenden Plugin-Manifest wird auf der Seite *Dependencies* das Plugin `org.eclipse.swt` hinzugefügt, denn CookSWT baut auf dem SWT auf. Auf der Seite *Runtime* können Sie getrost alle `example.*`-Packages von den *Exported Packages* entfernen.

Anschließend kann das neue Plugin `com.bdaum.cookSwtWrapper` im Plugin `com.bdaum.planner` unter *Dependencies* hinzugefügt werden. Da die Konfiguration dieser Anwendung auf Features beruht, sollte auch ein neues Feature namens *CookSwtWrapper Feature* mit der ID `com.bdaum.cookSwtWrapper` erzeugt werden. Diesem Feature wird das oben erzeugte Plugin als einziges Plugin hinzugefügt. Dabei müssen ggf. die Versionsnummern noch synchronisiert werden. Anschließend wird das Feature im Produkteditor der Konfiguration des Produkts hinzugefügt.

**Tipp:** Wenn Sie Fremdsoftware in ein Plugin bzw. Feature einpacken, sollten Sie für das Plugin bzw. Feature als Versionsnummer immer die jeweilige Versionsnummer der eingebetteten Software verwenden. So behalten Sie den Überblick, welche Version Sie gerade verwenden. Im Falle von CookSWT wäre das Version 1.1.0.

*Zustandsdaten*

Nun kann die Klasse `LoginDialog` implementiert werden. Zunächst werden die Eingabefelder definiert, eine Instanz des CookSWT-Interpreters angelegt und für das Abspeichern der eingegebenen Namen eine `DialogSettings`-Instanz angelegt. Im Konstruktor wird für diese Instanz mit Hilfe der Plugin-Klasse der Speicherort der Zustandsdaten bestimmt.

```
package com.bdaum.planner.dialogs;

import java.io.File;
import java.io.IOException;
import java.net.URL;
import java.sql.Connection;
import java.sql.SQLException;
import java.util.ArrayList;
import java.util.Arrays;
import java.util.List;
import org.eclipse.jface.dialogs.DialogSettings;
```

```
import org.eclipse.jface.dialogs.IDialogConstants;
import org.eclipse.jface.dialogs.IDialogSettings;
import org.eclipse.jface.dialogs.TitleAreaDialog;
import org.eclipse.swt.SWT;
import org.eclipse.swt.events.ModifyEvent;
import org.eclipse.swt.events.ModifyListener;
import org.eclipse.swt.layout.GridData;
import org.eclipse.swt.widgets.*;
import com.bdaum.HsqldbWrapper.HsqldbWrapperPlugin;
import com.bdaum.planner.PlannerPlugin;
import com.bdaum.planner.User;
import com.bdaum.planner.UserDAO;
import cookxml.cookswt.CookSwt;

public class LoginDialog extends TitleAreaDialog {

  // Schlüsselwort für DialogSettings
  private static final String NAMES = "names";
  // DialogSettings-Instanz
  private IDialogSettings settings = new DialogSettings("login");
  // Speicherort für DialogSettings
  private String stateLocation;
  // Bereits vorher eingegebene Namen
  private String[] names;
  // Eingabefelder
  public Combo nameField;
  public Text password;
  // Listener für Namensfeld
  public ModifyListener modifyAction = new ModifyListener() {
    public void modifyText(ModifyEvent e) {
      updateButtons();
    }
  };
  // CookSWT-Instanz
  // "this" wird als das Objekt übergeben, in dem alle Variablen
  // deklariert sind
  private CookSwt cookSwt = new CookSwt(this);

  /**
   * Konstruktor
   * @param parentShell -
   *          Shell, unter der der Dialog aufgerufen wird
   */
  public LoginDialog(Shell parentShell) {
    super(parentShell);
    stateLocation = PlannerPlugin.getDefault()
          .getStateLocation().append("dialogSettings")
          .toString();
  }
```

*Persistente Dialoge*

In der Methode `createDialogArea()` wird zunächst Titel und Mitteilungsbereich des `TitleAreaDialogs` initialisiert und anschließend ein `Composite` für den gesamten Inhaltsbereich des Dialogs erzeugt. In diesem `Composite` wird dann mit der Methode `createLoginGroup()` das Layout erzeugt. Anschließend wird die `DialogSettings`-Instanz geladen, die bereits vorher eingegebenen Benutzernamen werden entnommen und zur Initialisierung der Combo-Liste und des Namensfeldes verwendet.

```
@Override
protected Control createDialogArea(Composite parent) {
  parent.getShell().setText("Project Planner");
  setTitle("Login");
  setMessage("Please enter user name and password");
  Composite composite = (Composite)
                               super.createDialogArea(parent);
  createLoginGroup(composite);
  // Früher eingegebene Namen einlesen
  try {
    settings.load(stateLocation);
    names = settings.getArray(NAMES);
    if (names != null) {
      nameField.setItems(names);
      if (names.length > 0)
        nameField.setText(names[0]);
    }
  } catch (IOException e) {
  }
  if (nameField.getText().length() == 0)
    nameField.setText("admin");
  password.setText("password");
  updateButtons();
  return composite;
}
```

*Skript verarbeiten*

In der Methode wird zunächst der Speicherort des XML-Skripts bestimmt. Dabei bewirkt das Segment `/$nl/` im Pfadnamen, dass später auch Skripte in anderen Sprachen in entsprechenden Ordnern abgelegt werden können (siehe Abschnitt 5.3.3). Die so erhaltene Skriptdatei wird dann als Eingabe an die CookSWT-Methode `xmlDecode()` übergeben, welche dann die Gruppe innerhalb des ebenfalls übergebenen `Composites` aufbaut. Um die Gruppe zentrisch zu setzen, erfolgt anschließend noch eine Anpassung mit `setLayoutData()`.

```
/**
 * Erzeugt Log-in Gruppe
 * @param parent – der Behälter
 */
private void createLoginGroup(Composite parent) {
  // Ort der Skriptdatei feststellen
  URL scriptfileURL = PlannerPlugin
          .getInstallURL("/$nl$/gui/login.xml");
  File in = new File(scriptfileURL.getPath());
  // Skriptdatei ausführen
  Group group = ((Group) cookSwt.xmlDecode(in, "composite",
                                                      parent));
  // Zentrieren
  GridData data = new GridData();
  data.grabExcessHorizontalSpace = true;
  data.horizontalAlignment = SWT.CENTER;
  data.grabExcessVerticalSpace = true;
  data.verticalAlignment = SWT.CENTER;
  group.setLayoutData(data);
}

/**
 * Aktualisiert die Dialogtasten
 */
private void updateButtons() {
  Button okButton = getButton(IDialogConstants.OK_ID);
  if (okButton != null)
    okButton.setEnabled(nameField.getText().length() > 0);
}
```

*Zustandsdaten sichern*

In der Methode `okPressed()` erfolgt dann die eigentliche Zugangskontrolle mit Hilfe der Methode `checkUser()`. Diese Methode müssen wir später noch – nach Einbau der Datenbank – vervollständigen. Ist die Kontrolle erfolgreich, wird die Liste der eingegebenen Namen aktualisiert (wobei die Länge auf acht Einträge begrenzt wird) und dann mit Hilfe der `DialogSettings`-Instanz gesichert.

```
@Override
protected void okPressed() {
  String name = nameField.getText();
  if (checkUser(name, password.getText())) {
    List<String> nameList = new ArrayList<String>();
    if (names != null) {
      nameList.addAll(Arrays.asList(names));
      nameList.remove(name);
      while (nameList.size() >= 8)
        nameList.remove(nameList.size()-1);
    }
```

```
        nameList.add(0,name);
        names = (String[]) nameList.toArray(new
                                      String[nameList.size()]);
        settings.put(NAMES, names);
        try {
          settings.save(stateLocation);
        } catch (IOException e) {
        }
        super.okPressed();
      } else
        setErrorMessage("Name or Password are wrong");
    }

    /**
     * Eingegebene Benutzerdaten gegen Datenbank prüfen
     *
     * @param name - Benutzername
     * @param password - Passwort
     * @return - true, wenn Anmeldung erfolgreich
     */
    private boolean checkUser(String name, String password) {
      return true;
    }
  }
```

Nun müssen wir in der Klasse `Application` nur noch den Aufruf der `LoginDialog`-Instanz, den wir in Abschnitt 4.2.1 auskommentiert hatten, wieder aktualisieren. Anschließend testen wir die Anwendung, indem wir im Produkteditor zuerst auf *Synchronize*, dann auf den Hyperlink *Launch the product* klicken.

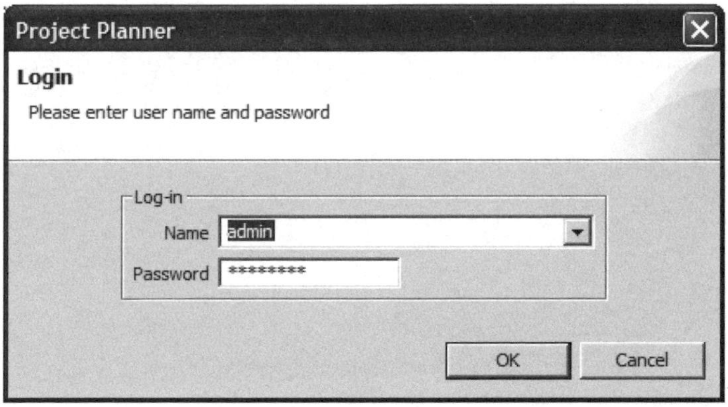


**Abb. 10–1** Der Log-in-Schirm des Projektplaners, mit Hilfe einer XML-Skriptsprache definiert

# Teil III
# Persistenz

Eine wesentliche Motivation für die Verwendung des Rich-Client-Paradigmas ist die Möglichkeit, bestimmte Aufgaben offline, also ohne Verbindung zum Server, erledigen zu können. Ich möchte das an einem Beispiel verdeutlichen. Während ein Webmailer (eine typische Thin-Client-Implementierung) die Bearbeitung von Post nur gestattet, solange eine Verbindung zum Server besteht, ist es bei einem SMTP-Klienten wie Microsoft Outlook möglich, offline zu arbeiten. Zunächst wird, solange die Verbindung besteht, Post vom Server geholt. Dann kann diese Post – unabhängig vom Server – bearbeitet werden: Antwortschreiben können verfasst werden, Briefe können für die Weiterleitung markiert werden usw. Zunächst werden diese Briefe lokal gespeichert. Wenn dann wieder eine Verbindung besteht, werden die erstellten Briefe an den Server übermittelt, und gleichzeitig kann neu auf dem Server vorliegende Post empfangen werden.

An diesem Beispiel werden zwei Grundprinzipien des serverunabhängigen Arbeitens sichtbar: Es muss eine Möglichkeit bestehen, Daten lokal persistent zu halten; und es besteht die Notwendigkeit, periodisch die Datenbestände auf dem Klienten und dem Server miteinander zu synchronisieren. In den folgenden Kapiteln wollen wir einige Möglichkeiten diskutieren, wie Daten auf dem Klienten gespeichert werden können. In Teil V dieses Buches gehen wir dann auf die Synchronisation mit dem Server ein.

# 11 Natives Dateisystem und Eclipse-Workspace

Die einfachste Möglichkeit, Daten auf dem Klienten persistent zu machen, ist die Verwendung des nativen Dateisystems zur Datenhaltung. Beschränkt man sich auf die von Java angebotene Funktionalität (z.B. in den Packages `java.io`, `java.nio` und `java.nio.*`), so kommt man hier durchaus zu portablen Lösungen, da Java von den spezifischen Besonderheiten der jeweiligen Ablaufplattform abstrahiert. Vorsicht ist allerdings geboten bei Pfadnamen. Hier bestehen auf den verschiedenen Plattformen Abweichungen bezüglich der gültigen Syntax. So verwenden Unix-Systeme und deren Derivate (Linux, Mac OS X) den Schrägstrich als Trenner zwischen den Pfadsegmenten, Windows-Systeme dagegen den umgekehrten Schrägstrich (Backslash). Diesen Separator kann man mittels `java.io.File.separator` bzw. `java.io.File.separatorChar` erhalten, so dass man relativ leicht plattformkonforme Pfadausdrücke aufbauen kann. Die Verwendung von URIs an Stelle von Pfadnamen ist eine weitere Möglichkeit, plattformunabhängig zu arbeiten.

Was nicht so einfach zu umgehen ist, ist die verschiedenartige Darstellung des Wurzelverzeichnisses. So kennen Unix-Systeme und deren Derivate nur ein einziges Wurzelverzeichnis, das mit »`/`« gekennzeichnet wird. Windows dagegen arbeitet mit mehreren Wurzelverzeichnissen (`c:\`, `d:\`, `e:\`, ...) – so wird hier jeder Disk-Partition ein eigenes Wurzelverzeichnis zugeordnet.

*Workspace*

Unabhängiger von der Plattform wird man durch die Verwendung des Eclipse-Workspace. Dieser abstrahiert völlig vom nativen Dateisystem. Wie das Unix-Dateisystem kennt auch der Eclipse-Workspace nur ein Wurzelverzeichnis, und wie dort wird auch der Schrägstrich »`/`« als Trennzeichen zwischen Pfadsegmenten verwendet. Gegenüber der Package `java.io` bietet der Eclipse-Workspace zusätzliche Funktionen, wie sie für die Implementierung einer integrierten Entwicklungsumgebung benötigt werden, verzichtet dagegen jedoch auf andere Funktionen wie zum Beispiel den wahlfreien Zugriff auf Sätze in einer

Datei. Im Folgenden werden wir nur auf die generischen Funktionen des Eclipse-Workspace eingehen. Die IDE-spezifischen Funktionen wie *Local History*, Markierungen, Projektnaturen und Build-Prozesse sind für die Rich-Client-Entwicklung von geringerem Interesse. Der interessierte Leser sei auf die Literatur verwiesen [Daum2005].

## 11.1 Ressourcen

Der Eclipse-Workspace ist im Plugin `org.eclipse.core.resources` implementiert. Durch die Definition dieses Plugins als benötigtes Plugin in den *Dependencies* des Plugin-Manifests lässt sich eine Anwendung leicht mit einem Workspace ausrüsten. Ressourcen des Eclipse-Workspace werden durch das Interface `IResource` beschrieben.

*Wurzelverzeichnis*

Zugriff auf den Workspace erhält man mit

```
IWorkspace workspace = ResourcesPlugin.getWorkspace();
```

und von dort erhält man Zugriff auf das Wurzelverzeichnis:

```
IWorkspaceRoot root =  workspace.getRoot()
```

Bei der Adressierung einer Ressource unterscheidet der Eclipse-Workspace zwischen dem Pfad der Ressource und der *Location*. Der Pfad bezieht sich auf das Wurzelelement des Eclipse-Workspaces, die Location ist der Pfad im nativen Dateisystem (plattformspezifisch). Bei der Darstellung von Pfaden verwendet Eclipse `IPath`-Instanzen. Diese speichern die Pfadangaben in Form einzelner Segmente, so dass gar kein Trennzeichen notwendig ist. Den Workspace-Pfad findet man für eine gegebene Ressource mit der Methode `getFullPath()` heraus, die Adresse im Dateisystem mit `getLocation()`. Man sollte nie versuchen, Dateisystem-Adressen aus Workspace-Pfadangaben selbst zu konstruieren, sondern sollte immer die `getLocation()`-Methode des `IResource`-Interfaces verwenden.

*Ressource erzeugen*

Bei den Ressourcen unterscheiden wir zwischen Projekten, Verzeichnissen und Dateien. Projekte können Verzeichnisse und Dateien enthalten, Verzeichnisse können Unterverzeichnisse und Dateien enthalten. Geschachtelte Projekte sind (noch) nicht möglich. Neue Projekte, Verzeichnisse und Dateien fertigt man übrigens nicht mit einem Konstruktoraufruf (`new`) an, sondern benutzt Fabrikmethoden, um eine `IProject`-, `IFolder`- oder `IFile`-Instanz zu erhalten. So besitzt das Wurzelverzeichnis (`IWorkspaceRoot`) die Methode `getProject()`, um auf bestehende Projekte zuzugreifen bzw. neue Projekte anzulegen. Entsprechend besitzen Projekte (`IProject`) die Methoden `getFile()` und `getFolder()`, um das Gleiche für Dateien und Ordner zu erreichen.

Anschließend muss dann die Ressource durch Aufruf der Methode `create()` erzeugt werden. Zum Beispiel so:

```
IWorkspace workspace = ResourcesPlugin.getWorkspace();
IWorkspaceRoot root = workspace.getRoot();
IProject project = root.getProject("newProject");
try {
  project.create(new NullProgressMonitor());
  } catch (CoreException e) {
    e.printStackTrace();
}
```

Das `IResource`-Interface definiert eine Reihe von Funktionsgruppen:

- Methoden für die klassische Ressourcenverwaltung wie `exists()`, `move()`, `copy()` und `delete()`.
- Methoden für die Implementierung des Besucher-Entwurfsmusters [Gamma1996], mit dem auf systematische Art und Weise die Verzeichnisbäume durchlaufen werden können. Mit der Methode `accept()` kann einer Ressource eine `IResourceVisitor`-Instanz übergeben werden. Die Ressource ruft dann die `visit()`-Methode dieser Instanz auf. Ist dieser Aufruf erfolgreich, so erfolgt der gesamte Prozess rekursiv für die Kindressourcen der besuchten Ressource.
- Methoden für die Verwaltung von Markierungen (Marker). Marker werden typischerweise in einer IDE eingesetzt, z.B. um Breakpoints, Probleme, Aufgaben u.a. darzustellen.
- Methoden für die Verwaltung von Ressourceneigenschaften (*Properties*). Jeder Ressource kann eine unbegrenzte Zahl von Properties zugeordnet werden, die mit `setPersistentProperty()` bzw. `setSessionProperty()` gesetzt und mit `getPersistentProperty()` bzw. `getSessionProperty()` wieder abgefragt werden können. Dabei besteht jede Property aus einem eindeutigen Namen und einem String-Wert. Session-Properties überdauern eine Sitzung nicht, persistente Properties werden dagegen auf Platte geschrieben und überdauern einzelne Sitzungen. Properties können von Anwendungen genutzt werden, um Metadaten zu einer Datei zu speichern (z.B. den Bearbeitungsstand oder den Autor), die selbst nicht in der Datei erscheinen sollen.

*Container*

Container-Ressourcen (Projekte und Ordner) von Typ `IContainer` stellen zusätzlich noch Methoden für den Zugriff auf Kindelement wie `findMember()`, `getFile()`, `getFolder()` und `members()` zur Verfügung.

*Projekte*

Projekte bieten zusätzliche Features für die Unterstützung von IDE-Funktionen. So können Projekte mittels der Zuordnung von Projekt-Naturen mit besonderen Eigenschaften versehen werden. Außerdem besteht die Möglichkeit zur Verwaltung von *Build*-Prozessen.

*Dateien*

Dateien besitzen über die allgemeinen IResource-Methoden hinaus Methoden für den Zugriff auf den Dateiinhalt und auf die *Local History*. Mit setContents() kann der Inhalt einer Datei überschrieben werden, mit appendContents() kann neuer Inhalt zu einer Datei hinzugefügt werden. Mit getContents() kann eine Datei ausgelesen werden. Bei allen diesen Methoden kann eine IProgressMonitor-Instanz übergeben werden, um den Fortschritt der Operation zu visualisieren.

## 11.2 Workspace-Ereignisse

Bei manchen Anwendungen kann es notwendig werden, auf Ressourcenänderungen zu reagieren. Nehmen wir an, dass eine Datei in einem Editor geöffnet ist und beim gleichzeitigen Synchronisieren mit dem Server dem Klienten eine neue Version dieser Datei zugestellt wird und von der Synchronisierungs-Engine in den Workspace geschrieben wird. Der Editor müsste nun auf diese Änderung reagieren und zum Beispiel den Benutzer darüber informieren, dass eine neuere Version der gerade geöffneten Datei vorliegt, und anfragen, was geschehen soll.

Der Eclipse-Workspace bietet die Möglichkeit, auf solche Ereignisse zu reagieren. Dazu muss das Interface IResourceChangeListener implementiert werden, und eine Instanz dieses Interfaces muss beim Workspace registriert werden. Zum Beispiel so:

```
IWorkspace workspace = ResourcesPlugin.getWorkspace();
IResourceChangeListener listener = new
                                   IResourceChangeListener() {
  public void resourceChanged(IResourceChangeEvent event) {
    if (event.getType() == IResourceChangeEvent.POST_CHANGE) {
      IResourceDelta delta = event.getDelta();
      try {
        delta.accept(new IResourceDeltaVisitor() {
          public boolean visit(IResourceDelta delta) {
            IPath path = delta.getFullPath();
            System.out.println("Changed: " + path);
            return true;
          }
        });
      } catch (CoreException e) {
        e.printStackTrace();
      }
    }
  }
};
workspace.addResourceChangeListener(listener);
```

*Deltas*

In der resourceChanged()-Methode des IResourceChangeListeners wird zunächst die Art des Ereignisses abgeprüft. Bei einem POST_CHANGE-Ereignis wird das Ressource-Delta ermittelt. Diese Instanz ist der Wurzelknoten eines IResourceDelta-Baums, der die Verzeichnisstruktur des Workspace-Wurzelverzeichnisses widerspiegelt. Jede IResourceDelta-Instanz innerhalb dieses Baums entspricht einer Ressource im Workspace, allerdings werden nur durch Änderungen betroffene Ressourcen (und deren übergeordnete Verzeichnisse) durch eine IResourceDelta-Instanz repräsentiert. Mit Hilfe einer IResourceDeltaVisitor-Instanz, die dem Delta-Wurzelknoten in der Methode accept() übergeben wird, kann der gesamte Baum durchlaufen werden. Die eigentliche Verarbeitung findet in der visit()-Methode der IResourceDeltaVisitor-Instanz statt. Gibt diese Methode den Wert true zurück, werden auch die Kindelemente des jeweiligen Knotens durchlaufen.

Die IResourceDelta-Knoten enthalten noch weitere Informationen. So kann man sich mit der Methode getKind() über die Art der Änderung (ADDED, REMOVED, CHANGED) informieren. Mit der Methode getFlags() erfährt man, was konkret geändert wurde.

*Nebenläufigkeit*

Will man Ressourcenänderungen auf der Benutzeroberfläche widerspiegeln, ist Vorsicht geboten. Die resourceChanged()-Methode läuft möglicherweise nicht im SWT-Thread ab. Die nötigen Änderungen an der grafischen Benutzeroberfläche müssen deshalb in eine Display-Methode wie asyncExec() oder syncExec() gekapselt werden.

Da Änderungen an Ressourcen recht häufig auftreten können, sollte man sich mit removeResourceChangeListener() so bald wie möglich wieder abmelden. Überhaupt sollten IResourceChangeListener so effektiv wie möglich arbeiten, um nicht zur Performanzbremse zu werden.

## 11.3 Grenzen

Dateisysteme und deren Abstraktionen sind relativ einfach in der Anwendung, bieten allerdings auch nur begrenzte Ausdrucksmittel. Besonders wenn es um die Speicherung und den Zugriff auf komplexe Geschäftsobjekte oder um die Realisierung von Transaktionen geht, geraten Dateisysteme rasch an ihre Grenzen. Zwar kann man durch den Einsatz von XML-Formaten komplexe Datenstrukturen auch in einfachen Dateisystemen realisieren (siehe nächstes Kapitel), Anforderungen wie Transaktionssicherheit, Logging, Backup usw. erfordern jedoch in der Regel den Einsatz eines ausgewachsenen Datenbanksystems, wie wir es in Kapitel 13 diskutieren werden.

# 12 XML

XML ist gut geeignet, um komplexe Datenstrukturen zu beschreiben und zu repräsentieren. Insbesondere in einer Rich-Client-Umgebung kann die Repräsentation von Geschäftsdaten im XML-Format sinnvoll sein, denn bei der Synchronisierung der Daten zwischen Client und Server unter Verwendung des SyncML-Protokolls (siehe Abschnitt 19.3) müssen die Daten im XML-Format ausgetauscht werden. Bei einer direkten Speicherung der Daten im XML-Format entfällt somit die Notwendigkeit der Konvertierung.

Insbesondere in einer Java-Umgebung sind mächtige Werkzeuge vorhanden, um XML-Datenstrukturen verarbeiten zu können. So sind ab Java 1.4 im Package `javax.xml.parsers` bereits SAX- und DOM-Parser integriert. Gerade mit DOM ist es einfach, komplexe Datenobjekte zu navigieren. Bestehen hohe Anforderungen an die Performanz, so ist auch das *Streaming API for XML* (StAX) in Betracht zu ziehen. Dessen Pull-Parser zeichnen sich durch einfache Handhabung und Schnelligkeit aus.

*Marshalling*

Allerdings leidet durch die direkte Verwendung solcher Parser die Übersichtlichkeit der Geschäftslogik. Besser ist es, ein sauberes Datenmodell der Geschäftsobjekte in Java zu implementieren und die Java-Datenstrukturen dann nach XML zu serialisieren (*marshalling*) bzw. beim Einlesen wieder zu deserialisieren (*unmarshalling*). Dafür gibt es eine Reihe von Möglichkeiten:

- Verwendung der Klassen `XmlEncoder` und `XmlDecoder` aus der Package `java.beans`. Damit können alle Klassen, welche das Interface `Serializable` implementieren, nach XML externalisiert werden. Allerdings bricht der Encoder komplexere Datentypen bis auf primitive Datentypen entzwei. Statt z.B. eine `Date`-Instanz in eine einfache Datums-Zeichenkette umzuwandeln, werden die internen Felder von `Date` als XML-Struktur geliefert. Außerdem kann der

Encoder nicht an den Grenzen von Geschäftsobjekten Halt machen – sämtliche referenzierten Objekte werden aufgelöst. Würde beispielsweise der `XmlEncoder` auf ein Projekt des Projektplanerbeispiels angewandt, so würde das erhaltene Dokument sämtliche `Tasks`, deren `requires`- und `utilizes`-Instanzen und alle referenzierten `Resources` enthalten. Da aber Ressourcen gemeinsam von verschiedenen Projekten verwendet werden, führt eine solche Speicherung zu Redundanzen und Anomalien beim Update.

- Verwendung eines Fremdproduktes. Es gibt Dutzende solcher XML-Marshaller und Unmarshaller, von Castor über JAXB bis Zeus. Eine Auflistung solcher Produkte finden Sie unter `http://www.rpbourret.com/xml/XMLDataBinding.htm`.
- Der in Kapitel 2 verwendete Modellierer KLEEN kann zu jedem Geschäftsobjekt XML-Marshaller und -Unmarshaller generieren. Dabei implementiert jedes Geschäftsobjekt das Interface `IXmlMarshaller`, welches mit seiner Methode `toXML()` den aktuellen Zustand des Geschäftsmodells in Form eines XML-Dokuments serialisiert. Für andere referenzierte Geschäftsobjekte wird lediglich ein Verweis unter Angabe des Primärschlüssels des Geschäftsobjekts produziert. Beim Deserialisieren mit einem `IXmlUnmarshaller` können diese Verweise mit Hilfe eines `IReferenceResolvers` wieder in Objektreferenzen umgewandelt werden. In Abschnitt 19.5 werden Sie sehen, wie diese Marshaller und Unmarshaller im Rahmen der Synchronisierung zwischen Client und Server eingesetzt werden können.

*Transaktionen*

Die serialisierten XML-Dokumente können im nativen Dateisystem oder einem Eclipse-Workspace gespeichert werden. Wird allerdings Transaktionslogik benötigt (und dies ist immer der Fall, wenn mehrere Geschäftsobjekte vorhanden sind und die Serialisierung nach Geschäftsobjekten getrennt erfolgt), so ist der Einsatz einer Datenbank angebracht. Dazu hat man die Wahl zwischen speziellen XML-Datenbanksystemen und relationalen Datenbanksystemen.

- XML-Datenbanksysteme unterstützen das XML-Format auf nativer Ebene. Insbesondere bieten sie Abfragesprachen wie XQuery an, mit denen in den komplexen XML-Strukturen navigiert werden kann. Das kann notwendig werden, wenn Auswertungen über den Datenbestand erfolgen sollen, oder wenn mehrere Geschäftsobjekte im Zusammenhang betrachtet werden sollen. Wollen wir z.B. in unserem Projektplaner herausfinden, von welchen Projekten eine bestimmte Ressource benutzt wird, so ist schon eine recht komplexe Abfrage notwendig, die zunächst herausfindet, welche

Tasks die spezifizierte Ressource referenzieren, und dann, welche Projekte die gefundenen Tasks referenzieren.

XML-Datenbanksysteme gibt es inzwischen in großer Anzahl, darunter auch mehrere Open-Source-Implementierungen. Eine in Java implementierte Open-Source-Datenbank, die unter der LGPL-Lizenz vertrieben wird, ist das Datenbanksystem *eXist* (`http://exist.sourceforge.net/`). Eine weitere interessante Entwicklung ist die *Ozone*-Datenbank (`http://sourceforge.net/projects/ozone`), die nicht nur eine XML-Datenbank sondern auch eine objektorientierte Datenbank darstellt, welche in Java geschriebene Geschäftsobjekte ohne Änderung persistent machen kann. Eine Auflistung aller XML-Datenbanken findet man auf `http://www.rpbourret.com/xml/XMLDatabaseProds.htm`.

- Relationale Datenbanksysteme können verwendet werden, um die Geschäftsobjekt-Dokumente als CLOBs (*Character Large Objects*) zu speichern. Komplexe Abfragen sind natürlich auf diese Weise nur möglich, wenn das verwendete Datenbanksystem eine Schicht für die Unterstützung von XML-Inhalten besitzt.

# 13 Relationale Datenbanksysteme für Rich Clients

Die vorherrschende Speicherform für Unternehmensdaten sind seit mehreren Dekaden relationale Datenbanken. Und das mit gutem Grund: Das relationale Datenmodell bietet ein gutes Grundgerüst für flexible Abfrage- und Navigationsmöglichkeiten und für weit gehend anomaliefreie Updates. Zudem sind relationale Datenbanken eine reife und erprobte Technologie. Es liegt deshalb nahe, diese Technologie auch lokal auf dem Klienten einzusetzen, insbesondere wenn auf dem Server auch relationale Datenbanksysteme eingesetzt werden. Für die Synchronisation zwischen Datenbank und Server können dann u.U. Fertigprodukte eingesetzt werden (siehe Abschnitt 19.2).

Inzwischen gibt es schon eine Reihe relativ kleiner RDBMS, die sich gut für den Einsatz auf Klienten eignen, davon auch einige aus dem Open-Source-Bereich. Wir wollen hier zwei dieser Systeme vorstellen: Derby/Cloudscape und HSQLDB. Beide sind in Java geschrieben, sind Open-Source-Produkte, und beide werden von großen Anbietern gestützt: Derby von Apache (aka Cloudscape von IBM) und HSQLDB von Sun Microsystems (HSQLDB wird mit Open Office 2.0 ausgeliefert). Zu erwähnen wäre auch noch One$DB, eine Open-Source-Variante des kommerziellen Datenbanksystems DaffodilDB. Der Name dieser Datenbank leitet sich von der Tatsache ab, dass der Support einen Dollar pro Tag kostet.

## 13.1 Derby/Cloudscape

*Cloudscape* hat eine wechselvolle Geschichte hinter sich. 1996 von der kalifornischen Firma Cloudscape unter dem Namen JBMS entwickelt, wurde es bald in Cloudscape umbenannt. 1999 wurde die Firma Cloudscape von Informix gekauft. 2001 kaufte IBM die Datenbankprodukte von Informix und setzte Cloudscape insbesondere für

»embedded systems« ein. Cloudscape wurde umgestaltet und IBMs Mainframe-Datenbank DB2 angepasst (ab Cloudscape 10). Der so geänderte Code wurde 2004 der Apache-Organisation gestiftet und heißt nun Derby.

Derby ist als Plugin für Eclipse verfügbar und kann vom *Apache-Incubator*-Bereich heruntergeladen werden (`http://incubator.apache.org/derby/derby_downloads.html`). Dieses Plugin realisiert die eigentliche Datenbank.

Daneben wird von IBM ein User-Interface für Derby als Eclipse-Plugin `com.ibm.cloudscape.ui` kostenlos bereitgestellt. Dieses Plugin kann von *IBM developerWorks* heruntergeladen werden (`http://www14.software.ibm.com/webapp/download/search.jsp?go=y&rs=cloudscape`) und wird dort unter dem Namen *Tool: IBM Cloudscape (IBM Integration plug-in for Derby)* geführt. Mit Hilfe dieses Plugins kann der Entwickler die Datenbank aus der Eclipse-IDE heraus starten und stoppen; das interaktive SQL-Scripting-Werkzeug *ij* steht zur Verfügung; das *sysinfo*-Werkzeug gibt Auskunft über den aktuellen Zustand von Derby.

*Installation*

Für die Installation entpackt man die ZIP-Dateien in den `eclipse`-Installationsordner hinein: Die Plugins kommen dann in den `eclipse/plugins`-Ordner zu liegen. Es empfiehlt sich, für die Plugins ein Feature bereitzustellen, damit die Installation glatt verläuft. Dazu legt man im Ordner `eclipse/features` einen geeignet benannten Unterordner an (z.B. `com.bdaum.derby_1.0.0`) und legt in diesem Unterordner eine neue Manifest-Datei `feature.xml` an. Diese Datei könnte etwa so aussehen:

```
<?xml version="1.0" encoding="UTF-8"?>
<feature id="com.bdaum.derby.feature" label="Derby Feature"
      version="1.0.0" provider-name="bdaum industrial
                                          communications">
  <install-handler/>
  <description>
    This feature wraps the Derby and Cloudscape plugins.
  </description>
  <copyright/>
  <license/>
  <requires>
    <import plugin="org.eclipse.core.resources"/>
    <import plugin="org.eclipse.ui"/>
    <import plugin="org.eclipse.help"/>
    <import plugin="org.eclipse.jdt.launching"/>
    <import plugin="org.eclipse.debug.ui"/>
    <import plugin="org.eclipse.debug.core"/>
```

```
        <import plugin="org.eclipse.jdt.core"/>
        <import plugin="org.eclipse.core.runtime"/>
        <import plugin="org.eclipse.ui.console"/>
    </requires>
    <plugin id="org.apache.derby.core"
            download-size="0" install-size="0"
            version="10.1.0.0 (124830)"/>
    <plugin id="com.ibm.cloudscape.ui"
            download-size="0" install-size="0" version="1.0.0"/>
    <plugin id="com.ibm.cloudscape.plugin.doc"
            download-size="0" install-size="0" version="1.0.0"/>
</feature>
```

Die Versionsnummern müssen Sie dabei den jeweiligen Plugin-Manifesten `plugin.xml` entnehmen. Anschließend wird Eclipse gestartet, und im Update-Manager (*Help>Software Updates>Manage Configuration*) wird das Feature aktiviert. Dazu drückt man die Taste *Show Disabled Features* ein, selektiert das *Feature Derby Feature 1.0.0* und klickt auf *Enable*.

Damit die oben genannten Funktionen genutzt werden können, muss zunächst einmal zu einem Java- oder einem Plugin-Projekt eine Derby-Nature hinzugefügt werden. Das geschieht im Package-Explorer mit der Kontextfunktion *Apache Derby>Add Apache Derby Nature*. Danach kann mit der Kontextfunktion *Apache Derby>Start Derby Network Server* die Datenbank gestartet werden. Mit *Apache Derby>sysinfo* erhält man die Systeminformationen und mit *Apache Derby>ij* das Scripting-Werkzeug. Außerdem gibt es für Projekte mit Derby-Nature noch einen *Apache Derby*-Abschnitt in den Projekt-Properties, wo Port und Host für den Derby-Netzwerk-Server und das Wurzelverzeichnis (standardmäßig das Projektverzeichnis) für das Repositorium der Datenbank eingestellt werden können.

*Betriebsmodi*

Damit wären wir auch schon bei den zwei Betriebsmodi für die Datenbank. Derby kann als Netzwerk-Server über eine Socket-Verbindung betrieben werden oder als eingebetteter (*embedded*) Server. Die letztere Betriebsweise eignet sich insbesondere für den Einbenutzerbetrieb. Je nach Betriebsweise verläuft der Verbindungsaufbau. Mit

```
connect 'jdbc:derby:net://localhost:1527/myDB;create=true:user=me;
      password=mine;retrieveMessagesFromServerOnGetMessage=true;';
```

kann die Verbindung zum Netzwerk-Server aufgebaut werden. Mit

```
connect 'jdbc:derby:myDB;create=true';
```

ist das Gleiche für den eingebetteten Server möglich (vorher muss aber der Netzwerk-Server gestoppt werden). Sie können diese Kommandos mit Hilfe des Scripting-Werkzeugs *ij* interaktiv in einem Eclipse-View eingeben. Derby erzeugt dann das Repositorium am konfigurierten Wurzelverzeichnis. Anschließend können Datenbanktabellen deklariert, Datensätze gespeichert und Abfragen durchgeführt werden, zum Beispiel so (wobei jede Zeile einzeln in *ij* eingegeben werden muss):

*Interaktiv*

```
create table tasks(id integer, name varchar(20), duration float);
insert into tasks values (1, 'bathing', 60);
insert into tasks values (2, 'sleeping', 420);
insert into tasks values (3, 'breakfast', 25);
select * from tasks;
```

Als Ausgabe müssten Sie dann folgende Tabelle erhalten:

```
ID          |NAME                 |DURATION
-------------------------------------------------------
1           |bathing              |60.0
2           |sleeping             |420.0
3           |breakfast            |25.0
```

Mit

```
disconnect
'jdbc:derby:net://localhost:1527/myDB;create=true:user=me;
           password=mine;shutdown=true;';
```

können Sie die Verbindung wieder abbauen.

Selbstverständlich können Sie derartige Kommandos auch von einem Java-Programm aus über JDBC absetzen. Das folgende Programm `Main.java` fügt einen weiteren Eintrag der oben aufgebauten Datenbanktabelle hinzu und gibt die gesamte Tabelle auf der Konsole aus.

*jdbc*

```
import java.sql.*;
public class Main {
  // Datenbank-URL
  private static String dbURL =
             "jdbc:derby:net://localhost:1527/myDB;create=true;";
  // SQL-Tabellenname
  private static String tableName = "tasks";
  // Jdbc-Verbindung
  private static Connection connection;
  // SQL-Statement
  private static Statement statement;

  public static void main(String[] args) {
    createConnection(dbURL);
    insertTask(5, "Shaving", 5f);
```

```
    selectTasks();
    shutdown();
  }

  private static void createConnection(String url) {
    try {
      // Datenbanktreiber laden
      Class.forName("com.ibm.db2.jcc.DB2Driver");
      // Verbindung mit Benutzername und Passwort aufbauen
      connection = DriverManager.getConnection(url, "me", "mine");
    } catch (Exception e) {
      e.printStackTrace();
    }
  }

  private static void insertTask(int id, String name, float
                                                  duration) {
    try {
      // Kommando konstruieren
      String command = "insert into " + tableName
              + " values (" + id + ",'" + name + "',"
              + duration + ")";
      // SQL-Statement erzeugen
      statement = connection.createStatement();
      // Kommando kompilieren und ausführen
      statement.execute(command);
      // Statement schließen
      statement.close();
      statement = null;
    } catch (SQLException e) {
      e.printStackTrace();
    }
  }

  private static void selectTasks() {
    try {
      // Kommando konstruieren
      String command = "select * from " + tableName;
      // SQL-Statement erzeugen
      statement = connection.createStatement();
      // Kommando kompilieren und ausführen
      ResultSet results = statement.executeQuery(command);
      // Metadaten holen (Eigenschaften der Tabellenspalten)
      ResultSetMetaData rsmd = results.getMetaData();
      // Tabellenkopf ausgeben
      int numberCols = rsmd.getColumnCount();
      for (int i = 1; i <= numberCols; i++)
```

```
          // Spaltennamen holen
          // (in SQL beginnt die Zählung bei 1!)
          System.out.print(rsmd.getColumnLabel(i) + "\t\t");
        System.out.println("\n-----------------------------------");
        // Über Ergebnisse iterieren
        while (results.next()) {
          // Spalten holen
          int id = results.getInt(1);
          String name = results.getString(2);
          float duration = results.getFloat(3);
          // Reihe aufbereiten und ausdrucken
          System.out.println(id + "\t\t" + name + "\t\t" + duration);
        }
        // Ergebnismenge schließen
        results.close();
        // Statement schließen
        statement.close();
        statement = null;
      } catch (SQLException e) {
        e.printStackTrace();
      }
    }

    private static void shutdown() {
      try {
        // Falls Statement nicht ordnungsgemäß geschlossen
        if (statement != null)
          statement.close();
        // Verbindung schließen
        if (connection != null) {
          DriverManager.getConnection(dbURL + ";shutdown=true");
          connection.close();
          connection = null;
        }
      } catch (SQLException e) {
      }
    }
  }
```

Auch hier kann man alternativ mit dem eingebetteten Server arbeiten. Dazu ändert man die Server-URL:

```
private static String dbURL =
          "jdbc:derby:myDB;create=true;user=me;password=mine;";
```

und verwendet einen anderen Treiber:

```
// Datenbanktreiber laden
Class.forName("org.apache.derby.jdbc.EmbeddedDriver");
```

In diesem Fall kann man die Datenbank auch ohne das *IBM Integration plug-in* `com.ibm.cloudscape.ui` betreiben und spart sich so etwa ein Megabyte ein.

## 13.2 HSQLDB

HSQLDB (`http://hsqldb.org`) ist ein weiteres populäres (und sehr schnelles) relationales Open-Source-Datenbanksystem, das – wie Derby – vollständig in Java geschrieben ist. HSQLDB ist aus dem Open-Source-Projekt *HypersonicSQL* hervorgegangen und wird inzwischen auch als integriertes Datenbanksystem in OpenOffice 2.0 mit ausgeliefert. HSQLDB ist schnell und kommt mit wenig Speicher aus – die HSQLDB JARs sind mit etwa 600 KB um etwa den Faktor drei kleiner als die von Derby. Allerdings ist HSQLDB kein echtes Mehrbenutzerdatenbanksystem. Aufträge von verschiedenen Benutzern werden in einer Warteschlange verwaltet und eine nach der anderen abgearbeitet. Komplexe Locking-Mechanismen entfallen deshalb – HSQLDB eignet sich mehr für den eingebetteten Einsatz. Dennoch unterstützt HSQLDB vier Betriebsmodi:

*Betriebsmodi*

- Im In-Memory-Modus werden alle Tabellen nur im Arbeitsspeicher angelegt. Persistenz ist in diesem Modus nicht gegeben.
- Der Stand-alone-Modus entspricht dem eingebetteten Modus von Derby.
- Der Server-Modus entspricht dem Netzwerk-Server-Modus von Derby. Bei RCP-Anwendungen, die aus mehreren Plugins bestehen, sollte man diesen Modus verwenden. So kann man von jedem Plugin aus eine eigene Verbindung zur Datenbank aufrechterhalten, was im Stand-alone-Modus nicht möglich ist. Entsprechendes gilt auch für Derby.
- Im Webserver-Modus kann HSQLDB SQL-Anweisungen über HTTP entgegennehmen oder aber als Servlet in einem Web-Container arbeiten. Aufgrund der Tatsache, dass HTTP keine Zustandsinformationen verwalten kann, gibt es in diesem Modus keine Transaktionen.

*HSQLDB-Plugin*

Ein fertiges Eclipse-Plugin gibt es für HSQLDB nicht. Allerdings gibt es einen ausführlichen Artikel von Fernando Lozano [Lozano2003], wie HSQLDB in Eclipse eingebettet werden kann. Den dazugehörigen Quellcode gibt es bei IBM developerWorks (verwenden Sie den Link im zweiten Teil des Artikels). Mit Hilfe dieses Codes kann man sich leicht ein Plugin bauen, das eine Benutzeroberfläche für HSQLDB realisiert, die ähnliche Funktionen wie die Cloudscape-Benutzeroberfläche bietet. Leider bezieht sich der Artikel auf Eclipse 2.1 und HSQLDB 1.7.1. Wollen Sie eine neuere HSQLDB-Version verwenden, so müssen Sie entsprechende Modifikationen anbringen – welche, ist im ersten Teil des oben zitierten Artikels beschrieben. Auch für Eclipse 3 sind einige Änderungen erforderlich. Im Folgenden zeige ich kurz, wie Sie den Quellcode von Fernando Lozano unter Eclipse 3 zum Laufen bekommen:

- Die von *developerWorks* heruntergeladene Datei `hsqldbPlugin2.zip` entpacken Sie zunächst in einen Ordner Ihrer Wahl. Dann rufen Sie in Eclipse *File>Import...>External Plugins and Fragments* auf und geben unter *Plug-in Location* diesen Ordner an. Wählen Sie dann die Optionen *Select from all plug-ins and fragments found at the specified location* und *Projects with source folders* und drücken die Taste *Next*. Auf der nächsten Wizard-Seite selektieren Sie die beiden Plugins `hsqldb.core` und `hsqldb.ui` und betätigen die *Add*-Taste, anschließend die *Finish*-Taste. Die beiden Plugin-Projekte werden nun importiert, aber gleich als fehlerhaft markiert.
- Im Projekt `hsqldb.core` stimmt der Java-Build-Path nicht. Wenden Sie auf dieses Projekt die Kontextfunktion *Build Path>Configure Build Path...>Libraries* an und löschen Sie die beiden Einträge `org.eclipse.core.boot` und `org.eclipse.core.runtime` – sie sind sowieso überflüssig.
- Für das Projekt `hsqldb.ui` modifizieren Sie den Build-Path ebenfalls. Löschen Sie dort zunächst alle Plugin-Einträge (also nicht die *JRE System Library*). Dann drücken Sie die Taste *Add Library...* und wählen *Plug-in Dependencies* aus. Auf der nächsten Wizard-Seite drücken Sie einfach die Taste *Finish*. Anschließend gehen Sie im *Properties*-Dialog auf die Seite *Projects* und löschen den Eintrag `hsqldb.core`, da diese Abhängigkeit nun schon bei den *Plug-in Dependencies* berücksichtigt wurde. Nun verbleiben nur noch zwei Einträge im *Problems*-View. Doppelklicken Sie diese Einträge und löschen Sie die entsprechenden Zeilen im Plugin-Manifest (`quadrant="BOTTOM_RIGHT"`).

Damit dürften nun beide Plugins fehlerfrei sein und können getestet werden. Starten Sie die Testplattform auf die gewohnte Weise mit *Run As...>Eclipse Application*. In der Testplattform legen Sie zunächst ein neues Java-Projekt an. Auf dieses neue Projekt wenden Sie nun die *Kontextfunktion HSQLDB>Add Database Engine nature* an. Es erscheinen zwei neue Dateien `database.properties` und `database.script` im Projekt. Außerdem stehen nun weitere Kontextfunktionen zur Verfügung. Mit *HSQLDB>Start HSQLDB Server* kann nun

HSQLDB im Server-Modus gestartet werden. Beim ersten Start wird eine neue Datei `database.data` angelegt, welche die in der Datenbank gespeicherten Daten enthalten wird.

*Database Manager*

Mit *HSQLDB>Run Database Manager (Client)* erhält man eine ziemlich komfortable Benutzeroberfläche für die Datenbank. Die Verbindung zur Datenbank wird dabei gleich automatisch aufgebaut. Nun können Sie in der Datenbank interaktiv Tabellen anlegen, Datensätze speichern und Abfragen ausführen.

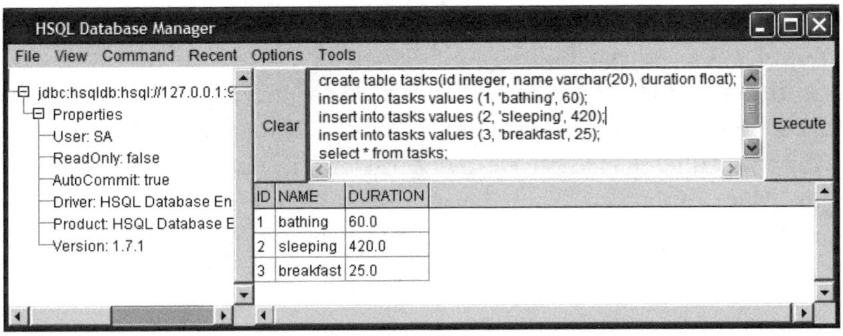


**Abb. 13–1** Der HSQL-Datenbankmanager in Aktion. Anders als bei Cloudscape können hier mehrere Kommandos auf einen Schlag mit einem Druck auf die Execute-Taste ausgeführt werden.

*jdbc*

Sehen wir uns nun an, wie auf HSQLDB aus einem Programm heraus zugegriffen werden kann. Dazu kopieren wir das oben gezeigte Programm `Main.java` in unser neues Java-Projekt auf der Testplattform. Wir müssen nur einige Änderungen vornehmen, um mit HSQLDB statt mit Derby auszuführen. Insbesondere muss die Datenbank-URL angepasst werden:

```
private static String dbURL = "jdbc:hsqldb:hsql://127.0.0.1:9001";
```

Außerdem muss in der `createConnection()`-Methode ein anderer Treiber verwendet werden, und der Standardbenutzername und das Passwort sind anders:

```
private static void createConnection(String url) {
  try {
    // Datenbanktreiber laden
    Class.forName("org.hsqldb.jdbcDriver");
    // Verbindung aufbauen
    connection = DriverManager.getConnection(url, "sa", "");
  } catch (Exception e) {
    e.printStackTrace();
  }
}
```

Dann führen Sie – vorausgesetzt, Sie haben die Datenbank bereits gestartet – das Programm mit *Run as>Java Application* aus.

*Exportieren*

Natürlich wollen Sie nicht auf diese Weise – unter der Testplattform – weiter entwickeln. Deshalb sollten Sie nun die beiden Plugins installationsfähig machen. Erzeugen Sie ein neues Feature-Projekt, das die beiden Plugins `hsqldb.core` und `hsqldb.ui` beinhaltet. Ändern Sie außerdem die *Build*-Konfiguration im Projekt `hsqldb.ui`. Auf der Seite *Build* des Manifest-Editors fügen Sie das Archiv `ui.jar` zum linken Fenster der Sektion *Runtime Information* hinzu. Rechts fügen Sie den Ordner `src/` hinzu. Im Abschnitt *Binary Build* müssen nur `icons/` und `plugin.xml` angekreuzt sein. Nun können Sie im Feature-Manifest-Editor die Taste *Export...* betätigen und das Feature z.B. in eine ZIP-Datei exportieren. Anschließend können Sie das Feature auf die gewohnte Weise installieren, indem Sie die ZIP-Datei in den `eclipse`-Installationsordner entpacken. Nach dem Neustart nicht vergessen, das Feature im Update-Manager (*Help>Software Updates>Manage Configuration*) freizuschalten.

## 13.3 Transaktionen

Ein wesentlicher Vorteil bei der Verwendung von Datenbanksystemen liegt in der Unterstützung von ACID-Transaktionen. Das Acronym ACID steht für:

- **Atomic** (atomar). Jede Transaktion wird ganz oder gar nicht ausgeführt. Eine teilweise Ausführung gibt es nicht. Eine Transaktion wird durch Commit (erfolgreicher Abschluss) bzw. Rollback (verwerfen) begrenzt.
- **Consistent** (konsistent). Jede Transaktion stellt sicher, die Daten von einem gültigen Zustand in einen anderen gültigen Zustand zu überführen.
- **Isolated** (isoliert). Eine Transaktion darf nicht von anderen, zur gleichen Zeit ausgeführten Transaktionen beeinflusst werden.
- **Durable** (dauerhaft). Die Effekte einer Transaktion müssen mit der Beendigung der Transaktion dauerhaft gesichert werden. Dieser Datenzustand muss auch einen Systemausfall sicher überleben.

Dabei darf eine Transaktion eine beliebige Anzahl von Datenbankoperationen enthalten. Insbesondere dürfen an einer Transaktion mehrere Geschäftsobjekte beteiligt sein. Und damit kommen wir zu einer Schwierigkeit in Zusammenhang mit objektorientierter Programmierung. Sind mehrere Klassen an einer Datenbank-Transaktion beteiligt, so müsste die Klasse, welche die letzte Datenbankoperation abgesetzt hat, die Transaktion mit *Commit* beenden – nach dem Motto: Der Letzte macht die Türe zu. Eine solche Implementierung wäre aber unflexibel: Das Anfügen weiterer Datenbankoperationen würde eine Änderung bereits bestehender Klassen erfordern. Deshalb geht man anders vor: Man implementiert eine eigene Transaktionsklasse, von der aus man die verschiedenen Datenbankoperationen auf die Geschäftsobjekte absetzt. Nur diese Transaktionsklasse ist für den Beginn und das Ende der Transaktion verantwortlich. Die einzelnen Geschäftsobjekte jedoch sind transaktionsagnostisch.

Sehen wir uns das in einem Beispiel an. Die Tabelle `tasks` aus obigen Beispielen implementieren wir als ein eigenständiges Geschäftsobjekt. Dieses Objekt definiert selbst die SQL-Kommandos, um Instanzen in die Datenbank einzufügen, zu ändern oder zu löschen.

*Geschäftsobjekt*

```
public class Task {
  private static final String tableName = "tasks";
  public int id;
  public String name;
  public float duration;

  public Task(int id, String name, float duration) {
    super();
    this.id = id;
    this.name = name;
    this.duration = duration;
  }

  public String sqlInsert() {
    return "insert into " + tableName + " values (" + id
            + ",'" + name + "'," + duration + ")";
  }

  public String sqlUpdate() {
    return "update " + tableName + " set name='" + name
            + "', duration='" + duration + "' where id = " + id;
  }

  public String sqlDelete() {
    return "delete from " + tableName + " where id = " + id;
  }
}
```

Um z.B. mehrere Tasks-Instanzen innerhalb einer einzigen Transaktion anzulegen, implementieren wir eine Transaktionsklasse `InsertTasksTransaction`. Dort erzeugen wir drei neue Instanzen der Klasse `Tasks`, speichern sie in der Datenbank und führen anschließend ein `commit()` auf die Verbindung aus.

*Transaktionsobjekt*

```
import java.sql.Connection;
import java.sql.SQLException;
import java.sql.Statement;

public class InsertTasksTransaction {
  // Jdbc-Verbindung
  private Connection connection;
  // SQL-Statement
  private Statement statement;

  /**
   * @param connection
   */
  public InsertTasksTransaction(Connection connection) {
    super();
    this.connection = connection;
  }

  public void run() throws SQLException{
    statement = connection.createStatement();
    // Task 1 erzeugen und speichern
    Task task1 = new Task(5, "Shaving", 5f);
    statement.execute(task1.sqlInsert());
    // Task 2 erzeugen und speichern
    Task task2 = new Task(6, "Dressing", 10f);
    statement.execute(task2.sqlInsert());
    // Task 3 erzeugen und speichern
    Task task3 = new Task(7, "Reading", 15f);
    statement.execute(task3.sqlInsert());
     // Transaktion beenden
    connection.commit();
    // Statement schließen
    statement.close();
  }
}
```

Um eine solche Transaktion auszuführen, erzeugt man eine neue Instanz der Klasse `InsertTasksTransaction` und führt deren `run()`-Methode aus. Vorher sollte man aber den *AutoCommit*-Modus der Datenbank abschalten, denn sonst würde ein automatischer *Commit* nach jedem Aufruf von `statement.execute()` durchgeführt werden, was natürlich nicht unserer Absicht entspricht.

```
      try {
        connection.setAutoCommit(false);
      } catch (SQLException e) {
        e.printStackTrace();
      }
      InsertTasksTransaction transaction =
                   new InsertTasksTransaction(connection);
      try {
        transaction.run();
      } catch (SQLException e) {
        e.printStackTrace();
      }
```

## 13.4 Datenbankunterstützung in einer Rich-Client-Umgebung

Die obigen Programme waren reine Java-Applikationen. In einer Rich-Client-Umgebung, in welcher die Benutzeroberfläche von der Rich-Client-Applikation gestaltet wird, werden die Benutzeroberflächen der Datenbanken (wie *ij* oder der HSQLDB-Datenbankmanager) kaum zum Einsatz kommen. Funktionen wie das Starten und Stoppen der Datenbank müssen von der Rich-Client-Anwendung selbst übernommen werden.

Im Folgenden stellen wir ein kleines Plugin vor, das die HSQLDB-Datenbank in eine RCP-Umgebung einbettet und auch Funktionen wie das Starten und Stoppen der Datenbank und den Aufbau einer Verbindung übernimmt.

Zunächst erzeugen Sie ein Plugin-Projekt namens `com.bdaum.HsqldbWrapper`. Das Plugin benötigt keine Benutzeroberfläche – Sie können deshalb das Häkchen von der Option *This plug-in will make contributions to the UI* entfernen. Unter Classpath geben Sie `hsqldbWrapper.jar` an.

Anschließend importieren Sie die Datei `hsqldb.jar` in den Projektordner. Hier können Sie ruhig die neueste Version von HSQLDB verwenden (ich habe hier die Version 1.8.0 verwendet). Diese JAR-Datei fügen Sie im Plugin-Manifest auf der Seite *Runtime* zur Liste der JARs auf dem *Classpath* hinzu. Zur Liste der exportierten *Packages* fügen Sie `com.bdaum.hsqldbWrapper` und `org.hsqldb` hinzu. Das letztere Package enthält den JDBC-Treiber. Das OSGi-Manifest sollte dann so aussehen:

```
Manifest-Version: 1.0
Bundle-ManifestVersion: 2
Bundle-Name: HsqldbWrapper Plug-in
Bundle-SymbolicName: com.bdaum.HsqldbWrapper
Bundle-Version: 1.8.0
Bundle-ClassPath: hsqldbWrapper.jar,
 hsqldb.jar
Bundle-Activator: com.bdaum.HsqldbWrapper.HsqldbWrapperPlugin
Bundle-Vendor: bdaum industrial communications
Bundle-Localization: plugin
Require-Bundle: org.eclipse.core.runtime
Eclipse-AutoStart: true
Export-Package: com.bdaum.HsqldbWrapper,
 org.hsqldb
```

Für die spätere Auslieferung markieren Sie auch auf der Seite *Build* die Datei `hsqldb.jar` unter *Binary Build*. Schließlich muss noch `hsqldb.jar` in den *Java Build Path* aufgenommen werden (*Properties>Java Build Path>Libraries>Add JARs...*). Stellen Sie sicher, dass die Export-Option für `hsqldb.jar` gesetzt ist.

*Start und Stopp*

Anschließend fügen Sie noch die gewünschte Funktionalität in die Klasse `HsqldbWrapperPlugin` ein:

```
package hsqldbWrapper;
import java.sql.*;
import org.eclipse.core.runtime.Plugin;
import org.hsqldb.Server;

public class HsqldbWrapperPlugin extends Plugin {
  // The shared instance.
  private static HsqldbWrapperPlugin plugin;

  // Der Thread, in dem die Datenbank läuft
  private Thread server;

  // Die URL für die Socketverbindung zur Datenbank
  private String url;

  // Die Port-Nummer für die Socketverbindung zur Datenbank
  private String port;

  // Die Benutzeridentifikation
  private String user;

  // Das Passwort des Benutzers
  private String passwd;

  /**
   * Konstruktor
   */
  public HsqldbWrapperPlugin() {
    plugin = this;
  }
```

```
/**
 * Gibt das Plugin-Singleton zurück
 */
public static HsqldbWrapperPlugin getDefault() {
  return plugin;
}
```

*Nebenläufigkeit*

Beim Starten der Datenbank ist es wichtig, die Datenbank in einem separaten Thread zu starten. Ansonsten würde unsere Applikation zum Server werden, und die Benutzeroberfläche würde einfrieren!

Die Konfigurationsdaten wie Datenbank-URL, Portnummer, Benutzername und -passwort holen wir uns von den System-Properties. Dazu unten mehr.

```
/**
 * Startet die Datenbank
 * @param location - Ordner, wo die Datenbankdateien gespeichert
                                                               sind
 */
public void startDatabase(final String location) {
  // Prüfen, ob bereits gestartet
  if (server != null)
    return;
  // Konfiguratonsdaten holen
  user = System.getProperty("hsqldb.connection.user");
  passwd = System.getProperty("hsqldb.connection.password");
  if (passwd == null)
    passwd = "";
  url = System.getProperty("hsqldb.connection.url");
  port = System.getProperty("hsqldb.connection.port");
  // Startet einen Datenbank-Server in einem neuen Thread
  server = new Thread() {
    public void run() {
      // Kommandozeilenparameter für den Datenbankstart
      String[] args = { "-database", location + "/database",
                        "-port", port,
                        "-no_system_exit", "true" };
      Server.main(args);
    }
  };
  server.start();
}

/**
 * Stoppt die Datenbank
 * @throws ClassNotFoundException
 * @throws SQLException
 */
public void stopDatabase() throws ClassNotFoundException,
        SQLException {
```

```
    // Prüfen, ob schon gestoppt
    if (server == null)
      return;
    // Ordentliches Shutdown durchführen
    Statement stmt = getConnection().createStatement();
    stmt.executeUpdate("SHUTDOWN");
    stmt.close();
    // Verbindung braucht diesmal nicht geschlossen zu werden!
    server = null;
  }
```

*Verbindungsaufbau*

```
  /**
   * Öffnet eine neue Datenbankverbindung
   * @return - das neue Verbindungsobjekt
   * @throws SQLException
   */
  public Connection getConnection() throws SQLException {
    try {
      Class.forName("org.hsqldb.jdbcDriver");
    } catch (ClassNotFoundException e) {
      return null;
    }
    return DriverManager.getConnection(url + ':' + port, user,
                                                        passwd);
  }
}
```

*Konfiguration*

Oben hatten wir uns die Konfigurationsdaten von den `System`-Properties geholt. Das geschah mit einer gewissen Absicht. Wir möchten von der Tatsache Gebrauch machen, dass alle Einträge in der Eclipse-Konfigurationsdatei `config.ini` (siehe Abschnitt 6.5) aus den System-Properties ausgelesen werden können. Es wird also jetzt Zeit, statt der vom Produkt-Export-Wizard generierten Konfigurationsdatei eine handgemachte Version zu verwenden und die HSQLDB-Konfigurationsparameter dort einzutragen:

```
eclipse.product=com.bdaum.planner.product
osgi.splashPath = platform:/base/plugins/com.bdaum.planner
osgi.bundles=org.eclipse.core.runtime@2:start,
             org.eclipse.update.configurator@3:start
hsqldb.connection.user=sa
hsqldb.connection.url=jdbc:hsqldb:hsql://127.0.0.1
hsqldb.connection.port=9001
eof=eof
```

Diese Konfigurationsdatei sollte im Projekt `com.bdaum.planner` abgelegt werden. Im Produkteditor wählen wir auf der Seite *Configuration* die Option *Use an existing config.ini file* und tragen im zugehörigen Feld den Pfad dieser Datei ein.

Da wir unsere Anwendung Feature-basiert aufbauen, erzeugen wir für dieses Plugin auch noch ein Feature namens *HsqldbWrapper Feature* mit der ID `com.bdaum.hsqldbWrapper`. Auf der Manifest-Seite *Dependencies* betätigen wir noch die *Compute*-Taste, sichern das Manifest und fügen dann das Manifest im Produkteditor auf der Seite *Configuration* der Liste der benötigten Features hinzu.

## 13.5 Datenbankzugriff für die Beispielanwendung

Mit Hilfe des im vorigen Abschnitt erstellten HSQLDB-Wrappers können wir nun unser Projektplaner-Beispielprogramm mit Datenbankunterstützung ausrüsten. Dazu geben wir auf der Seite *Dependencies* des Projektplaner-Manifestes das Plugin `com.bdaum.HsqldbWrapper` als benötigtes Plugin an. Außerdem kreuzen wir unter *Properties* die Option *Re-export this Dependency* an, so dass die Datenbank auch weiteren Plugins des Planers zur Verfügung steht.

### 13.5.1 Datenbankinfrastruktur

*Datenbank starten*

Zunächst müssen wir die Datenbank starten. Das geschieht am besten in der `start()`-Methode der Plugin-Klasse `PlannerPlugin`, die bei der Aktivierung des Plugins aufgerufen wird. Zunächst holen wir uns in der Methode `getInstallUrl()` das Installationsverzeichnis des Plugins von der Plattform. Die Datenbank kommt dann in diesem Verzeichnis in den Unterordner `db`. Falls noch nicht vorhanden, wird sie von HSQLDB automatisch dort angelegt. (Deshalb suchen wir auch nicht direkt nach dem Ordner `db`, da dieser noch nicht zu existieren braucht.) Anschließend wird in der Methode `checkSchemata()` abgeprüft, ob die für unsere Anwendung benötigten Datenbankschemata bereits installiert wurden. Falls nicht, wird das von dieser Methode erledigt.

```
public void start(BundleContext context) throws Exception {
  super.start(context);
  try {
    URL pluginUrl = getInstallUrl("");
    HsqldbWrapperPlugin.getDefault().startDatabase(
            pluginUrl.getPath() + "db");
    checkSchemata();
  } catch (Exception e) {
    logError(7, "Error starting Database environment", e);
  }
}
```

```
/**
 * Liefert die Installations-URL zum angegebenen Pfad
 * @param path - Plugin-relativer Pfad
 * @return - Installations-URL
 */
public static URL getInstallUrl(String path) {
  try {
    return Platform.resolve(plugin.find(new Path(path)));
  } catch (Exception e) {
    return null;
  }
}
```

Entsprechend wird in der stop()-Methode die Datenbank wieder ordentlich heruntergefahren. Damit wird sichergestellt, dass noch alle hängenden Transaktionen abgeschlossen werden.

```
public void stop(BundleContext context) throws Exception {
  HsqldbWrapperPlugin.getDefault().stopDatabase();
  super.stop(context);
  plugin = null;
}
```

### 13.5.2 Autoinstallation

*Datenbanktabellen*

Schauen wir uns nun genauer an, was in der Methode checkSchemata() passiert. Zunächst wird vom HsqldbWrapper-Plugin eine Verbindung zur Datenbank angefordert. Dann wird abgeprüft, ob bereits eine Benutzertabelle existiert. Wenn nicht, wird das als Zeichen gewertet, dass überhaupt noch keine Schemata installiert wurden. In diesem Fall erfolgt in der Methode addSchemata() die Installation der fachlichen Datenbankschemata und dann in der Methode UserDAO.createTable() die Installation der Tabelle für die Benutzerdaten. Anschließend wird ein neuer Benutzer namens »admin« erzeugt und mit der Methode update() in der Datenbank gespeichert. Nun könnte sich der erste Benutzer einloggen.

Grundsätzlich gilt bei Rich-Client-Anwendungen, dass die Anwendungen selbst sicherstellen, dass die von ihnen benötigte Umgebung wie z.B. Datenbankschemata korrekt installiert werden. Anwendungen sollten sich hier nicht auf externe Installationsprozeduren verlassen, denn das würde nur neue Fehlerquellen einführen und auch die Auslieferung schwieriger machen.

```
/**
 * Prüft, ob USER-Schema vorhanden. Wenn nicht, werden alle
 * Schemata angelegt und ein erster berechtigter Benutzer
 * eingetragen
 * @throws SQLException
 */
private void checkSchemata() throws SQLException {
  Connection connection = HsqldbWrapperPlugin
          .getDefault().getConnection();
  // Abfrage, ob User-Tabelle existiert
  if (!UserDAO.tableExists(connection)) {
    // Nein - alle Schemata erzeugen
    if (addSchemata(connection, "dbSchema/")) {
      // Erfolgreich, auch User-Schema erzeugen
      if (UserDAO.createTable(connection)) {
        // Erfolgreich, Standardbenutzer anlegen
        UserDAO user = new UserDAO("admin", "password",
                Arrays.asList(new String[] { "Administrator" }));
        user.save(connection, user.name);
      }
    }
  }
}
```

### 13.5.3 Datenmodell und Datenzugriffsmodul

An dieser Stelle müssen wir auf die Klassen `User` und `UserDAO` eingehen. Die Klasse `User` realisiert das Datenmodell eines Benutzers und wurde bereits in Abschnitt 4.3.4 implementiert.

*DAO*

Natürlich war bei dieser Klasse noch keine Persistenz gegeben. Wir implementieren deshalb eine Unterklasse von User namens `UserDAO` (*Data Access Object*), welche alle Datenbankzugriffe für die Klasse `User` organisiert. DAOs sind eine Standardtechnik in der klassischen JDBC-Programmierung, um sowohl die Geschäftslogik als auch das Datenmodell von SQL freizuhalten. Die Separation der JDBC-Anweisungen in spezielle Klassen erleichtert es, die SQL-Anweisungen von Experten prüfen zu lassen. Denn eine Schwierigkeit bei der Programmierung mit SQL besteht darin, dass die Anweisungen nicht vom Java-Compiler geprüft werden können – Fehler werden erst bei der Ausführung entdeckt.

```
package com.bdaum.planner;
import java.sql.*;
import java.util.ArrayList;
import java.util.List;
import java.util.StringTokenizer;
```

```
public class UserDAO extends User {
  // Tabellenname
  private static final String USERS = "Users";
  // Ist aktuelles Objekt persistent?
  private boolean persistent = false;
```

Beim Erzeugen eines neuen Objektes ist dieses zunächst noch nicht persistent. Deshalb ist anfangs die Variable persistent auf `false` gesetzt. Durch Ausführung der Methode `save()` kann das Objekt später persistent gemacht werden.

```
  /**
   * Konstruktor.
   * @param name – Benutzername
   * @param password – Passwort
   * @param roles – Rollen
   */
  public UserDAO(String name, String password, List<String> roles) {
    super(name, password, roles);
  }
```

*Create table*

Mit Hilfe der folgenden Methode kann das Schema für die Benutzerdaten gegenüber der Datenbank definiert werden. Hier wird zunächst ein `CREATE TABLE`-Kommando aufgebaut und dann über ein `Statement`-Objekt an die Datenbank abgesetzt.

```
  /**
   * Definiert das User-Schema
   * @param connection – Verbindung zur Datenbank
   * @return – true bei Erfolg
   */
  public static boolean createTable(Connection connection) {
    try {
      // SQL-Statement erzeugen
      Statement statement = connection.createStatement();
      String command = "create table " + USERS
       + " (name varchar(50), password varchar(20), roles
                                                  varchar(255))";
      // Kommando kompilieren und ausführen
      statement.executeUpdate(command);
      statement.close();
      return true;
    } catch (SQLException e1) {
      PlannerPlugin.logError(2, "Cannot initialize database", e1);
      return false;
    }
  }
```

Mit der folgenden Methode ist es möglich, festzustellen, ob die Tabelle mit den Benutzerdaten bereits existiert. Es wird einfach versucht, alle Benutzerdatensätze zu selektieren. Existiert die Tabelle noch nicht, wird eine SQLException erzeugt, die Methode gibt dann den Wert false zurück.

*Select*

```
/**
 * Prüft, ob Tabelle existiert
 * @param connection - Verbindung zur Datenbank
 * @return - true, wenn Benutzertabelle existiert
 */
public static boolean tableExists(Connection connection) {
  try {
    // SQL-Statement erzeugen
    Statement statement = connection.createStatement();
    String command = "select * from " + USERS;
    // Kommando kompilieren und ausführen
    ResultSet results = statement.executeQuery(command);
    results.close();
    statement.close();
    return true;
  } catch (SQLException e) {
    return false;
  }
}
```

*update/insert*

Die Methode save() führt, abhängig vom Zustand des Benutzerobjektes entweder ein UPDATE- oder ein INSERT-Kommando aus. War das Objekt noch nicht persistent, muss offensichtlich das Objekt als neuer Datensatz in die Datenbank eingefügt werden. Andernfalls ist das Objekt bereits in der Datenbank vorhanden und muss nur aktualisiert werden.

*PreparedStatement*

Beim Aufbau der SQL-Kommandos machen wir hier von der Klasse PreparedStatement Gebrauch. Dieser Klasse kann eine Schablone für das Datenbankkommando übergeben werden, in die dann anschließend die konkreten Werte eingefüllt werden können. Der Vorteil ist zweifach: Zum einen kann das Kommando von der Datenbank vorkompiliert werden und ist dann bei wiederholter Ausführung (wir machen hiervon keinen Gebrauch) schneller, zum anderen bleibt auf diese Art und Weise das Kommando leichter lesbar, was etwaigen Fehlern bei der SQL-Programmierung vorbeugt.

```
/**
 * User-Datensatz anlegen oder ändern
 * @param connection – Verbindung zur Datenbank
 * @param key – Schlüsselwert für den Datensatz (alter Name)
 */
public void save(Connection connection, String key) {
  try {
    // SQL-Statement erzeugen
    PreparedStatement statement = (persistent) ?
        connection.prepareStatement("update " + USERS
            + " set name=?, password=?, roles=? where name=?")
      : connection.prepareStatement("insert into " + USERS
            + " values (?, ?, ?)");
    // Werte einsetzen
    statement.setString(1, name);
    statement.setString(2, password);
    statement.setString(3, listToCsv());
    if (persistent)
      statement.setString(4, key);
     // Ausführen
    statement.executeUpdate();
    persistent = true;
    statement.close();
  } catch (SQLException e) {
    PlannerPlugin.logError(4, NLS.bind(
         "Error when inserting/updating user {0}", name), e);
  }
}
```

Das Speichern der Liste für die Benutzerrollen verlangt noch etwas Zusatzaufwand. Da relationale Datenbanken keine Strukturen speichern können, wandeln wir die Liste in eine CSV-Zeichenkette (*Comma Separated Values*) um. Beim Lesen des Datensatzes müssen wir dann die umgekehrte Konvertierung durchführen.

```
private String listToCsv() {
  if (roles == null)
    return "";
  StringBuffer sb = new StringBuffer();
  for (String role : roles) {
    if (sb.length() > 0)
      sb.append(", ");
    sb.append(role);
  }
  return sb.toString();
}
```

Analog verläuft das Löschen eines Datensatzes. In diesem Fall kann jedoch der im Objekt gespeicherte Name als Schlüsselwert zum Auffinden des Datensatzes verwendet werden, muss also nicht als Parameter übergeben werden. *delete*

```
/**
 * User-Datensatz löschen
 * @param connection - Verbindung zur Datenbank
 */
public void delete(Connection connection) {
  try {
    // SQL-Statement erzeugen
    PreparedStatement statement = connection
         .prepareStatement("delete from "+USERS+" where name=?");
    statement.setString(1, name);
    // Ausführen
    statement.executeUpdate();
    statement.close();
    persistent = false;
  } catch (SQLException e) {
    PlannerPlugin.logError(5, NLS.bind(
            "Error when deleting user {0}", name), e);
  }
}
```

Beim Lesen eines Datensatzes wird ein `SELECT`-Kommando aufgebaut. Vom Aufrufer kann dabei ein `WHERE`-Kriterium für die Selektion mitgegeben werden. Aus dem erhaltenen `ResultSet` werden anschließend die Benutzer-Datenobjekte als neue `UserDAO`-Instanzen erzeugt. Für diese Instanzen wird der Indikator `persistent` gesetzt, um anzuzeigen, dass diese Instanzen bereits Sätze in der Datenbank besitzen. *select*

```
/**
 * Datensätze lesen
 * @param connection - Verbindung zur Datenbank
 * @param where - SQL where-Bedingung
 * @return - Liste mit Benutzern, die der Bedingung entsprechen
 */
public static List<UserDAO> select(Connection connection,
                                                 String where) {
  try {
    List<UserDAO> users = new ArrayList<UserDAO>();
    // Kommando konstruieren
    String command = "select * from " + USERS;
    if (where != null && where.length() > 0)
      command += " where " + where;
    // SQL-Statement erzeugen
    Statement statement = connection.createStatement();
```

```
        // Kommando kompilieren und ausführen
        ResultSet results = statement.executeQuery(command);
        // Über Ergebnisse iterieren
        while (results.next()) {
          // Felder des Datensatzes übernehmen
          String name = results.getString(1);
          String password = results.getString(2);
          List<String> roles = csvToList(results.getString(3));
          UserDAO user = new UserDAO(name, password, roles);
          user.persistent = true;
          users.add(user);
        }
        // Ergebnismenge und Statement schließen
        results.close();
        statement.close();
        return users;
      } catch (SQLException e) {
        PlannerPlugin.logError(6, "Cannot read user table", e);
        return null;
      }
    }
```

Die Rückwandlung der kommaseparierten Zeichenkette mit den Benutzerrollen in eine Liste erfolgt in der Methode csvToList().

```
    /**
     * Comma Separated List in Liste umwandeln
     * @param csv - kommaseparierte Liste
     * @return - Ergebnisliste
     */
    private static List<String> csvToList(String csv) {
      List<String> roles = new ArrayList<String>();
      StringTokenizer st = new StringTokenizer(csv, ", ");
      while (st.hasMoreTokens())
        roles.add(st.nextToken());
      return roles;
    }
  }
```

### 13.5.4 Skriptdateien ausführen

Doch kehren wir zur Plugin-Klasse zurück. Was uns noch fehlt, ist die Definition der Methode addSchemata(). Hier sollen die Schemata des Datenmodells des Projektplaners definiert werden. Wir wollen diese Schemata nicht fest in Java-Code programmieren, sondern lieber in separaten SQL-Skriptdateien ablegen (im folgenden Kapitel werden wir auf die einzelnen Schemata genauer eingehen). Leider gibt es jedoch im JDBC keine Unterstützung für das Ausführen von Skriptdateien. Wir lesen deshalb kurzerhand diese Dateien selber ein und führen sie auf die gewohnte Weise aus.

```
/**
 * Liest Schemata vom angegebenen Ordner und fügt sie der
 * Datenbank zu.
 * @param connection – die Verbindung zur Datenbank
 * @return – true bei Erfolg
 */
private boolean addSchemata(Connection connection, String path) {
  boolean success = false;
  try {
    // URL des Schemaordners holen
    URL schemaUrl = getInstallUrl(path);
    if (schemaUrl != null) {
      success = true;
      // Statement-Objekt erzeugen
      Statement statement = connection.createStatement();
      // Ordner holen
      File schemaFolder = new File(schemaUrl.getPath());
      // Über die Dateien im Ordner iterieren
      for (File file : schemaFolder.listFiles()) {
        // Reader erzeugen
        BufferedReader in =
                   new BufferedReader(new FileReader(file));
        // Datei einlesen
        StringBuffer sb = new StringBuffer();
        String str;
        while ((str = in.readLine()) != null)
          sb.append(str);
        in.close();
        // Eingelesene Zeichenkette als SQL-Kommando ausführen
        try {
          statement.execute(sb.toString());
        } catch (SQLException e1) {
          success = false;
          PlannerPlugin.logError(9, NLS.bind(
           "Error when executing SQL Script {0}",file), e1);
        }
      }
    }
  } catch (Exception e) {
    PlannerPlugin.logError(8, "Schema folder not found", e);
  }
  return success;
}
```

### 13.5.5 Benutzeranmeldung

Damit ist die notwendige Infrastruktur für die Datenbankunterstützung erstellt. Gleichzeitig haben wir bereits eine Softwareschicht für den Zugriff auf Benutzerdaten implementiert. Wir sind jetzt in der Lage, die Benutzeranmeldung in der Methode `checkUser()` in der Klasse `LoginDialog` zu vervollständigen. Dazu wird an die Klasse `UserDAO` eine Datenbankabfrage abgesetzt, mit der nach einem Benutzer mit dem angegebenen Namen und Passwort gesucht wird. Bei erfolgreicher Anmeldung wird das User-Objekt in der `PlannerPlugin`-Instanz gespeichert, damit später noch darauf zugegriffen werden kann.

```
/**
 * Eingegebene Benutzerdaten gegen Datenbank prüfen
 * @param name - Benutzername
 * @param password - Passwort
 * @return - true, wenn Anmeldung erfolgreich
 */
private boolean checkUser(String name, String password) {
  try {
    Connection connection = HsqldbWrapperPlugin.getDefault()
            .getConnection();
    List<UserDAO> users = UserDAO.select(connection, "name='"
            + name + "' and password='" + password + "'");
    if (users != null && users.size() > 0) {
      User user = users.get(0);
      PlannerPlugin.getDefault().setUser(user);
      return true;
    }
  } catch (SQLException e) {
    PlannerPlugin.logError(14, "Cannot connect to Database", e);
  }
  return false;
}
```

### 13.5.6 Der Administratorplatz

Das Anlegen neuer Benutzer, das Ändern und Löschen existierender Benutzer erfolgt in unserer Beispielanwendung durch den Administrator, dem wir für seine Aufgaben eine eigene Perspektive zuordnen. Diese Perspektive erhält zwei Views: den View mit dem Benutzerbestand und den View auf die Error-Logdatei. Die notwendigen Zugriffsmethoden für die Pflege des Benutzerbestandes haben wir bereits implementiert – hier geht es nun um die Benutzeroberfläche und die

Verwendung dieser Zugriffe. Dabei können wir auf die schon in Kapitel 9 erstellten abstrakten Klassen `AbstractMasterDetailsView`, `AbstractMasterDetailsBlock`, `AbstractDetailsPage` und `ViewAction` aufbauen.

Den Administratorplatz erstellen wir als ein eigenes Plugin. Das ermöglicht es, diese Funktionalität nur dort zu installieren, wo sie auch benötigt wird.

### Das Plugin-Manifest

Zunächst erstellen wir auf die übliche Weise ein Plugin-Projekt `com.bdaum.planner.admin`. Beim Anlegen des Projekts geben Sie unter Classpath admin.jar ein und verneinen natürlich die Frage »*Would you like to create a rich client application*«.

Das Projekt erhält eine Plugin-Klasse namens `AdminPlugin`, wird aber ohne Verwendung von Templates erzeugt. Auf der Seite *Dependencies* des Manifests geben Sie zusätzlich die Plugins `com.bdaum.planner` und `org.eclipse.pde.runtime` an. Der letztere Eintrag ist für *Error-Log*-View von Eclipse nötig.

*User View*

Auf der Seite *Extensions* erweitern wir zunächst den Erweiterungspunkt `org.eclipse.ui.views`. Als Konfigurationselemente in dieser Erweiterung erzeugen Sie ein `category`-Element namens *Administration* mit der ID `com.bdaum.planner.admin`, und den View `com.bdaum.planner.admin.views.UserView` mit dem Namen *Users*. Im *class*-Attribut des Views geben Sie die Klasse `com.bdaum.planner.admin.views.UserView` an und erzeugen diese mit einem Klick auf *class*. Die ID der Kategorie tragen Sie im View unter *category* ein.

*Perspektive*

Dann erweitern wir den Erweiterungspunkt `org.eclipse.ui.perspectives`. Dort legen Sie die Administrationsperspektive `com.bdaum.planner.admin.perspective` mit dem Namen *Administration* als einziges *perspective*-Konfigurationselement an. Im *class*-Attribut geben Sie die Perspektivenfabrik `com.bdaum.planner.admin.Perspective` an und erzeugen diese Klasse mit einem Klick auf *class*.

*Rollenzuordnung*

Anschließend erweitern wir noch den in Kapitel 4 definierten Erweiterungspunkt `com.bdaum.roles`. Wir legen ein neues Konfigurationselement `role` an, bei dem wir unter `name` den Wert »Administrator« eintragen. Das Kindelement `perspective` erhält die ID der oben angelegten Perspektive (`com.bdaum.planner.admin.perspective`) und für das Attribut `initial` den Wert `true`. Damit ist Benutzern mit der Rolle »Administrator« diese Perspektive als Anfangsperspektive zugeordnet. Schließlich definieren wir noch ein `plugin`-Kindelement mit der Plugin-Identifikation im Attribut `id`.

*OSGi-Manifest*

Das sich ergebende OSGi-Manifest müsste dann etwa so aussehen:

```
Manifest-Version: 1.0
Bundle-ManifestVersion: 2
Bundle-Name: Admin Plug-in
Bundle-SymbolicName: com.bdaum.planner.admin; singleton:=true
Bundle-Version: 1.0.0
Bundle-ClassPath: admin.jar
Bundle-Activator: com.bdaum.planner.admin.AdminPlugin
Bundle-Vendor: bdaum industrial communications
Bundle-Localization: plugin
Require-Bundle: org.eclipse.ui,
 org.eclipse.core.runtime,
 com.bdaum.planner,
 org.eclipse.pde.core
Eclipse-AutoStart: true
```

und das Plugin-Manifest so:

*Plugin-Manifest*

```
<?xml version="1.0" encoding="UTF-8"?>
<?eclipse version="3.0"?>
<plugin>
   <extension point="org.eclipse.ui.views">
      <category id="com.bdaum.planner.admin"
                name="Administration"/>
      <view category="com.bdaum.planner.admin"
            class="com.bdaum.planner.admin.views.UserView"
            id="com.bdaum.planner.admin.views.UserView"
            name="Users"/>
   </extension>
   <extension point="org.eclipse.ui.perspectives">
      <perspective class="com.bdaum.planner.admin.Perspective"
                   id="com.bdaum.planner.admin.perspective"
                   name="Administration"/>
   </extension>
   <extension point="com.bdaum.planner.roles">
      <role name="Administrator">
         <perspective id="com.bdaum.planner.admin.perspective"
                      initial="true"/>
         <plugin id="com.bdaum.planner.admin"/>
         <plugin id="com.bdaum.planner.admin.help"/>
      </role>
   </extension>
</plugin>
```

*Layout*

Jetzt können wir die Perspektive vervollständigen. Zunächst wird der Benutzer-View dem Layout hinzugefügt. Der erste View in einem Layout muss sich immer auf den Editorbereich beziehen, die folgenden

Views können sich auch auf schon definierte Views beziehen. Da wir keinen Editor benötigen und deshalb anschließend den Editorbereich auf unsichtbar schalten, ist es egal, ob wir den View rechts, links, ober- oder unterhalb des Editorbereichs positionieren. Anschließend fügen wir unterhalb des Benutzer-Views den *ErrorLog*-View der Eclipse-PDE-Runtime-Umgebung hinzu, und zwar im Größenverhältnis von 1 zu 0,7. Damit bekommt der Administrator die Möglichkeit, in die Fehlerdatei einzusehen und auch Einträge aus dieser Datei zu löschen.

Schließlich werden noch mit der in Abschnitt 4.3.4 definierten Methode `fillPerspectiveMenu()` Perspektiven-Shortcuts gesetzt.

#### Die Klasse Perspective

```
package com.bdaum.planner.admin;
import org.eclipse.ui.IPageLayout;
import org.eclipse.ui.IPerspectiveFactory;

  private static final String LOGVIEW =
                         "org.eclipse.pde.runtime.LogView";
  private static final String USERVIEW =
                         "com.bdaum.planner.admin.views.UserView";

  public void createInitialLayout(IPageLayout layout) {
    layout.addView(USERVIEW, IPageLayout.LEFT, 1.0f,
           IPageLayout.ID_EDITOR_AREA);
    layout.addView(LOGVIEW, IPageLayout.BOTTOM, 0.70f, USERVIEW);
    layout.setEditorAreaVisible(false);
    // Abkürzungen für Window>Open Perspective
    com.bdaum.planner.Perspective.fillPerspectiveMenu(layout);
  }
```

#### Die Klasse UserView

Die Klasse `UserView` vervollständigen wir dann gleich anschließend. Hier handelt es sich eigentlich um einen klassischen `MasterDetailsBlock`. Links werden alle Benutzer angezeigt, rechts werden die Details eines ausgewählten Benutzers gezeigt. Aktionen in den Menüs und auf der Werkzeugleiste des Views dienen dazu, neue Benutzer anzulegen oder ausgewählte Benutzer zu löschen. Bei der Implementierung des Views setzen wir auf die in Abschnitt 9.4.3 im Plugin `com.bdaum.planner` implementierte Klasse `AbstractMasterDetailsView` auf.

```
package com.bdaum.planner.admin.views;
import java.sql.Connection;
import java.sql.SQLException;
import java.util.*;
import org.eclipse.jface.action.IMenuManager;
```

```
import org.eclipse.jface.action.IToolBarManager;
import org.eclipse.jface.viewers.*;
import org.eclipse.swt.SWT;
import org.eclipse.swt.graphics.Image;
import org.eclipse.swt.layout.RowLayout;
import org.eclipse.swt.widgets.Button;
import org.eclipse.swt.widgets.Composite;
import org.eclipse.swt.widgets.Text;
import org.eclipse.ui.forms.DetailsPart;
import org.eclipse.ui.forms.widgets.FormToolkit;
import com.bdaum.HsqldbWrapper.HsqldbWrapperPlugin;
import com.bdaum.planner.PlannerPlugin;
import com.bdaum.planner.User;
import com.bdaum.planner.UserDAO;
import com.bdaum.planner.views.AbstractDetailsPage;
import com.bdaum.planner.views.AbstractMasterDetailsBlock;
import com.bdaum.planner.views.AbstractMasterDetailsView;

public class UserView extends AbstractMasterDetailsView {
```

*Master-Details-Block*

Zunächst wird für diesen Benutzer-View ein spezieller `MasterDetailsBlock` definiert. Im Master-Bereich werden UserDAO-Instanzen in einem `TableViewer` aufgelistet. Um die Details anzeigen zu können, muss der Klasse `UserDAO` eine geeignete Detailseite zugeordnet werden. Diese Seite muss noch implementiert werden.

```
private class UserBlock extends AbstractMasterDetailsBlock {

  protected String getMasterTitle() {
    return "Users";
  }

  protected void registerPages(DetailsPart detailsPart) {
    super.registerPages(detailsPart);
    detailsPart.registerPage(UserDAO.class,
            new UserDetailsPage());
  }
```

*Viewer*

In der Methode `createViewer()` wird dann auf die übliche Art und Weise ein TableViewer erzeugt. Die erforderlichen `Content-` und `LabelProvider` werden weiter unten noch implementiert. Als Sortierer wird der JFace-Standardsortierer `ViewerSorter` verwendet. Dieser Sortierer sortiert die Einträge anhand der vom `LabelProvider` erzeugten Tabelleneinträge.

Außerdem wird noch ein spezieller `ElementComparer` gesetzt. Normalerweise prüft der Viewer bei der Identifizierung eines `TableItem`-Widgets anhand des Datenobjektes das dem `TableItem` zugeordnete Objekt auf Gleichheit mit dem vorgegebenen Objekt. Im Falle von

UserDAO-Einträgen ist jedoch keine spezielle equals()-Methode definiert, und folglich ist hier Gleichheit gleichbedeutend mit Identität. Und die ist nicht immer gegeben, denn Daten, die von der Datenbank gelesen werden, erzeugen neue UserDAO-Instanzen mit einer neuen Identität. Folglich würde der Viewer z.B. beim Setzen einer Selektion den entsprechenden Tabelleneintrag nicht finden – die Operation bliebe wirkungslos.

Um dieses Problem zu lösen, wird deshalb hier ein ElementComparer eingesetzt. Dieser stellt explizit fest, wann zwei Objekte vom Viewer als gleich zu betrachten sind. Außerdem wird auch der Hashwert berechnet, um auch ein korrektes Verhalten beim Speichern in einer HashMap oder einem HashSet zu erreichen. Wir betrachten zwei UserDAO-Einträge als gleich, wenn ihre Datenbankschlüssel (ihre Namen) gleich sind. Diese Regel sollte für alle Datenbankobjekte verwendet werden – was von der Datenbank als gleich betrachtet wird, sollte auch für den Viewer gleich sein.

```
    /*
     * TableViewer erzeugen
     */
    protected StructuredViewer createViewer(Composite client) {
      TableViewer viewer = new TableViewer(client,
              SWT.MULTI | SWT.H_SCROLL | SWT.V_SCROLL);
      viewer.setContentProvider(new ViewContentProvider());
      viewer.setLabelProvider(new ViewLabelProvider());
      viewer.setSorter(new ViewerSorter());
      // ElementComparer setzen (Vergleich auf Namen reicht
      // für Identität)
      viewer.setComparer(new IElementComparer() {
        public boolean equals(Object a, Object b) {
          if (a instanceof User && b instanceof User) {
            String id_a = ((User) a).name;
            String id_b = ((User) b).name;
            return id_a.equals(id_b);
          }
          return a.equals(b);
        }
        public int hashCode(Object element) {
          return (element instanceof User) ?
                 ((User) element).name.hashCode()
               : element.hashCode();
        }
      });
      return viewer;
    }
  }
```

*Label-Provider*

Der Label-Provider für die Benutzertabelle ist recht einfach. Da die Tabelle nur eine Spalte hat, kann die Funktion der Methode `getColumnText()` auf die Methode `getText()` delegiert werden. Hier wird im Falle von User-Instanzen der Name des Benutzers zur Anzeige verwendet.

```
static class ViewLabelProvider extends LabelProvider implements
        ITableLabelProvider {
  /*
   * Benutzername wird als Label verwendet
   */
  public String getColumnText(Object obj, int index) {
    return getText(obj);
  }

  public String getText(Object element) {
    return (element instanceof User) ? ((User) element).name
          : super.getText(element);
  }

  public Image getColumnImage(Object obj, int index) {
    return null;
  }
}
```

*Content-Provider*

Und damit wären wir auch schon beim Content-Provider des `TableViewers`. Hier wird in Methode `getElement()` eine Datenbankabfrage an die Klasse `UserDAO` abgesetzt. Die erhaltene Liste wird dann als Array an den Viewer zurückgegeben.

```
class ViewContentProvider implements IStructuredContentProvider {

  public void inputChanged(Viewer v, Object oldInput,
          Object newInput) {
  }

  public Object[] getElements(Object parent) {
    if (parent instanceof Connection) {
      // Alle Benutzer aus der Datenbank auslesen
      List<UserDAO> users =
                 UserDAO.select( (Connection) connection, "");
      if (users != null)
        // In einem Array zurückgeben
        return users.toArray();
    }
    return new Object[0];
  }

  public void dispose() {
  }
}
```

*Detailseite*

Nun kommt die Detailseite des Benutzer-Views an die Reihe. Auch hier können wir auf eine schon vorhandene Klasse aufsetzen, auf die Klasse `AbstractDetailsPage` im Plugin `com.bdaum.planner`. Die Seite erhält das jeweils angezeigte `UserDAO`-Objekt mit der Methode `setInput()`. Eine Detailseite besteht aus zwei Eingabefeldern für Name und Passwort und aus einer Anzahl von Buttons für die Auswahl der Rollen. Da das Ganze leicht änderbar sein soll, werden die Buttons nicht fest definiert, sondern dynamisch in einer `HashMap` verwaltet. Das Namensfeld erhält den Fokus, wenn die Seite den Fokus erhält.

```
/**
 * Spezielle Detailseite für User-View
 */
private class UserDetailsPage extends AbstractDetailsPage {

  // Der auf dieser Seite angezeigte Benutzer
  private UserDAO user;
  // Widgets
  private Text nameField, passwordField;
  // Buttons für die Benutzerrollen werden in einer Map
  // gespeichert
  private Map<String, Button> buttonMap =
                    new HashMap<String, Button>(7);
  /**
   * Konstruktor
   */
  UserDetailsPage() {
    super();
    addStateChangedListener(UserView.this);
  }
  //  Fokus auf Namensfeld setzen
  public void setFocus() {
    if (nameField != null)
      nameField.setFocus();
  }

  /*
   * Titel dieser Seite
   */
  protected String getDetailsTitle() {
    return "User Details";
  }

  // Eingabeelement setzen
  public void setInput(Object element) {
    user = (UserDAO) element;
  }
```

*Seitenaufbau*

Beim Aufbau der Detailseite kann auf ererbte Methoden wie `createTextEntry()` und `createLabel()` zurückgegriffen werden. Die Buttons für die Benutzerrollen werden dynamisch mit Hilfe des `FormToolkits` erzeugt. Dabei werden die möglichen Benutzerrollen aus den `roles`-Einträgen der Plugin-Manifeste abgeleitet.

```
protected void fillClientArea(Composite client) {
  nameField = createTextEntry(client, "Name", 200, SWT.NONE);
  passwordField = createTextEntry(client, "Password",
          100, SWT.NONE);
  createLabel(client, "Roles");
  Composite buttonGroup = toolkit.createComposite(client);
  buttonGroup.setLayout(new RowLayout(SWT.VERTICAL));
  for (String role : PlannerPlugin.getAllRoles()) {
    Button button = toolkit.createButton(buttonGroup,
            role, SWT.CHECK);
    buttonMap.put(role, button);
  }
}
```

*Widgets initialisieren*

Entsprechend verläuft das Versorgen der Widgets mit Eingabedaten. Hier werden die Felder für Name und Passwort mit Inhalt versorgt. Für die Buttons wird festgestellt, ob die Rolle, der sie zugeordnet sind, für diesen Benutzer zugelassen ist. Wenn ja, wird der Button markiert, wenn nein, wird die Markierung entfernt.

```
protected void initWidgets() {
  if (user != null) {
    nameField.setText(user.name);
    passwordField.setText(user.password);
    for (String role : buttonMap.keySet()) {
      Button button = buttonMap.get(role);
      button.setSelection(user.roles.contains(role));
    }
  }
}
```

*Commit*

Umgekehrt bei einem `commit()`. Erinnern wir uns, ein `commit()` wurde ausgelöst, wenn die *Enter*-Taste gedrückt wurde (`widgetDefaultSelected()`), oder wenn sich die Selektion im Master-Bereich änderte. Hier wird nun zunächst der bisherige Name des Benutzers als Schlüssel gesichert. Es könnte ja sein, dass der Name geändert wurde. Die Inhalte der Eingabefelder werden dann in die `UserDAO`-Instanz übernommen, und je nachdem, welche Buttons gesetzt sind, wird ein Rollenliste aufgebaut. Dann erfolgt mit `save()` das Schreiben in die Datenbank, wobei der alte Name als Schlüssel dient. Anschließend wird noch der Master-Bereich aktualisiert.

```
public void commit(boolean onSave) {
  if (user != null) {
    // Eingabedaten in User-Instanz übernehmen
    String key = user.name;
    user.name = nameField.getText();
    user.password = passwordField.getText();
    List<String> roles = new ArrayList<String>(3);
    for (String role : buttonMap.keySet()) {
      Button button = buttonMap.get(role);
      if (button.getSelection())
        roles.add(role);
    }
    user.roles = roles;
    // In Datenbank schreiben
    user.save(connection, key);
  }
  super.commit(onSave);
  // Master- und Detailseite neu aufbauen
  refreshMasterPage(user);
}
```

*Listener*

Um festzustellen, ob vom Administrator Eingabefelder verändert wurden, werden den einzelnen Eingabefeldern Listener zugeordnet. Hier können wir auf die ererbte Methode `addListener()` bzw. auf die Tatsache, dass die Klasse `AbstractDetailsPage` das Interface `SelectionListener` implementiert, zurückgreifen. Umgekehrt müssen die Listener entfernt werden, bevor z.B. ein Feld per Programm mit Inhalt versorgt wird. Andernfalls würde nämlich auch dann – und ohne Benutzeraktion – der Datensatz auf *dirty* gesetzt werden.

```
  public void addWidgetListeners() {
    addListeners(nameField);
    addListeners(passwordField);
    for (Button button : buttonMap.values())
      button.addSelectionListener(this);
  }

  public void removeWidgetListeners() {
    removeListeners(nameField);
    removeListeners(passwordField);
    for (Button button : buttonMap.values())
      button.removeSelectionListener(this);
  }
}
```

*View initialisieren*

Damit sind alle inneren Klassen der Klasse `UserView` abgehandelt. Wir können uns nun dem verbleibenden Code zuwenden. Insbesondere geht es um das Anlegen der View-Aktionen und den Aufbau der Menüs und Werkzeugleisten. Aber vorher wird noch eine Instanz des oben implementierten `MasterDetailsBlocks` erzeugt, und in der Methode `initializeViewer()` eine Verbindung zur Datenbank aufgebaut und an den `TableViewer` übergeben. Außerdem wird für die kontextsensitive Hilfe eine ID bereitgestellt.

```
// Datenbankverbindung
private Connection connection;

/*
 * ID für kontextsensitive Hilfe
 */
@Override
protected String getHelpName() {
  return "com.bdaum.planner.admin.help.users";
}

/*
 * Speziellen MasterDetailsBlock für den User-View erzeugen
 */
protected AbstractMasterDetailsBlock createMasterDetailsBlock(
        FormToolkit toolkit) {
  return new UserBlock();
}

/**
 * Viewer initialisieren
 * @param viewer – der Viewer des Master-Bereichs
 */
protected void initializeViewer(StructuredViewer viewer) {
  if (connection == null) {
    try {
      // Datenbankverbindung holen
      connection =
              HsqldbWrapperPlugin.getDefault().getConnection();
    } catch (SQLException e) {
      PlannerPlugin.logError(3,
        "Administrator's user view cannot connect to database", e);
    }
  }
  // Datenbankverbindung an Viewer als Eingabe übergeben
  viewer.setInput(connection);
}
```

*Aktionen*

In diesem View benötigen wir nur zwei Aktionen: eine zum Anlegen neuer Benutzer und eine zum Löschen selektierter Benutzer. Wir verwenden dazu die ererbte Methode `createAction()`. Anschließend werden die so erzeugten Aktionen dem Drop-down-Menü, der Werkzeugleiste und dem Kontextmenü des Views zugeordnet.

```
public void makeActions() {
  createAction(NEWACTION, "Add User",
        "Adds a new user to the list of legitimate users", "add");
  super.makeActions();
}

/*
 * Drop-down-Menü des Views erzeugen
 */
public void fillLocalPullDown(IMenuManager manager) {
  addItemToManager(manager, NEWACTION);
  super.fillLocalPullDown(manager);
}

/*
 * Kontextmenü des Views erzeugen
 */
protected void fillContextMenu(IMenuManager manager) {
  addItemToManager(manager, NEWACTION);
  super.fillContextMenu(manager);
}

/*
 * Werkzeugleiste des Views erzeugen
 */
protected void fillLocalToolBar(IToolBarManager manager) {
  addItemToManager(manager, NEWACTION);
  super.fillLocalToolBar(manager);
}
```

*Operationen*

Beim Ausführen von Aktionen wird abhängig von der ID der Aktion die entsprechende Methode aufgerufen. Beim Aktualisieren des Aktionszustandes wird die Aktion zum Anlegen eines Benutzers immer auf »enabled« gesetzt. Die Löschaktion benötigt dagegen mindestens einen selektierten Benutzer.

```
/*
 * Aktion ausführen
 */
public void performAction(int id) {
  switch (id) {
  case NEWACTION:
    createNewUser();
    break;
  case DELETEACTION:
    removeUser();
    break;
  }
  super.performAction(id);
}
```

```
/*
 * Zustand einer Aktion aktualisieren
 */
 public boolean updateAction(int id) {
   if (id == NEWACTION) return true;
   return super.updateAction(id);
 }
```

*Benutzer löschen*

Beim Löschen von Benutzern erhält man die zu löschenden `UserDAO`-Objekte aus der `StructuredSelection` des `TableViewers`. Diese Objekte werden zunächst aus dem Viewer entfernt und dann aus der Datenbank gelöscht.

```
protected void removeUser() {
  TableViewer viewer = (TableViewer) block.getViewer();
  IStructuredSelection sel = (IStructuredSelection) viewer
          .getSelection();
  Iterator it = sel.iterator();
  while (it.hasNext()) {
    UserDAO user = (UserDAO) it.next();
    // Aus dem TableViewer entfernen
    viewer.remove(user);
    // Aus der Datenbank löschen
    user.delete(connection);
  }
}
```

*Neuer Benutzer*

Beim Neuanlegen eines Benutzers wird zunächst ein neues `UserDAO`-Objekt mit einem generischen Namen, Passwort und einer Standardrolle erzeugt. Dieses Objekt wird nur dem `TableViewer` hinzugefügt, jedoch noch nicht der Datenbank. Erst wenn das Objekt vom Administrator modifiziert wird, wird es in die Datenbank geschrieben. Anschließend wird der neue Datensatz im Master-Bereich noch selektiert, so dass er auch gleich auf der Detailseite erscheint.

```
protected void createNewUser() {
  // Benutzerobjekt erzeugen
  User user = new UserDAO("newUser", "password",
            Arrays.asList(new String[] { "Planner" }));
  TableViewer viewer = (TableViewer) block.getViewer();
  // Zum TableViewer hinzufügen
  viewer.add(user);
  viewer.setSelection(new StructuredSelection(user), true);
  block.setFocusToDetails();
}
```

Beim Aktualisieren das Master-Bereiches wird der TableViewer formal mit einer neuen Eingabe versorgt (nach wie vor die Datenbankverbindung) und so die Aktualisierung des TableViewers erzwungen. Anschließend wird die Selektion neu gesetzt, die sonst bei der Aktualisierung des TableViewers verloren gehen würde.

*GUI aktualisieren*

```
/**
 * Master-Bereich aktualisieren
 * @param user - der aktuelle Benutzer
 */
void refreshMasterPage(User user) {
  StructuredViewer viewer = block.getViewer();
  // Eingabe neu setzen und so Neuaufbau erzwingen
  viewer.setInput(connection);
  if (user != null)
    // Selektion setzen
    viewer.setSelection(new StructuredSelection(user), true);
}
```

Schließlich sollte noch beim Schließen des Views die Datenbankverbindung, die von diesem View gehalten wird, abgebaut werden.

*Verbindungsabbau*

```
  public void dispose() {
    if (connection != null) {
      try {
        connection.close();
        connection = null;
      } catch (SQLException e) {
      }
    }
    super.dispose();
  }
}
```

Damit ist die Definition des Administrator-Plugins abgeschlossen. Sie können nun die Anwendung erneut testen. Doch vorher erstellen Sie auch für dieses Plugin ein separates Feature namens *Administration Feature* mit der ID com.bdaum.planner.admin, das Sie im Produkteditor der Produktkonfiguration hinzufügen. Auf der Seite *Dependencies* des Feature-Manifests betätigen Sie noch die Taste *Compute*. Anschließend können Sie die Anwendung vom Produkteditor aus nach einem Klick auf *Synchronize* mit einem weiteren Klick auf den Hyperlink *Launch the product* erneut starten.

*Feature*

Nach dem Anmelden mit dem voreingestellten Namen gelangen Sie zur Administrator-Perspektive. Wenn Sie dort den (noch einzigen) Benutzer *admin* auswählen, erhalten Sie rechts die Details dieses Benutzers.

*Test*

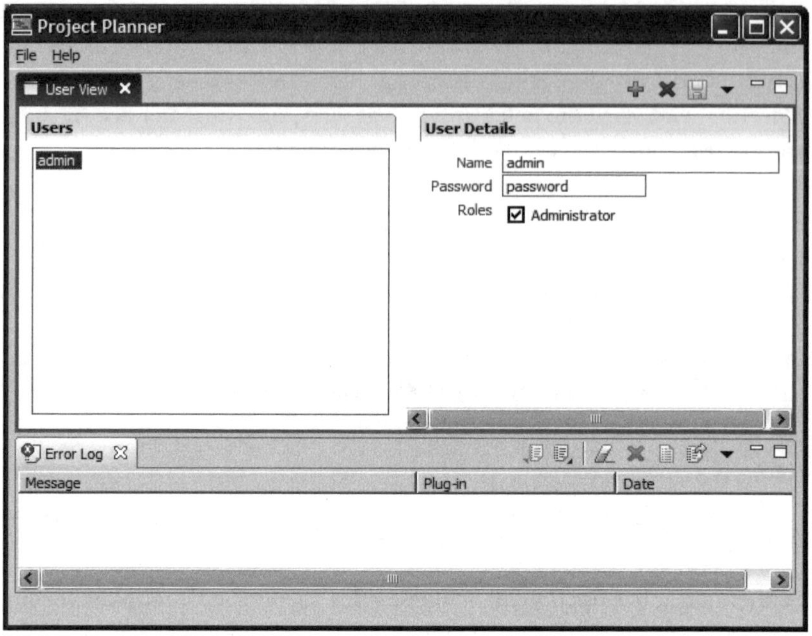


**Abb. 13–2** Die Administrator-Perspektive. Noch ist nur eine mögliche Rolle definiert.

## 13.6 Zusammenfassung

Wie wir gesehen haben, ist es nicht allzu schwierig, Datenbankfunktionalität in einem Plugin zu verpacken und so für andere Plugins wiederverwendbar zu machen. Auch bei der Implementierung einer größeren Applikation (und gute Applikation werden meist mit der Zeit größer) lohnt es sich, grundlegende Datenbankinfrastruktur wie Start, Stopp und Initialisierung der Datenbank sowie die Fehlerbehandlung in eine eigene Softwareschicht zu legen, die im Anwendungs-Plugin liegen kann. Bei der Organisation der anwendungsspezifischen SQL-Zugriffe lohnt es sich, getreu dem Motto »Separation of Concerns« das Datenmodell mit einer DAO-Schicht zu umgeben, welche die SQL-Zugriffe enthält. So gelingt es, Benutzeroberflächen zu bauen, die weitestgehend SQL-frei sind.

Im nächsten Kapitel werden wir objektrelationale Brücken diskutieren, eine Technologie, die uns vollständig der SQL-Programmierung entrückt.

# 14 Objektrelationale Brücken

Im vorigen Kapitel haben wir gesehen, wie Datenbankzugriffe über JDBC organisiert werden. Wir haben auch gesehen, dass das mitunter recht mühsam werden kann. Sollte es nicht möglich sein, Objekte auf einfachere Weise persistent zu machen? Die Idee ist freilich nicht neu: So gab es in der Vergangenheit verschiedene Ansätze für ein persistentes Java (zum Beispiel *PJama*). Doch durchgesetzt haben sich alle diese Ansätze nicht – vor allen Dingen wegen Skalierungsproblemen.

Eine weitere Möglichkeit ist die Verwendung objektorientierter Datenbanken. Doch auch diese führen ein Schattendasein. Der Großteil der Daten in Unternehmen ist eben in relationalen Datenbanken gespeichert, und neue Applikationen müssen in der Regel auf diese Daten aufsetzen können. Zudem sind relationale Datenmodelle flexibler als objektorientierte Datenmodelle. Objekthierarchien sind eben nur eine besondere Form von Relationen.

In der Praxis herrschen deshalb Mediatoren vor, so genannte objektrelationale Brücken (ist nicht auch eine Brücke etwas Relationales?). Inzwischen gibt es auf dem Markt eine ganze Reihe solcher Werkzeuge – von der Open-Source-Implementierung bis zum kommerziellen Produkt. Als Beispiel für eine populäre objektrelationale Brücke möchten wir Hibernate diskutieren. Wie wir sehen werden, ist die Integration dieses Systems in eine Eclipse-RCP nicht ganz trivial.

## 14.1 Hibernate

Die offizielle Brückentechnologie zwischen Java und der relationalen Welt hieß eigentlich JDO. Doch Ende 2004 stellte Sun Microsystems fest, dass es sich nicht lohnt, zwei Persistenztechnologien (EJB und JDO) zu pflegen. Die Arbeiten an JDO 2 wurden deshalb eingestellt und die Kräfte auf die Entwicklung von EJB 3 konzentriert. In der

Fachwelt hat das für einigen Wirbel gesorgt – insbesondere bei kleineren Firmen, die sich auf JDO spezialisiert hatten.

*EJB-3*

Inzwischen hat jedoch Hibernate (`http://www.hibernate.org/`) JDO längst den Rang abgelaufen. Auch Hibernate bewegt sich auf EJB zu und kann ab Version 3 die in EJB-3 (JSR-220) geplanten und mit JDK 5.0 möglichen Java-Annotationen verarbeiten. Wir möchten deshalb Hibernate etwas genauer diskutieren und zeigen, wie es in RCP-Anwendungen eingesetzt werden kann. Gleich eines vorweg: Die Hibernate-Implementierung ist mittlerweile recht umfangreich – allein die JAR-Dateien bringen etwa 8 MB auf die Waage. Wer etwas Kleineres sucht, ist vielleicht mit einer leichtgewichtigeren objektrelationalen Brücke wie *Mr. Persister* (`http://www.jenkov.dk/mrpersister/introduction.tmpl`) besser bedient (97 KB), verliert aber dann wegen der fehlenden eigenen Query-Sprache die Unabhängigkeit vom jeweiligen Datenbanksystem. Hibernate auf der anderen Seite ist mit einer leistungsfähigen objektorientierten Abfragesprache ausgestattet und macht es leicht, das Datenbanksystem zu wechseln, ohne die Programme an einen anderen SQL-Dialekt anpassen zu müssen.

### 14.1.1 Hibernate in Eclipse einbetten

Für Hibernate gibt es inzwischen einige Eclipse-Plugins. Allerdings sind diese Plugins mehr für die Entwicklung von Serverapplikationen gedacht – meiner Erfahrung nach gibt es bei diesen Plugins beim Einsatz in einer RCP-Umgebung Probleme mit dem Java-Classpath. Wir kommen also nicht umhin – ähnlich wie bei den Datenbanken – ein eigenes Plugin, einen Wrapper, zu kreieren.[1]

Hibernate können Sie sich von `http://www.hibernate.org` herunterladen. Ich habe hier *Hibernate 3.0.5* verwendet. Im nächsten Schritt bauen wir nun ein Plugin, das sämtliche der in der Hibernate-Distribution enthaltenen JAR-Dateien enthält. Damit steht die gesamte Hibernate-Funktionalität in Eclipse zur Verfügung. Je nach Anwendungsfall wird man sicher die eine oder andere JAR weglassen können.

*Plugin*

Erzeugen Sie also ein neues Plugin-Projekt namens `com.bdaum.hibernateWrapper` mit Hilfe der Funktion *File>New>Project...>Plug-in from existing JAR archives*. Mit der Taste `Add External` fügen Sie zunächst das Archiv `hibernate3.jar` und dann alle im Ordner `lib/` ent-

1. Bei hibernate.org sind derzeit neue Werkzeuge als Eclipse-Plugins in Entwicklung. In Arbeit sind: ein Editor für Mapping-Dateien, eine Konsole, an der Hibernate-Queries (HQL) abgesetzt und die Ergebnisse angeschaut werden können, und Wizards, die u.a. aus einem gegebenen Datenbankschema Java-Klassen generieren können.

haltenen JAR-Dateien zur Liste der Archive hinzu. Das Projekt erhält den Namen *com.bdaum.HibernateWrapper*, das Plugin den Namen *HibernateWrapper Plugin* und die ID `com.bdaum.HibernateWrapper`. Das Häkchen bei der Option *Unzip the JAR archives into the project* wird entfernt.

Auch hier erzeugen wir auf die gewohnte Weise wieder ein Feature namens *HibernateWrapper* Feature für das *HibernateWrapper Plugin*. Das Feature erhält die gleiche ID wie das Plugin und wird im Produkteditor auf der Seite *Configuraton* zur Liste der benötigten Features hinzugefügt.

*Datenbanktreiber*

Nun steht die gesamte Hibernate-Funktionalität allen anderen Plugins zur Verfügung, die dieses Plugin unter *Dependencies* auflisten. Wenigstens theoretisch. Spätestens beim ersten Test bemerken wir, dass das so nicht funktioniert. Der Grund dafür ist, dass Hibernate mit *Java-Reflection* arbeitet. So lädt Hibernate beispielsweise den – je nach Datenbanksystem unterschiedlichen – JDBC-Treiber, nachdem es über die Konfigurationsdatei über den zu verwendeten Treiber informiert wurde. Dieser Treiber liegt jedoch im Klassenpfad des Datenbank-Plugins, und dieses Plugin ist dem Hibernate-Plugin bis jetzt unbekannt. Auch der Tipp aus der Hibernate-Dokumentation, den entsprechenden Treiber in den globalen (oder Wurzel-)Klassenpfad zu kopieren, hilft nicht, denn wir haben es hier nicht mit dem standardmäßigen *Classloader* zu tun, sondern mit dem Eclipse- bzw. OSGi-Classloader. Und der schaut nicht in globale Klassenpfade, sondern kümmert sich nur um das eigene Bundle (Plugins) und explizit referenzierte Bundles (siehe Abschnitt 3.3).

*Wer die Wahl hat ...*

Es bleibt uns also nichts anderes übrig, als das Datenbank-Plugin, mit dem wir arbeiten wollen, im Plugin `com.bdaum.hibernateWrapper` unter *Dependencies* anzugeben. Da wir aber unser Hibernate-Plugin so flexibel wie möglich halten wollen, fügen wir alle verfügbaren Datenbank-Plugins ein, setzen sie jedoch auf *Optional* (Taste *Properties*). So brauchen wir erst zum Installationszeitpunkt entscheiden, mit welcher Datenbank wir arbeiten wollen. Das OSGi-Manifest des HibernateWrappers sieht dann so aus:

```
Manifest-Version: 1.0
Bundle-ManifestVersion: 2
Bundle-Name: HibernateWrapper Plug-in
Bundle-SymbolicName: com.bdaum.HibernateWrapper
Bundle-Version: 3.0.5
Bundle-ClassPath: hibernate3.jar,
 ant-1.6.3.jar,
 ant-antlr-1.6.3.jar,
```

... weitere Bundles ...

```
  xerces-2.6.2.jar,
  xml-apis.jar
Bundle-Vendor: bdaum industrial communications
Bundle-Localization: plugin
Export-Package: .,
  org.hibernate,
  org.hibernate.action,
```

... weitere Packages ...

```
  org.hibernate.usertype,
  org.hibernate.util
Require-Bundle: com.bdaum.HsqldbWrapper;resolution:=optional
```

... ggf. weitere Datenbank-Plugins ...

*Logging*

In der langen Liste der von Hibernate mit ausgelieferten JAR-Dateien befindet sich auch das Archiv `log4j-1.x.x.jar`. Dieses sorgt für die Protokollierung von Hibernate-Operationen. Sie sollten auf jeden Fall dieses Protokollierungsmodul aktivieren, denn im Falle eines Fehlers sind die reinen Hibernate-Mitteilungen nicht informativ genug. Dazu erzeugen Sie zunächst im Projekt `com.bdaum.hibernateWrapper` mit *File>New>Source Folder* einen neuen Ordner namens `src/`. In diesen Ordner kopieren Sie die Datei `log4j.properties` aus dem Hibernate-Ordner `etc/`. Warum in den `src/`-Ordner? Nun, weil der im Classpath liegt – beim Projektordner ist das nicht der Fall. Durch Ändern der Einträge in dieser Datei kann die Protokollierung konfiguriert werden. Während der Testphase einer Anwendung sollten Sie auf den Eintrag `log4j.logger.org.hibernate=info` in `log4j.logger.org.hibernate=debug` abändern. Damit erfolgt im Fehlerfall eine ausführlichere Protokollierung von Hibernate-Aktionen. Vor der Auslieferung sollten Sie nicht vergessen, diese Datei auch auf der *Build*-Seite des Manifests anzukreuzen.

*Feature*

Auch für das Hibernate-Plugin erzeugen wir wieder ein Feature mit dem Namen *HibernateWrapper Feature* und der ID `com.bdaum.HibernateWrapper`. Auch dieses Feature fügen wir im Produkteditor zur Konfiguration des Projektplaners hinzu.

### 14.1.2 Hibernate konfigurieren

Hibernate benötigt einige Konfigurationsangaben, bevor es eingesetzt werden kann. Insbesondere muss es die URL der Datenbank, den Benutzernamen, das Passwort, den Datenbanktreiber und den SQL-

Dialekt kennen. Alle diese Angaben können auf verschiedene Arten gemacht werden. So wertet Hibernate beim Start die System-Properties aus. Darüber hinaus ist es auch möglich, Konfigurationsangaben in einer XML-Datei hibernate.cfg.xml zu machen. Schließlich sind noch weitere Angaben per Programmcode möglich.

Besonders die Konfiguration per XML-Datei ist ziemlich flexibel. Hiermit bestünde die Möglichkeit, Hibernate von verschiedenen Plugins aus in jeweils anderen Konfigurationen zu betreiben. Laut Hibernate-Handbuch sieht der erforderliche Code dann so aus:

```
SessionFactory sf =
          new Configuration().configure().buildSessionFactory();
```

Damit wird die Datei hibernate.cfg.xml vom Wurzel-Classpath geladen. Und das – Sie haben es sicher schon erraten – ist unter Eclipse nicht möglich. Stattdessen müssen Sie zunächst den Installationsort der Konfigurationsdatei ermitteln und dann als Parameter im configure()-Aufruf angeben:

```
URL cfgUrl = Platform.resolve(
           Platform .find(plugin.getBundle(),
                              new Path("hibernate.cfg.xml")));
Configuration config = new Configuration().configure(cfgUrl);
SessionFactory sf = config.buildSessionFactory();
```

Hier ist vorausgesetzt, dass die Datei hibernate.cfg.xml direkt unter dem Projektverzeichnis des jeweiligen Applikations-Plugins abgelegt wurde. Und da Sie hier offenbar auch einen anderen Dateinamen angeben können, kann programmgesteuert leicht zwischen verschiedenen Konfigurationen gewählt werden. Eine solche Konfigurationsdatei könnte folgendermaßen aussehen:

*Konfigurationsdatei*

```
<?xml version="1.0" encoding="UTF-8"?>
<!DOCTYPE hibernate-configuration PUBLIC
  "-//Hibernate/Hibernate Configuration DTD 3.0//EN"
  "http://hibernate.sourceforge.net/hibernate-configuration-3.0.dtd">
<hibernate-configuration>
    <session-factory>
        <property name="connection.username">sa</property>
        <property name="dialect">
           org.hibernate.dialect.HSQLDialect
        </property>
        <property name="connection.url">
           jdbc:hsqldb:hsql://127.0.0.1:9001
        </property>
        <property name="connection.driver_class">
```

```
            org.hsqldb.jdbcDriver
        </property>
    </session-factory>
</hibernate-configuration>
```

Was an dieser Lösung unschön ist, ist, dass Konfigurationsdaten über die Plugins verstreut sind. Ist bei einer Installation eine Änderung an diesen Daten erforderlich, muss in die Plugins eingegriffen werden. Außerdem müssen sich bestimmte Daten mit korrespondierenden Angaben für die Datenbank decken, auch hier ist eine Abstimmung schwierig, wenn Konfigurationsdateien in den Applikationen versteckt sind.

*config.ini*

Da Hibernate die System-Properties auswertet, bietet sich deshalb eine ähnliche Lösung an, wie wir sie bereits im vorigen Kapitel für die Konfiguration der Datenbank verwendet haben: die Angabe der Konfigurationsparameter in der config.ini-Datei von Eclipse. Wir erinnern uns, dass die in dieser Datei spezifizierten Werte in den System-Properties zur Verfügung stehen. Es reicht aus, die Datei config.ini um folgende Einträge zu erweitern:

```
hibernate.connection.url=jdbc:hsqldb:hsql://127.0.0.1:9001
hibernate.connection.username=sa
hibernate.dialect=org.hibernate.dialect.HSQLDialect
hibernate.connection.driver_class=org.hsqldb.jdbcDriver
```

Damit kann die Konfigurationsdatei hibernate.cfg.xml vollständig entfallen – die Datei config.ini dient als zentrale Konfigurationsdatei für Eclipse, Datenbank und Hibernate. Die Erzeugung einer Hibernate-SessionFactory reduziert sich dann auf:

```
Configuration config = new Configuration();
SessionFactory sf = config.buildSessionFactory();
```

### 14.1.3 Die objektrelationale Abbildung

Kommen wir zum eigentlichen Anliegen von Hibernate, dem Abbilden von objektorientierten Strukturen auf relationale Tabellen. Diese Abbildung erfolgt in einer so genannten *Mapping-Datei* (normalerweise mit der Endung .hbm.xml). Eine solche Datei korreliert grob gesprochen die Klassennamen mit Tabellennamen und die Klassenfelder mit Tabellenspalten. Im einfachsten Fall sieht das auch ganz einfach aus, doch gibt es viele Umstände, welche dem Entwickler das Leben schwer machen können. So ...

- ... besitzen objektorientierte Strukturen eine Hierarchie und können vererben – relationale Strukturen jedoch nicht.
- ... dürfen die Spalten von relationalen Tabellen nur primitive Datentypen enthalten. Um Datenstrukturen miteinander zu verknüpfen, verwenden relationale Tabellen Primär- und Sekundärschlüssel. Objektorientierte Konstrukte dürfen dagegen beliebig komplexe Objekte enthalten, benötigen deshalb auch keine Schlüssel.
- ... sind die Typsysteme unterschiedlich.

Hibernate ist für solche Schwierigkeiten bestens gewappnet und verfügt über ein reichhaltiges Arsenal von Abbildungsmöglichkeiten. Dabei muss die Mittelauswahl sorgfältig erfolgen – eine schlechte objektrelationale Abbildung kann die Performanz eines Systems ruinieren. Wir möchten hier auch nicht auf Details eingehen – der Leser wird auf die einschlägige Literatur verwiesen [Bauer2004]. Später werden wir an unserem Anwendungsbeispiel eine kleinere Mapping-Datei erproben können.

*Mapping-Datei*

Hier geht es uns zunächst darum, wie die Mapping-Datei Hibernate bekannt gemacht werden kann. Das ist recht einfach. Wird eine XML-Konfigurationsdatei verwendet, so kann die Mapping-Datei sogar in dieser Konfigurationsdatei spezifiziert werden, z.B. so:

```
<mapping resource="com/bdaum/planner/project/project.hbm.xml"/>
```

Bei einer Konfiguration über die `System`-Properties könnte man von dieser Möglichkeit mit Hilfe einer zusätzlichen Konfigurationsdatei `hibernate.cfg.xml` Gebrauch machen. Eine andere Möglichkeit, die Mapping-Datei der Konfiguration zuzuordnen, ist per Programmcode:

```
Configuration config = new Configuration();
config.addResource("com/bdaum/planner/project/project.hbm.xml");
sessions = config.buildSessionFactory();
```

oder über die Angabe einer abzubildenden Klasse. Hibernate bestimmt dann selbsttätig aus dem Klassennamen die richtige Mapping-Datei:

```
Configuration config = new Configuration();
config.addClass(www.bdaum.de.planner.project.ProjectImpl.class);
sessions = config.buildSessionFactory();
```

Unter Eclipse ist die erste Methode vorzuziehen, denn im zweiten Parameter der Methode `addResource()` kann explizit ein `ClassLoader` angegeben werden. Dies wird nötig, wenn das Datenmodell in einem anderen Plugin definiert wurde. In Abschnitt 14.2.5 werden wir sehen, wie das geht.

*Classpath-Probleme*

Verwenden wir diese Zeilen in einem Applikations-Plugin, dem wir das Hibernate-Plugin als benötigtes Plugin zugeordnet haben, kommt es bei der Ausführung in der Regel zu einem Fehler. Der Grund liegt darin, dass beim Auflösen von Klassennamen aus der Mapping-Datei Hibernate versucht, die entsprechende Klasse zu laden. Da zwar das Hibernate-Plugin dem Applikations-Plugin bekannt ist, nicht aber umgekehrt, wird die Klasse nicht gefunden. Den umgekehrten Verweis in den *Dependencies* des Hibernate-Plugins sollte man möglichst nicht anbringen: Wegen zyklischer Referenzen zwischen den Plugins würde die Eclipse-Plattform nicht mehr starten. Außerdem würde das Hibernate-Plugin anwendungsspezifisch werden.

In solchen Fällen (bei zyklischen Verweisen), liegt die Lösung meist darin, die Programmteile, die von beiden Plugins benötigt werden, in ein drittes Plugin auszulagern und beiden Plugins über *Dependencies* verfügbar zu machen. So könnte man beispielsweise das Datenmodell der Anwendung (also genau die Klassen, die auch in den Mapping-Dateien genannt werden) in ein drittes Plugin auslagern. Leider ist das nicht immer möglich. Auch diese Klassen können Hibernate-Funktionalität benötigen, z.B. wenn Sie sich in die Ereignisverarbeitung der Hibernate-Engine einklinken müssen. In diesem Fall müsste auch dieses Plugin das Hibernate-Plugin unter *Dependencies* angeben – das Problem der zyklischen Referenzen ist also nur verlagert worden.

Soll man also alles in ein Plugin zusammenlegen: Hibernate und Anwendung? Damit wäre allerdings jegliche Modularität und Wiederverwendbarkeit dahin. Doch für unser Problem gibt es sogar zwei Lösungen:

*Fragmente*

- Die erste Lösung beruht auf der Verwendung von Fragmenten und funktioniert auch für Eclipse 3.0. Das Datenmodell wird in ein Fragment-Projekt eingepackt. Dieses Fragment-Projekt wird dem Hibernate-Plugin zugeordnet. So werden die Klassen dieses Projekts in den *Classpath* des Hibernate-Plugins aufgenommen. Hibernate hat nun Zugriff auf die Klassen des Datenmodells, und diese haben Zugriff auf die Hibernate-Funktionalität. Das Applikations-Plugin verweist weiterhin in *Dependencies* des Plugin-Manifests auf das Hibernate-Plugin und erhält so zur Ablaufzeit auch Zugriff auf die Klassen des Fragments. Damit diese Klassen auch während der Entwicklung sichtbar sind, wird in den Properties des Applikations-Plugin im *Java Build Path* unter *Required Projects on the Java Build Path* das Fragment-Projekt angegeben.

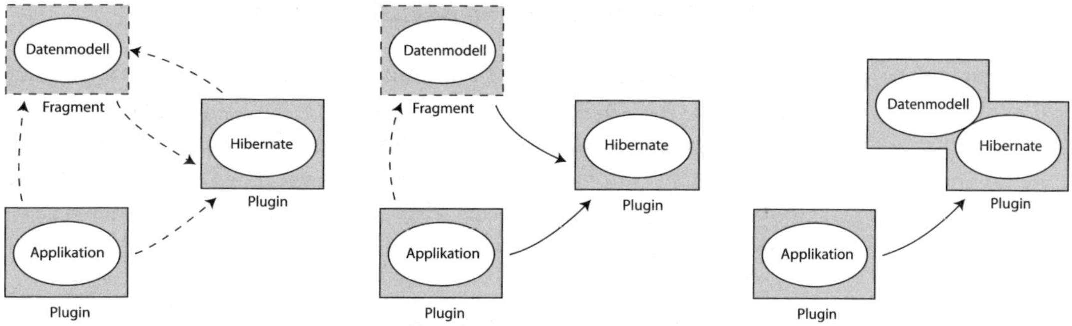


**Abb. 14–1** Zyklische Abhängigkeiten zwischen Datenmodell und Hibernate erfordern die Einbettung des Datenmodells in das Hibernate-Plugin (links). Plugin-Verweise (durchgezogene Pfeile) und Projektverweise (im Java Build Path, gestrichelter Pfeil) stellen die nötige Sichtbarkeit während des Entwicklungsprozesses her (Mitte). Während der Ablaufzeit sind Fragment und Hibernate-Plugin miteinander verschmolzen, das Applikations-Plugin erhält die Sichtbarkeit auf beide durch seinen Verweis auf das Hibernate-Plugin (rechts).

*Buddies*

- Die zweite Lösung beruht auf dem *Buddy*-Konzept, das mit Eclipse 3.1 eingeführt wurde (siehe Abschnitt 3.3). Das Datenmodell wird hier in ein eigenständiges Plugin-Projekt eingepackt, dem unter Dependencies das Hibernate-Plugin zugeordnet wird. Damit hat das Datenmodell sowohl zur Ablauf- als auch zur Entwicklungszeit Sicht auf den Hibernate-Classpath. Außerdem registriert sich das Datenmodell mit

  ```
  Eclipse-RegisterBuddy: com.bdaum.HibernateWrapper
  ```

  als Buddy (Freund) des Hibernate-Plugins. Diese Anweisung muss manuell ins OSGi-Manifest eingefügt werden. Das Hibernate-Plugin seinerseits erklärt in seinem OSGi-Manifest, dass alle registrierten Buddies vom ClassLoader mit durchsucht werden sollen:

  ```
  Eclipse-BuddyPolicy: registered
  ```

  Damit werden die Klassen aller registrierten Datenmodelle für Hibernate sichtbar.

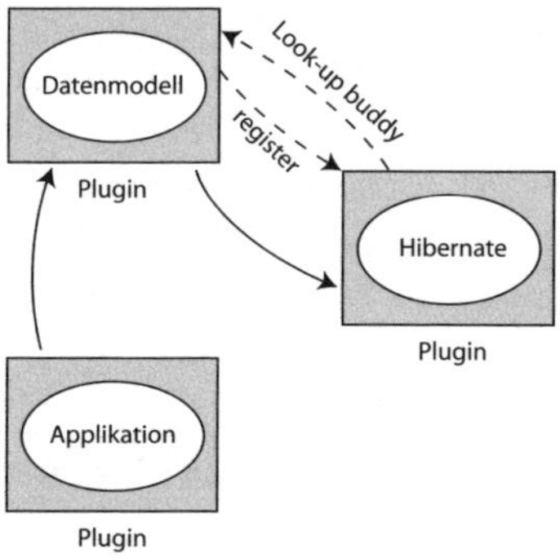


**Abb. 14–2** Die in Eclipse 3.1 bereitgestellten Möglichkeiten erlauben eine klarere Regelung der Abhängigkeiten zwischen Plugins. Hier kann über Plugin-Abhängigkeiten eine saubere Hierarchie aufgebaut werden (durchgezogene Pfeile). Die für Callbacks notwendige Sichtbarkeit der Modellklassen in Hibernate wird über die Registrierung des Modells als Buddy für Hibernate erreicht (gestrichelte Pfeile).

## 14.2 Hibernate für die Beispielanwendung

Wenden wir uns nun wieder unserem Projektplaner als praktisches Beispiel zu. Bevor wir darangehen, ein GUI für den Projektplaner zu konstruieren, müssen wir zunächst einmal das Datenmodell in Form von Java-Klassen implementieren, die notwendigen Datenbanktabellen und die Mapping-Datei für Hibernate erstellen. Glücklicherweise nimmt uns diese Arbeit das Modellierungswerkzeug KLEEN ab.

### 14.2.1 Das Datenmodellfragment

Zunächst erstellen wir in gewohnter Weise ein Plugin-Projekt `com.bdaum.planner.dataStructures`. Unter *Classpath* tragen wir dataStructures.jar ein, eine Plugin-Klasse ist nicht erforderlich. Anschließend geben wir auf der Dependencies-Seite des Manifests das Plugin `com.bdaum.hibernateWrapper`, das wir unter *Properties* für den Export markieren. Da das Plugin generierte Java-Klassen enthalten wird, und diese Klassen sich auf die Runtime-Bibliothek von KLEEN beziehen, ist es nötig, unter *Dependencies* das Plugin `com.bdaum.aoModeling.runtime` anzugeben. Dieses Plugin ist Teil der KLEEN-Auslieferung und wird auf die übliche Art und Weise in die Eclipse-Plattform installiert. Auch dieses Plugin wird für den Export markiert. Das dazugehörige Feature `com.bdaum.aoModeling.runtime` muss im Produkteditor zur Konfiguration des Projektplaners hinzugefügt werden.

*Modell generieren*

Nun können sämtliche Klassen des Datenmodells generiert werden. Dazu sind allerdings noch einige Einstellungen für KLEEN notwendig. Unter *Window>Preferences>AOM>Generators>Java*, wählen Sie »3« als *Hibernate Version*. Unter *Generate Hibernate Table Names* muss »as defined in SQL preferences« angegeben werden. Außerdem muss die Option *Generate Hibernate Column Names* markiert sein.

Anschließend klicken Sie auf den *SQL*-Reiter. Dort stellen Sie zunächst den *RDBMS dialect* auf »HSQLDB« ein. Stellen Sie außerdem sicher, dass die Optionen *Use qualified Table names*, *Allow foreign-key integrity constraints* und *Single output file* nicht markiert sind. Bei *Add auxiliary columns for Hibernate* tragen Sie *Discriminator Column only* ein. Diese Zusatzspalte ist nötig, weil Hibernate sich hier Information über die konkrete Klasse der Instanz, die der jeweiligen Tabellenzeile zugeordnet ist, ablegt. Die anderen Einstellungen können Sie auf ihren Voreinstellungen belassen.

*Ereignisse*

Außerdem ist noch eine Erweiterung am Modell notwendig. KLEEN besitzt die Möglichkeit, die generierten Datenstrukturen mit einem Ereignismechanismus zu versehen, der es uns erlaubt, Listener zum Modell hinzuzufügen, die immer dann benachrichtigt werden, wenn sich im Modell etwas ändert. Insbesondere bei der Arbeit mit GEF (siehe Kapitel 16) wird sich diese Funktionalität als nützlich erweisen. Weil natürlich eine solche Ereignisverarbeitung zusätzlichen Overhead bedeutet, generiert KLEEN diesen Ereignismechanismus nur auf Anforderung. Dazu muss dem Modell eine *Scripting Annotation* hinzugefügt werden. Dazu öffnen Sie die Datei `planner.aom` mit KLEEN und selektieren zunächst im *Outline View* den Wurzelknoten – das Modell `planner`. Im *Item features View* expandieren Sie dann den *Annotations*-Eintrag und tragen im ersten freien Element den Wert

```
//*::<jag:accessors notify="bubbled"/>
```

ein. Dabei gibt der Ausdruck vor den Doppelpunkten den Kontext an, auf den der Ausdruck hinter den Doppelpunkten angewandt werden soll: Der XPath-Ausdruck `//*` bedeutet, dass sämtliche Properties in allen Assets ausgewählt werden sollen. Der folgende Ausdruck `<jag:accessors notify="bubbled"/>` legt fest, dass für die ausgewählten Properties Zugriffsmethoden generiert werden sollen, und dass Veränderungen an den Properties Ereignisse erzeugen sollen. Dabei soll die Ereignisverarbeitung »bubbled« durchgeführt werden, d.h., Ereignisse von tieferen Strukturen sollen an höhere Strukturen durchgereicht werden. Der Präfix »jag« kennzeichnet den Namensraum des KLEEN-Java-Generators.

Nun kann die Generierung beginnen. Dazu rufen Sie in KLEEN die Funktion *AOM>Generate* auf. Im folgenden Dialog markieren Sie nur die Optionen *Java*, *Operation Aspects*, *Hibernate* und *SQL*. Auf der nächsten Seite des Wizards bestimmen Sie den Zielort für die generierten Artefakte. Wählen Sie hier den `src/`-Ordner des Fragment-Projekts `com.bdaum.planner.dataStructures.fragment` aus. Nach einem Klick auf *Next* erfolgt die Generierung. Auf der nächsten Wizard-Seite können Sie sich die Ergebnisse ansehen und mit einem Klick auf *Finish* in den Zielordner übernehmen.

*Sichtbarkeit*

Anschließend gehen Sie zurück ins Manifest und fügen auf der *Runtime*-Seite alle vorhandenen Packages zur Liste der zu exportierenden Packages hinzu. Damit wird die Sichtbarkeit aller Modellklassen sichergestellt.

*OSGi-Manifest*

Im OSGi-Manifest wird nun das Plugin mit dem HibernateWrapper-Plugin registriert. Hier ist das komplette Manifest mit der eingefügten Anweisung:

```
Manifest-Version: 1.0
Bundle-ManifestVersion: 2
Bundle-Name: DataStructures Plug-in
Bundle-SymbolicName: com.bdaum.planner.dataStructures
Bundle-Version: 1.0.0
Bundle-ClassPath: dataStructures.jar
Bundle-Vendor: bdaum industrial communications
Bundle-Localization: plugin
Require-Bundle: com.bdaum.aoModeling.runtime;visibility:=reexport,
 com.bdaum.HibernateWrapper;visibility:=reexport
Eclipse-RegisterBuddy: com.bdaum.HibernateWrapper
Export-Package: www.bdaum.de.planner,
 www.bdaum.de.planner.project,
 www.bdaum.de.planner.project.task,
 www.bdaum.de.planner.resource
```

*Buddies*

Entsprechend muss nun im OSGi-Manifest des HibernateWrapper-Plugins (siehe Abschnitt 14.1.1) die Anweisung abgesetzt werden, die registrierten Buddies in den Classpath mit einzubeziehen. Die folgende Anweisung muss dort angefügt werden:

```
Eclipse-BuddyPolicy: registered
```

Anschließend fügen wir das Plugin `com.bdaum.planner.dataStructures` noch dem Feature `com.bdaum.planner` hinzu. Auf der Seite *Dependencies* des Feature-Manifests sollten mit der Taste *Compute* die Abhängigkeiten nun neu berechnet werden.

### 14.2.2 Die Datenbanktabellen

Als manuelle Arbeit bleibt noch, die SQL-Schema-Dateien vom `src/`-Ordner des Datenmodells in den `dbSchema/`-Ordner des Projektes `com.bdaum.planner` zu bewegen. Bei der Initialisierung der Datenbank werden die dort abgelegten Schemata ausgewertet, und die entsprechenden Datenbanktabellen werden angelegt (siehe Kapitel 16).

*Schemata*

Hier sind nun die generierten Schemata. Die Syntax entspricht dem verwendeten Datenbanksystem HSQLDB.

*Ressourcen*

#### Resource_create.sql

```
/* > Asset Resource < */
CREATE TABLE Resource(
/*     > Property id < */
       id VARCHAR(240) PRIMARY KEY,
/*     > Property description < */
       description VARCHAR(240),
```

```
/*    > Property name < */
      name VARCHAR(240) NOT NULL,
/*    > Property capacity < */
      capacity INTEGER NOT NULL,
/*    > Property costPerHour < */
/*          @currency=USD */
      "costPerHour" REAL NOT NULL,
/*    > Property fixCostPerTask < */
/*          @currency=USD */
      "fixCostPerTask" REAL NOT NULL,
/*    > Hibernate Discriminator < */
      $discriminator CHARACTER(1)
);
```

### Project_create.sql

*Projekte*

```
/* > Asset Project < */
CREATE TABLE Project(
/*    > Property id < */
      id VARCHAR(240) PRIMARY KEY,
/*    > Property description < */
      description VARCHAR(240),
/*    > Property name < */
      name VARCHAR(240) NOT NULL,
/*    > Property earliestDate < */
      "earliestDate" TIMESTAMP NOT NULL,
/*    > Property fixCosts < */
/*          @currency=USD */
      "fixCosts" REAL NOT NULL,
/*    > Hibernate Discriminator < */
      $discriminator CHARACTER(1)
);
```

### Task_create.sql

*Tasks*

```
/* > Asset Task < */
CREATE TABLE Task(
/*    > Property id < */
      id VARCHAR(240) PRIMARY KEY,
/*    > Property description < */
      description VARCHAR(240),
/*    > Property name < */
      name VARCHAR(240) NOT NULL,
/*    > Property earliestDate < */
      "earliestDate" TIMESTAMP NOT NULL,
/*    > Property duration < */
/*          @units=min */
      duration INTEGER NOT NULL,
```

```
/*     > Property fixCosts < */
/*           @currency=USD */
       "fixCosts" REAL NOT NULL,
/*     > Property actualDate < */
       "actualDate" TIMESTAMP NOT NULL,
/*     > Arc Project_ < */
       "Project_$id" VARCHAR(240) NOT NULL,
/*     > Hibernate Discriminator < */
       $discriminator CHARACTER(1)
);
```

*Abhängigkeiten*

**requires_create.sql**

```
/* > Asset requires < */
CREATE TABLE "requires"(
/*     > Property id < */
       id VARCHAR(240) PRIMARY KEY,
/*     > Property description < */
       description VARCHAR(240),
/*     > Property rule < */
       rule CHAR(1) NOT NULL,
/*     > Property delay < */
/*           @units=min */
       delay INTEGER NOT NULL,
/*     > Arc prerequisite < */
       "prerequisite$id" VARCHAR(240) NOT NULL,
/*     > Arc client < */
       "client$id" VARCHAR(240) NOT NULL,
/*     > Hibernate Discriminator < */
       $discriminator CHARACTER(1)
);
```

*Ressourcenbelegung*

**utilizes_create.sql**

```
/* > Asset utilizes < */
CREATE TABLE "utilizes"(
/*     > Property id < */
       id VARCHAR(240) PRIMARY KEY,
/*     > Property description < */
       description VARCHAR(240),
/*     > Property workload < */
       workload REAL NOT NULL,
/*     > Property owner < */
       owner VARCHAR(240) NOT NULL,
/*     > Arc used < */
       "used$id" VARCHAR(240) NOT NULL,
```

```
/*    > Arc user < */
      "user$id" VARCHAR(240) NOT NULL,
/*    > Hibernate Discriminator < */
      $discriminator CHARACTER(1)
);
```

*Referentielle Integrität*

Falls Sie die Datenbanktabellen mit Constraints für referentielle Integrität generieren wollen, setzen Sie in *Window>Preferences>AOM>Generators>SQL* die Option *Allow foreign-key integrity constraints*. Da in diesem Falle die Reihenfolge der Tabellendefinition wichtig ist, setzen Sie dann auch die Option *Single output file*. Bei der Generierung erhalten Sie dann nicht fünf einzelne Dateien, sondern eine Datei `planner_create.sql`, die Sie an Stelle der Einzeldatei verwenden.

### 14.2.3 Das Datenmodell

Die von KLEEN generierten Klassen für die Realisierung der Assets im Modell sind zu umfangreich, um sie hier abzudrucken. Der interessierte Leser findet sie mit dem übrigen Quellcode auf der Buch-Website.

*Assets*

Grundsätzlich gilt, dass KLEEN für jedes Asset im Modell zwei Klassen und zwei Interfaces generiert. Das erste Interface `assetName_type` und die erste Klasse `assetName_typeImpl` realisieren das Asset mit seinen Properties, aber ohne Pfeile, Constraints, Operation u.a. Das zweite Interface `assetName` und die zweite Klasse `assetNameImpl` sind Untertypen von `assetName_type` bzw. `assetName_typeImpl` und komplettieren die Implementierung des Assets. Eine Ausnahme sind abstrakte Assets, die nur als ein Paar von Interfaces generiert werden.

*Properties*

Für jede Property und für jeden Pfeil zu einem anderen Asset werden `get...()`- und `set...()`-Zugriffsmethoden generiert. Properties und Pfeile mit einer maximalen Kardinalität > 1 werden als Maps oder Kollektionen generiert, die entsprechenden `put...()` und `add...()`-Zugriffsmethoden generiert. Alle veränderten Methoden überprüfen die Daten auf Gültigkeit. Mit `canSet...()`, `canAdd...()` und `canPut...()` kann überprüft werden, ob die Ausführung der entsprechenden `set...()`-, `add...()`- oder `put...()`-Methode Erfolg haben wird.

*Constraints*

Constraints werden allerdings in diesen Methoden nicht geprüft – dazu muss explizit die Methode `validate()` aufgerufen werden.

Außerdem generiert werden die Methoden `equal()` und `hashCode()`, damit Asset-Instanzen in Hash-orientierten Kollektionen verwendet werden können.

*Ereignisse*

Alle generierten Klassen sind Unterklassen der Klasse `AomObject`, die im KLEEN-Laufzeitsystem enthalten ist. Zu deren Repertoire gehört auch die Methode addValueChangedListener(), mit der dem jeweiligen Asset ein ValueChangedListener hinzugefügt werden kann, der die Änderungen an den Asset-Inhalten beobachten kann.

### 14.2.4 Die Hibernate-Mapping-Datei

Außerdem generiert wurde die Hibernate-Mapping-Datei. Diese Datei legt fest, wie die verschiedenen Java-Klassen auf die Datenbanktabellen abgebildet werden. Diese XML-Datei enthält für jedes Asset (außer den abstrakten Assets) einen class-Eintrag. Da jedes Asset durch ein Klassenpaar repräsentiert wird, ist auch noch ein entsprechendes subclass-Kindelement vorhanden. Bei Kollektionen und Maps werden ebenfalls entsprechende Kindelemente generiert. Hibernate ist dann in der Lage, diese Kollektionen bzw. Maps selbsttätig zu füllen.

*map-Element*

So wird z.B. für die Klasse ProjectImpl (Unterklasse von Project_typeImpl) ein map-Element generiert, das den Pfeil zum Task-Asset repräsentiert. Das Element one-to-many verweist dazu auf die Klasse TaskImpl. Das Element key spezifiziert das Attribut, das in der Task-Datenbanktabelle verwendet wird, um die Beziehung zum Projekt herzustellen (*foreign key*). Logischerweise ist das die id des Projekts. Als Schlüsselbegriff für die Map dagegen dient die Property-id des Assets Task.

*subclass-Element*

Auf der Gegenseite im subclass-Element für die Klasse TaskImpl gibt es einen korrespondierenden many-to-one-Eintrag, der zurück auf das Project-Asset verweist.

*Projekte*

```
<?xml version="1.0" encoding="UTF-8"?>
<!DOCTYPE hibernate-mapping PUBLIC
     "-//Hibernate/Hibernate Mapping DTD 3.0//EN"
     "http://hibernate.sourceforge.net/hibernate-mapping-3.0.dtd">
<hibernate-mapping>
   <class discriminator-value="T"
          name="www.bdaum.de.planner.Project_typeImpl"
                table="Project">
      <id name="id" type="string"/>
      <discriminator column="$discriminator" type="character"/>
      <property column="description" name="description"
                type="string"/>
      <property column="name" name="name" type="string"/>
      <property column="&quot;earliestDate&quot;"
                name="earliestDate" type="timestamp"/>
      <property column="&quot;fixCosts&quot;"
                name="fixCosts" type="float"/>
      <subclass discriminator-value="A"
                name="www.bdaum.de.planner.project.ProjectImpl">
```

```
        <map access="field" cascade="all" inverse="true"
             lazy="true" name="task_proxy">
            <key column="&quot;Project_$id&quot;"/>
            <map-key column="id" type="string"/>
            <one-to-many class=
                "www.bdaum.de.planner.project.task.TaskImpl"/>
        </map>
    </subclass>
</class>
```

*Abhängigkeiten*

```
<class discriminator-value="T"
       name="www.bdaum.de.planner.Requires_typeImpl"
       table="&quot;requires&quot;">
    <id name="id" type="string"/>
    <discriminator column="$discriminator" type="character"/>
    <property column="description" name="description"
            type="string"/>
    <property column="rule" name="rule" type="string"/>
    <property column="delay" name="delay" type="integer"/>
    <subclass discriminator-value="A"
            name="www.bdaum.de.planner.project.
            task.RequiresImpl">
       <many-to-one
           class="www.bdaum.de.planner.project.task.TaskImpl"
           column="&quot;client$id&quot;" name="client"/>
        <many-to-one
           class="www.bdaum.de.planner.project.task.TaskImpl"
           column="&quot;prerequisite$id&quot;"
           name="prerequisite"/>
    </subclass>
</class>
```

*Ressourcen*

```
<class discriminator-value="T"
       name="www.bdaum.de.planner.Resource_typeImpl"
       table="Resource">
    <id name="id" type="string"/>
    <discriminator column="$discriminator" type="character"/>
    <property column="description" name="description"
            type="string"/>
    <property column="name" name="name" type="string"/>
    <property column="capacity" name="capacity" type="integer"/>
    <property column="&quot;costPerHour&quot;"
            name="costPerHour" type="float"/>
    <property column="&quot;fixCostPerTask&quot;"
            name="fixCostPerTask" type="float"/>
    <subclass discriminator-value="A"
          name="www.bdaum.de.planner.resource.ResourceImpl"/>
</class>
```

*Tasks*

```
<class discriminator-value="T"
      name="www.bdaum.de.planner.Task_typeImpl" table="Task">
   <id name="id" type="string"/>
   <discriminator column="$discriminator" type="character"/>
   <property column="description" name="description"
            type="string"/>
   <property column="name" name="name" type="string"/>
   <property column="&quot;earliestDate&quot;"
            name="earliestDate" type="timestamp"/>
   <property column="duration" name="duration"
            type="integer"/>
   <property column="&quot;fixCosts&quot;"
            name="fixCosts" type="float"/>
   <property column="&quot;actualDate&quot;"
            name="actualDate" type="timestamp"/>
   <subclass discriminator-value="A"
            name="www.bdaum.de.planner.project.task.TaskImpl">
      <many-to-one
            class="www.bdaum.de.planner.project.ProjectImpl"
            column="&quot;Project_$id&quot;"
            name="project_parent"/>
      <map access="field" cascade="all" inverse="true"
             lazy="true" name="requires_proxy">
         <key column="&quot;client$id&quot;"/>
         <map-key column="id" type="string"/>
         <one-to-many class=
           "www.bdaum.de.planner.project.task.RequiresImpl"/>
      </map>
      <map access="field" cascade="all" inverse="true"
             lazy="true" name="utilizes_proxy">
         <key column="&quot;user$id&quot;"/>
         <map-key column="id" type="string"/>
         <one-to-many class=
           "www.bdaum.de.planner.project.task.UtilizesImpl"/>
      </map>
   </subclass>
</class>
```

*Ressourcenbelegung*

```
<class discriminator-value="T"
      name="www.bdaum.de.planner.Utilizes_typeImpl"
      table="&quot;utilizes&quot;">
   <id name="id" type="string"/>
   <discriminator column="$discriminator" type="character"/>
   <property column="description" name="description"
            type="string"/>
   <property column="workload" name="workload" type="float"/>
```

```
        <subclass discriminator-value="A"
            name="www.bdaum.de.planner.project.task.UtilizesImpl">
            <many-to-one
                class="www.bdaum.de.planner.project.task.TaskImpl"
                column="&quot;user$id&quot;" name="user"/>
            <many-to-one
                class="www.bdaum.de.planner.resource.ResourceImpl"
                column="&quot;used$id&quot;" name="used"/>
        </subclass>
    </class>
</hibernate-mapping>
```

Damit ist das Datenmodell und die Persistenzschicht für unsere Beispielanwendung generiert worden. Wir können uns nun auf Grundlage dieses Datenmodells mit der Erstellung eines ersten Plugins auf der Basis von Hibernate beschäftigen.

### 14.2.5 Hibernate-Sitzungen

Doch vorher müssen wir zum schon in Kapitel 13 realisierten Anwendungs-Plugin `com.bdaum.planner.PlannerPlugin` noch etwas Infrastruktur für Hibernate hinzufügen. Zunächst müssen freilich die Plugins `com.bdaum.HibernateWrapper` und `com.bdaum.planner.dataStructures` in die *Dependencies* des Plugins `com.bdaum.planner` eingetragen werden und über *Properties* für den Export freigegeben werden. Die Plugin-Klasse `PlannerPlugin` dieses Plugins ist der geeignete Platz für die zentrale Verwaltung von Hibernate-Sitzungen, denn sie verwaltet den Lebenszyklus der gesamten Projektplaner-Anwendung. Hier wird eine Hibernate-Konfiguration erzeugt und mit dieser eine Hibernate-`SessionFactory` aufgebaut, die für die einzelnen Views der Anwendung auf Anforderung `Session`-Objekt erzeugen kann. Um sicherzustellen, dass Hibernate die angegebene Konfigurationdatei auch findet, wird ein `ClassLoader` aus dem Namensraum (*Classpath*) des Datenmodells `com.bdaum.planner.dataStructures` verwendet.

*Session-Objekt*

Für jeden View der Anwendung verwenden wir ein eigenes Session-Objekt, um für den Endanwender maximale Freizügigkeit bei der Navigation zu gewährleisten. Diese `SessionFactory` wird mit der im letzten Abschnitt generierten Mapping-Datei konfiguriert. Der folgende Code zeigt, wie die `start()`-Methode der Klasse `PlannerPlugin` abgeändert werden muss, und wie die Methode `getNewSession()` implementiert wird:

```
private SessionFactory sessions;

public void start(BundleContext context) throws Exception {
  super.start(context);
  try {
    URL pluginUrl = getInstallURL("");
    HsqldbWrapperPlugin.getDefault().startDatabase(
            pluginUrl.getPath() + "db");
    checkSchemata();
    Configuration config = new Configuration();
   config.addResource("www/bdaum/de/planner/planner.hbm.xml",
                     ProjectImpl.class.getClassLoader());
    sessions = config.buildSessionFactory();
  } catch (Exception e) {
    logError(7, "Error starting Database environment", e);
  }
}

public Session getNewSession() {
  return sessions.openSession();
}
```

*Schlüsselgenerator*

Die Klasse `PlannerPlugin` ist auch der richtige Platz für einen Schlüsselgenerator, der die einzelnen Datenobjekte mit Schlüsseln versieht. Wir implementieren hier einen Generator, der aus einem tabellenspezifischen Präfix, dem Zeitstempel der ersten Anwendung und einer laufenden Nummer einen anwendungsweiten eindeutigen Schlüssel generiert. Dieser Schlüsselgenerator wird später immer dann aufgerufen, wenn wir neue Datenobjekte anlegen müssen.

```
/**
 * Creates a unique identifier
 * @param prefix - table-specific prefix
 * @return - identifier
 */
public String makeIdentifier(String prefix) {
  if (date == null)
    date = Long.toString((new java.util.Date().getTime())) + "-";
  return prefix + date + Long.toString(++identifierCounter);
}
```

### 14.2.6 Ein Plugin zur Ressourcenverwaltung

Das in diesem Abschnitt diskutierte Plugin realisiert die Perspektive für den Supervisor, der für die Definition der projektübergreifenden Ressourcen zuständig ist. Die Perspektive enthält einen einzigen View, der links im Master-Bereich eine Tabelle mit den vorhandenen Ressourcen enthält, rechts dagegen die Details der jeweils selektierten Ressource. Zwei Aktionen erlauben das Hinzufügen neuer und das Löschen bestehender Ressourcen.

### Plugin-Manifest

Das Plugin mit der ID `com.bdaum.planner.supervisor` erzeugen wir auf die gewohnte Weise. Als Classpath geben wir dabei supervisor.jar an und erzeugen natürlich das Plugin ohne die Rich-Client-Option, denn wir wollen keine neue Rich-Client-Anwendung erstellen, sondern das Plugin zu einer schon bestehenden Rich-Client-Anwendung hinzufügen. Auch macht es Sinn, beim Erzeugen des Plugins ein Template zu verwenden, und zwar *Plug-in with a View* mit einem *Table Viewer*. So kann man sich einiges an Tipparbeit sparen. Dem View geben wir den Namen *Resources*, die generierte View-Klasse erhält den Namen `ResourceView`, die neue Kategorie nennen wir *Supervisor*. Der neue View wird nicht der `Resource`-Perspektive hinzugefügt, denn wir haben keine. Nicht benötigte Teile werden später einfach gelöscht. Einige der generierten Java-Komponenten werden später durch eigene Definitionen ersetzt, denn wir wollen auf der in Kapitel 9 entwickelten Infrastruktur aufsetzen.

Deshalb geben wir anschließend im Manifest-Editor auch das Plugin `com.bdaum.planner` unter *Dependencies* an. Das OSGi-Manifest müsste nun so aussehen:

*OSGi-Manifest*

```
Manifest-Version: 1.0
Bundle-ManifestVersion: 2
Bundle-Name: Supervisor Plug-in
Bundle-SymbolicName: com.bdaum.planner.supervisor; singleton:=true
Bundle-Version: 1.0.0
Bundle-ClassPath: supervisor.jar
Bundle-Activator: com.bdaum.planner.supervisor.SupervisorPlugin
Bundle-Vendor: bdaum industrial communications
Bundle-Localization: plugin
Require-Bundle: org.eclipse.ui,
 org.eclipse.core.runtime,
 com.bdaum.planner
Eclipse-AutoStart: true
```

Außerdem legen wir noch eine Erweiterung zu dem Punkt `org.eclipse.ui.perspectives` an und definieren dort eine neue Perspektive mit dem Namen *Supervisor*, der ID `com.bdaum.planner.supervisor.perspective` und dem Klassennamen `com.bdaum.planner.supervisor.Perspective`. Die neue Klasse erzeugen wir mit einem Klick auf das *class*-Attribut. Wir setzen außerdem das Attribut *fixed* auf den Wert true, um eine Veränderung dieser Perspektive durch den Benutzer auszuschließen.

Diese Perspektive geben wir dann noch als anfängliche Perspektive für die Rolle *Supervisor* an (Erweiterungspunkt com.bdaum.planner.roles).

Daraus ergibt sich folgender Quellcode für das Plugin-Manifest:

*Plugin-Manifest*

```
<?xml version="1.0" encoding="UTF-8"?>
<?eclipse version="3.0"?>
<plugin>
   <extension point="org.eclipse.ui.views">
      <category name="Supervisor"
                id="com.bdaum.planner.supervisor"/>
      <view name="Resources"
            icon="icons/sample.gif"
            category="com.bdaum.planner.supervisor"
            class="com.bdaum.planner.supervisor.views.ResourceView"
            id="com.bdaum.planner.supervisor.views.ResourceView"/>
   </extension>
   <extension point="org.eclipse.ui.perspectives">
      <perspective class="com.bdaum.planner.supervisor.Perspective"
                   fixed="true"
                   id="com.bdaum.planner.supervisor.perspective"
                   name="Supervisor"/>
   </extension>
   <extension point="com.bdaum.planner.roles">
      <role name="Supervisor">
         <perspective id="com.bdaum.planner.supervisor.perspective"
                      initial="true"/>
         <plugin id="com.bdaum.planner.supervisor"/>
         <plugin id="com.bdaum.planner.supervisor.help"/>
      </role>
   </extension> </plugin>
```

### Die Klasse ResourceView

Die Klasse ResourceView realisiert den die gesamte Supervisor-Perspektive ausfüllenden View. Da sie entsprechend dem Master-Details-Entwurfsmuster aufgebaut ist, kann sie auf die in Kapitel 9 realisierte Infrastruktur aufsetzen und als Unterklasse der Klasse AbstractMasterDetailsView implementiert werden. Der Master-Details-Block selbst kann als Unterklasse von AbstractMasterDetailsBlock realisiert werden.

In diesem Block müssen die verschiedenen Detailseitentypen für die verschiedenen Objekttypen im Masterteil registriert werden. Im `ResourceView` gibt es zwar nur einen Objekttyp (`Resource`) und einen Seitentyp, nichtsdestotrotz muss die Registrierung auch für diesen einen Typ durchgeführt werden. Dabei tritt die erste Schwierigkeit auf.

*Enhancer?*

Im vorigen Kapitel hatten wir für die Benutzertabelle die folgende Technik für die Registrierung von Seiten benutzt:

```
detailsPart.registerPage(UserDAO.class, new UserDetailsPage());
```

Entsprechend wäre hier anzugeben:

```
detailsPart.registerPage(Resource.class, new ResourceDetailsPage ());
```

Doch so einfach geht das nicht. Denn was Hibernate von der Datenbank abliefert, ist eine Klasse vom Typ `Resource$$EnhancerByCGLIB$$bf91dcb3` o.Ä. Der Grund dafür ist, dass Hibernate die Binärobjekte von `Resource` mit Hilfe eines *Enhancers* etwas »nachbearbeitet«, d.h. den Binärcode verändert und gleich auch noch die Typbezeichnung ändert! Der Master-Details-Block wird jedoch Objekte dieses Typs kaum mit `Resource.class` identifizieren. Ergebnis: Die Detailseite bleibt weiß.

Das Eclipse *Forms API* bietet zum Glück als Alternative einen `PageProvider` an, mit dem Detailseiten dynamisch zugeordnet werden können. Hier ist eine solche Zuordnung allerdings einfach: Ist im Master-Bereich ein Element ausgewählt, so wird immer die `ResourceDetailsPage` für die Anzeige der Details verwendet. Im nächsten Abschnitt werden wir ein etwas komplexeres Beispiel mit mehreren Seitentypen kennen lernen.

```
package com.bdaum.planner.supervisor.views;

import java.util.Iterator;
...
...
import com.bdaum.planner.widgets.FloatInput;

public class ResourceView extends AbstractMasterDetailsView {

  /**
   * Implementiert den MasterDetails-Block
   */
  private class ResourceBlock extends AbstractMasterDetailsBlock {
```

```
/**
 * Detailseite registrieren
 */
protected void registerPages(DetailsPart detailsPart) {
  super.registerPages(detailsPart);
  // PageProvider setzen
  detailsPart.setPageProvider(new IDetailsPageProvider() {
      public Object getPageKey(Object object) {
        return null;
      }
      // PageProvider bestimmt die Seite dynamisch
      public IDetailsPage getPage(Object key) {
    return (key != null) ? new ResourceDetailsPage() : null;
      }
    });
}
```

*Elemente vergleichen*

Eine weitere Schwierigkeit taucht auf, wenn Elemente im Viewer sortiert oder selektiert werden sollen. Implementiert man einen TableViewer auf die gewohnte Art, wird man feststellen, dass die Selektion im Baum manchmal nicht richtig funktioniert. Der Grund liegt darin, dass die auf der Benutzeroberfläche gezeigten Objekte nicht zu allen Zeiten mit den Datenbankobjekten synchron sind. Da der TableViewer die Methode equals() benutzt, um festzustellen, dass zwei Elemente gleich sind, geht das manchmal schief. Was wir stattdessen benötigen, ist eine Methode, die feststellt, wann zwei Objekte aus Datenbanksicht identisch sind. Das ist dann der Fall, wenn deren Primärschlüssel gleich sind. Wir fügen deshalb dem Viewer einen IElementComparer hinzu, der dem Viewer sagt, dass zwei Resource-Objekte dann als identisch zu betrachten sind, wenn sie auch schlüsselidentisch sind. Die von KLEEN generierte Methode isKeyIdentical() liefert hier das gewünschte Ergebnis. Da der Viewer intern auch Hash-Maps verwendet, muss auch eine ähnliche Regelung für das Berechnen des Hash-Codes getroffen werden.

```
/**
 * Erzeugt den Viewer im Master-Bereich
 */
protected StructuredViewer createViewer(Composite client) {
  TableViewer viewer = new TableViewer(client,
          SWT.MULTI | SWT.H_SCROLL | SWT.V_SCROLL);
  viewer.setContentProvider(new ViewContentProvider());
  viewer.setLabelProvider(new ViewLabelProvider());
  viewer.setSorter(new ViewerSorter());
 viewer.setComparer(new IElementComparer() {
```

```
      public boolean equals(Object a, Object b) {
        return (a instanceof IAsset && b instanceof IAsset) ?
           ((IAsset) a).isKeyIdentical((IAsset) b) : a.equals(b);
      }
      public int hashCode(Object element) {
        return (element instanceof IAsset) ?
                  ((IAsset) element).keyHashCode()
                : element.hashCode();
      }
    });
    return viewer;
  }

  /**
   * Liefert den Titel des Master-Bereichs
   */
  protected String getMasterTitle() {
    return "Resources";
  }
}
```

*ContentProvider*

Der ContentProvider ermittelt aus dem Eingabeelement die einzelnen Tabellenelemente. Da als Eingabeelement die Hibernate-Session übergeben wird, wird dieses Session-Objekt verwendet, um eine Datenbankabfrage auf vorhandene Ressourcen durchzuführen. Diese Datenbankabfrage wird mit Hilfe der Hibernate-Query-Sprache durchgeführt. Das Ergebnis wird als Liste abgeliefert und dann als Array an den Viewer übergeben.

```
/**
 * ContentProvider für den TableViewer im Master-Bereich
 */
static class ViewContentProvider implements
                                  IStructuredContentProvider {

  public void inputChanged(Viewer v, Object oldInput,
          Object newInput) {
  }

  public void dispose() {
  }

  /**
   * Liefert die Elemente der Ressourcentabelle
   */
  public Object[] getElements(Object parent) {
    if (parent instanceof Session) {
      Session session = (Session) parent;
```

```
        try {
          // Hibernate-Query konstruieren
          return session.createQuery("from ResourceImpl")
                        .list().toArray();
        } catch (HibernateException e) {
          PlannerPlugin.logError(10, "Error when reading Resource
                        database records", e);
        }
      }
      return new Object[0];
    }
  }
```

*LabelProvider* Der LabelProvider bereitet die einzelnen Tabellenelemente für die Ausgabe auf, wofür die Methode getText() überschrieben wird. Wir benutzen die Gelegenheit und versehen jedes der angezeigten Elemente mit einem ValueChangedListener. So wird der View informiert, wenn sich am Datenmodell etwas ändert. Auf diese Datenänderungen kann der ResourceView reagieren und die Anzeigeelemente entsprechend aktualisieren.

```
/**
 * Liefert die Präsentation für Tabellenelemente
 */
class ViewLabelProvider extends LabelProvider implements
        ITableLabelProvider {

  public String getColumnText(Object obj, int index) {
    return getText(obj);
  }

  public String getText(Object obj) {
    if (obj instanceof Resource) {
      // Beobachte Änderungen in allen angezeigten Objekte
      ((Resource) obj)
              .addValueChangedListener(ResourceView.this);
      // Textaufbereitung
      return ((Resource) obj).getName();
    }
    return super.getText(obj);
  }

  public Image getColumnImage(Object obj, int index) {
    return null;
  }
}
```

*Detailseite* Damit ist der TableViewer im Master-Bereich versorgt, und wir können uns nun um die Implementierung der Detailseite kümmern. Zunächst werden die Eingabefelder mit Hilfe des Forms API für die einzelnen

Resource-Attribute aufgebaut. Die Maßeinheiten für Zeit- und Währungsangaben holen wir uns aus den Klassen des Datenmodells, die dort von KLEEN hineingeneriert wurden.

Außerdem wird im Konstruktor der Seite der View als Status-Listener eingetragen. Zustandsänderungen der Seite (ungespeicherte Änderungen/keine ungespeicherten Änderungen) werden so dem View mitgeteilt, der entsprechend darauf reagieren kann.

```
/**
 * Implementiert die einzige Detailseite des Master-Details-Blocks
 */
private class ResourceDetailsPage extends AbstractDetailsPage {

  // Die angezeigte Ressource
  private Resource resource;

  // Anzeigefelder für Ressource-Properties
  private Text idField, nameField, descriptionField;
  private FloatInput fixCostField, costPerHourField;
  private Spinner capacityField;

  /**
   * Konstruktor. Registriert den View als Listener für
   * Zustandsänderungen der Seite
   */
  ResourceDetailsPage() {
    super();
    addStateChangedListener(ResourceView.this);
  }

  /**
   * Liefert den Titel der Detailseite
   */
  protected String getDetailsTitle() {
    return "Resource Details";
  }

  /**
   * Baut den Inhalt der Detailseite auf
   */
  public void fillClientArea(Composite client) {
    idField = createTextEntry(client, "Id", 200, SWT.READ_ONLY);
    nameField = createTextEntry(client, "Name", 200, SWT.NONE);
    descriptionField = createTextEntry(client,
         "Description", 300, 100, SWT.NONE);
    fixCostField = createFloatEntry(client, "Fix Costs per Task ("
        + Resource.fixCostPerTask__currency  + ")",
        100, SWT.NONE);
   costPerHourField = createFloatEntry(client, "Costs per Hour ("
        + Resource.costPerHour__currency + ")", 100, SWT.NONE);
```

```
    createLabel(client, "Capacity");
    capacityField = new Spinner(client, SWT.FLAT);
    // Spinner-Element an FormToolkit anpassen
    toolkit.adapt(capacityField, false, false,
            ExtendedFormToolkit.TEXT_BORDER);
}
```

*Ereignisse* Eingaben verändern in der Regel die Daten der Seite. Deshalb erhalten die Eingabefelder der Seite Listener, welche die Modifikation von Feldern beobachten. Die beiden Methoden `addWidgetListeners()` und `removeWidgetListeners()` erlauben es, die Listener dynamisch an- und abzuschalten.

```
/**
 * Änderungen in den Eingabefeldern überwachen
 */
protected void addWidgetListeners() {
  addListeners(nameField);
  addListeners(descriptionField);
  if (fixCostField != null)
    addListeners(fixCostField.getTextControl());
  if (costPerHourField != null)
    addListeners(costPerHourField.getTextControl());
  if (capacityField != null) {
    capacityField.addModifyListener(this);
    capacityField.addSelectionListener(this);
  }
}

/**
 * Änderungen in den Eingabefeldern nicht mehr überwachen
 */
protected void removeWidgetListeners() {
  removeListeners(nameField);
  removeListeners(descriptionField);
  if (fixCostField != null)
    removeListeners(fixCostField.getTextControl());
  if (costPerHourField != null)
    removeListeners(costPerHourField.getTextControl());
  if (capacityField != null) {
    capacityField.removeModifyListener(this);
    capacityField.removeSelectionListener(this);
  }
}
```

```
/**
 * Setzt den Fokus auf das Namensfeld
 */
public void setFocus() {
  if (nameField != null)
    nameField.setFocus();
}
```

*Initialisierung*

In der Methode setInput() wird das anzuzeigende Datenelement übernommen. Anschließend werden in der Methode initWidgets() die Attribute der übergebenen Ressource verwendet, um die Eingabefelder zu füllen.

```
/**
 * Setzt die Eingabedaten für die Seite
 */
public void setInput(Object element) {
  if (element instanceof Resource)
    resource = (Resource) element;
}

/**
 * Eingabefelder aus dem Datenmodell versorgen
 */
protected void initWidgets() {
  if (resource != null && idField != null) {
    idField.setText(resource.getId());
    nameField.setText(resource.getName());
    descriptionField.setText(resource.getDescription());
    costPerHourField.setFloat(resource.getCostPerHour());
    fixCostField.setFloat(resource.getFixCostPerTask());
    capacityField.setSelection(resource.getCapacity());
  }
}
```

*Commit*

In der Methode commit() werden dann die Eingabedaten verwendet, um das Objekt im Datenmodell auf den neuesten Stand zu bringen. Da diese Änderungen auf die Datenbank reflektiert werden sollen, wird vorher mit Hilfe der Hibernate-Session eine Datenbanktransaktion gestartet. Das übergebene Transaktionsobjekt wird nach Durchführung der Änderungen verwendet, um die Transaktion als erfolgreich abzuschließen.

Vorher werden jedoch mit Hilfe der von KLEEN generierten Methode validate() die Daten auf Gültigkeit geprüft. Die im Modell definierten Constraints werden in dieser Methode überprüft. Wird ein Constraint verletzt, wird eine ConstraintException erzeugt, die im catch-Block abgefangen wird. In diesem Fall wird der Fehlertext angezeigt und die Datenbanktransaktion wird zurückgesetzt.

```
/**
 * Macht Änderungen persistent
 */
public void commit(boolean onSave) {
  if (resource != null) {
    Transaction tx = null;
    try {
      // Transaktionsobjekt holen
      tx = session.beginTransaction();
      // Modelldaten aus Eingabefeldern übernehmen
      resource.setName(nameField.getText());
      resource.setDescription(descriptionField.getText());
      resource.setCostPerHour(costPerHourField.getFloat());
      resource.setFixCostPerTask(fixCostField.getFloat());
      resource.setCapacity(capacityField.getSelection());
      try {
        // Auf Gültigkeit prüfen
        resource.validate();
      } catch (ConstraintException e1) {
        // Bei ungültigen Daten wird die Fehlermeldung
        // angezeigt und Änderungen werden rückgängig
        // gemacht
        showErrorMessage(e1.getMessage());
        tx.rollback();
        initWidgets();
        return;
      }
      // Änderungen wegschreiben
      tx.commit();
    } catch (HibernateException e) {
      // Bei Systemfehler erfolgt ein Eintrag in die Log-Datei
      PlannerPlugin.logError(13, "Error when updating Resource
                                        database records", e);
    }
  }
  // Master-Details-Block rücksetzen
  super.commit(onSave);
  block.refresh(resource);
  showErrorMessage(null);
}
}
```

*View*

Kommen wir nun schließlich zur Definition des gesamten Views. Im Konstruktor des Views wird zunächst das Hibernate-Session-Objekt von der Plugin-Klasse der Gesamtanwendung geholt und zwischengespeichert. Wenn der View nicht mehr benötigt wird (Anwendung geschlossen) wird auch die Datenbanksitzung geschlossen.

Außerdem wird die Instanz einer Löschoperation aufgebaut, die wir uns später noch genauer ansehen werden.

```
// Hibernate-Sitzung
private Session session;

// Operations-Objekt für die Löschoperation
private DeleteOperation deleteOperation;

/**
 * Konstruktor.
 * Initialisiert das Sitzungsobjekt und die Löschoperation
 */
public ResourceView() {
  super();
  // Sitzungsobjekt holen
  if (session == null)
    session = PlannerPlugin.getDefault().getNewSession();
  // Löschoperation erzeugen
  deleteOperation = new DeleteOperation(session);
}

/**
 * Session wieder schließen, wenn View nicht mehr benötigt wird
 */
public void dispose() {
  if (session != null)
    session.close();
  super.dispose();
}
```

*Master-Details-Block*

Da die Klasse `ResourceView` auf der Klasse `AbstractMasterDetailsView` aufbaut, muss noch die ID für die kontextsensitive Hilfe geliefert werden, und es muss konkretisiert werden, welcher `MasterDetailsBlock` verwendet wird und wie er initialisiert wird. In der Methode `createMasterDetailsBlock()` geben wir eine Instanz des oben definierten `ResourceBlocks` zurück. In der Methode `initializeViewer()` übergeben wir das Sitzungsobjekt an den Viewer, dessen `ContentProvider` dann mit Hilfe des Sitzungsobjektes eine Datenbankabfrage ausführt.

```
/**
 * ID für kontextsensitive Hilfe
 */
@Override
protected String getHelpName() {
  return "com.bdaum.planner.supervisor.help.resources";
}

/**
 * Erzeugt einen konkreten MasterDetailsBlock
 */
protected AbstractMasterDetailsBlock createMasterDetailsBlock(
        FormToolkit toolkit) {
  return new ResourceBlock();
}

/**
 * Initialisiert den Viewer des MasterDetailsBlockes mit
 * dem Sitzungsobjekt
 *
 * @param viewer - der Viewer des MasterDetailsBlockes
 */
protected void initializeViewer(StructuredViewer viewer) {
  viewer.setInput(session);
}
```

*Aktionen* Neben dem Aufbau des Master-Details-Blockes ist der View außerdem für die Ausrüstung mit Aktionen zuständig. Im AbstractMasterDetailsView wurde bereits die Löschaktion angelegt. Hier werden nun die Methoden makeActions(), fillLocalPullDown(), fillContextMenu() und fillLocalToolBar() erweitert, um als weitere Aktion eine Aktion zum Anlegen einer neuen Ressource zu implementieren.

```
/**
 * Erzeugt die Aktion zum Hinzufügen von Ressourcen
 */
protected void makeActions() {
  createAction(NEWACTION, "Add Resource",
          "Adds a new resource to the list of resources", "add");
  super.makeActions();
}

/**
 * Baut das lokale Menü des Views auf
 */
protected void fillLocalPullDown(IMenuManager manager) {
  addItemToManager(manager, NEWACTION);
  super.fillLocalPullDown(manager);
}
```

```
/**
 * Baut das Kontextmenü des Views auf
 */
protected void fillContextMenu(IMenuManager manager) {
  addItemToManager(manager, NEWACTION);
  super.fillContextMenu(manager);
}

/**
 * Baut die Werkzeugleiste des Views auf
 */
protected void fillLocalToolBar(IToolBarManager manager) {
  addItemToManager(manager, NEWACTION);
  super.fillLocalToolBar(manager);
}
```

*Aktualisierung*

Die so erzeugten Aktionen müssen bei Zustandsänderungen aktualisiert werden. Das geschieht in der Methode `updateAction()`. Während neue Ressourcen immer erzeugt werden können, ist das beim Löschen nicht so einfach. Darf eine der selektierten Ressourcen nicht gelöscht werden, wird die gesamte Aktion deaktiviert. Dabei fragen wir einfach die weiter unten diskutierte Löschoperation, ob die Ressourcen gelöscht werden dürfen.

```
/**
 * Aktiviert oder deaktiviert eine Aktion
 */
public boolean updateAction(int id) {
  switch (id) {
  case NEWACTION:
    return true;
  case DELETEACTION:
    IStructuredSelection sel = (IStructuredSelection) block
            .getViewer().getSelection();
    return !sel.isEmpty()
            && deleteOperation.canRun(sel.toArray());
  }
  return super.updateAction(id);
}
```

*Ausführung*

Die Ausführung der Aktionen erfolgt in der Methode `performAction()`. Beim Erzeugen einer neuen Ressource holen wir uns zunächst von der Plugin-Klasse der Anwendung eine eindeutige Identifikation. Damit erzeugen wir eine neue `Resource`-Instanz. Diese wird anschließend in einer neuen Transaktion mit `save()` als persistent markiert und dann mit `commit()` in die Datenbank geschrieben. Anschließend wird die neue Instanz noch der Tabelle im Master-Bereich hinzugefügt, das neue Tabellenelement wird selektiert, und der Fokus wird auf die

Detailseite gesetzt. Die Detailseite ihrerseits setzt den Fokus auf das Namensfeld der neuen Ressource.

```
/**
 * Führt die der Aktion zugeordnete Operation aus
 */
public void performAction(int id) {
  switch (id) {
  case NEWACTION:
    createNewResource();
    break;
  case DELETEACTION:
    removeResources();
    break;
  }
  super.performAction(id);
}
```

*Neue Ressource*

```
/**
 * Erzeugt eine neue Ressource
 */
protected void createNewResource() {
  TableViewer viewer = (TableViewer) block.getViewer();
  // Identifikation erzeugen
  String id = PlannerPlugin.getDefault().makeIdentifier("res");
  // Neue Ressource-Instanz erzeugen
  Resource resource = new ResourceImpl(id,
          "Enter description here", "newResource", 1,
          new Float(0), new Float(0));
  try {
    // Transaktionsobjekt holen
    Transaction tx = session.beginTransaction();
    // Als persistent markieren
    session.save(resource);
    // und speichern
    tx.commit();
    // Zum Viewer hinzufügen
    viewer.add(resource);
    // Selektion auf das neue Element setzen
    viewer.setSelection(new StructuredSelection(resource), true);
    // Den Fokus auf die Detailseite setzen
    block.setFocusToDetails();
  } catch (HibernateException e) {
    PlannerPlugin.logError(12, "Error when inserting Resource
                                          database records", e);
  }
}
```

*Ressource löschen*

Beim Löschen von Ressourcen erlauben wir das Löschen mehrerer selektierter Ressourcen gleichzeitig. Auch das findet wieder innerhalb einer Datenbanktransaktion statt. Das eigentliche Löschen wird jedoch der Löschoperation überlassen. Anschließend wird der gesamte Master-Details-Block aktualisiert.

```
  /**
   * Ressourcen entfernen
   */
  protected void removeResources() {
    IStructuredSelection sel = (IStructuredSelection) block
            .getViewer().getSelection();
    if (!sel.isEmpty()) {
      try {
        // Transaktionsobjekt holen
        Transaction tx = session.beginTransaction();
        // Löschoperation ausführen
        deleteOperation.run(sel.toArray());
        // Änderungen speichern
        tx.commit();
        // MasterDetailsBlock aktualisieren
        block.refresh(null);
      } catch (HibernateException e) {
        PlannerPlugin.logError(11,
              "Error when deleting Resource database records", e);
      }
    }
  }
}
```

*ValueChangedListener*

Eigentlich müsste nun noch die Methode `valueChanged()` implementiert werden, um auf Änderungen im Datenmodell zu reagieren. Da diese Methode jedoch auch in anderen Views benötigt werden wird, implementieren wir diese Methode in der Superklasse von `ResourceView`, der Klasse `AbstractMasterDetailsView` und fügen dort das Interface `ValueChangedListener` zur Liste der implementierten Interfaces hinzu. Bei einer Änderung im Datenmodell wird einfach der Master-Details-Block aktualisiert, gleichermaßen die Aktionen.

*Superklasse*

Allerdings muss dieses in einem `Display.syncExec()`-Block geschehen, denn die Änderungen am Modell könnten in einem anderen Thread durchgeführt worden sein (in einer noch später implementierten Operation werden wir genau das tun). SWT verweigert jedoch den direkten Zugriff aus anderen Threads, deshalb ist diese Kapselung notwendig.

```
/**
 * Aktualisiert den MasterDetailsBlock bei Änderungen
 * im Datenmodell
 */
public void valueChanged(final ValueChangedEvent e) {
  getSite().getShell().getDisplay().syncExec(
          new Runnable() {
            public void run() {
              block.refresh(e.getSource());
              updateActions();
            }
          });
}
```

### Die Klasse DeleteOperation

Die Implementierung einer Operation in Form einer eigenen Klasse ist ein Standardentwurfsmuster, insbesondere dann, wenn es sich um komplexe Operationen handelt, oder wenn dieselbe Operation in verschiedenen Views bzw. Editoren verwendet wird. Hier führen wir das für die Löschoperation vor.

Da es sich um ein allgemeines Entwurfsmuster handelt, implementieren wir zunächst ein Interface `IOperation` im Plugin `com.bdaum.planner`. Jede Operation muss eine Methode `canRun()` besitzen, die darüber Auskunft gibt, ob die Methode ausgeführt werden darf. Diese Methode wird insbesondere bei der Aktualisierung von Aktionen aufgerufen, um Werkzeugtasten und Menüpunkte freizuschalten oder zu sperren. In der Methode `run()` erfolgt dann die eigentliche Ausführung.

```
package com.bdaum.planner;
import java.lang.reflect.InvocationTargetException;

public interface IOperation {
  /**
   * Prüft, ob Auführung für alle angegebenen Objekte möglich ist
   * @param items - Objekte, auf die die Operation ausgeführt
   *                werden soll
   * @return - false, wenn Gesamtausführung nicht möglich ist
   */
  public boolean canRun(Object[] items);

  /**
   * Führt Operation für alle angegebenen Objekte aus
   * @param items - Objekte, auf die die Operation ausgeführt
   *                werden soll
   */
  public void run(Object[] items)
          throws InvocationTargetException, InterruptedException;
}
```

Nun kann die Klasse DeleteOperation auf der Grundlage von IOperation implementiert werden. Die einzuhaltende Bedingung ist hier, dass eine zu löschende Ressource von keinem Task benutzt werden darf. Das ist dann der Fall, wenn kein Utilizes-Datensatz auf den Resource-Datensatz verweist. Freilich könnte und sollte eine solche Prüfung auch schon bei der SQL-Tabellendefinition als Regel für die referentielle Integrität abgelegt werden, vorausgesetzt freilich, dass das verwendete Datenbanksystem dies auch unterstützt.

*Constraint*

```
package com.bdaum.planner.supervisor;

import java.util.Iterator;
import org.hibernate.Session;
import com.bdaum.planner.IOperation;
import www.bdaum.de.planner.resource.Resource;

public class DeleteOperation implements IOperation {

  // Das Hibernate-Sitzungsobjekt
  private Session session;

  /**
   * Konstruktor
   * @param session - Sitzungsobjekt, mit dem
   *    Datenbankoperationen ausgeführt werden sollen
   */
  public DeleteOperation(Session session) {
    super();
    this.session = session;
  }

  /**
   * Prüft, ob ein Objekt gelöscht werden darf
   * @return - true, wenn alle Objekte gelöscht werden dürfen
   */
  public boolean canRun(Object[] items) {
    if (items == null)
      return false;
    for (Object item : items) {
      if (!(item instanceof Resource))
        return false;
      Resource res = (Resource) item;
      // Eine Ressource darf nur gelöscht werden,
      // wenn sie nicht benutzt wird
      Iterator it = session.createQuery(
              "from UtilizesImpl as uti where uti.used = ?")
              .setString(0, res.getId()).iterate();
      if (it.hasNext())
        return false;
    }
    return true;
  }
```

```
/**
 * Löschoperation ausführen.
 * Vorher wird geprüft, ob die Operation ausgeführt werden darf
 * @param item - die zu löschenden Objekte
 */
public void run(Object[] items) {
  if (canRun(items))
    for (Object item : items)
      session.delete((Resource) item);
}}
```

#### Die Klasse Perspective

Die Definition der Perspektive für die Supervisor-Rolle entspricht den Perspektiven, die wir schon in früheren Kapiteln dieses Buches definiert haben. Es wird lediglich der einzige View zur Perspektive hinzugefügt; der Editorbereich wird unsichtbar gemacht.

*Layout*

```
private static final String RESOURCEVIEW =
              "com.bdaum.planner.supervisor.views.ResourceView";

public void createInitialLayout(IPageLayout layout) {
  layout.addView(RESOURCEVIEW,
            IPageLayout.LEFT, 1.0f, IPageLayout.ID_EDITOR_AREA);
  layout.setEditorAreaVisible(false);
  // Abkürzungen für Window>Open Perspective
  com.bdaum.planner.Perspective.fillPerspectiveMenu(layout);
}
```

#### Feature

Damit ist die Definition des Supervisor-Plugins abgeschlossen. Sie können nun die Anwendung erneut testen. Erstellen Sie zunächst für das Plugin ein Feature mit dem Namen Supervisor Feature und der ID com.bdaum.planner.supervisor. Dieses Feature fügen Sie im Produkteditor der Konfiguration hinzu. Nun können Sie die Anwendung erneut mit *Synchronize* und *Launch the product* starten.

#### Test

Nach dem Anmelden mit dem voreingestellten Namen gelangen Sie zunächst zur Administrator-Perspektive. Dort legen Sie einen neuen Benutzer mit der Rolle *Supervisor* an. Schließen Sie die Anwendung, starten Sie sie neu und melden Sie sich unter dem neuen Benutzernamen an. Sie müssten nun zur Supervisor-Perspektive gelangen.

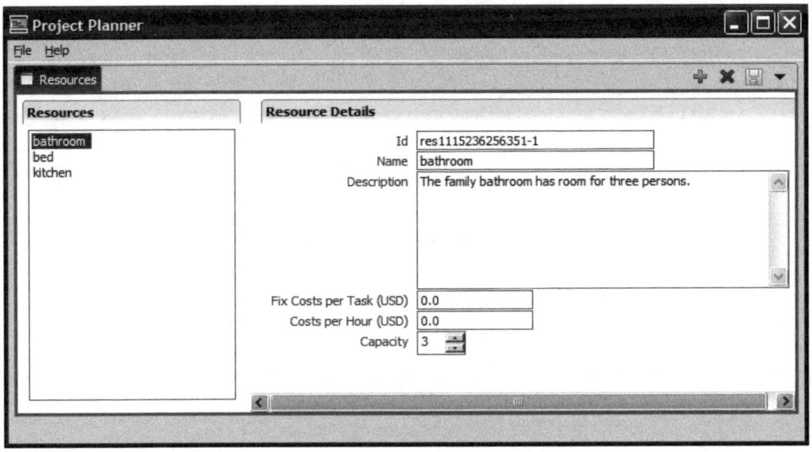


**Abb. 14–3** Die Supervisor-Perspektive zeigt den Ressourcen-View. Mit einem Klick auf das Pluszeichen können neue Ressourcen angelegt werden.

## 14.2.7 Das Plugin für die Projektplanung

Das Plugin `com.bdaum.planner.taskplanner` realisiert die Perspektive für die Projektplanerrolle. Das Plugin ist ganz ähnlich wie das Supervisor-Plugin aus dem vorigen Abschnitt ausgelegt. Wir gehen deshalb hier nur auf die Besonderheiten ein. Der komplette Quellcode kann wieder von der Buch-Website heruntergeladen werden.

Ganz ähnlich wie das Supervisor-Plugin ist es zunächst mit einem einzigen Master-Details-View ausgerüstet. Wir werden allerdings später das Plugin noch mit einem View erweitern, der den Projektverlauf grafisch als Gantt-Chart anzeigt.

### Der Master-Bereich

Der Hauptunterschied zum Master-Bereich des Ressourcen-Views besteht darin, dass kein `TableViewer`, sondern ein `TreeViewer` verwendet wird, um Projekte anzuzeigen. Jedes Projekt hat Kindelemente – Tasks –, und jeder Task besitzt seinerseits Kindelemente – Requires- und Utilizes-Instanzen, die auf benötigte andere Tasks bzw. Ressourcen verweisen. Deshalb ist der `ContentProvider` für diesen Viewer etwas komplizierter.

*ContentProvider*

Die Knoten auf der untersten Ebene des Viewers repräsentieren Projekte. Diese lassen sich vom Eingabeelement des Viewers (der Hibernate-Session) mit Hilfe einer Hibernate-Query abfragen.

```
class ViewContentProvider implements ITreeContentProvider {

  public void inputChanged(Viewer v, Object oldInput, Object
                                                      newInput) {
  }
  public void dispose() {
  }
  /**
   * Ermittelt die Baumknoten auf unterster Ebene
   */
  public Object[] getElements(Object parent) {
    if (parent instanceof Session) {
      try {
       // Hibernate-Query
        return session.createQuery("from
                                 ProjectImpl").list().toArray();
      } catch (HibernateException e) {
        PlannerPlugin.logError(10,
               "Error when reading Project database records", e);
      }
    }
    return new Object[0];
  }
```

Da Hibernate die kompletten Objekte zurückliefert, sind für die Kindelemente von Projekten keine weiteren Datenbankabfragen mehr notwendig. Stattdessen erfährt man die Tasks eines Projektes und deren Kindelemente über die normalen Zugriffsmethoden des Datenmodells.

```
  /**
   * Ermittelt die Kindelemente eines Baumknotens
   */
  public Object[] getChildren(Object parentElement) {
    if (parentElement instanceof Project) {
      // Kindelemente von Projekten sind Tasks
      Project project = (Project) parentElement;
      return project.getTask().values().toArray();
    }
    if (parentElement instanceof Task) {
      // Kindelemente von Tasks sind Requires- und
      // Utilizes-Elemente
      Task tsk = (Task) parentElement;
      List tskChildren = new
                      ArrayList(tsk.getRequires().values());
      tskChildren.addAll(tsk.getUtilizes().values());
      return tskChildren.toArray();
    }
    return new Object[0];
  }
```

```
/**
 * Stellt fest, ob ein Knoten Kindelemente hat
 */
public boolean hasChildren(Object element) {
  if (element instanceof Project)
    return !((Project) element).getTask().isEmpty();
  if (element instanceof Task) {
    Task tsk = (Task) element;
    return (!tsk.getRequires().isEmpty() || !tsk
            .getUtilizes().isEmpty());
  }
  return false;
}
```

Auch die Eltern eines Datenobjektes erhält man aus dem Datenmodell. KLEEN hat automatisch Rückwärtsverweise generiert, die auch von Hibernate gefüllt werden. Für `Project`-Instanzen gibt es natürlich kein Elternelement, deshalb wird in diesem Fall `null` zurückgegeben.

```
  /**
   * Liefert das Elternelement eines Knotens
   */
  public Object getParent(Object element) {
    if (element instanceof Task)
      // Elternelement eines Tasks ist ein Projekt
      return ((Task) element).getProject_parent();
    if (element instanceof Requires)
      // Elternelement eines Requires-Knotens ist ein Task
      return ((Requires) element).getClient();
    if (element instanceof Utilizes)
      // Elternelement eines Utilizes ist ein Task
      return ((Utilizes) element).getUser();
    return null;
  }
}
```

#### Der Detailbereich

Auf Grund der verschiedenen Elementtypen im Baum werden natürlich auch verschiedene Detailseitentypen benötigt. Die Zuordnung der Detailseiten zu den Elementtypen muss dann auch entsprechend angepasst werden, was in der `registerPages()`-Methode des `MasterDetailsBlocks` geschieht. Auch hier muss wieder mit einem `PageProvider` gearbeitet werden, denn die von Hibernate zurückgelieferten Instanzen haben mutierte Typen. Erinnern wir uns: Was Hibernate von der Datenbank abliefert, sind Klassen vom Typ `Project$$EnhancerBy-`

CGLIB$$xxxxx und ähnliche Typen. Wir verwenden deshalb nur den Namensteil vor dem ersten »$$«, um den Typ einer Instanz – und damit die Detailseite – zu bestimmen:

*Seitenauswahl*

```
protected void registerPages(DetailsPart detailsPart) {
  super.registerPages(detailsPart);
  detailsPart.setPageProvider(new IDetailsPageProvider() {
    public Object getPageKey(Object object) {
      return null;
    }
    public IDetailsPage getPage(Object key) {
      if (key instanceof Class) {
        String classname = ((Class) key).getName();
        int p = classname.indexOf("$$EnhancerByCGLIB$$");
        if (p >= 0)
          classname = classname.substring(0, p);
        if (classname.equals(ProjectImpl.class.getName()))
          return new ProjectDetailsPage();
        if (classname.equals(TaskImpl.class.getName()))
          return new TaskDetailsPage();
        if (classname.equals(RequiresImpl.class.getName()))
          return new RequiresDetailsPage();
        if (classname.equals(UtilizesImpl.class.getName()))
          return new UtilizesDetailsPage();
      }
      return null;
    }
  });
}
```

*Eingabevorschläge*

Auf den Detailseiten der Utilizes- und Requires-Instanzen kommen Combo-GUI-Elemente zum Einsatz: zum einen zur Auswahl der zu benutzenden Ressource, zum andern zur Auswahl eines benötigten Tasks. Schauen wir uns zunächst an, wie die Auswahlmöglichkeiten für die Ressourcen ermittelt werden. Über eine Datenbankabfrage werden zunächst alle Ressourcen ermittelt. Dann werden die Ressourcen ausgefiltert, die vom Eigentümer-Task der angegebenen Utilizes-Instanz bereits verwendet werden – was bereits verwendet wird, soll nicht ein zweites Mal angegeben werden können. Außerdem wird noch eine Map gepflegt, welche die Resource-Instanzen den Ressourcennamen zuordnet. Wählt später der Benutzer einen Namen aus, kann von dieser Map die Instanz der zugehörigen Ressource ermittelt werden.

```
private Map<String, Resource> resMap =
                            new HashMap<String, Resource>();

private String[] getResourceCandidates(Utilizes u) {
  // Bereits vom Eigentümer-Task verwendete Ressourcen
  Collection utilizations = u.getUser().getUtilizes().values();
  // Alle Ressourcen aus der Datenbank ermitteln
  List resources = session.createQuery(
                  "from ResourceImpl").list();
  // Map rücksetzen
  resMap.clear();
  // Zuordnung von Namen und Instanz in die Map schreiben
  loop: for (Object obj : resources) {
    Resource res = (Resource) obj;
    for (Object uti : utilizations) {
      if (((Utilizes) uti).getUsed().isKeyIdentical(res))
        continue loop;
      resMap.put(res.getName(), res);
    }
  }
  // Alle Namen zur Auswahl zurückgeben
  String[] items = (String[]) resMap.keySet().toArray(
          new String[resMap.size()]);
  Arrays.sort(items);
  return items;
}
```

*Prärequisiten*

Ganz ähnlich verläuft die Ermittlung der möglichen Prärequisiten für einen Task. Hier ist allerdings die Analyse komplizierter, denn wir wollen außerdem auch zyklische Abhängigkeiten verhindern. Dazu wird zusätzlich die Methode `dependsOn()` aufgerufen, die rekursiv ermittelt, ob ein Task vom anderen abhängig ist.

```
private String[] getPrerequisiteCandidates(Requires r) {
  // Map rücksetzen
  taskMap.clear();
  // Aktuelle Vorbedingungen des Klienten-Tasks
  Task client = r.getClient();
  Collection requires = client.getRequires().values();
  // Alle Tasks im gleichen Projekt
  Collection tasks =
              client.getProject_parent().getTask().values();
  // Alle Tasks sammeln, die noch nicht als Vorbedingung
  // des Klienten-Tasks eingetragen sind, und die
  // außerdem ihrerseits nicht vom Klienten-Task abhängen.
  loop: for (Object task : tasks) {
    Task t = (Task) task;
```

```
      for (Object req : requires) {
        Task prereq = ((Requires) req).getPrerequisite();
        if (prereq.isKeyIdentical(t))
          continue loop;
      }
      // Abhängigkeit rekursiv prüfen
      if (!dependsOn(client, t))
        taskMap.put(t.getName(), t);
    }
    // Die Tasknamen als sortiertes Array zurückgeben
    String[] items = (String[]) taskMap.keySet().toArray(
            new String[taskMap.size()]);
    Arrays.sort(items);
    return items;
  }

  /**
   * Ermittelt, ob ein Task von einem anderen abhängig ist
   * @param task - der zu prüfende Task
   * @param client - Task, von dem Abhängigkeit bestehen könnte
   * @return - true, wenn Task von client abhängig ist
   */
  private boolean dependsOn(Task task, Task client) {
    if (task.isKeyIdentical(client))
      return true;
    for (Object req : client.getRequires().values()) {
      Task t = ((Requires) req).getPrerequisite();
      if (dependsOn(task, t))
        return true;
    }
    return false;
  }
```

### Der View

Bei der Definition der Klasse ProjectView gibt es denn auch einige Unterschiede zur Klasse ResourceView. Zunächst gibt es einige weitere Aktionen: nicht nur Projekte können hinzugefügt werden, sondern – je nach selektiertem Element im Baum – Task-, Requires- und Utilizes-Instanzen. Außerdem gibt es noch eine Aktion zum Berechnen des Projektplanes. Die Definition dieser Aktionen bringt jedoch keine neuen Aspekte, so dass wir diesen Teil hier übergehen.

*Ausführung*

Umfangreicher werden durch die zusätzlichen Aktionen natürlich auch die Methoden zur Aktualisierung und zur Ausführung von Aktionen:

```
public boolean updateAction(int id) {
  switch (id) {
  case NEWACTION:
    return true;
  case NEWTASKACTION:
    return (getFirstSelectedItem() instanceof Project);
  case NEWPREREQUISTESACTION:
    Object t = getFirstSelectedItem();
    return (t instanceof Task &&
            getPrerequisiteCandidate((Task) t) != null);
  case NEWUTILIZESACTION:
    t = getFirstSelectedItem();
    return (t instanceof Task
            && getResourceCandidate((Task) t) != null);
  case COMPUTEACTION:
    IStructuredSelection sel = (IStructuredSelection) block
                               .getViewer().getSelection();
    return (!sel.isEmpty() &&
                      computeOperation.canRun(sel.toArray()));
  case DELETEACTION:
   sel = (IStructuredSelection) block.getViewer().getSelection();
    return (!sel.isEmpty() &&
                       deleteOperation.canRun(sel.toArray()));
  }
  return super.updateAction(id);
}
```

Je nachdem, ob die für eine Aktion spezifischen Bedingungen erfüllt sind, wird hier `true` oder `false` zurückgegeben und dann die Aktion freigeschaltet oder gesperrt. Die Methoden `getPrerequisiteCandidate()` und `getResourceCandidate()` ähneln dabei stark den oben diskutierten Methoden `getPrerequisiteCandidates()` und `getResourceCandidates()`. Beim Löschen eines Baumknotens wird hier – genau wie im `ResourceView` – eine `DeleteOperation` eingesetzt. Das macht insbesondere deshalb Sinn, weil diese Operation auch im noch zu implementierenden grafischen Gantt-View eingesetzt werden kann. Auch die Neuberechnung einer Ressource wird mittels einer `ComputeOperation` ausgeführt.

### Die Klasse ComputeOperation

Für die Neuberechnung von selektierten Projekten ist die Methode `compute()` zuständig, die aus der Methode `performAction()` aufgerufen wird. Hier wird allerdings nur die Selektion ausgewertet und die Fehlerbehandlung durchgeführt. Die eigentliche Berechnung wurde in die

Klasse `ComputeOperation` ausgelagert. Dort wird die Berechnung in einem gesonderten Thread ausgeführt. Das ist notwendig, da die Neuberechnung bei größeren Projekten länger dauern kann. In einem solchen Fall ist es auch sinnvoll, einen Dialog mit einem Fortschrittsbalken anzuzeigen und dem Benutzer die Möglichkeit zum Abbruch zu geben. Deshalb erfolgt hier eine Fehlerbehandlung für den Abbruchfall.

*Hintergrund-Thread*

```
private void compute() {
  ISelection sel = block.getViewer().getSelection();
  if (sel instanceof IStructuredSelection) {
    try {
      // Operation ausführen
      computeOperation.run(
             ((IStructuredSelection) sel).toArray());
    } catch (InvocationTargetException e) {
      // Systemfehler in Log-Datei
      PlannerPlugin.logError(16,
             "Error when computing projects", e);
    } catch (InterruptedException e) {
      //Benutzerabbruch in Statusanzeige
      showErrorMessage(e.getMessage());
      return;
    }
    showErrorMessage(null);
  }
}
```

Die Klasse `ComputeOperation` besitzt neben der Methode `canRun()`, die feststellt, ob die Neuberechnung bei der aktuellen Selektion ausgeführt werden kann, die Methode `run()`, in der die Berechnung ausgeführt wird. Dort wird zunächst ein `ProgressMonitorDialog` aufgebaut, der dem Benutzer visuelle Rückmeldung über den Fortgang der Operation gibt und den Abbruch der Operation erlaubt.

*Aspekte*

Die eigentliche Ausführung der Neuberechnung erfolgt über die im Datenmodell definierte Operation `computeSchedule()`. Wie diese Operation implementiert und ausgeführt werden kann, sollten wir uns nun anschauen. KLEEN hatte bei der Generierung des Datenmodells in Abschnitt 14.2.1 eine Klasse `Project_mainOperationAspect` erzeugt. Diese Klasse soll später die Geschäftslogik des Assets `Project` enthalten und muss von uns später noch komplettiert werden. Hier geht es zunächst damit, die Klasse `Project` mit dieser Aspektklasse zu instrumentieren. Ist das erfolgt, so wird jedes Mal, wenn die `computeSchedule()`-Methode der Klasse `Project` aufgerufen wird, die `run()`-

Methode der Klasse Project_mainOperationAspect aufgerufen. Der Konstruktor von ComputeOperation ist der geeignete Ort zur Durchführung dieser Instrumentierung. Mit der statischen Methode attachInstrumentation() wird Project_mainOperationAspect der Methode computeSchedule() zugewiesen.

```
package com.bdaum.planner.taskplanner;
import java.lang.reflect.InvocationTargetException;
import java.util.HashSet;
import java.util.Set;
import com.bdaum.planner.IOperation;
import org.eclipse.core.runtime.IAdaptable;
import org.eclipse.core.runtime.IProgressMonitor;
import org.eclipse.jface.dialogs.ProgressMonitorDialog;
import org.eclipse.jface.operation.IRunnableWithProgress;
import org.eclipse.ui.PlatformUI;
import org.hibernate.Session;
import org.hibernate.Transaction;
import www.bdaum.de.planner.project.*;

public class ComputeOperation implements IOperation {

  // Hibernate-Sitzungsobjekt
  private Session session;

  // Zu berechnende Projekte und bereits berechnete Tasks
  Set visited = new HashSet();

  /**
   * Konstruktor
   * @param session - das Hibernate-Sitzungsobjekt
   */
  public ComputeOperation(Session session) {
    super();
    this.session = session;
    // Klasse Projekt mit dem OperationAspect instrumentieren
    ProjectImpl.attachInstrumentation(Project.OP_computeSchedule,
                           new Project_mainOperationAspect());
  }

  /**
   * Prüft, ob Neuberechnung ausgeführt werden kann
   *
   * @param items - ausgewählte Projekte
   * @return - true, wenn Operation ausgeführt werden kann
   */
  public boolean canRun(Object[] items) {
```

```
    if (items == null || items.length == 0)
      return false;
    for (int i = 0; i < items.length; i++)
      if (!(items[i] instanceof Project))
        return false;
    return true;
  }
```

Dem ProgressMonitorDialog (siehe Abschnitt 9.2.2) wird die auszuführende Operation als IRunnable-Instanz übergeben, die hier als anonyme innere Klasse angelegt wird. Dort wird der Monitor mit einen Anzeigetext versorgt, und es wird der gesamte Arbeitsaufwand festgesetzt. Später können dann bei der Berechnung einzelner Tasks Inkremente von diesem Gesamtaufwand als abgearbeitet gemeldet werden. Jedem Projekt stehen 1000 Arbeitseinheiten zur Verfügung.

Die Gesamtoperation wird in einer einzigen Hibernate-Transaktion ausgeführt, so dass im Fehlerfalle die gesamte Operation zurückgesetzt werden kann.

Die eigentliche Berechnung wird, wie schon erwähnt, von der computeSchedule()-Methode der Klasse Project ausgeführt. Dabei wird dieser Methode als Parameter ein IAdaptable mitgegeben, welches die Methode über den Progressmonitor, das Hibernate-Sitzungsobjekt und die visited-Map informieren kann. Durch die Verwendung eines IAdaptable-Objektes an dieser Stelle bleibt die Schnittstelle des Modells sehr flexibel und kann leicht in anderen Umgebungen eingesetzt werden.

*Operation ausführen*

```
/**
 * Führt die Neuberechnung aus
 * @param items - ausgewählte Projekte
 * @throws InvocationTargetException - interner Fehler
 * @throws InterruptedException- Benutzerabbruch
 */
 public void run(final Object[] items)
       throws InvocationTargetException, InterruptedException {
 if (canRun(items)) {
   // Dialog mit Fortschrittsbalken aufbauen
   ProgressMonitorDialog dialog = new ProgressMonitorDialog(
      PlatformUI.getWorkbench().getActiveWorkbenchWindow()
                                               .getShell());
   // In neuem Thread ausführen. Kann abgebrochen werden
   dialog.run(true, true, new IRunnableWithProgress() {
     public void run(final IProgressMonitor monitor)
          throws InvocationTargetException, InterruptedException {
       // Progressmonitor konfigurieren
       monitor.beginTask("Neuberechnung", 1000 * items.length);
```

```
        /*
         * Zu berechnende Projekte in Map eintragen. Diese
         * Projekte werden bei der Ressourcenallokation
         * zunächst nicht berücksichtigt.
         */
        visited.clear();
        for (Object item : items)
          visited.add(((Project) item).getId());
        // Transaktion starten
        Transaction tx = session.beginTransaction();
        for (Object item : items) {
          // Auf Benutzerabbruch prüfen
          if (monitor.isCanceled()) {
            tx.rollback();
            throw new InterruptedException();
          }
          // Projektnamen im Progressmonitor anzeigen
          Project p = (Project) item;
          monitor.subTask(p.getName());
          // Projekt berechnen
          p.computeSchedule(new IAdaptable() {
            // Als Sender in IAdaptable mitgeben, das über
            // die Ausführungsumgebung informiert
            public Object getAdapter(Class adapter) {
              if (adapter == IProgressMonitor.class)
                return monitor;
              if (adapter == Session.class)
                return session;
              if (adapter == Set.class)
                return visited;
              return null;
            }
          });
        }
        tx.commit();
        monitor.done();
      }
    });
  }
 }
}
```

### Die Klasse Project_mainOperationAspect

Damit sind wir auch schon bei der Implementierung der Klasse `Project_mainOperationAspect`. KLEEN hat hier bereits einen Rahmen in das Datenmodell `com.bdaum.planner.dataStructures` vorgeneriert, wir müssen lediglich die Implementierung des Operationspunktes `OP_computeSchedule` vervollständigen. Wir haben die eingefügten Teile hier fett gedruckt. Da in dieser Implementierung einige Typen aus der Eclipse-Runtime verwendet werden, muss den *Dependencies* des Plugins `com.bdaum.planner.dataStructures` noch das Plugin `org.eclipse.core.runtime` hinzugefügt werden.

*Projektzeitplan*

In diesem Operationspunkt findet die eigentliche Berechnung des Projektzeitplanes statt. Dabei werden sowohl die Abhängigkeiten der Tasks voneinander beachtet als auch mögliche Ressourcenkonflikte mit anderen Projekten. Freilich ist der hier verwendete Algorithmus stark vereinfacht. »Echte« Projektplaner müssen eine ganze Reihe von Randbedingungen beachten, z.B. zwischen Arbeits- und Feiertagen unterscheiden, die Durchführung von Tasks von Bedingungen abhängig machen, Lastenausgleich für Ressourcen durchführen und vieles mehr.

```
package www.bdaum.de.planner.project;
import java.util.*;
import java.util.Iterator;
import java.util.Map;
import org.eclipse.core.runtime.IAdaptable;
import org.eclipse.core.runtime.IProgressMonitor;
import org.hibernate.Session;
import www.bdaum.de.planner.project.task.Requires;
import www.bdaum.de.planner.project.task.Task;
import www.bdaum.de.planner.project.task.Utilizes;
import www.bdaum.de.planner.resource.Resource;
import com.bdaum.aoModeling.runtime.*;

public class Project_mainOperationAspect extends OperationAspect {

  // Konstante zum Umrechnen von Zeiteinheiten
  private static final long MILLISEC_PER_MINUTE = 60000L;

  /*
   * Set this to false if you need a different
   * aspect instance for each Project instance.
   * @see com.bdaum.aoModeling.runtime.IAspect#isStatic()
   */
  public boolean isStatic() {
    return true;
  }
```

Bei der Berechnung eines Projektes wird für jeden Task die Anfangszeit berechnet. Dies geschieht rekursiv, da ja zunächst für die von dem jeweiligen Task benötigten Tasks die Anfangszeit berechnet werden muss. Bei der Eingabe hatten wir schon Sorge getragen, dass keine Zyklen existieren.

*Anfangszeit*

Bei der Berechnung der geleisteten Arbeitseinheiten ermitteln wir diese zunächst kumulativ und ziehen dann den vorigen Wert ab, um das Inkrement zu erhalten. Dies geschieht zur Vermeidung von Rundungsfehlern.

```
/*
 * @see com.bdaum.aoModeling.runtime.IAspect#run(int, int,
 *      Object, AomObject, Object)
 */
public boolean run(int point, int mode, Object extension,
        AomObject receiver, Object sender) {
  final Project aProject = (Project) receiver;
  switch (point) {
  // --com.bdaum.aoModeling.generator.java/point OP_$init;
  case Project.OP_$init:
    break;
  // --com.bdaum.aoModeling.generator.java/point
  // OP_computeSchedule;
  case Project.OP_computeSchedule:
    // Ablaufumgebung wird als IAdaptable erwartet
    IAdaptable environment = (IAdaptable) sender;
    // Progressmonitor, unter dem wir ausführen
    IProgressMonitor monitor = (IProgressMonitor) environment
            .getAdapter(IProgressMonitor.class);
    // Hibernate-Sitzungsobjekt für Datenbankabfragen
    Session session = (Session) environment
            .getAdapter(Session.class);
    // Ids aller zu berechnender Projekte
    // und bereits berechneter Tasks
    Set visited = (Set) environment.getAdapter(Set.class);
    // Alle Tasks durchlaufen
    Map tasks = aProject.getTask();
    int total = tasks.size();
    int done = 0;
    int previous = 0;
    for (Object task : tasks.values()) {
      if (monitor != null && monitor.isCanceled())
        return false;
      computeTask((Task) task, visited, monitor, session);
      // Monitor aktualisieren
```

```
          if (monitor != null) {
            done += 1000;
            if (total != 0) {
              int w = done / total;
              monitor.worked(w - previous);
              previous = w;
            }
          }
        }
        break;
      // --com.bdaum.aoModeling.generator.java/point
      // OP_$dispose;
      case Project.OP_$dispose:
        break;
      // --com.bdaum.aoModeling.generator.java/point;
      }
      return true;
    }
```

Wurde ein Task bereits berechnet, geschieht in Methode `computeTask()` nichts, denn das berechnete Anfangsdatum ist bereits in der Task-Instanz gespeichert. Durch diese Zwischenspeicherung ist der Algorithmus sehr effizient.

*Abhängigkeiten*

Zunächst wird für jeden vorab benötigten Task das Anfangsdatum berechnet. Ist in der `Requires`-Instanz die Regel SF (*Start-to-Finish*) festgelegt, so wird noch die Dauer des jeweiligen Tasks hinzugerechnet, denn der aktuelle Task soll in diesem frühestens am Ende des vorab benötigten Tasks anfangen. Außerdem muss noch die in der `Requires`-Instanz spezifizierte Verzögerung berücksichtigt werden. Die Anfangszeit des aktuellen Tasks ergibt sich dann aus dem Maximum des frühestmöglichen Anfangs und aller dieser berechneten Werte.

```
/**
 * Berechnet Anfangsdatum für einen Task
 * @param task - der zu berechnende Task
 * @param visited - besuchte Projekte und Tasks
 * @param monitor - der Progressmonitor
 * @param session - Hibernate-Sitzungsobjekt
 */
private void computeTask(Task task, Set visited,
        IProgressMonitor monitor, Session session) {
  if ((monitor != null && monitor.isCanceled())
          || visited.contains(task.getId()))
    return;
  long actualDate = task.getEarliestDate().getTime();
  long duration = task.getDuration() * MILLISEC_PER_MINUTE;
```

```
// Abhängigkeiten berücksichtigen
for (Object r : task.getRequires().values()) {
  Requires req = (Requires) r;
  Task prereq = req.getPrerequisite();
  computeTask(prereq, visited, monitor, session);
  long prereqDate = prereq.getActualDate().getTime();
  if (req.getRule().equals(Requires.rule_sF))
    prereqDate += prereq.getDuration() * MILLISEC_PER_MINUTE;
  prereqDate += req.getDelay() * MILLISEC_PER_MINUTE;
  if (prereqDate > actualDate)
    actualDate = prereqDate;
}
```

Nach der Berücksichtigung der Vorbedingungen erfolgt die Berücksichtigung der Ressourcenbelegungen. Dazu muss zunächst für jede Ressource eine Liste der Belegungen aus allen Projekten unter Ausschluss noch nicht berechneter Tasks berechnet werden. Diese Listen werden in einer Map zwischengespeichert, um unnötige Neuberechnungen zu vermeiden. Nachdem diese Allokationslisten erstellt wurden, wird gesucht, ob sich aus den Anforderungen des Tasks und der Belegung der Ressource ein Konflikt ergibt. Ist das der Fall, wird der Task nach hinten verschoben. Die Prüfung auf Konflikte muss dann erneut durchgeführt werden, denn der Task hat ja jetzt einen anderen Ausführungszeitpunkt. Erst wenn sich bei allen Ressourcen kein Konflikt ergibt, kann die berechnete Anfangszeit für den Task übernommen werden.

*Ressourcenbelegungen*

```
// Cache für Ressourcenbelegungen
Map<String, Allocation[]> alloMap =
             new HashMap<String, Allocation[]>();
// Ressourcenbelegung berücksichtigen
Iterator itu = task.getUtilizes().values().iterator();
while (itu.hasNext()) {
  Utilizes uti = (Utilizes) itu.next();
  Resource res = uti.getUsed();
  Allocation[] allocation = alloMap.get(res.getId());
  if (allocation == null) {
    // Noch nicht berechnet
    allocation = computeResourceAllocation(res, visited,
                                           session);
    alloMap.put(res.getId(), allocation);
  }
  long endDate = actualDate + duration;
  boolean changed = false;
  for (Allocation allo : allocation) {
```

```
        if (allo.start >= endDate)
          break;
        if (allo.start >= actualDate
                || allo.end > actualDate && allo.end < endDate
               || allo.start < actualDate && allo.end >= endDate) {
         if (uti.getWorkload() + allo.workload > res .getCapacity()) {
            actualDate = allo.end;
            endDate = actualDate + duration;
            changed = true;
          }
        }
      }
      if (changed)
        // Task wurde verschoben
        // Noch einmal gegen alle Ressourcen prüfen
        itu = task.getUtilizes().values().iterator();
    }
    // Änderungen sichern
    if (task.getActualDate().getTime() != actualDate)
      task.setActualDate(new Date(actualDate));
    visited.add(task.getId());
  }
```

*Allokation* Beim Berechnen der Ressourcenbelegung werden alle Utilizes-Instanzen von der Datenbank geholt, welche die spezifizierte Ressource belegen. Dabei werden aber diejenigen Instanzen ignoriert, die von einem noch zu berechnenden Task stammen. Diese Belegungen werden zunächst in Form von Allocation-Instanzen einer Liste zugefügt. Diese wird dann entlang der Anfangszeiten sortiert. Anschließend werden sich überlappende Belegungen in kumulierte Einzelzeitabschnitte zerlegt und passend einsortiert.

```
/**
 * Relevante Ressourcenbelegung berechnen
 * @param res - Ressource, für die die Berechnung erfolgen soll
 * @param visited - besuchte Projekte und Tasks
 * @param session - Hibernate-Sitzungsobjekt
 * @return - die relevanten Belegungen der Ressource
 */
private Allocation[] computeResourceAllocation(
        Resource res, Set visited, Session session) {
  List<Allocation> allo = new ArrayList<Allocation>();
  // Nach allen Belegungen suchen, die aus einem nicht zu
 // berechnenden Projekt oder von einem schon berechneten stammen
  Iterator it = session.createQuery(
        "from UtilizesImpl as uti where uti.used = ?")
        .setString(0, res.getId()).iterate();
```

```
      while (it.hasNext()) {
        Utilizes uti = (Utilizes) it.next();
        Task user = uti.getUser();
        Project userProject = user.getProject_parent();
        if (!visited.contains(userProject.getId())
                || visited.contains(user.getId())) {
          long actualDate = user.getActualDate().getTime();
          allo.add(new Allocation(actualDate, actualDate
                  + user.getDuration() * MILLISEC_PER_MINUTE,
                  uti.getWorkload()));
        }
      }
      // Belegungen nach Anfangszeit sortieren
      Allocation[] allocation = allo
              .toArray(new Allocation[allo.size()]);
      Arrays.sort(allocation);
      // Überlappende Belegungen kumulieren
      allo = new ArrayList<Allocation>();
      Allocation previous = null;
      for (int i = 0; i < allocation.length; i++) {
        if (previous != null) {
          if (allocation[i].start < previous.end) {
            Allocation combined = new Allocation(
                    allocation[i].start, previous.end,
                    allocation[i].workload + previous.workload);
            previous.end = allocation[i].start;
            allocation[i].start = combined.end;
            // Verbleibende Belegung neu einsortieren
            for (int j = i; j < allocation.length - 1; j++) {
              if (allocation[j].start > allocation[j + 1].start) {
                Allocation a = allocation[j + 1];
                allocation[j + 1] = allocation[j];
                allocation[j] = a;
              }
            }
          }
        } else
          allo.add(allocation[i]);
      }
      return (Allocation[]) allo.toArray(new
  Allocation[allo.size()]);
    }
```

Instanzen der inneren Klasse `Allocation` repräsentieren die Belegung einer Ressource mit einer festen Arbeitslast während einer bestimmten Zeitspanne. Die Klasse unterstützt den Vergleich von Belegungen nach Anfangszeiten.

```
  private class Allocation implements Comparable {
    // Start und Ende der Ressourcenbelegung
    long start, end;

    // Ausmaß der Ressourcenbelegung
    float workload;

    /**
     * Konstruktor
     * @param start - Start der Ressourcenbelegung
     * @param end - Ende der Ressourcenbelegung
     * @param workload - Ausmaß der Ressourcenbelegung
     */
    public Allocation(long start, long end, float workload) {
      super();
      this.start = start;
      this.end = end;
      this.workload = workload;
    }

    /**
     * Implementiert Comparable und vergleicht die
     * Anfangszeiten
     */
    public int compareTo(Object o) {
      return ((o instanceof Allocation))
               ? Long.signum(start - ((Allocation) o).start) : 0;
    }
  }
}
```

### Die Klasse DeleteOperation

Wie schon bei der Klasse `RessourceView` wird die Löschoperation in eine spezielle Klasse `DeleteOperation` delegiert. Hier gerät diese Klasse allerdings etwas umfangreicher, da verschiedene Datentypen behandelt werden müssen. Außerdem sind die Objekte komplexer und untereinander verwoben. Dies verlangt einige zusätzliche Maßnahmen.

```
package com.bdaum.planner.taskplanner;
import java.util.Iterator;
import org.hibernate.Session;
import com.bdaum.planner.IOperation;
import www.bdaum.de.planner.project.Project;
import www.bdaum.de.planner.project.task.*;

public class DeleteOperation implements IOperation{

  // Hibernate-Sitzungsobjekt
  private Session session;
```

```
/**
 * Konstruktor
 * @param session - Hibernate-Sitzungsobjekt
 */
public DeleteOperation(Session session) {
  super();
  this.session = session;
}
```

*Prüfung*

Die Methode canRun() prüft, ob die Löschoperation ausgeführt werden darf. Normalerweise ist das immer der Fall – die Ausnahme sind jedoch Task-Objekte. Wird ein Task von einem anderen Task als benötigt angegeben, so darf er nicht gelöscht werden. Dies wird mit Hilfe einer Datenbankanfrage sichergestellt. Außerdem kann der einzige Task eines Projektes nicht gelöscht werden, da im Modell als Randbedingung angegeben ist, dass ein Projekt mindestens einen Task haben muss. Die Methode canRemoveTask() der Project-Instanz prüft dies ab.

```
/**
 * Prüft, ob die Operation ausgeführt werden kann. Bei Tasks ist
 * das der Fall, wenn der Task nicht woanders als Prärequisite
 * eingetragen ist.
 * @param item - die zu löschenden Objekte
 * @return - true, wenn die Löschoperation ausgeführt werden kann
 */
public boolean canRun(Object[] items) {
  if (items == null)
    return false;
  for (Object item : items) {
    if (item == null)
      return false;
    if (item instanceof Task) {
      Task task = (Task) item;
      String taskId = task.getId();
      if (!task.getProject_parent().canRemoveTask(taskId))
        return false;
      Iterator it = session
      .createQuery("from RequiresImpl as req where
                                  req.prerequisite = ?")
              .setString(0, taskId).iterate();
      if (it.hasNext())
        return false;
    }
  }
  return true;
}
```

Schließlich wird in der Methode run() die Löschoperation ausgeführt. Dabei muss nicht nur das spezifizierte Objekt aus der Datenbank gelöscht werden, sondern auch die davon abhängigen Teile. Bei Project-Instanzen müssen auch die Tasks des Projektes gelöscht werden, bei Task-Instanzen die dazugehörigen Requires- und Utilizes-Instanzen. Das gilt auch dann, wenn in der Hibernate-Mapping-Datei (siehe Abschnitt 14.2.4) ein entsprechendes CASCADE-Attribut gesetzt ist!

*Ausführung*

```
/**
 * Löscht die angegebenen Objekte. Es wird vorher geprüft,
 * ob die Löschoperation ausgeführt werden darf.
 * @param item – die zu löschenden Objekte
 */
public void run(Object[] items) {
  if (!canRun(items))
    return;
  for (Object item : items)
    if (item instanceof Task) {
      // Löscht einen Task
      Task task = (Task) item;
      // Task aus dem Projekt entfernen
      Project project = task.getProject_parent();
      project.removeTask(task.getId());
      // Task mit allen Komponenten löschen
      deleteTask(task);
      // Modifikation des Projektes markieren
      session.update(project);
    } else if (item instanceof Requires) {
      Requires req = (Requires) item;
      // Aus dem Eigentümer-Task löschen
      Task task = req.getClient();
      task.removeRequires(req.getId());
      // Requires-Instanz löschen
      session.delete(req);
      // Modifikation des Tasks markieren
      session.update(task);
    } else if (item instanceof Utilizes) {
      Utilizes uti = (Utilizes) item;
      // Aus dem Eigentümer-Task löschen
      Task task = uti.getUser();
      task.removeUtilizes(uti.getId());
      // Requires-Instanz löschen
      session.delete(uti);
      // Modifikation des Tasks markieren
      session.update(task);
```

```
      } else if (item instanceof Project) {
        Project project = (Project) item;
        // Alle Tasks des Projektes mit allen Komponenten löschen
        Iterator itr = project.getTask().values().iterator();
        while (itr.hasNext())
          deleteTask((Task) itr.next());
        // Projekt löschen
        session.delete(project);
      }
  }

  /**
   * Task mit allen abhängigen Teilen aus der Datenbank löschen
   * @param task - der zu löschende Task
   */
  private void deleteTask(Task task) {
    // Alle abhängigen Requires-Instanzen löschen
    Iterator itr = task.getRequires().values().iterator();
    while (itr.hasNext())
      session.delete(itr.next());
    // Alle abhängigen Utilizes-Instanzen löschen
    itr = task.getUtilizes().values().iterator();
    while (itr.hasNext())
      session.delete(itr.next());
    // Task löschen
    session.delete(task);
  }
}
```

Das schließt zunächst die Implementierung des Taskplaner-Plugins ab. In Kapitel 16 werden wir jedoch darauf zurückkommen (und auch die `DeleteOperation` wieder verwenden), wenn es darum geht, die errechneten Projektpläne grafisch darzustellen.

*Feature*

Sie können nun die Anwendung erneut testen. Vorher erstellen Sie für dieses Plugin ein Feature mit dem Namen *Taskplanner Feature* und der ID `com.bdaum.planner.taskplanner`. Dieses Feature fügen Sie im Produkteditor der Konfiguration des Projektplaners hinzu. Anschließend starten Sie die Anwendung vom Produkteditor aus mit einem Klick auf *Synchronize* und *Launch the product.*

*Testen*

Nach dem Anmelden mit dem voreingestellten Namen gelangen Sie zunächst zur Administrator-Perspektive. Dort legen Sie einen neuen Benutzer mit der Rolle *Planner* an. Schließen Sie die Anwendung, starten Sie sie neu und melden Sie sich unter dem neuen Benutzernamen an. Sie müssten nun zur Tasks-Perspektive gelangen.

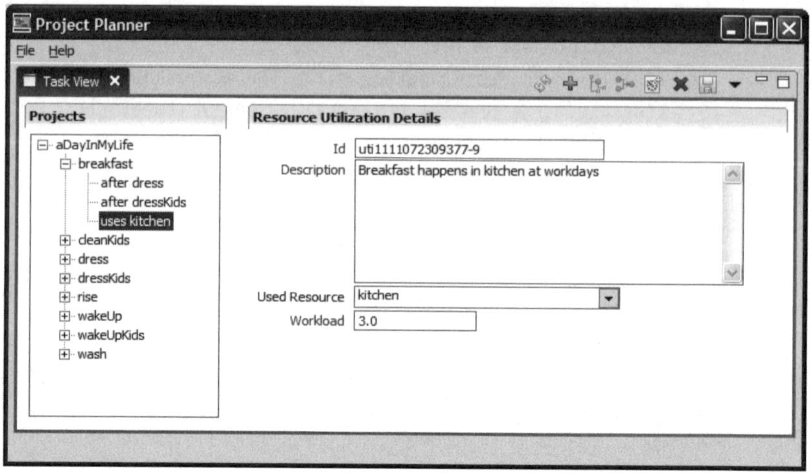


**Abb. 14–4** Die Tasks-Perspektive. Zunächst werden Projekte definiert, zu den einzelnen Projekten dann Tasks, und schließlich zu jedem Task Prärequisiten und Ressourcenallokationen.

## 14.3 Andere objektrelationale Optionen

Wir haben oben gezeigt, wie Hibernate 3.0 in Eclipse eingebettet werden kann. Das Erstellen eines Hibernate-Plugins ist nicht allzu schwierig, das manuelle Anfertigen von Mapping-Dateien erfordert allerdings Kenntnisse in Hibernate.

*EJB-3*

Langfristig wird jedoch auch für Eclipse interessant, was unter *Java Specification Request (JSR) 220* passiert. Dieser JSR erklärt das Persistenzmodell EJB-3 zum Standardpersistenzmodell in J2EE 5.0 (*Java Enterprise Edition*).

Auch Eclipse bleibt davon nicht unberührt. Zwei Hersteller haben Projekte für Eclipse angekündigt, welche EJB 3.0 in der Eclipse-Gemeinschaft populär machen sollen. Die Oracle Corp. hat ein Open-Source-Projekt für das Erstellen objektrelationaler Abbildungen für EJB 3.0 unter Eclipse angekündigt, welches unter der *Common Public License* erhältlich sein wird und auf Oracles Java-Produkt *TopLink* basiert.

Die Versant Corp. hat ein ähnliches Projekt angekündigt, das allerdings sowohl EJB 3.0 als auch JDO 2.0 bedienen und neben einem Mapping-Werkzeug auch die nötige Ablaufumgebung zur Verfügung stellen soll.

Vielleicht aber können die beiden Firmen ja noch zusammenkommen und am gleichen Strang ziehen...

Aber auch Hibernate unterstützt in seiner Version 3.0 den JSR-220 und implementiert dessen EntityManager. Die notwendigen Definitionen für die Abbildung auf Datenbankstrukturen kann über Metadaten-Tags erfolgen, wie sie nun vom JDK 5.0 unterstützt werden. Die Definition unserer Projektklasse könnte mit dieser Methode[2] etwa so aussehen:

```
@Entity(access = AccessType.FIELD)
public class Project implements Serializable {

    @Id;
    String id;

    String name;
    String description;
    Date earliestDate;
    float fixCosts;

    @OneToMany(cascade=CascadeType.ALL, targetEntity="Task")
    @JoinColumn(name="Project_$id")
    Map task;

    // Getter- und Setter-Methoden
}
```

Allerdings sollten Sie sich noch etwas gedulden. Die Arbeiten an JSR-220 und EJB 3.0 sind noch nicht abgeschlossen, und so sind auch in der EJB-3-Unterstützung von Hibernate Änderungen zu erwarten.

2. Seltsam, wie hier Entwicklungen in entgegengesetzte Richtungen laufen. Während das aspektorientierte Lager bestrebt ist, spezielle Aspekte wie Persistenz aus der Geschäftslogik herauszuhalten, werden mit EJB-3 verschiedene Aspekte der Programmierung wieder fröhlich gemischt!

# 15 Andere Persistenzoptionen

Relationale Datenbanken sind natürlich nicht die einzige Option, wenn es darum geht, Daten persistent zu machen. In Kapitel 13 hatten wir bereits native XML-Datenbanken erwähnt, welche in der Lage sind, komplexe XML-Strukturen zu speichern und abzufragen. In diesem Kapitel möchten wir auf objektorientierte Persistenzschichten eingehen.

Warum ich in Kapitel 14 und 15 so ausführlich auf relationale Techniken eingegangen bin, liegt daran, dass relationale Datenbanken immer noch die erste Wahl sind, wenn es in Unternehmen darum geht, Daten zu speichern. Objektorientierte Datenbanken haben sich auf der Ebene des Enterprise-Computing nicht durchgesetzt. Das liegt u.a. daran, dass auch heute noch ein großer Teil der Anwendungen nicht in einer objektorientierten Sprache implementiert sind, sondern in Cobol. Aber abgesehen von diesen Kompatibilitätsgründen gibt es noch eine Reihe handfester Gründe, sich für ein relationales System zu entscheiden:

- Die relationale Datenhaltung ist mit Abstand die flexibelste Art der Datenspeicherung. Dadurch, dass die Daten in einfach strukturierten Tabellen (also in normalisierter Form) abgespeichert werden, lassen sie sich in immer neuen Konstellationen miteinander kombinieren und wieder verwenden. Natürlich hat diese Flexibilität ihren Preis: Da komplexe Datenobjekte in eine Vielzahl einfacher Datenobjekte zerlegt werden, sind auch viele Zugriffe notwendig, wenn ein komplexes Datenobjekt wiederhergestellt werden soll.
- Auf Grund der Zerlegung der Daten in einfachst strukturierte Tabellen sind Schemaänderungen (Schemaevolution) in relationalen Datenbanken in der Regel recht einfach zu vollziehen.
- Für relationale Datenbanksysteme gibt es eine große Anzahl von Werkzeugen und vorgefertigten Bausteinen, welche die Implementierung betrieblicher Anwendungen vereinfachen.

- Lange Zeit hatten relationale Datenbanken Defizite bei rekursiven Datenstrukturen. So wäre es z.B. nicht möglich, in unserer Beispielanwendung abzufragen, welche Tasks mittelbar oder unmittelbar von einem gegebenen Task abhängen. Das spielt bei einem eingebetteten Einsatz innerhalb einer Applikation keine Rolle, denn dort kann man die Rekursivität durch Programmlogik herstellen. Beim Einsatz interaktiver Abfragesysteme oder von Reporting-Werkzeugen, die nur mit SQL auskommen müssen, wird das allerdings zum Problem. Inzwischen unterstützen allerdings die führenden relationalen Datenbanksysteme auch rekursive Abfragen, wenn auch mit unterschiedlicher Syntax.

Bei der Implementierung von Rich-Client-Applikationen liegen allerdings die Gewichte etwas anders. Während auf dem Server vor allen Dingen eine gute Integration mit anderen betrieblichen Anwendungen gefragt ist, ist das bei einer Rich-Client-Anwendung zweitrangig, denn die Integration mit existierenden betrieblichen Anwendungen geschieht über den Server. Welche Persistenzmethode gewählt wird, hängt eher von der Synchronisierungsmethode (siehe auch Kapitel 18) ab. Wird mit Datenbankreplikation gearbeitet, wie es viele Standardprodukte tun, so muss natürlich die verwendete Persistenztechnologie auf dem Client der auf dem Server entsprechen. Wird auf dem Server eine relationale Datenbank verwendet, so muss auch eine relationale Datenbank auf dem Client verwendet werden.

Anders liegen die Dinge, wenn die Synchronisierung auf der Ebene der Geschäftsobjekte durchgeführt wird, wie ich das in Kapitel 18 zeigen werde. In diesem Falle spielt es keine Rolle mehr, in welcher Form die Daten auf Client und Server gespeichert werden. Auf dem Client kann deshalb auch ohne weiteres eine objektorientierte Datenbank eingesetzt werden. Nicht von ungefähr haben sich denn auch die Hersteller objektorientierter Datenbanken auf eingebettete Systeme spezialisiert, nachdem ein Durchbruch in der betrieblichen Datenverarbeitung nicht erfolgte. Ein Pluspunkt der objektorientierten Systeme: In der Regel wird bei objektorientierten Datenbanken ein besserer Datendurchsatz erreicht als bei der Kombination einer relationalen Datenbank mit einer objektrelationalen Brücke wie Hibernate.

In diesem Kapitel werde ich kurz zwei objektorientierte Persistenztechniken darstellen. Zunächst möchte ich eine klassische objektorientierte Datenbank vorstellen. Anschließend erfolgt eine Diskussion des Prevayler-Systems, das in jüngster Zeit einige Furore gemacht hat.

## 15.1 Objektorientierte Datenbanken

Als Beispiel für eine objektorientierte Datenbank möchte ich das Open-Source-Datenbanksystem *db4o* (`http://www.db4o.com`) diskutieren. *db4o* wird unter der GPL-Lizenz vertrieben, darf also innerhalb von Open-Source-Projekten kostenlos benutzt werden. In kommerziellen Nicht-GPL-Projekten fallen allerdings Lizenzgebühren an.

*Wrapper-Plugin*

db4o ist einfach zu installieren. Die mit 328 KB relative kleine JAR-Datei `db4o-4.3-java1.4.jar` kann leicht mit der Funktion *File> New>Project...>Plug-in from existing JAR archives* in ein Plugin gekapselt und anschließend mit einem Feature versehen werden. Sie können das leicht selbst ausprobieren und z.B. im Plugin `com.bdaum.planner` die Benutzerverwaltung über db4o abwickeln.

In der Klasse `PlannerPlugin`, die den Lebenszyklus der Anwendung verwaltet, erzeugt man sich dann eine Instanz des Datenbanksystems wie im nächsten Abschnitt in der Methode `initDb4o()` gezeigt. (Die Methode kann von der `start()`-Methode des Plugins aufgerufen werden.) Anschließend kann gleich die Datenbank auf vorhandene User-Einträge abgefragt werden. Falls keiner existiert, wird ein neuer Benutzer mit dem Namen *admin* angelegt und mit der Methode `set()` gespeichert. Das Ende einer Transaktion wird mit der Methode `commit()` gekennzeichnet, erfolgt aber auch beim Schließen der Datenbank mit `close()`. In einer RCP-Umgebung würde man die Datenbank in der `stop()`-Methode des Anwendungs-Plugins wieder schließen.

### 15.1.1 Prototypen

Bei der Abfrage verwendet db4o eine Prototyp-Technik. Dabei wird eine Instanz des gewünschten Datensatzes erzeugt, wobei nur die Werte spezifiziert werden, welche die Suche einschränken sollen. Eine Ausnahme sind Kollektionen, hier muss der Typ der erwarteten Kollektion durch die Angabe einer leeren Kollektion spezifiziert werden. Das haben wir im Rollenfeld gemacht: Da hier eine Liste erwartet wird, haben wir eine leere `ArrayList` spezifiziert. Die Abfrage funktioniert denn auch nur, wenn der Datensatz tatsächlich eine `ArrayList` enthält!

*Abfrage*

```
private ObjectContainer db;

public ObjectContainer getDb() {
  return db;
}
```

```
private void initDb4o(String file) {
    db=Db4o.openFile(file);
    User u = new User(null, null, new ArrayList());
    if (!db.get(u).hasNext()) {
      List roles = new ArrayList();
      roles.add("Administrator");
      User user = new User("admin", "password", roles);
      db.set(user);
      db.commit();
    }
  }

public void stop(BundleContext context) throws Exception {
  if (db != null) {
    db.close();
    db = null;
  }
  super.stop(context);
  plugin = null;
}
```

*Kollektionen*

Nach abstrakten Kollektionen wie `List` kann man mit der Prototyp-Technik nicht fragen. Dazu muss die Query-Technik verwendet werden, die wir im Folgenden noch diskutieren.

Außerdem ist bei der Verwendung von Kollektionen etwas Vorsicht geboten. Die vorher von uns verwendete Technik zum Erzeugen einer Rollenliste

```
new User("admin", "password", Arrays
              .asList(new String[] { "Administrator" }));
```

funktioniert mit db4o nicht – bei der Abfrage enthält das Feld `roles` immer den Wert `null`. Der Grund liegt wohl darin, dass die Methode `asList()` als Ergebnis eine private Version einer `ArrayList` abliefert. Wir müssen also Kollektionen immer ordentlich mit Hilfe der Klassen aus `java.util` aufbauen.

In der Klasse `View` können wir für db4o die Methode `checkUser()` entsprechend abändern. Auch hier wird für die Abfrage erst ein Prototyp aufgebaut, wobei allerdings Name und Passwort spezifiziert werden.

*Qualifizierte Abfrage*

```
private boolean checkUserOnDb4o(String name, String password) {
  ObjectContainer db = PlannerPlugin.getDefault().getDb();
  try {
    User u = new User(name, password, new ArrayList());
    ObjectSet result = db.get(u);
    if (result.hasNext()) {
```

```
        User user = (User) result.next();
        PlannerPlugin.getDefault().setUser(user);
        return true;
      }
      return false;
    } finally {
      db.close();
    }
  }
```

## 15.1.2 Queries

Wie oben schon erwähnt, kann statt mit Prototypen auch mit Queries gearbeitet werden. Dabei gibt es in db4o keine explizite Query-Sprache, sondern Queries sind Java-Objekte, die Schritt für Schritt aufgebaut werden müssen. Das ist zwar etwas mehr Tipparbeit, auf der anderen Seite aber gibt es bei dieser Methode keine Syntaxfehler, die erst zur Laufzeit bemerkt werden. Hier haben wir als Beispiel die Methode checkUserOnDb4o() mit Hilfe der Query-Technik realisiert:

*Komplexe Abfrage*

```
private String checkUserOnDb4o(String name, String password) {
  ObjectContainer db = PlannerPlugin.getDefault().getDb();
  Query query=db.query();
  query.constrain(User.class);
  query.descend("name").constrain(name);
  query.descend("password").constrain(password);
  ObjectSet result=query.execute();
  if (result.hasNext()) {
    User user = (User) result.next();
    PlannerPlugin.getDefault().setUser(user);
    return user.roles.isEmpty() ? null : user.roles.get(0);
  }
  shutdown();
  return null;
}
```

Queries sind als Bäume realisiert. Das Ergebnis einer descend()-Methode ist wieder ein Query-Objekt, also eine Subquery. So können beliebig komplexe Abfragen realisiert werden. Mit der Methode constrain() werden einschränkende Bedingungen (*Constraint*) gesetzt. Dabei ist es auch möglich, durch Angabe eines Class-Objektes Einschränkungen im Typ eines Operanden vorzunehmen. Für die Rollen des Benutzers wäre so auch die Angabe

```
query.descend("roles").constrain(List.class);
```

möglich, ist aber überflüssig, da das Feld `roles` sowieso als `List` definiert ist. Bei den Constraints ist es auch möglich, diese mit Boole´schen Operatoren zu verknüpfen und Vergleichoperationen zu benutzen.

### 15.1.3 Zusammenfassung

Wie man sieht, ist die Arbeit mit einer solchen objektorientierten Datenbank recht einfach. Die Installation ist simpel, Datenbankschemata werden nicht benötigt, und folglich muss die Datenbank auch nicht mit Schemata initialisiert werden, die Erstellung von DAO-Klassen, welche die Datenbankzugriffe kapseln, entfällt, und es muss keine Query-Sprache gelernt werden. Was bei objektorientierten Datenbanken Probleme machen kann, ist, dass die meisten dieser Systeme gewisse Einschränkungen bezüglich der verwendeten Datentypen machen. Einige Datenbanksysteme verlangen beispielsweise, dass alle persistenten Objekte ein bestimmtes Interface implementieren. Das ist natürlich nicht akzeptabel, wenn man keine Kontrolle über den Quellcode hat – sei dieser von anderer Seite bezogen oder generiert. Die Einschränkungen, die db4o hier macht, sind relativ geringfügig. Auch objektorientierte Brücken wie Hibernate verlangen gewisse Konventionen, insbesondere in Bezug auf Kollektionen.

## 15.2 Prevayler

Während objektorientierte Datenbanken heute eher im Stillen wirken, ist Prevayler (`http://www.prevayler.org`) eine jener Entwicklungen, die mit sehr wenig Code großen Lärm machen. Aussagen wie »9000-mal schneller als die Oracle-Datenbank und 3000-mal schneller als mySQL« haben für einiges Aufsehen gesorgt.

### 15.2.1 Konzept

Die Idee von Prevayler ist einfach. Von Zeit zu Zeit wird der aktuelle Zustand eines objektorientierten Datenmodells mit Hilfe der Java-Serialisierung persistent gemacht (Snapshot). Außerdem werden alle zwischenzeitlichen Änderungen protokolliert. Bei einem Neu- oder Wiederstart wird der letzte Snapshot geladen, und alle Änderungen seit diesem Snapshot werden nachgefahren. Das war´s! Daraus erklärt sich auch die hohe Geschwindigkeit bei Abfragen, denn bei Standardabfragen macht Prevayler exakt – nichts. Beim Ändern des Datenbestandes, bei der Initialisierung und insbesondere bei der Wiederherstellung des

Datenbestandes nach einem Absturz ist Prevayler allerdings deutlich langsamer als klassische Datenbanken.

Dabei ist die Idee gar nicht so neu. Bereits im Jahre 1987 hatten Andrew Birrell, Michael B. Jones und Ted Wobber [Birrell1987] ein solches System für die Implementierung eines Name-Servers verwendet. Neu bei Prevayler ist lediglich die Inszenierung des Webauftrittes. Und da Speicher mittlerweile ziemlich billig ist (alle Daten müssen in den Speicher geladen werden), läuft der Prevayler tatsächlich bei kleineren Anwendungen relationalen Datenbank den Rang ab. Entsprechend entrüstet haben einige Datenbankexperten reagiert und dem Prevayler so noch zusätzliche Publicity beschert.

Nüchtern betrachtet, ist der Prevayler gut einsetzbar für einfache Datenstrukturen mit kleinen Mengengerüsten. Insbesondere muss man mit folgenden Einschränkungen leben:

- Die Gesamtheit der von Prevayler verwalteten Datenmengen sollte unterhalb von 10 MB liegen. Grundsätzlich ist die Datenmenge durch den Java-Adressraum beschränkt (je nach JVM zwei bis drei GB). Außerdem muss der gesamte Datenbestand beim Start der Applikation in den Speicher geladen werden, was bei großen Datenbeständen einige Zeit in Anspruch nehmen kann. Zudem unterliegen diese Datenstrukturen dann auch der Garbage-Collection, die natürlich dadurch verlangsamt wird. Gerade in einer Rich-Client-Anwendung aber können langsame Startzeiten und von der Garbage-Collection verursachte Pausen störend wirken.
- Die Datenbestände sollten nur von einer einzigen Applikation verwendet werden. Datenbestände, auf die von mehreren Applikationen aus zugegriffen werden soll, werden aus Kompatibilitätsgründen besser mit relationaler Technologie realisiert.
- Transaktionen müssen vom Programmierer in Form von Transaktionsobjekten implementiert werden. Rollback wird nicht angeboten, was die Fehlerbehandlung kompliziert. Alle Objekte müssen das Interface `ISerializable` implementieren.
- Zu Problemen kann es bei Versionswechseln kommen, wenn die Java-Serialisierung nicht mehr die serialisierten Daten der vorigen Version akzeptiert. Auf jeden Fall sollte man die `serialVersionUID` selbst verwalten. (Eclipse 3.1 bietet nun bei Klassen vom Typ `ISerializable` mit einem QuickFix an, die `serialVersionUID` zu generieren.)

*Preclipse*

Hat man sich mit all dem abgefunden, so kann man Prevayler durchaus sinnvoll einsetzen. Für die Erstellung von Prevayler-gestützten Projekten gibt es sogar ein Eclipse-Plugin namens *Preclipse* unter http://www.preclipse.de. Dies Plugin soll u.a. bei der Erstellung von Transaktionsobjekten helfen. Leider stand diese Funktionalität unter Eclipse 3.1 aber nicht zur Verfügung. Das Plugin scheint offenbar nicht weiter gepflegt zu werden. Was aber schön ist, ist ein Viewer/Editor für Prevayler-Snapshots und Transaktionsprotokolle, der auch in Eclipse-3.1-Plattformen verwendet werden kann.

### 15.2.2 Anwendung

Stellen wir also unsere Benutzerverwaltung manuell auf Prevayler um. Dazu muss zunächst der Prevayler zum Projekt hinzugefügt werden. Das geschieht ähnlich wie oben bei db4o.

*Wrapper-Plugin*

Die mit 48 KB winzige JAR-Datei prevayler-2.02.006.jar kann leicht mit der Funktion *File>New>Project...>Plug-in from existing JAR archives* in ein Plugin gekapselt und anschließend mit einem Feature versehen werden.

Dann muss die Klasse User mit dem Serializable-Interface ausgerüstet werden – auch empfiehlt sich die Angabe einer serialVersionUID.

```
public class User implements Serializable {
  private static final long serialVersionUID =
                                        3545512906965136946L;
...
}
```

Grundsätzlich müssen bei der Arbeit mit Prevayler alle persistenten Objekte in einem Wurzelobjekt (der *Prevalent Base*) vorgehalten werden, denn sonst würden sie ja irgendwann, wenn sie sonst nicht referenziert werden, durch die Garbage-Collection beseitigt werden. Eine solche Klasse könnte so aussehen:

*Datenbestand*

```
package com.bdaum.planner;
import java.io.Serializable;
import java.util.*;

public class PlannerBase implements Serializable {
  private static final long serialVersionUID =
                                        3256442525320360499L;
  public Map<String, User> users = new HashMap<String, User>();
}
```

Hier werden also alle Benutzer in einer Map vorgehalten. Der Zugriff erfolgt über den Namen des Benutzers.

In der Klasse PlannerPlugin kann dann der Prevayler in der start()-Methode initialisiert werden. Zunächst wird ein leeres PlannerBase-Wurzelobjekt erzeugt. Damit wird mit Hilfe der PrevaylerFactory eine neue Prevayler-Instanz erzeugt, der im zweiten Parameter der Ort der Datenhaltung bekannt gemacht wird. Falls dort bereits Daten existieren, wird die PlannerBase-Instanz damit gefüllt.

Ist dagegen dieses Objekt noch leer, so erzeugen wir wieder einen Standardbenutzer. Das muss aber über das noch zu implementierende Transaktionsobjekt AddUserTransaction geschehen, das anschließend vom Prevayler ausgeführt wird.

```
PlannerBase base;
Prevayler prevayler;

private void initPrevayler() {
  base = new PlannerBase();
  try {
    URL pluginUrl = getInstallUrl("");
    prevayler = PrevaylerFactory.createPrevayler(base,
                          pluginUrl.getPath() + "db/plannerBase");
    if (base.users.size() == 0) {
      AddUserTransaction tx = new AddUserTransaction("admin",
                          "password", Arrays.asList(new String[] {
                          "Administrator" }));
      prevayler.execute(tx);
    }
  } catch (Exception e) {
    e.printStackTrace();
  }
}
```

*Transaktionsobjekt*

Die Klasse AddUserTransaction implementiert das Prevayler-Interface Transaction. Die Daten eines neuen Benutzers werden über den Konstruktor übergeben und in die Transaktion hereingeschrieben. Bei der Ausführung serialisiert dann der Prevayler diese Transaktionsinstanz und schreibt das Ergebnis in die Protokolldatei. Anschließend wird die Methode executeOn() ausgeführt, welche dann die neue User-Instanz erzeugt und zur PlannerBase-Instanz hinzufügt. Getunt werden kann hier auch noch: Es müsste nicht mit jedem neuen Benutzer eine neue AddUserTransaction-Instanz erzeugt werden. Stattdessen könnte man ein solches Transaktionsobjekt wieder verwenden und jeweils mit entsprechenden set...()-Methoden die neuen Benutzerdaten setzen.

```
package com.bdaum.planner;
import java.util.Date;
import java.util.List;
import org.prevayler.Transaction;
```

```
public class AddUserTransaction implements Transaction {
  private static final long serialVersionUID =
                                          3976740267766462003L;
  private final String name, password;
  private final List roles;

  public AddUserTransaction(String name, String password,
                                                    List roles) {
    this.name = name;
    this.password = password;
    this.roles = roles;
  }

  public void executeOn(Object system, Date time) {
    User user = null;
    PlannerBase base = (PlannerBase) system;
    user = new User(name, password, roles);
    base.users.put(name, user);
  }
}
```

Entsprechend müssen auch Transaktionsklassen für das Löschen und Ändern von Benutzern implementiert werden. Dabei darf man die zu ändernden oder zu löschenden `User`-Instanzen nicht direkt aus der Basisklasse holen, sondern muss diese Instanzen mit Hilfe eines `Query`-Objektes vom Prevayler abfragen.

### 15.2.3 Zusammenfassung

Wie man sieht, ist also der programmtechnische Aufwand erheblich, wenn man die Prevayler-Realisierung mit der einer objektorientierten Datenbank vergleicht. Dafür erzielt man Anwendungen, die bei Abfragen extrem schnell sind. Ob dieser Aufwand in einer RCP-Anwendung gerechtfertigt ist, mag jeder selbst entscheiden.

# Teil IV
# Der Rich Client wird noch reicher

Die Eclipse-Rich-Client-Plattform stellt lediglich eine minimale Umgebung für Rich-Client-Anwendungen zur Verfügung, wobei es überwiegend um die Benutzeroberfläche und die Eclipse-Workbench geht. Bereits in Teil III hatten wir für die Realisierung von Persistenzschichten auf Fremdprodukte zurückgreifen müssen.

In diesem Teil wollen wir zwei andere wichtige Themen diskutieren, die für die Entwicklung von Rich-Client-Applikationen relevant sind. In Kapitel 16 möchte ich das *Graphical Editing Framework* vorstellen, mit dem grafikorientierte Editoren und Views relativ bequem implementiert werden können. Falls Sie es in Ihrer Rich-Client-Anwendung mit Geschäftsgrafiken zu tun haben – die *Business Intelligence and Reporting Tools* (BIRT) sind ein weiteres interessantes eclipse.org-Projekt, das dem Programmierer viel Arbeit sparen kann. Ich möchte dieses Projekt hier nicht vorstellen, da es zum Zeitpunkt des Schreibens noch zu jung war, um verlässliche Informationen geben zu können. Auf jeden Fall lohnt es einen näheren Blick, sollten Sie derartige Anforderungen haben.

In Kapitel 17 möchte ich dann am Beispiel von *OpenOffice* die Integration von Office-Komponenten in eine Rich-Client-Anwendung vorführen. In Kapitel 18 geht es dann um das Generieren von PDF-Dateien und die Einbettung des *Adobe Acrobat Readers*.

# 16 Das Graphical Editing Framework

In einigen früheren Kapiteln hatten wir bereits auf das *Graphical Editing Framework* (GEF) Bezug genommen. Das GEF ist ein eclipse.org-Projekt, welches einen Programmrahmen für die Entwicklung von Diagrammeditoren und -viewern bereitstellt. GEF wurde ursprünglich für die Entwicklung von Modellierungswerkzeugen geschaffen. So wurden verschiedene UML-Editoren mit Hilfe des GEF implementiert. Ein weiterer Anwendungsschwerpunkt ist derzeit die Implementierung von visuellen GUI-Editoren wie z.B. dem *Eclipse Visual Editor* (VE). Diese Vergangenheit hängt dem GEF immer noch etwas an. In Projekten aus anderen Anwendungsbereichen kann man leicht an die Grenzen des GEF stoßen. Es empfiehlt sich also, vor dem Beginn einer Implementierung erst einmal zu prüfen, ob GEF den Anforderungen des Projektes entsprechen kann. Ist das der Fall, kann man sich mit dem Einsatz von GEF allerdings viel Arbeit sparen. Im Rahmen unserer Beispielanwendung werden wir einige der Grenzen von GEF ausloten.

Wir werden hier nur die Grundzüge von GEF streifen können, wobei wir uns auf Eigenschaften konzentrieren, die besonders für die Entwicklung von RCP-Anwendungen (und insbesondere im Datenbankumfeld) wichtig sind. Für weiter gehende Informationen können wir allerdings nur bedingt auf die Dokumentation verweisen, denn diese ist ziemlich minimalistisch. Eine gute Einführung in GEF (allerdings bezogen auf Version 2.1) ist das GEF-Redbook von IBM [Moore2004]. Auf dem Web findet man außerdem eine Reihe von Tutorials und von Beispielprojekten.

## 16.1 Stärken und Schwächen von GEF

GEF stellt höherwertige Komponenten zur Verfügung als die meisten grafischen Frameworks, so z.B. Viewer und Editoren mit:

*Stärken*

- Grafische Repräsentation beliebiger Datenmodelle
- Unterstützung einer Werkzeugpalette für das Editieren
- Unterstützung von Zoom-Aktionen
- Unterstützung von Rulern (Linealen) und Guides (Hilfslinien)
- Unterstützung von Rastern und Einrastpunkten
- Mehrere Layer (Ebenen)
- Unterstützung für Verbindungslinien und automatisches Routing
- Cut & Paste, Drag & Drop
- Druckausgabe
- Reichhaltiges Arsenal an vordefinierten Aktionen

*Schwächen*

Auf der Negativseite müssen vor allem genannt werden:

- Steile Lernkurve aufgrund spärlicher Dokumentation. Es sind jedoch einige Beispielapplikationen vorhanden. Eine große Open-Source-Applikation, die mit dem GEF realisiert wurde, ist der Eclipse Visual Editor (VE).
- Viele Konzepte sind nicht generisch genug, um für ein breites Anwendungsspektrum anwendbar zu sein.
- Keine Unterstützung für Antialiasing, Gradienten und Blends. Grafiken wirken dadurch oft etwas primitiv.

## 16.2 Die GEF-Architektur

Das GEF setzt nicht direkt auf dem SWT (siehe Kapitel 9) auf, sondern auf einer höheren Grafikschicht – der *Draw2D*-Schicht. Dessen Bausteine realisieren einen leichtgewichtigen Überbau über das SWT. Anstelle mit Zeichenoperationen auf einem Grafikkontext und `PaintListener`n arbeiten zu müssen, kann man hier direkt mit grafischen Objekten (z.B. Panel, Rechteck, Hilfslinie oder Thumbnail) hantieren.

*Draw2D*

Dieses grafische Instrumentarium des Draw2D wird vom GEF für die Implementierung des Modell-View-Controller-Entwurfsmusters (MVC) benutzt. Dabei stellt das GEF nur die Unterstützung für die Realisierung der Viewer und Controller bereit – bezüglich des Modells ist es völlig agnostisch. Das Modell muss von der jeweiligen Anwendung bereitgestellt werden.

### 16.2.1 Draw2D

*Figure*

Alle grafischen Objekte des Draw2D basieren auf der Klasse `Figure` (beschrieben durch das Interface `IFigure`), welche die gemeinsamen Eigenschaften dieser Objekte definiert. Insbesondere ist hier schon die Unterstützung für die Ereignisverarbeitung – Maus- und Tastaturereignisse sowie Ereignisse bei der Änderung von Eigenschaften – definiert. Alle Grafiken im Draw2D sind hierarchisch organisiert – folglich gibt es auch in der Klasse `Figure` die Methoden `getChildren()` und `getParent()`.

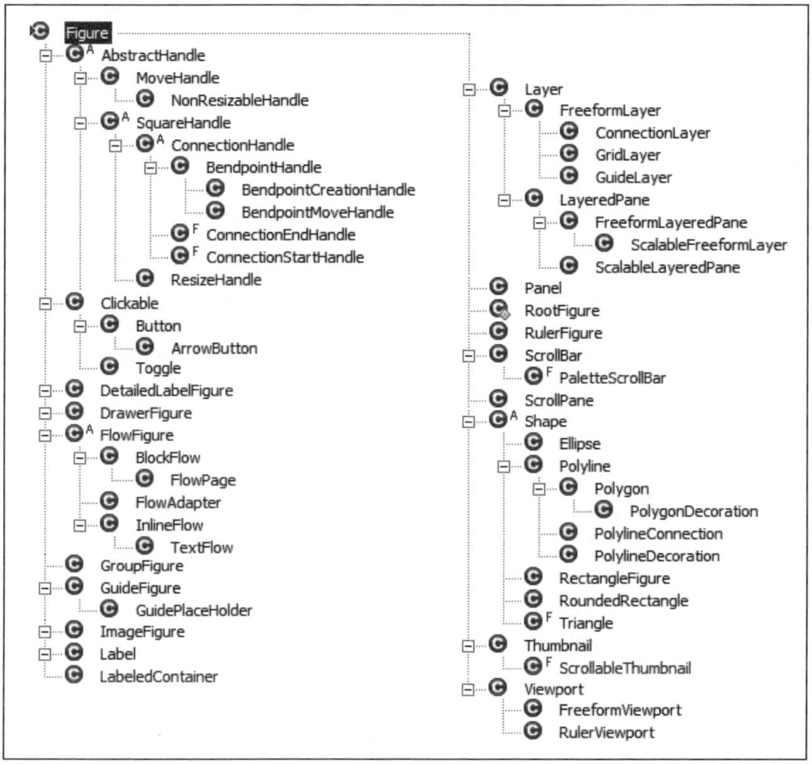


**Abb. 16–1** Die Klasse `Figure` sowie ihre konkreten und abstrakten Unterklassen. Einige dieser Klassen stehen nur im GEF zur Verfügung.

*Behälterhierarchien*

An der Wurzel einer Grafik liegt in der Regel ein Behälter, z.B. ein `Panel`. Diesem Wurzelobjekt können mit der Methode `add()` Kindobjekte hinzugefügt werden. Swing-Programmierer werden sich freuen, denn dort funktioniert das genauso. Im SWT dagegen werden Kindelemente mit `new` erzeugt, wobei der Behälter im Konstruktor übergeben werden muss. Der Vorteil bei der `add()`-Methode liegt darin, dass man hier Grafikbäume auch wieder umbauen kann: Mit `remove()` kann man ein Kindelement aus einem Behälter entfernen und anschließend mit `add()` einem anderen Behälter zuordnen.

`Figure`-Objekte haben eine Reihe weiterer gemeinsamer Features:

- Eine Reihe von Attributen bestimmt den Zustand eines `Figure`-Objektes. Mit `setValid()` kann ein Objekt auf gültig oder ungültig gesetzt werden, mit `setVisible()` auf sichtbar oder unsichtbar und mit `setEnabled()` auf aktiv oder inaktiv. `setOpaque()` bestimmt, ob das Objekt transparent oder undurchsichtig gezeichnet wird. Die Methode `setRequestFocusEnabled()` legt fest, ob ein Objekt den Fokus erhalten kann, die Methode `setFocusTraversable()`, ob das Objekt auf Grund eines Traverse-Ereignisses (z.B. *TAB*-Taste) den Fokus erhalten kann.

- Kindelemente werden nicht über die Grenzen ihrer Elternelemente hinaus gezeichnet, sondern an den Grenzen abgeschnitten.
- `Figure`-Objekte können mit verschiedenen Rahmen umgeben werden. Ähnlich wie in Swing gibt es eine Vielzahl vordefinierter Rahmen.
- `Figure`-Objekte können mit Hilfe von `IConnection`-Objekten verbunden werden (die Standardimplementierung ist `PoylineConnection`). In GEF wird das ausgenutzt, um Verbindungslinien und Pfeile zwischen Objekten zu zeichnen.
- `Figure`-Objekte können mit `setCursor()` definieren, welches Aussehen der Mauszeiger annehmen soll, wenn er sich über dem Objekt befindet.
- Layer sind eine spezielle Art transparenter Container, mit denen grafische Schichten wie Folien übereinander angeordnet werden können.
- `Figure`-Objekte können mit Hilfe einer `PrintFigureOperation` auf Drucker ausgegeben werden.

*Layout*

Ähnlich wie in Swing und SWT erfolgt unter Draw2D die Positionierung von Grafikobjekten in ihrem Behälter mit Hilfe von Layoutmanagern. Jedes `Figure`-Objekt kann mit einem Layoutmanager versehen werden, der die Kindelemente nach vorgegebenen Regeln selbsttätig auf der Fläche des Elternobjektes anordnet. Abbildung 16–2 zeigt die Hierarchie des reichhaltigen Layoutmanager-Arsenals von Draw2D.

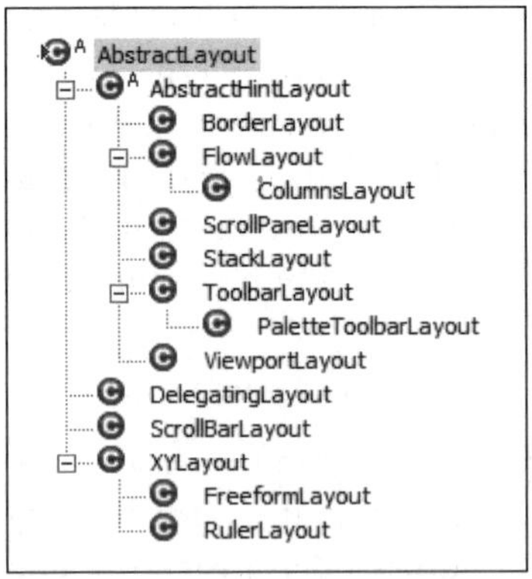


**Abb. 16–2**
Die Layoutmanager des GEF und des Draw2D

Auch wenn Sie Objekte an einer definierten Position in einem Behälter positionieren wollen, sollten Sie im Rahmen von GEF niemals versuchen, `Figure`-Objekte manuell zu positionieren, sondern stattdessen lieber das `XYLayout` verwenden. Dabei kann mit `setConstraint()` die Position und die Größe des Kindelementes angegeben werden:

```
Panel panel = new Panel();
panel.setLayoutManager(new XYLayout());
Label label = new Label();
label.setText("Hello Draw2D");
panel.add(label);
panel.setConstraint(label, new Rectangle(x, y, width, height));
```

*Umrahmungen*

Ähnlich groß ist die Vielfalt bei den Umrahmungen, die mit `setBorder()` gesetzt werden können (siehe Abb. 16–3). So kann mit `FrameBorder` ein Titelbalken gesetzt werden, `GroupBoxBorder` ähnelt einem SWT-`Group`-Widget, `LineBorder` umrahmt mit einer einfachen Linie, und bei `MarginBorder` können die Abstände zwischen Objekt und Umrahmung spezifiziert werden.

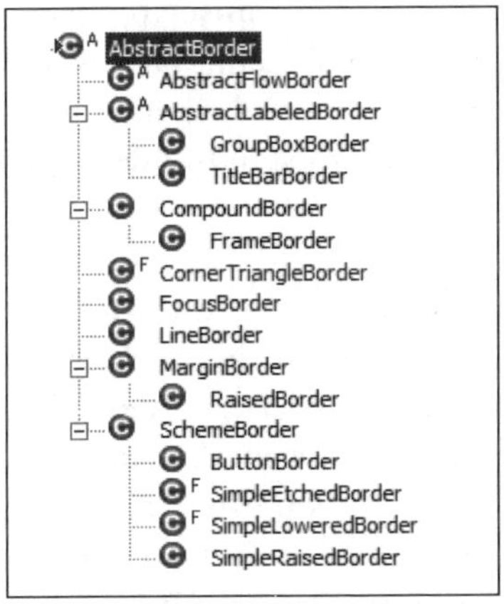


**Abb. 16–3**
Die Hierarchie der Draw2D-Umrahmungen

### 16.2.2 GEF aus der Vogelperspektive

*EditPart*

Das GEF setzt über diese grafische Schicht noch einmal weitere Abstraktionsschichten. So werden grafische Objekte im GEF mit Hilfe von `EditParts` realisiert. Dabei implementiert jede `EditPart`-Klasse ihre Visualisierung mit Hilfe von Draw2D-`Figures`. Diese `EditParts` werden mit Hilfe von `EditPartFactory`-Instanzen erzeugt, die je nach Typ des abzubildenden Objekts aus dem Datenmodell eine entsprechende `EditPart`-Instanz erzeugen.

*Viewer*

GEF stellt – ähnlich wie das JFace – Viewer zur Verfügung (so z.B. den `ScrollingGraphicalViewer`), welche die Viewer-Komponente des MVC-Entwurfsmusters realisieren. Jedem Viewer wird eine `EditPartFactory` zugeordnet und erledigt ähnliche Aufgaben wie ein `LabelProvider` bei JFace-Viewern, nämlich die Herstellung einer konkreten Präsentation für die Elemente des abstrakten Datenmodells.

*Editor*

Diese Viewer können bei der Konstruktion von Views und Editoren verwendet werden. GEF stellt bereits einige vorgefertigte Editoren zur Verfügung, so z.B. den `GraphicalEditor`, den `GraphicalEditorWithPalette` und den `GraphicalEditorWithFlyoutPalette`. Diese Editoren sind vollgültige Eclipse-Editoren und können von der Eclipse-Menüleiste aus gesteuert werden. Die beiden letzteren Editoren verfügen außerdem über eine konfigurierbare Palette mit verschiedenartigen Werkzeugen.

## 16.3 Modell, Viewer, Controller

Wie schon erwähnt, arbeitet GEF vollkommen modellagnostisch, d.h., es können beliebige Datenmodelle mit Hilfe des GEF grafisch repräsentiert werden. Allerdings wird verlangt, dass das Datenmodell in der Lage ist, Zustandsänderungen an andere mitzuteilen, d.h., man muss sich beim Datenmodell als Listener, der über Zustandsänderungen informiert wird, registrieren können.

*EditParts*

Das Datenmodell wird mit Hilfe eines `GraphicalViewers` zur Anzeige gebracht. Dieser erhält das Datenmodell über die Methode `setContents()`. Voraussetzung ist allerdings, dass für den Viewer mit `setEditPartFactory()` eine `EditPartFactory` registriert wurde. Diese fertigt zu jedem Objekt des Datenmodells eine korrespondierende `GraphicalEditPart`-Instanz an. Jede dieser Instanzen kann mit Hilfe von `getModel()` nach dem zugeordneten Objekt aus dem Datenmodell abgefragt werden. Umgekehrt erhält man vom Viewer mit `getEditPartRegistry()` eine `Map`, mit der man mit Hilfe von `get()` die zu einem Modellobjekt gehörige `EditPart`-Instanz erhalten kann. Diese `GraphicalEditPart`-Instanz realisiert die grafische Darstellung des Modellobjektes mit Hilfe von Draw2D-`Figure`-Hierarchien in der Methode `getFigure()`.

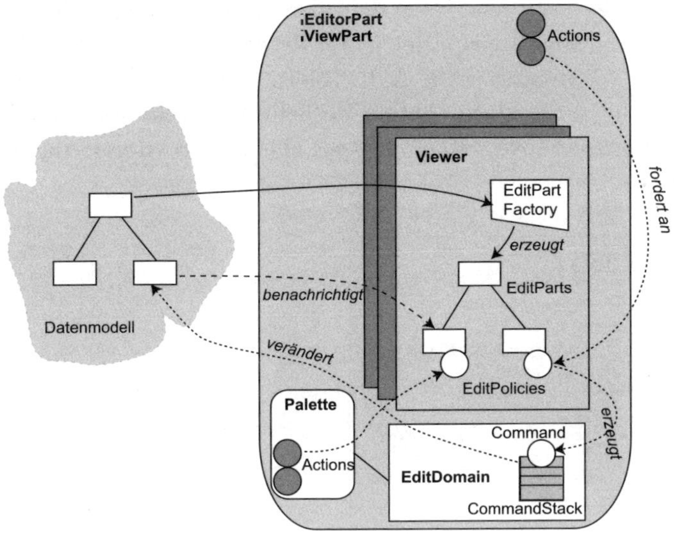


**Abb. 16–4** Die Architektur einer typischen GEF-Anwendung

Die Modifikation des Datenmodells erfolgt über Kommandos. Für jede spezifische Modifikation des Datenmodells durch den Benutzer (z.B. Löschen eines Elements, Einfügen eines neuen Elements) sollte ein spezifisches Kommando implementiert werden. Die Kommandoimplementierung kann natürlich nicht datenmodellagnostisch sein, denn das Kommando muss ja das Datenmodell modifizieren (sofern man diese Aufgabe nicht noch weiter delegiert). GEF stellt jedoch eine abstrakte `Command`-Klasse zur Verfügung, auf deren Grundlage Kommandos implementiert werden können. Grundsätzlich gilt, dass jede Kommandoklasse auch die nötige Logik zum Verwerfen des Kommandos (*Undo*) implementieren muss (wenn *Undo* unterstützt wird).

*Kommandos*

Kommando-Instanzen werden auf Anfrage (*Request*) von `EditPolicy`-Instanzen erzeugt. Solche `EditPolicy`-Instanzen müssen von den verschiedenen `EditParts` zur Verfügung gestellt werden. Die erzeugten Kommandos werden ausgeführt und in einem `CommandStack` gespeichert. Im *Undo*-Falle stehen sie dort zur Verfügung und können die einzelnen *Undo*-Schritte durchführen.

Der `CommandStack` ist in einer so genannten `EditDomain` enthalten, welcher die Rolle des Controllers im MVC-Entwurfsmuster zukommt. Außer dem `CommandStack` verwaltet die `EditDomain` noch den `PaletteViewer` und den grafischen Viewer des jeweiligen Editors oder Views. Es ist sogar möglich, mit Hilfe einer `EditDomain` mehrere grafische Viewer zu verwalten, z.B. in einem `MultiPageEditor`.

*CommandStack*

*Werkzeuge*

Der PaletteViewer beherbergt die Palette mit den verschiedenen Werkzeugen. GEF stellt bereits eine ganze Reihe vorgefertigter Grafikwerkzeuge zur Verfügung (siehe Abb. 16–5). Wird ein Werkzeug betätigt, so wird die zugeordnete Aktion ausgeführt. Auch hier stellt GEF im Package org.eclipse.gef.ui.actions ein Arsenal vorgefertigter Aktionen bereit.

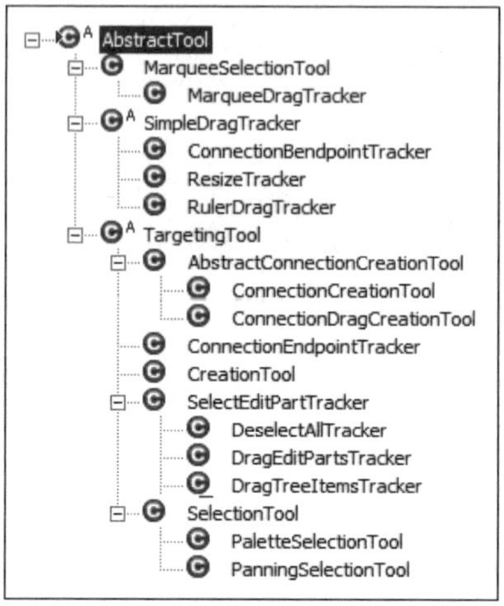


**Abb. 16–5**
Die GEF-Werkzeuge sind alle im Package org.eclipse.gef.tools enthalten.

*Aktionen und Policies*

Die Aktionen sind dann dafür verantwortlich, Anforderungen (*Requests*) an die jeweiligen EditParts zu stellen (in einigen Fällen werden solche Requests auch direkt von den Tools abgegeben). Die angesprochenen EditParts erzeugen dann auf Grund einer definierten EditPolicy das entsprechende Kommando. Dabei kann ein EditPart verschiedene dieser Policies definieren. Jede Policy wird durch einen String identifiziert, der auch Rolle genannt wird. Die verfügbaren Rollen sind in der Klasse EditPolicy als Konstanten definiert. Die Auswahl der Policy erfolgt dann auf Grund der im *Request* spezifizierten Rolle. Der Vorteil dieses Mechanismus liegt darin, dass die im EditPart registrierten Policies dynamisch geändert werden können, also das Verhalten eines EditParts von seinem Zustand abhängig gemacht werden kann.

## 16.4 Beispielanwendung: Gantt-Chart mit GEF

Wir wollen nun GEF benutzen, um der Tasks-Perspektive in unserer Beispielanwendung eine Gantt-Grafik hinzuzufügen. Wir werden diese Grafik nicht als Editor implementieren, sondern als zusätzlichen View. Erstens gibt es schon eine ganze Reihe von GEF-Beispieleditoren in der Literatur, GEF-Views dagegen wurden bis jetzt noch nicht behandelt. Zweitens passen Views besser zu Datenbank-Anwendungen.

### 16.4.1 GEF installieren

GEF können Sie sich von eclipse.org herunterladen. Nehmen Sie am besten das All-in-one-Paket. Die Versionsnummer muss zur Versionsnummer Ihrer Eclipse-Installation passen, also 3.1.0 zu 3.1.0 und 3.1.1 zu 3.1.1.

Entpacken Sie dann die ZIP-Datei in das gleiche Verzeichnis, in das Sie auch Ihre Eclipse-Distribution entpackt hatten. Dann starten Sie Eclipse und gehen zu *Help>Software Updates>Manage Configuration*. Dort expandieren Sie den Eclipse-Knoten und schalten die Option *Show Disabled Features* ein. Anschließend können Sie das *Graphical Editing Framework SDK* auf *Enabled* setzen. Nach einem Neustart können Sie dann mit GEF arbeiten.

### 16.4.2 Der Gantt-View

Zunächst müssen die GEF-Bibliotheken dem in Kapitel 14 entwickelten Plugin `com.bdaum.planner.taskplanner` bekannt gemacht werden. Im Plugin-Manifest fügen Sie das folgende Plugin unter *Dependencies* hinzu:

```
org.eclipse.gef
```

Außerdem ist es erforderlich, die Plugins `org.eclipse.gef` und `org.eclipse.draw2d` in dem in Abschnitt 7.1 definierten Infrastruktur-Feature zu deklarieren, um sie der Rich-Client-Plattform hinzuzufügen. Anschließend muss noch auf der *Dependencies*-Seite des Feature-Manifests die Taste *Compute* betätigt werden.

*Plugin-Manifest*

Dann kann der zusätzliche View im Plugin-Manifest definiert werden. In der Sektion *Extensions* gibt es bereits eine Erweiterung für den Erweiterungspunkt `org.eclipse.ui.views`. Hier deklarieren Sie einen weiteren View:

```
<view icon="icons/gantt.gif"
      class="com.bdaum.planner.taskplanner.views.GanttView"
      category="com.bdaum.planner.taskplanner" name="GANTT"
      id="com.bdaum.planner.taskplanner.views.GanttView"/>
```

Die Klasse `GanttView` wird nach dem Eintrag in das *class*-Attribut mit einem Klick auf *class* erzeugt.

#### Die Klasse PerspectiveFactory

Vorher aber bauen wir noch den neuen View in die Planer-Perspektive ein. Wir platzieren ihn oberhalb des bisherigen Projekt-Views.

*Layout*

```
package com.bdaum.planner.taskPlanner;
import org.eclipse.ui.IPageLayout;
import org.eclipse.ui.IPerspectiveFactory;
/**
 * Diese Klasse definiert die Planer-Perspektive
 */
public class PerspectiveFactory implements IPerspectiveFactory {

private static final String TASKVIEW =
              "com.bdaum.planner.taskplanner.views.TaskView";
  private static final String GANTTVIEW =
              "com.bdaum.planner.taskplanner.views.GanttView";

  /**
   * Definiert das anfängliche Layout der Perspektive
   */
  public void createInitialLayout(IPageLayout layout) {
    // Views hinzufügen
    layout.addView(GANTTVIEW, IPageLayout.BOTTOM, 1.0f,
            layout.getEditorArea());
    layout.addView(TASKVIEW, IPageLayout.BOTTOM, 0.5f, GANTTVIEW);
    // Editorbereich wird nicht benötigt
    layout.setEditorAreaVisible(false);
    // Abkürzungen für Window>Open Perspective
    Perspective.fillPerspectiveMenu(layout);
  }
}
```

### Die Klasse GanttView

Ähnlich wie die Klassen `ResourceView` und `TaskView` aus Kapitel 14 etabliert die Klasse `GanttView` eine neue Hibernate-Sitzung. Dies erlaubt Datenbankabfragen direkt aus dem View heraus und erlaubt auch die Modifikation der Datenbestände. Als Beispielaktion für diesen View wollen wir eine Aktion zum Löschen von Tasks implementieren.

Der `GanttView` zeigt – anders als der `TaskView` – immer nur ein Projekt an. Das anzuzeigende Projekt wird durch die Selektion im `TaskView` bestimmt. Dieser setzt das aktuelle Projekt mit Hilfe der Methode `setInput()`, die weiter unten beschrieben wird.

Auf der anderen Seite muss auch der `TaskView` über Selektionsänderungen im `GanttView` informiert werden, um seine Selektionen mit den Selektionen im `GanttView` synchronisieren zu können. Wir realisieren das, indem wir den `GanttView` das Interface `ISelectionProvider` implementieren lassen. Der `TaskView` kann sich so beim `GanttView` als `SelectionsChangedListener` anmelden und über Selektionsänderungen informiert werden.

*EditDomain*

Wie aus Abbildung 16–4 ersichtlich, sollte jeder GEF-Editor oder -View eine `EditDomain`-Instanz enthalten, welche unter anderem den `CommandStack` verwaltet. Wir erzeugen hier zunächst eine Instanz einer solchen `EditDomain`. Später werden wir den noch zu erzeugenden grafischen Viewer mit Hilfe der Methode `add()` bei dieser `EditDomain` anmelden.

```
package com.bdaum.planner.taskplanner.views;
import java.util.ArrayList;
import java.util.List;
...
...
import com.bdaum.planner.PlannerPlugin;

/**
 * Diese Klasse implementiert einen View mit einem Gantt-Chart
 */
public class GanttView extends ViewPart implements
        ISelectionProvider, ValueChangedListener {

  // Der Viewer, der für die Repräsentation des Modells zuständig ist
  private ScrollingGraphicalViewer viewer;

  // Das Datenmodell des anzuzeigenden Projekts
  private Project project;

  // Liste der Instanzen, die über Selektionsänderungen
  // informiert werden wollen
  private List<ISelectionChangedListener> selectionChangedListeners =
          new ArrayList<ISelectionChangedListener>(2);

  // Das aktuell selektierte Objekt
  private Object selectedObject;

  // Aktion zum Löschen von Tasks
  private DeleteAction deleteAction;

  // GEF-Druckaktion
  PrintAction printAction;

  // Die GEF-Editdomain verwaltet den Zustand des Views
  private EditDomain editDomain = new EditDomain();

  // Das Hibernate-Sitzungsobjekt
  private Session session;

  /**
   * Konstruktor. Etabliert eine neue Hibernate-Sitzung
   */
  public GanttView() {
    super();
    session = PlannerPlugin.getDefault().getNewSession();
  }
```

```
/**
 * Schließt die Hibernate-Sitzung und gibt Aktionen frei
 */
public void dispose() {
  if (session != null)
    session.close();
  printAction.dispose();
  deleteAction.dispose();
  super.dispose();
}
```

*GUI aufbauen*

Im Großen und Ganzen weicht der Aufbau dieses Views nicht von anderen Views ab. Zunächst wird mit der Methode `createGraphicalViewer()` der Anzeigebereich aufgebaut, dann werden Aktionen erzeugt, installiert und schließlich noch aktualisiert. Zu beachten ist, dass GEF-Aktionen wie `DeleteAction` und `PrintAction` wieder mit `dispose()` freigegeben werden müssen (wie oben geschehen), wenn sie nicht mehr benötigt werden.

```
/**
 * Inhalt des Views erzeugen
 */
public void createPartControl(Composite parent) {
  // Viewer erzeugen
  createGraphicalViewer(parent);
  // Aktionen erzeugen und installieren
  makeActions();
  registerGlobalActions();
  hookContextMenu();
  contributeToActionBars();
  // Aktionen aktualisieren
  updateActions();
}
```

*Viewer*

Der für den Anzeigebereich verantwortliche `ScrollingGraphicalViewer` wird in zwei Schritten erzeugt: zunächst die `ScrollingGraphicalViewer`-Instanz selbst, dann wird dessen GUI-Element (ein Draw2D-`FigureCanvas`) mit Methode `createControl()` erzeugt. Der Viewer wird dann in der `EditDomain` registriert und anschließend konfiguriert. Da der Viewer einen `ISelectionProvider` implementiert, kann er mit der Site des Views registriert werden und so den globalen Manager für Selektionsereignisse über Selektionsänderungen informieren.

In diesem Beispiel implementieren wir keine Palette. Stattdessen unterstützen wir die Mausklicks von Benutzern direkt. Ein Mausklick auf ein grafisches Objekt soll dieses Objekt selektieren. Im View definierte Aktionen können dann Operationen auf die selektierten Objekte veranlassen. Wir fügen deshalb dem grafischen Viewer einen MouseListener hinzu. Dieser sucht im Viewer das grafische Objekt an der Mausposition und setzt dann dieses Objekt im Viewer auf selektiert.

*Ereignisse*

Auf diese Selektion reagieren wir wiederum mit einem ISelectionChangedListener. Dieser empfängt Selektionsereignisse des Viewers und extrahiert daraus die selektierten grafischen Objekte (EditParts). Das Selektionsereignis wird dann an diejenigen ISelectionChangedListener weiter gemeldet, die sich bei dem GanttView mit addSelectionChangedListener() registriert hatten. Allerdings werden nicht die selektierten EditPart-Instanzen mitgegeben, sondern die korrespondierenden Objekte aus dem Datenmodell. Damit sind nun die Selektionsereignisse präsentationsneutral.

Da der GanttView auch die Schnittstelle ISelectionProvider unterstützt, implementiert er auch die Methode setSelection(), mit der die Selektion von außerhalb gesetzt werden kann. Dazu wird zunächst das zu selektierende Objekt (ein Modell-Objekt) in der EditPartRegistry gesucht. Wird die zugehörige EditPart-Instanz gefunden, so wird damit im grafischen Viewer die Selektion durchgeführt.

```
/**
 * Erzeugt und konfiguriert den grafischen Viewer
 * @param parent - der übergeordnete Behälter
 */
protected void createGraphicalViewer(Composite parent) {
  // Viewer erzeugen
  viewer = new ScrollingGraphicalViewer();
  viewer.createControl(parent);
  // Viewer muss für die Kommandounterstützung
  // einer EditDomain hinzugefügt werden
  editDomain.addViewer(viewer);
  // Viewer konfigurieren
  configureGraphicalViewer();
  // Den Viewer als SelectionProvider mit der View-Site
  // registrieren
  getSite().setSelectionProvider(viewer);
  // Den Viewer mit einem MouseListener versehen
  viewer.getControl().addMouseListener(new MouseAdapter() {
    public void mouseUp(MouseEvent e) {
      // EditPart anhand der Mausposition suchen
      EditPart part = viewer.findObjectAt(new Point(e.x, e.y));
      // Selektion im Viewer auf dieses Objekt setzen
      viewer.setSelection(new StructuredSelection(part));
    }
  });
```

```
    viewer.addSelectionChangedListener(new
                                      ISelectionChangedListener() {
      public void selectionChanged(SelectionChangedEvent event) {
        // Selektionen im Viewer übersetzen
        Object selPart = ((IStructuredSelection)
                          event.getSelection()).getFirstElement();
        Object sel = (selPart instanceof EditPart) ?
                          ((EditPart) selPart).getModel() : null;
        // Das Datenmodell des selektierten Objekts
        if (selectedObject != sel) {
          // Die Selektion weitermelden
          selectedObject = sel;
          fireSelectionChanged();
        }
      }
    });
  }

  /**
   * Selektionsereignis an Listener weitergeben
   */
  private void fireSelectionChanged() {
    // Selektionsereignis herstellen
    SelectionChangedEvent e = new SelectionChangedEvent(
            this, getSelection());
    // An Listener weitermelden
    for (ISelectionChangedListener listener :
                                    selectionChangedListeners)
      listener.selectionChanged(e);
    // Aktionen aktualisieren
    updateActions();
  }

  /**
   * Liefert die aktuelle Selektion
   */
  public ISelection getSelection() {
    return (selectedObject == null) ? StructuredSelection.EMPTY
            : new StructuredSelection(selectedObject);
  }

  /**
   * Erlaubt das Registrieren von Beobachtern für
   * Selektionsänderungen
   */
  public void addSelectionChangedListener(
          ISelectionChangedListener listener) {
    if (!selectionChangedListeners.contains(listener))
      selectionChangedListeners.add(listener);
  }
```

```
/**
 * Entfernt den spezifizierten Listener
 */
public void removeSelectionChangedListener(
        ISelectionChangedListener listener) {
  selectionChangedListeners.remove(listener);
}

/**
 * Setzt die Selektion auf das übergebene Objekt
 */
public void setSelection(ISelection selection) {
  // Modellelement aus dem Selektionsobjekt holen
  Object modelElement = ((IStructuredSelection) selection)
                                        .getFirstElement();
  // Zugehöriges grafisches Objekt suchen
  Object editPart =
viewer.getEditPartRegistry().get(modelElement);
  // und dem Viewer als selektiert melden
  viewer.setSelection((editPart == null) ?
StructuredSelection.EMPTY
                  : new StructuredSelection(editPart));
  // Aktionen aktualisieren
  updateActions();
}
```

*EditParts*

Bei der Konfiguration des grafischen Viewers wird die Hintergrundfarbe des Viewers gesetzt und eine `EditPartFactory` eingerichtet. Diese erzeugt für jede `Project`-Instanz eine `GanttProjectEditPart`-Instanz und für jede `Task`-Instanz eine `GanttTaskEditPart`-Instanz.

```
protected void configureGraphicalViewer() {
  // Hintergrundfarbe einstellen
  viewer.getControl().setBackground(ColorConstants.
                                          listBackground);
  // Mit der hier definierten EditPartFactory werden
  // grafische Objekte dynamisch erzeugt.
  viewer.setEditPartFactory(new EditPartFactory() {
   public EditPart createEditPart(EditPart context, Object model) {
      // Grafische Repräsentation des Projektes
      return (model instanceof Project) ?
              new GanttProjectEditPart((Project) model) :
              // Grafische Repräsentation eines Tasks
              (model instanceof Task) ? new GanttTaskEditPart(
                     session, (Task) model) : null;

    }
  });
}
```

*Modelländerungen*

Mit der Methode `setInput()` wird das jeweils anzuzeigende Projekt an den `GanttView` übergeben. Dieser übernimmt die Projekt-Instanz und meldet sich beim Projekt als `ValueChangedListener` an. Erinnern wir uns, dass wir das Datenmodell in Abschnitt 14.2.1 mit einer Notifikationsmöglichkeit für Zustandsänderungen generiert hatten. Natürlich müssen wir uns bei dem vorher angezeigten Projekt auch als `ValueChangedListener` abmelden. Bei einer Zustandsänderung des Datenmodells müssen im `GanttView` allerdings nur die Aktionen aktualisiert werden. (So muss z.B. die Löschaktion gesperrt werden, wenn nur noch ein Task im Projekt vorhanden ist.) Auch das muss wieder in einem `Display.syncExec()`-Block geschehen, denn die Modelländerung könnte in einem anderen Thread durchgeführt worden sein.

```
/**
 * Anzuzeigendes Datenmodell entgegennehmen
 * @param project - das anzuzeigende Projekt
 */
public void setInput(Project project) {
  // Beim vorher angezeigten Projekt als Listener abmelden
  if (this.project != null)
    this.project.removeValueChangedListener(this);
  // Neues Projekt übernehmen
  this.project = project;
  // und dem Viewer als Inhalt übergeben
  viewer.setContents(project);
  // Änderungen am Datenmodell beobachten
  project.addValueChangedListener(this);
  updateActions();
}

/**
 * Reagiert auf Änderungen am Datenmodell
 */
public void valueChanged(ValueChangedEvent e) {
  // Aktionen aktualisieren
  updateActions();
}
```

*Fokus*

Erhält der Gantt-View den Fokus, wird dieser natürlich an das GUI-Element des Viewers weitergegeben. Die Methode `reveal()` schließlich sucht das angegebene Objekt aus dem Datenmodell in der `EditPartRegistry` und setzt dann den Viewport so, dass die zugehörige `EditPart`-Instanz im sichtbaren Bereich erscheint.

```
/**
 * Setzt Fokus auf den Viewer
 */
public void setFocus() {
  viewer.getControl().setFocus();
}

/**
 * Bringt das spezifizierte Modellobjekt in den sichtbaren Bereich
 * @param obj - das anzuzeigende Objekt
 */
public void reveal(Object obj) {
  // Zugehöriges grafisches Objekt suchen
  EditPart editPart = (EditPart)
                        viewer.getEditPartRegistry().get(obj);
  // und sichtbar machen
  if (editPart != null)
    viewer.reveal(editPart);
}
```

*Aktionen*

Das Erzeugen und Installieren der Aktionen erfolgt auf die übliche Art wie schon bei den anderen Views dieser Beispielapplikation. Wir erzeugen hier nur eine einzige Aktion zum Löschen von selektierten Objekten. Die Klasse `DeleteAction` ist bereits im GEF definiert. Wird sie ausgeführt, fordert sie bei den selektierten `EditParts` ein Kommandoobjekt an, das anschließend ausgeführt wird. Auch die Klasse `PrintAction` ist im GEF definiert. Bei ihrer Ausführung wird der Inhalt des Views auf Drucker ausgegeben. Die `PrintAction`-Instanz wird mit der globalen `PRINT`-Aktion registriert, da sie vom *File*-Menü der Workbench und nicht von der lokalen Werkzeugleiste des Views angesteuert wird.

```
/**
 * Aktionen erzeugen
 */
protected void makeActions() {
  deleteAction = new DeleteAction(this);
  printAction = new PrintAction(this);
}

/**
 * Globale Aktionen registrieren
 */
private void registerGlobalActions() {
  getViewSite().getActionBars()
     .setGlobalActionHandler(ActionFactory.PRINT.getId(),
                                                printAction);
}
```

```
/**
 * Kontextmenü registrieren
 */
private void hookContextMenu() {
  // Menümanager anfertigen
  MenuManager menuMgr = new MenuManager("#PopupMenu");
  // Menüpunkte nicht bis zum nächsten Aufruf aufbewahren
  menuMgr.setRemoveAllWhenShown(true);
  // Beim Aufruf Menü dynamisch erzeugen
  menuMgr.addMenuListener(new IMenuListener() {
    public void menuAboutToShow(IMenuManager manager) {
      GanttView.this.fillContextMenu(manager);
    }
  });
  // Menü erzeugen – Viewer wird dabei dem Menü bekannt gemacht
  Menu menu = menuMgr.createContextMenu(viewer.getControl());
  // Das Menü der Table oder dem Tree bekannt machen
  viewer.getControl().setMenu(menu);
  // Mit der ViewSite registrieren
  getSite().registerContextMenu(menuMgr, viewer);
}

/**
 * Menüs und Werkzeugleisten füllen
 */
private void contributeToActionBars() {
  IActionBars bars = getViewSite().getActionBars();
  fillLocalPullDown(bars.getMenuManager());
  fillLocalToolBar(bars.getToolBarManager());
}

/**
 * Das Kontextmenü füllen
 * @param manager – der Menümanager
 */
protected void fillContextMenu(IMenuManager manager) {
  manager.add(deleteAction);
  // Andere Plugins können hier andocken
  manager.add(new
           Separator(IWorkbenchActionConstants.MB_ADDITIONS));
}

/**
 * Menü des Views füllen
 * @param manager – der Menümanager
 */
protected void fillLocalPullDown(IMenuManager manager) {
  manager.add(deleteAction);
}
```

```
  /**
   * Lokale Werkzeugleiste füllen
   * @param manager - der ToolBarManager
   */
  protected void fillLocalToolBar(IToolBarManager manager) {
    manager.add(deleteAction);
  }

  /**
   * Aktionen aktualisieren
   */
  private void updateActions() {
    deleteAction.update();
  }
```

Schließlich implementieren wir noch die Methode getAdapter(), mit welcher der GanttView wesentliche Funktionalität an der IAdaptable-Schnittstelle (siehe Abschnitt 3.5.1) bereitstellt, insbesondere den grafischen Viewer und den CommandStack. Ohne diese Definitionen funktioniert z.B. die Kommandoausführung nicht.

*Adapter*

```
  /**
   * Liefert den passenden Adapter für den angegebenen
   * Schlüssel. In einigen Fällen kann der Aufruf erfolgen,
   * bevor ein Viewer erzeugt wurde, deshalb die Abfrage auf
   * viewer != null.
   */
  public Object getAdapter(Class type) {
    // Der grafische Viewer
    if (type == GraphicalViewer.class)
      return viewer;
    // Der CommandStack für die Kommandoausführung
    if (type == CommandStack.class)
      return editDomain.getCommandStack();
    // Das grafische Wurzelobjekt
    if (type == EditPart.class && viewer != null)
      return viewer.getRootEditPart();
    // Die Grafik des grafischen Wurzelobjekts
    if (type == IFigure.class && viewer != null)
      return ((GraphicalEditPart) viewer.getRootEditPart())
              .getFigure();
    return super.getAdapter(type);
  }
}
```

### Änderungen in der Klasse TaskView

Sollen Selektionsänderungen im GanttView auch die Selektion im TaskView beeinflussen und umgekehrt, so muss die Klasse TaskView modifiziert werden. Bei Selektionsänderungen im Baum des Master-Bereichs im TaskView muss festgestellt werden, zu welchem Projekt und zu welchem Task das ausgewählte Element gehört. Das betreffende Projekt muss dann im GanttView zur Anzeige gebracht werden, der betreffende Task muss selektiert werden und im Viewport sichtbar gemacht werden. Dazu wird der GanttView über die Methode showView() sichtbar gemacht, gleichzeitig wird ihm der TaskView als SelectionChangedListener zugeordnet.

*Ereignissse*

Bei Selektionsänderungen im GanttView wird das selektierte Element auch im Baum des Master-Bereichs selektiert. Damit es nicht zu Lawineneffekten kommt, wird dort vorher der TaskView als SelectionChangedListener entfernt und hinterher wieder hinzugefügt.

```
/**
 * Auf Selektionsänderungen reagieren
 */
public void selectionChanged(SelectionChangedEvent event) {
  Object selected = ((IStructuredSelection) event
          .getSelection()).getFirstElement();
  StructuredViewer viewer = block.getViewer();
  if (event.getSource() == viewer) {
    // Kam vom Viewer im Master-Bereich – GanttView aktualisieren
    Project project = null;
    Task task = null;
    // Anzuzeigendes Projekt und zu selektierenden Task ermitteln
    if (selected instanceof Project)
      project = (Project) selected;
    else if (selected instanceof Task) {
      task = (Task) selected;
      project = task.getProject_parent();
    }
    // GanttView zur Anzeige bringen bzw. aktualisieren
    if (project != null) {
      try {
        GanttView gView =
           (GanttView) getSite().getPage() .showView(
             "com.bdaum.planner.taskplanner.views.GanttView");
        // Projekt als Eingabe setzen
        gView.setInput(project);
        if (task != null) {
          // View selektieren und in sichtbaren Bereich bringen
```

```
          gView.reveal(task);
          gView.setSelection(new StructuredSelection(task));
        }
        // Auf Selektionsänderungen im Gantt-View reagieren
        gView.addSelectionChangedListener(this);
        // Den Fokus zurückholen
        block.setFocus();
      } catch (PartInitException e) {
        e.printStackTrace();
      }
    }
  } else {
    if (selected != null) {
      viewer.removeSelectionChangedListener(this);
      viewer.setSelection(new StructuredSelection(selected),
                                                          true);
      viewer.addSelectionChangedListener(this);
    }
  }
}
```

### Die EditParts

*Projekt*

Die Klasse GanttProjectEditPart realisiert die grafische Präsentation des gesamten Projektes in Form einer Gantt-Grafik. In einer solchen Grafik sind die einzelnen Tasks nach Startzeit untereinander angeordnet. Links befindet sich ein Bereich mit den Namen der Tasks, rechts davon wird das Task-Intervall auf einer Zeitachse je nach Startzeit und Dauer in unterschiedlicher Position und Länge angezeigt.

Wird eine neue GanttProjectEditPart-Instanz erzeugt, so wird dem Konstruktor als Parameter das Datenmodell des Projekts mitgegeben. Dieses wird in der Instanz gespeichert, so dass jederzeit auf das Datenmodell zugegriffen werden kann. Ebenfalls implementiert wird die Methode getModelChildren(), welche die Kindobjekte der Project-Instanz, also die Tasks abliefert. Diese Methode wird von GEF aufgerufen, um herauszufinden, welche grafischen Kindelemente noch für die aktuelle EditPart-Instanz erzeugt werden müssen.

*Caching*

Übrigens erzeugt GEF nicht jedes Mal alle EditPart-Kindelemente neu, sondern hält verwendete EditPart-Elemente in einem Pool vor und verwendet sie wieder, wenn das entsprechende Datenobjekt angezeigt werden muss. Das kann in manchen Fällen (wie weiter unten in der Methode refreshVisuals()) zu unerwünschten Effekten führen, so dass es erforderlich werden kann, die wiederverwendeten EditPart-Objekte mit Hilfe von refresh() zu aktualisieren.

```
package com.bdaum.planner.taskplanner.views;
import java.util.*;
import org.eclipse.draw2d.*;
import org.eclipse.gef.GraphicalEditPart;
import org.eclipse.gef.editparts.AbstractGraphicalEditPart;
import org.eclipse.swt.widgets.Display;
import www.bdaum.de.planner.project.Project;
import com.bdaum.aoModeling.runtime.ValueChangedEvent;
import com.bdaum.aoModeling.runtime.ValueChangedListener;

/**
 * Diese Klasse implementiert die grafische Repräsentation
 * eines Projekts im Gantt-View
 */
public class GanttProjectEditPart extends
        AbstractGraphicalEditPart implements ValueChangedListener {
  // Das Datenmodell
  private Project project;

  /**
   * Konstruktor
   */
  public GanttProjectEditPart(Project project) {
    super();
    this.project = project;
  }

  /**
   * Liefert das Datenmodell
   */
  public Object getModel() {
    return project;
  }

  /**
   * Liefert die Tasks des Projektes in Form einer Liste
   */
  protected List getModelChildren() {
    return new ArrayList(project.getTask().values());
  }
```

*Draw2D-Repräsentation*

Mit der Methode `createFigure()` muss die grafische Repräsentation des Objektes konstruiert werden. Das geschieht mit Draw2D-Hilfsmitteln. Hier wird nur ein generisches `Figure`-Objekt als eine Art Canvas erzeugt, auf undurchsichtig gesetzt und mit einem XY-Layout versehen. Außerdem wird mit Hilfe einer `FrameBorder` eine Titelzeile erzeugt.

```
/**
 * Erzeugt die Grafik dieses Projekts. Dies ist anfänglich
 * ein leerer Bereich, der mit einem XYLayout formatiert
 * wird.
 */
protected IFigure createFigure() {
  Figure f = new Figure();
  f.setOpaque(true);
  f.setLayoutManager(new XYLayout());
  // Titelzeile setzen
  f.setBorder(new FrameBorder(project.getName()));
  return f;
}
```

*Komponente aktivieren*

Die Methode `activate()` wird aufgerufen, wenn ein `EditPart`-Objekt sichtbar gemacht wird. In diesem Fall muss die Methode `refreshVisuals()` aufgerufen werden, um die Darstellung zu aktualisieren. Hier registrieren wir uns außerdem beim Datenmodell, um z.B. informiert zu werden, wenn ein Task gelöscht oder hinzugefügt wird. Auch in diesem Fall wird dann mit `refreshVisuals()` die Darstellung aktualisiert. Das muss allerdings in einer `syncExec()`-Methode geschehen, denn der Aufruf könnte von einem anderen Thread kommen. Wird das Projekt nicht mehr im Viewer angezeigt, wird die Methode `deactivate()` aufgerufen, wo wir die Beobachtung von Modelländerungen wieder stoppen.

```
/**
 * Aktiviert das Objekt. Die Beobachtung von
 * Modelländerungen wird eingeschaltet. Die grafische
 * Darstellung wird aktualisiert.
 */
public void activate() {
  if (!isActive()) {
    super.activate();
    project.addValueChangedListener(this);
    // Grafik aktualisieren
    refreshVisuals();
  }
}

/**
 * Deaktiviert das Objekt. Die Beobachtung von
 * Modelländerungen wird ausgeschaltet.
 */
public void deactivate() {
  if (isActive()) {
```

```
      super.deactivate();
      project.removeValueChangedListener(this);
    }
  }

  /**
   * Reagiert auf Änderungen im Datenmodell
   */
  public void valueChanged(ValueChangedEvent e) {
    // Grafik aktualisieren
    Display.getCurrent().syncExec(new Runnable() {
      public void run() {
        // Grafik aktualisieren
        refreshVisuals();
      }
    });
  }
```

*Kindelemente aktualisieren*

Normalerweise ist es ausreichend, in der Methode `refreshVisuals()` die Super-Methode und die Methode `refreshChildren()` aufzurufen, und es den einzelnen Kindobjekten zu überlassen, ihrerseits die ihnen zugeordneten Modellelemente zu beobachten und bei Änderungen dann ihrerseits `refreshVisuals()` aufzurufen. Hier, bei der Gantt-Darstellung liegen die Dinge jedoch etwas anders. Änderungen an einem einzigen Task können die Aktualisierung aller Task-Darstellungen nötig machen, nämlich dann, wenn sich die Reihenfolge der Tasks ändert. In diesem Fall müssen alle Tasks (wenigstens die, deren Position sich geändert hat) aktualisiert werden. Das geschieht hier in der `while`-Schleife.

```
  /**
   * Aktualisiert die grafische Darstellung
   */
  protected void refreshVisuals() {
    super.refreshVisuals();
    refreshChildren();
    Iterator it = getChildren().iterator();
    while (it.hasNext())
      ((GraphicalEditPart) it.next()).refresh();
  }

  /**
   * Für Projekte gibt es keine EditPolicies
   */
  protected void createEditPolicies() {
  }
}
```

*Tasks*

Die Abbildung von Tasks erfolgt mit der Klasse `GanttTaskEditPart`. Auch hier wird im Konstruktor wieder das zugehörige Modell-Objekt übergeben, zusätzlich aber auch das Hibernate-Sitzungsobjekt, denn an Tasks sollen Änderungen möglich sein (wir implementieren eine Löschaktion). Eine Methode `getModelChildren()` muss hier nicht implementiert werden, denn unterhalb von Tasks wollen wir keine Details abbilden.

```
package com.bdaum.planner.taskplanner.views;
import java.util.Arrays;
...
...
import www.bdaum.de.planner.project.task.Task;

public class GanttTaskEditPart extends AbstractGraphicalEditPart {

  // Höhe der Taskdarstellung
  private final static int TASKHEIGHT = 25;

  // Maximale Breite für Namen
  private final static int NAMEWIDTH = 80;

  // Konstante zur Umrechnung von Zeitangaben
  private static final long MILLISEC_PER_MINUTE = 60000L;

  // Das Datenmodell
  private Task task;

  // Das Hibernate-Sitzungsobjekt
  private Session session;

  /**
   * Konstruktor
   */
  public GanttTaskEditPart(Session session, Task task) {
    super();
    this.task = task;
    this.session = session;
  }

  /**
   * Liefert Task-Datenmodell
   */
  public Object getModel() {
    return task;
  }
```

*Draw2D-Repräsentation*

In der Methode `createFigure()` wird dann wieder die grafische Repräsentation mit Draw2D-Mitteln konstruiert. In diesem Falle ist sie etwas komplexer. Zunächst wird als Behälter ein `Panel` erzeugt, das auch mit einem XY-Layoutmanager versehen wird. Auf diesem `Panel` wird links ein `Label` mit dem Task-Namen angebracht. Mit der Methode `setConstraint()` wird die Position und die Größe des Labels relativ zum Panel spezifiziert.

```
protected IFigure createFigure() {
  // Panel erzeugen, auf undurchsichtig setzen und mit
  // einem XYLayout formatieren
  final Panel panel = new Panel();
  panel.setOpaque(true);
  panel.setLayoutManager(new XYLayout());
  // Der Taskname wird als Label angezeigt
  Label label = new Label();
  label.setText(" " + task.getName());
  // Text links im Label anzeigen
  label.setLabelAlignment(PositionConstants.LEFT);
  // Label hellgrau und undurchsichtig
  label.setOpaque(true);
  label.setBackgroundColor(ColorConstants.lightGray);
  panel.add(label);
  // Label in Position (0,0) und Größe konfigurieren
  panel.setConstraint(label, new Rectangle(0, 0,
        NAMEWIDTH, TASKHEIGHT));
```

*Darstellung*

Als Nächstes erfolgt die Abbildung des Task-Intervalls in Form eines farbigen Rechtecks, das ebenfalls auf dem Panel angeordnet wird. Die Position entspricht dem Startzeitpunkt des Tasks relativ zum Projektstart. Die Breite entspricht der Task-Dauer.

Vom Label bis zu diesem Rechteck ziehen wir noch eine Trennlinie. Der Einfachheit halber verwenden wir dazu ein Rechteck der Höhe 1.

Schließlich geben wir mit `setSize()` und `setLocation()` die Größe und Position des gesamten Panels an. Dabei geben wir aber die Größe und Position des farbigen Rechtecks relativ zum Panel an. Diese Angaben haben keinen Einfluss auf das Layout, sondern definieren einen Hotspot dieses `EditParts`, der angezeigt werden soll, wenn beim Viewer die Methode `reveal()` aufgerufen wird.

```
  // Nun das Intervall des Tasks als Rechteck anzeigen
  RectangleFigure rect = new RectangleFigure();
  // Dunkelgrün mit dunkelgrauem Rand
  rect.setOpaque(true);
  rect.setBackgroundColor(ColorConstants.darkGreen);
  rect.setForegroundColor(ColorConstants.darkGray);
  panel.add(rect);
```

```
        // Wir positionieren relativ zum Startdatum des Projektes
        Project project = task.getProject_parent();
        int x = (int) ((task.getActualDate().getTime() - project
                .getEarliestDate().getTime()) / MILLISEC_PER_MINUTE);
        // Die Breite entspricht der Task-Dauer
        int w = task.getDuration();
        panel.setConstraint(rect, new Rectangle(NAMEWIDTH + x,
                0, w, TASKHEIGHT - 1));
        // Nun die Trennlinie erzeugen
        final RectangleFigure line = new RectangleFigure();
        line.setForegroundColor(ColorConstants.gray);
        line.setOpaque(true);
        panel.add(line);
        // Als Länge wird die Position des farbigen Blocks
        // verwendet
        panel.setConstraint(line, new Rectangle(0,
                TASKHEIGHT - 1, NAMEWIDTH + x, 1));
        /*
         * Mit setSize() und setLocation() täuschen wir für das
         * Panel die Größe des farbigen Rechtecks vor. Diese
         * Angaben spielen beim Sichtbarmachen (reveal) eine
         * Rolle, nicht jedoch beim Layout.
         */
        panel.setSize(w, TASKHEIGHT);
        panel.setLocation(new Point(NAMEWIDTH + x, 0));
        return panel;
    }
```

*Aktualisieren*

In der Methode `refreshVisuals()` wird dann die endgültige Position des gesamten Task-Panels festgelegt, Vorher werden aber noch die Farben des Panels und des Task-Intervalls abhängig vom Selektionszustand gesetzt. Die Tasks werden zunächst entsprechend ihrer Anfangszeit sortiert. Dabei ergab sich bei der Implementierung des `Comparators` eine Schwierigkeit. Im Datenmodell hat die Startzeit den Datentyp `java.util.Date`. Hibernate liefert jedoch von der Datenbank Objekte vom Typ `java.sql.Timestamp` zurück, einer Unterklasse von `java.util.Date`. Für diese Unterklasse ist jedoch der direkte Vergleich mit allgemeinen `Date`-Objekten verboten. Der Grund liegt darin, dass `Timestamp` über eine Zeitzone verfügt, `Date` jedoch nicht. Wir umgehen diese Schwierigkeit, indem wir von den zu vergleichenden Objekten die Zeit in Millisekunden abfordern, die sich problemlos vergleichen lässt.

Anschließend bestimmen wir dann die Position des Tasks auf der Y-Achse und positionieren den Task dann entsprechend mit Hilfe der Methode `setLayoutConstraint()`. Auch die Position des Hotspots wird entsprechend angepasst.

```
/**
 * Grafik aktualisieren
 */
protected void refreshVisuals() {
  // Rechteck, welches das Intervall repräsentiert, holen
  Panel panel = (Panel) getFigure();
  RectangleFigure rect = (RectangleFigure) panel
          .getChildren().get(1);
  // Farben abhängig von der Selektion setzen
  boolean isSelected = getSelected() != SELECTED_NONE;
  panel.setBackgroundColor((isSelected)
         ? ColorConstants.tooltipBackground
         : panel.getParent().getBackgroundColor());
  rect.setBackgroundColor((isSelected) ? ColorConstants.red
                 : ColorConstants.darkGreen);
  // Alle Tasks holen, um die Reihenposition des aktuellen
  // Tasks bestimmen zu können
  Task task = (Task) getModel();
  Project project = task.getProject_parent();
  Collection tasks = project.getTask().values();
  Task[] ta = (Task[]) tasks.toArray(new Task[tasks.size()]);
  Arrays.sort(ta, new Comparator() {
    public int compare(Object o1, Object o2) {
      long t1 = ((Task) o1).getActualDate().getTime();
      long t2 = ((Task) o2).getActualDate().getTime();
      return t1 < t2 ? -1 : t1 > t2 ? 1 : 0;
    }
    public boolean equals(Object obj) {
      return false;
    }
  });
  // Die Reihenposition des Tasks bestimmen
  for (int i = 0; i < ta.length; i++) {
    if (task == ta[i]) {
      int y = i * TASKHEIGHT;
      Rectangle r = new Rectangle(0, y, -1, TASKHEIGHT);
      // Position im Parent-EditPart setzen
      ((GraphicalEditPart) getParent())
              .setLayoutConstraint(this, panel, r);
      // Position des Hotspots setzen
      panel.setLocation(new Point(panel.getLocation().x, y));
      break;
    }
  }
}
```

Wird ein Objekt selektiert, so muss es neu gezeichnet werden, denn wir wollen das Objekt in anderen Farben darstellen.

*EditPolicy*

Schließlich wird für diesen EditPart-Typ noch eine EditPolicy installiert. Wird eine DeleteAction (siehe oben) aufgerufen, so erfolgt mit Hilfe der EditPolicy die Erzeugung eines Kommandoobjektes. Hier erzeugen wir zunächst eine Instanz der Klasse und installieren sie unter dem Schlüssel COMPONENT_ROLE mit Hilfe von installEditPolicy().

```
  /**
   * Markiert das Objekt als selektiert
   */
  public void setSelected(int value) {
    super.setSelected(value);
    // Neu zeichnen, da sich Farbe ändert
    refreshVisuals();
  }

  /**
   * EditPolicy für das Löschen von Tasks
   */
  protected void createEditPolicies() {
    installEditPolicy(EditPolicy.COMPONENT_ROLE,
            new TaskComponentEditPolicy(session));
  }
}
```

### Die Klasse TaskComponentEditPolicy

*Rollen*

Da es sich bei der TaskComponentEditPolicy um eine EditPolicy in einer Komponentenrolle handelt, wird diese Klasse als Unterklasse von ComponentEditPolicy erzeugt. Deren Methode createDeleteCommand() wird überschrieben, um im Falle eines Task-EditParts ein Löschkommando zu erzeugen. Dabei wird dem Kommando das Hibernate-Sitzungsobjekt mitgegeben, das der TaskComponentEditPolicy-Instanz im Konstruktor übergeben wurde.

```
package com.bdaum.planner.taskplanner.views;
import org.eclipse.gef.commands.Command;
import org.eclipse.gef.editpolicies.ComponentEditPolicy;
import org.eclipse.gef.requests.GroupRequest;
import org.hibernate.Session;
import www.bdaum.de.planner.project.task.Task;

public class TaskComponentEditPolicy
        extends ComponentEditPolicy {
```

```
  // Das Hibernate-Sitzungsobjekt
  private Session session;

  /**
   * Konstruktor
   * @param session - das Hibernate-Sitzungsobjekt
   */
  public TaskComponentEditPolicy(Session session) {
    super();
    this.session = session;
  }

  /**
   * Erzeugt ein Löschkommando
   */
  protected Command createDeleteCommand(GroupRequest deleteRequest) {
    // Beteiligte Komponenten holen
    Object child = getHost().getModel();
    // Prüfen, ob Typ stimmt
    if (child instanceof Task)
      return new TaskDeleteCommand(session, (Task) child);
    return null;
  }
}
```

### Die Klasse TaskDeleteCommand

*GEF-Kommando*

Die Klasse `TaskDeleteCommand` führt die Löschoperation nicht selbst aus, sondern delegiert sie an eine Instanz der Klasse `DeleteOperation`, die wir bereits in Kapitel 14 implementiert hatten. Deren `run()`-Methode wird innerhalb einer Hibernate-Transaktion ausgeführt. In der Methode `canExecute()` wird ebenfalls mit Hilfe der `DeleteOperation` geprüft, ob die Kommandoausführung möglich ist. Die GEF-`DeleteAction` prüft selbsttätig mit Hilfe dieser Methode, ob sie ausgeführt werden kann oder nicht.

```
package com.bdaum.planner.taskplanner.views;
import org.eclipse.gef.commands.Command;
import org.hibernate.HibernateException;
import org.hibernate.Session;
import org.hibernate.Transaction;
import www.bdaum.de.planner.project.task.Task;
import com.bdaum.planner.PlannerPlugin;
import com.bdaum.planner.taskplanner.DeleteOperation;

public class TaskDeleteCommand extends Command {

  // Das Datenmodell des zu löschenden Tasks
  private Task task;
```

```
  // Das Hibernate-Sitzungsobjekt
  private Session session;

  // Die Löschoperation
  private DeleteOperation deleteOperation;

  /**
   * Konstruktor
   * @param session - das Hibernate-Sitzungsobjekt
   * @param task - das Datenmodell des zu löschenden Tasks
   */
  public TaskDeleteCommand(Session session, Task task) {
    super();
    // Wird eigentlich nur für Undo-Zwecke benötigt
    setLabel("Task Deletion");
    this.task = task;
    this.session = session;
    deleteOperation = new DeleteOperation(session);
  }

  /**
   * Prüft, ob Ausführung möglich ist
   */
  public boolean canExecute() {
    return deleteOperation.canRun(new Object[] {task});
  }

  /**
   * Undo wird in diesem Beispiel nicht unterstützt
   */
  public boolean canUndo() {
    return false;
  }

  /**
   * Kommando ausführen
   */
  public void execute() {
    try {
      // Transaktion starten
      Transaction tx = session.beginTransaction();
      // Löschoperation ausführen
      deleteOperation.run(new Object[] {task});
      // Transaktion beenden
      tx.commit();
    } catch (HibernateException e) {
      PlannerPlugin.logError(15,
                  "Error when deleting Task database records", e);
    }
  }
}
```

### Lineale

Damit ist eigentlich die Definition des Gantt-Views abgeschlossen. Wir haben einen einfachen grafischen Viewer für Projektpläne implementiert, der sogar rudimentäre Bearbeitungsmöglichkeiten (Löschen von Tasks) anbietet. Was wir allerdings vermissen, ist die Anzeige einer Zeitachse mit Zeiteinteilung. Unschön ist außerdem, dass die Task-Namen auf der linken Seite verschwinden, wenn das Projekt im Viewport verschoben wird. Ideal wäre es, wenn wir ein horizontales Lineal (Ruler) einblenden könnten, auf dem Datum und Uhrzeit angegeben sind. Ein vertikales Lineal könnte die Task-Namen aufnehmen, und zwar vertikal mit scrollen, bei horizontalen Scrolls jedoch an Ort und Stelle bleiben. Soweit unsere Wunschvorstellung.

*Ruler*

Schauen wir uns an, was GEF in dieser Hinsicht zu bieten hat. In der Tat gibt es Unterstützung für Lineale. `Ruler` werden intern in einem eigenen Viewer implementiert. Sie sind aktive Grafikobjekte, welche ein eigenes Datenmodell besitzen und auch Kommandos auslösen können. Auch passen sich die Ruler beim Scrollen und Zoomen der Grafik an und unterstützen die Arbeit mit Hilfslinien (Guides).

*Probleme*

Allerdings lässt die Enttäuschung nicht lange auf sich warten. Zwar kann man bei Maßeinheiten zwischen Zentimetern, Zoll und Pixeln wählen und kann auch das Layout der Ruler in Grenzen konfigurieren, das war's aber dann schon. Weder ist es möglich, für ein Lineal einen Ursprungspunkt zu definieren, noch können selbstgeschriebene Beschriftungsgeneratoren für Skalen eingesetzt werden. So lässt sich denn auch unser Wunsch nach einem mit Datums- und Zeitangaben beschrifteten Lineal nicht mit Hilfe von GEF-Rulern realisieren. Das Gleiche gilt natürlich auch für ein mit Task-Namen beschriftetes vertikales Lineal.

Trotzdem wollen wir zur Demonstration einen horizontalen Ruler in unseren Gantt-View einbauen. Als Maßeinheit wählen wir Pixel, denn ein Pixel entspricht einer Minute.

Dazu ändern wir die Methode `createGraphicalViewer()` in der Klasse `GanttView` ab (Änderungen sind fett gedruckt). Wie schon oben erwähnt, werden Ruler innerhalb eines eigenen Viewers implementiert. Dieser muss dann zusammen mit dem Viewer für den Grafikbereich in ein `Composite` gruppiert werden. Deshalb wird zunächst ein `RulerComposite` erzeugt und das GUI-Element des grafischen Viewers innerhalb dieses `Composites` angelegt. Außerdem muss der Viewer selbst mit dem `RulerComposite` mit Hilfe der Methode `setGraphicalViewer()` registriert werden.

Anschließend wird dem Viewer mit Hilfe der Methode `setProperty()` ein `RulerProvider` zugeordnet. Der `RulerProvider` arbeitet als

Fabrik für Ruler und liefert Information wie das Ruler-Datenmodell oder die Maßeinheit. Wie schon erwähnt, besitzt ja jeder Ruler sein eigenes Datenmodell. Im einfachsten Fall handelt es sich dabei um ein leeres Objekt. Hier verzichten wir sogar darauf, extra mit `new Object()` ein solches Objekt anzufertigen, sondern geben in der Methode `getRuler()` die aktuelle `RulerProvider`-Instanz selbst als Datenmodell des Rulers zurück. Schließlich wird mit einem zweiten `setProperty()`-Aufruf der Ruler sichtbar geschaltet. Mit einem solchen Aufruf kann ein Ruler dynamisch ein- und ausgeblendet werden.

```
protected void createGraphicalViewer(Composite parent) {
  // Wenn Ruler verwendet werden, muss der Viewer in einem
  // RulerComposite angelegt werden
  final RulerComposite rc = new RulerComposite(parent, SWT.NONE);
  // Viewer erzeugen
  viewer = new ScrollingGraphicalViewer();
  // Viewer muss nun im RulerComposite erzeugt werden
  viewer.createControl(rc);
  // Viewer muss für die Kommando- und Rulerunterstützung
  // einer EditDomain hinzugefügt werden
  editDomain.addViewer(viewer);
  // Der Viewer muss dem RulerComposite bekannt gemacht werden
  rc.setGraphicalViewer(viewer);
  // Der RulerProvider versorgt den Viewer mit Rulern und Guides
  RulerProvider rp = new RulerProvider() {
    public Object getRuler() {
      // Minimalimplementierung. Gibt sich selbst als
      // Ruler-Modell zurück
      return this;
    }
    public int getUnit() {
      // Wir verwenden Pixel als Maßeinheit
      return RulerProvider.UNIT_PIXELS;
    }
  };
  // RulerProvider wird mit dem Ruler registriert
  viewer.setProperty(
          RulerProvider.PROPERTY_HORIZONTAL_RULER, rp);
  // Ruler werden sichtbar geschaltet
  viewer.setProperty(
          RulerProvider.PROPERTY_RULER_VISIBILITY,
          Boolean.TRUE);
  // Viewer konfigurieren
  configureGraphicalViewer();
  // Den Viewer als SelectionProvider mit der View-Site
  // registrieren
```

```
        getSite().setSelectionProvider(viewer);
        // Den Viewer mit einem MouseListener versehen
        viewer.getControl().addMouseListener(
                new MouseAdapter() {
                  public void mouseUp(MouseEvent e) {
                    processMouseClick(e);
                  }
                });
    }
```

### Test

Nun kann die Applikation erneut getestet werden. In Abschnitt 16.4.2 hatten wir bereits Draw2D und GEF dem Infrastruktur-Feature hinzugefügt. Wir können deshalb die Anwendung aus dem Produkteditor heraus sofort mit einem Klick auf *Synchronize* und *Launch the product* starten.

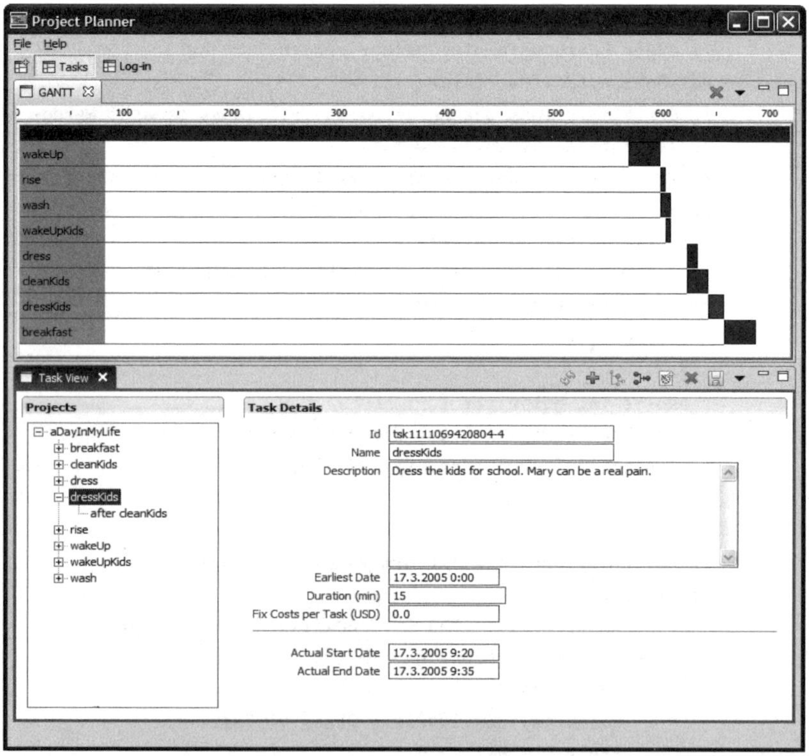


**Abb. 16–6** Projekt- und Gantt-View in der Planer-Perspektive. Schön wäre es, wenn der Ursprung der Skala auf den rechten Rand des grauen Tasknamen-Bereichs gelegt werden könnte, aber das scheint in GEF noch nicht möglich zu sein.

## 16.5 Andere grafische Möglichkeiten

Welche Alternativen für GEF in Betracht kommen, hängt natürlich vom Anwendungsfall ab. Eine direkte Alternative, die sich ähnlich gut in die Eclipse-Plattform integriert wie das GEF, gibt es eigentlich nicht.

Für allgemeine grafische zweidimensionale Zwecke kann man auf die Grafik des SWT zurückgreifen, insbesondere wenn die Plattform die mit Eclipse 3.1 fortgeschrittenen Grafikfunktionen (siehe Abschnitt 9.1.6) unterstützt. Eine andere Möglichkeit ist die Verwendung von Java2D. Dazu muss natürlich Swing in SWT eingebettet werden; wie das geht, und welche Voraussetzungen gegeben sein müssen, haben wir bereits in Abschnitt 9.1.8 diskutiert.

Eine andere Möglichkeit zur Realisierung hochwertiger interaktiver Grafiken ist die Verwendung von SVG (*Scalable Vector Graphics*). SVG ist ein XML-Dialekt für die Definition von Vektorgrafiken. SVG ist sehr leistungsfähig, und SVG-Grafiken können recht einfach erstellt werden. Für das Ansehen und Einbetten der Grafiken in eine Eclipse-Plattform gibt es zwei Möglichkeiten: *SVG*

- Die Verwendung von Apache Batik. Dessen `JSVGCanvas` kann in beliebige Swing-Umgebungen eingebettet werden. Für Eclipse muss also wieder mit der Swing-Integration (Abschnitt 9.1.8) gearbeitet werden. Es gibt bereits ein fertiges Eclipse-Plugin für Batik, welches auch einen View für die SVG-Vorschau und einen Editor für SVG-Dateien bereitstellt. Allerdings ist Batik recht groß und relativ langsam. Das Plugin ist auf `http://sourceforge.net/projects/svgplugin` erhältlich.
- Eine weitere Möglichkeit ist die Verwendung des SWT-Browser-Widgets (siehe Abschnitt 9.1.3). Da dieses Widget den nativen Browser der Ablaufplattform benutzt, kann auf dessen SVG-Funktionalität zurückgegriffen werden. Diese wird in der Regel durch ein Browser-Plugin von Adobe oder Corel hergestellt. Auf diese Weise können SVG-Zeichnungen mit guter Performanz im Browser-Widget dargestellt werden. Auch Interaktion ist möglich, da ein `LocationListener` am Browser-Widget über aufgerufene URLs informiert werden kann.

# 17 Elefantenhochzeit: Office-Komponenten unter Eclipse

Neben Grafikkomponenten wie dem GEF gehören sicherlich Office-Komponenten zu den Komponenten, die häufiger bei der Entwicklung einer Rich-Client-Applikation genutzt werden. Zwar bietet das Eclipse-SDK eine Reihe unterschiedlich komfortabler Text- und Programmeditoren, ein Editor für die Wortverarbeitung (ein so genannter Rich-Text-Editor) ist allerdings nicht vorhanden. Auch andere Office-Komponenten, wie z.B. eine Tabellenkalkulation, wären wünschenswert.

In diesem Kapitel werden wir uns deshalb mit der Integration von Office-Komponenten in Eclipse beschäftigen. *Microsoft Office* ist sicherlich beim Betrieb auf einer Windows-Plattform eine ernst zu nehmende Option. Ich möchte allerdings hier die Integration von *OpenOffice* vorführen, denn diese Lösung kann auch auf anderen Betriebssystemen eingesetzt werden. Zudem gibt es einen weiteren Gesichtspunkt. *OpenOffice* verwendet in der Version 2.0 für alle Datentypen (Wortdokumente, Tabellenkalkulation etc.) ein offenes und von der Standardisierungsorganisation OASIS genormtes Dateiformat. Es ist deshalb einfach und sicher, solche Dateien per Programm zu erzeugen oder auszuwerten. OpenOffice wurde ursprünglich von *StarDivision* aus Hamburg entwickelt. Nach Übernahme dieser Firma durch Sun Microsystems gibt es nun zwei Versionen: Das kostenpflichtige *StarOffice* wird von Sun vertrieben, *OpenOffice* ist die kostenlose Open-Source-Version. Seit Version 2.0 wird *OpenOffice* mit der HSQLDB-Datenbank ausgeliefert. Ein Ableger von *OpenOffice* wird übrigens von IBM weiterentwickelt und verrichtet seinen Dienst im *Lotus Workplace Client* – also innerhalb einer Eclipse-Rich-Client-Awendung.

## 17.1 OpenOffice einbetten

OpenOffice kann direkt in Java-Programme eingebettet werden. Allerdings läuft dann OpenOffice in einem AWT-Frame ab – eine direkte Einbettung in das SWT von Eclipse ist derzeit nicht vorgesehen. Wir setzen deshalb die SWT-AWT-Brücke von Eclipse ein, um OpenOffice innerhalb eines Eclipse-Editors oder -Views zum Ablauf zu bringen.

*SWT-AWT*

Ein solches eingebettetes OpenOffice-Fenster wird von OpenOffice als ein Client betrachtet. Die eigentliche OpenOffice-Anwendung muss gleichzeitig ablaufen und arbeitet als Server. Vor einer eingebetteten OpenOffice-Sitzung ist deshalb ggf. der Start der separaten OpenOffice-Anwendung notwendig, und auf jeden Fall ein Verbindungsaufbau. Am Schluss der Sitzung muss die Verbindung wieder abgebaut werden. OpenOffice stellt solche Klientensoftware in Form des JARs `program/classes/officebean.jar` bereit. Diese Client-Implementierung übernimmt auch einen eventuell notwendigen Start der OpenOffice-Anwendung.

Die hier gezeigte Integration von OpenOffice beruht auf der *Open Office 2.0 Beta Build 118*. Das OpenOffice-API, also die Verfügbarmachung von OpenOffice-Funktionen für andere Applikationen, befand sich zu diesem Zeitpunkt noch in aktiver Entwicklung, einer Entwicklung, die auch mit der offiziellen Freigabe von OpenOffice noch nicht beendet sein wird. Geplant ist, die Funktionalität von OpenOffice in kleineren Komponenten verfügbar zu machen.

Bei dem hier gezeigten Code sind deshalb kleinere Abweichungen gegenüber der offiziell freigegebenen Version möglich. Erschrecken Sie nicht, wenn einige Methoden und Typen als »deprecated« gekennzeichnet sein sollten.

### 17.1.1 Benötigte Komponenten

*OfficeBean*

Die für den Verbindungsaufbau und den Ablauf im AWT-Frame benötigte Unterstützung ist in der Datei `officebean.jar` und weiteren JAR-Dateien enthalten. Diese Archive sind bereits in der offiziellen OpenOffice-Auslieferung enthalten. Sie sollten darauf achten, bei der Installation von OpenOffice auf jeden Fall auch die Java-Unterstützung mit zu installieren.

Ein sinnvoller Download ist auch das OpenOffice-Software-Development-Kit (SDK) 2.0.0, das Sie sich von `http://www.openoffice.org/dev_docs/source/sdk/` herunterladen können.

### 17.1.2 OpenOffice als Server konfigurieren

Wie oben schon angedeutet, muss OpenOffice als Server laufen, um aus anderen Programmen heraus angesprochen werden zu können. Dazu muss OpenOffice entsprechend konfiguriert werden. Wie das geschieht, ist ausführlich im *Developers Guide* des OpenOffice-SDK beschrieben. Kurz zusammengefasst:

*Server-Betrieb*

Java benutzt einen TCP/IP-Socket, um mit OpenOffice zu kommunizieren. Deshalb muss OpenOffice mitgeteilt werden, die TCP/IP-Kommunikation zu überwachen. Am besten modifizieren Sie dazu die Datei `/share/registry/data/org/openoffice/Setup.xcu` in Ihrer OpenOffice-Installation. In dieser Datei suchen Sie das Element `<node oor:name="Office">` und fügen darunter das im folgenden Code gezeigte Kindelement

```
<prop oor:name="ooSetupConnectionURL" ... >
```

ein:

```
<?xml version="1.0" encoding="UTF-8"?>
<oor:component-data oor:name="Setup" oor:package="org.openoffice"

xmlns:install="http://openoffice.org/2004/installation"
            xmlns:oor="http://openoffice.org/2001/registry"
            xmlns:xs="http://www.w3.org/2001/XMLSchema"
            xmlns:xsi="http://www.w3.org/2001/XMLSchema-instance">
...
 <node oor:name="Office">
  <prop oor:name="ooSetupConnectionURL" oor:type="xs:string">
    <value>socket,host=localhost,port=8100;urp;</value>
  </prop>
  <prop oor:name="ooSetupInstCompleted">
   <value>false</value>
  </prop>
  ...
```

Damit wird OpenOffice angewiesen, eine Socket-Verbindung auf dem `localhost` an Port 8100 zur Verfügung zu stellen. Die Kommunikation erfolgt unter dem UNO-Remote-Protokoll (`urp`). Dieser Port sollte auch in einer eventuell vorhandenen Firewall für Verbindungen von außerhalb blockiert werden. Weitere Details für die Einrichtung einer Verbindung erfahren Sie aus dem schon zitierten *Developers Guide*.

### 17.1.3 Wie OpenOffice mit Java spricht

OpenOffice benutzt eine implementierungsunabhängige Sprache für die Definition seiner Programmierschnittstelle – die UNO IDL (*Interface Description Language*). Jeder Funktionsaufruf an OpenOffice und jede Objektschnittstelle ist in dieser UNO IDL beschrieben. Für verschiedene Implementierungssprachen (Java, JavaScript, OO Basic, C++) existieren entsprechende UNO-Bindungen, um die Funktionsaufrufe von den jeweiligen Implementierungssprachen aus nutzen zu können.

*UNO*

Will man OpenOffice von Java aus nutzen, muss man sich zunächst einmal von der Klasse `UnoRuntime` mit der Methode `queryInterface()` die Java-Repräsentation einer OpenOffice-Komponente besorgen. Dann können Aufrufe an die jeweilige Komponente ausgeführt werden. So ist für die Ausführung von Kommandos die Komponente `XDispatcher` zuständig, für die Selektion von Text bzw. Elementen ist der `XSelectionSupplier` zuständig. Kommandos werden übrigens asynchron ausgeführt – das Klientenprogramm wartet nicht auf die Beendigung der Kommandoausführung!

*OOoBean*

Glücklicherweise stellt das OpenOffice-SDK einige Klassen bereit, die diese Kommunikation auf niedriger Ebene weit gehend verstecken und dem Programmierer für die meisten Aufgaben einfacher zu handhabende Methoden an die Hand geben. Dabei handelt es sich um die Klasse `com.sun.star.comp.beans.OOoBean`. Der Funktionsumfang dieser Klasse ist ausreichend, um OpenOffice in einen Eclipse-View einzubetten. Will man dagegen z.B. den OpenOffice-Writer in Verkleidung eines Texteditors in die Eclipse-Workbench einbetten, ist intensive Beschäftigung mit dem OpenOffice-SDK angesagt. Eine solche Implementierung würde den Rahmen dieses Buches sprengen, weshalb wir uns hier mit der Integration in Form eines Views bescheiden.

### 17.1.4 Die Infrastruktur bereitstellen

Ich schlage vor, die von der OpenOffice-Distribution und dem OpenOffice-SDK gelieferte Infrastruktur in einem eigenen Plugin zusammenzufassen. Dieses kann dann überall dort eingesetzt werden, wo OpenOffice-Anwendungen unter Eclipse realisiert werden sollen.

*Wrapper*

Dazu erzeugen Sie zunächst ein neues Plugin-Projekt namens `com.bdaum.OOWrapper`. Ein solches Projekt ist schnell mit dem entsprechenden Wizard (*File>New>Project...>Plug-in from existing JAR archives*) erzeugt. Dabei werden im ersten Schirm mit der Taste Add External... alle JAR-Dateien aus dem Ordner `program/classes` aus Ihrer OpenOffice-Installation zum Plugin hinzugefügt. Dieser Ordner enthält alle JAR-Dateien, die ggf. bei der Arbeit mit OpenOffice benötigt werden. Im nächsten Schirm des Wizards tragen Sie den Projektnamen ein und entfernen das Häkchen von der Option *Unzip the JAR archives into the project*. Das entstehende OSGi-Manifest müsste nun etwa so aussehen:

```
Manifest-Version: 1.0
Bundle-ManifestVersion: 2
Bundle-Name: OOWrapper Plug-in
Bundle-SymbolicName: com.bdaum.OOWrapper
Bundle-Version: 1.9.118
Bundle-ClassPath: xt.jar,
 agenda.jar,
...
 XSLTFilter.jar,
 XSLTValidate.jar
Bundle-Vendor: bdaum industrial communications
Bundle-Localization: plugin
Export-Package: .,
 bsh,
 bsh.classpath,
...
 stardiv.applet.resources,
 stardiv.controller
```

*Feature*

Zu dem so erzeugten Plugin legen Sie nun auch noch ein Feature mit dem Namen *OOWrapper Feature* und der ID `com.bdaum.OOWrapper` an. Dieses Feature fügen Sie im Produkteditor der Konfiguration des Projektplaners hinzu.

### Die Klasse LocalOfficeConnection

Eine Klasse muss allerdings noch abgeändert werden, denn leider ist die von der Klasse `com.sun.star.comp.beans.LocalOfficeConnection` verwendete Methode, den Installationsort von OpenOffice zu bestimmen, nicht mit dem Plugin-Konzept von Eclipse kompatibel. Dieser Installationsort wird über den lokalen ClassLoader ermittelt. Da wir aber die OpenOffice-Java-Klassen in den Namensraum des Plugins importiert hatten, wird dort nach `soffice.exe` gesucht – und natürlich nicht gefunden.

*ClassLoader-Probleme*

Der Quelltext der Klasse `LocalOfficeConnection` ist in der Source-Distribution von OpenOffice enthalten. Sie brauchen sich allerdings nicht die Mühe zu machen, nach dieser Datei zu fahnden und sie herunterzuladen. Die abgeänderte Datei ist – wie auch der übrige Quellcode – auf der Buch-Website erhältlich.

In der Klasse LocalOfficeConnection wird die Methode getProgramPath() folgendermaßen abgeändert:

```
/**
 * @return - Pfad des OO-Ordners /program
 */
private String getProgramPath() {
  return System.getProperty("oo.application.path");
}
```

Das heißt, wir ermitteln den Ort der OpenOffice-Installation aus den System-Properties. Im nächsten Abschnitt werden wir sehen, wie Sie dort hineinkommen.

Die geänderte Klasse wird unter dem gleichen Namen in dem Package com.sun.star.comp.beans im Projekt com.bdaum.OOWrapper abgelegt. Sie überdeckt dann die Originalklasse im gleichnamigen OpenOffice-Package.

Dazu legen Sie zunächst für das Projekt com.bdaum.OOWrapper mit der Funktion *File>New>Source Folder* einen neuen Ordner namens src/ an. Dort legen Sie das Package com.sun.star.comp.beans an. Dort hinein kommt dann die abgeänderte Datei LocalOfficeConnection.java.

Da für dieses Plugin keine JAR-Datei als Classpath angegeben wurde, sollten Sie vor der Auslieferung nicht vergessen, auf der *Build*-Seite des Manifests den Ordner bin/ dem binären Build hinzuzufügen.

### 17.1.5 Die Produkt-Konfiguration

Wie Sie sehen, bezieht die Klasse LocalOfficeConnection den Installationsort von OpenOffice aus den System-Properties. Diese müssen deshalb vor einem Ablauf geeignet gesetzt werden. Am besten geschieht dies auch wie in den Fällen HSQLDB und Hibernate in der Datei config.ini. Dort fügen wir die Zeile

*config.ini*

```
oo.application.path=C:/Programme/OpenOffice.org\ 1.9.118/program
```

hinzu. Je nach OpenOffice-Version und Installationsort ist das geeignet zu modifizieren.

Außerdem muss der *Java Virtual Machine* auch noch der Pfad für die zu ladenden DLL-Dateien mitgeteilt werden. Das geht allerdings nicht in config.ini. Stattdessen wird im Produkteditor auf der Seite *Configuration* im Abschnitt *Launching Arguments* unter *VM Arguments* die Zeile

```
-Djava.library.path= "C:/Programme/OpenOffice.org
                         1.9.118/program";"C:/WINDOWS/System32"
```

eingefügt. Diese Angabe steht später in der Datei `planner.ini` und kann dort dann ggf. bei einem anderen OO-Installationsort geändert werden. *planner.ini*

## 17.2 Ein OpenOffice-View

Die einfachste Möglichkeit, OpenOffice in die Eclipse-Workbench zu integrieren, ist ein View-Fenster. Innerhalb dieses Views erscheint OpenOffice so, wie es auch auf dem Desktop erscheint, das heißt mit eigener Menü- und Werkzeugleiste, die man allerdings auch wegblenden kann. Hier demonstrieren wir diese Technik an unserer Beispielanwendung. Dort wollen wir Projekte in Spreadsheets exportieren, die dann in einer weiteren Perspektive – der Controller-Perspektive – mit Hilfe der Calc-Komponente von OpenOffice angeschaut und bearbeitet werden können.

Dabei wollen wir uns an die Arbeitsweise in den anderen Perspektiven halten, dass links in einem Master-Bereich Elemente zur Auswahl gezeigt werden, und bei Selektion eines Elements rechts im Detailbereich die Elementinhalt zur Bearbeitung angezeigt wird. Nur implementieren wir diesmal dieses Entwurfsmuster nicht mit dem Forms API, sondern mit zwei Views. Der eine enthält einen Table-Viewer, der alle Tabellenkalkulationsdateien anzeigt, die mit OpenOffice bearbeitet werden können. Rechts erscheint dann die Calc-Komponente von OpenOffice mit der ausgewählten Tabellenkalkulation.

*Calc-Plugin*

Zunächst erzeugen wir ein neues Plugin-Projekt namens `com.bdaum.planner.calc`. Als *Classpath* geben wir `calc.jar` an. Um den View für die Dateiauswahl zu erzeugen, verwenden wir beim Anlegen des Projektes das Template für einen Table-View. Diesem geben wir den Namen *Spreadsheets* und den Klassennamen `SpreadsheetsView`. Der View wird unter der Kategorie *Controller* mit der ID `com.bdaum.planner.calc` eingeordnet. Aktionen benötigen wir nicht unbedingt. Wenn Sie wollen, können Sie sich aber Aktionen generieren lassen und später so umändern, dass Sie damit einzelne Spreadsheets löschen können.

Auf der Seite *Dependencies* des Plugin-Manifestes fügen wir noch die Plugins `com.bdaum.OOWrapper` und `com.bdaum.planner` hinzu.

Auf der Seite *Extensions* erweitern Sie den Erweiterungspunkt `org.eclipse.ui.views` um einen weiteren View namens *Calc* mit der ID `com.bdaum.planner.calc.views.CalcView`. Unter dem *class:*-Attribut spezifizieren Sie `com.bdaum.planner.calc.CalcView` als View-Klasse, und erzeugen diese mit einem Klick auf *class:*. Auch diesen View ordnen Sie in die Kategorie `com.bdaum.planner.calc` ein.

*Layout*

Nun fehlt noch eine Erweiterung für die neue Perspektive namens Controlling. Diese bekommt die ID com.bdaum.planner.calc.perspective, und die zugehörige Klasse com.bdaum.planner.calc.Perspective sieht folgendermaßen aus:

```
private static final String CALC_VIEW =
                "com.bdaum.planner.calc.views.CalcView";
private static final String SPREADSHEETS_VIEW =
                "com.bdaum.planner.calc.views.SpreadsheetsView";

public void createInitialLayout(IPageLayout layout) {
  layout.addView(SPREADSHEETS_VIEW, IPageLayout.LEFT, 1.0f, layout
                .getEditorArea());
  layout.addView(CALC_VIEW, IPageLayout.RIGHT, 0.2f,
                SPREADSHEETS_VIEW);
  layout.setEditorAreaVisible(false);
  // Abkürzung für Window>Open Perspective
  com.bdaum.planner.Perspective.fillPerspectiveMenu(layout);
}
```

*Rollenzuordnung*

Schließlich benötigen wir noch eine Erweiterung für den Erweiterungspunkt com.bdaum.planner.roles, um die neue Perspektive an eine Benutzerrolle zu koppeln. Die Rolle *Controller* verbinden wir dabei mit der oben definierten Perspektive. Für *initial* wird *true* eingetragen.

Nach diesen Eingaben müsste die Manifest-Datei folgendermaßen aussehen:

*Plugin-Manifest*

```
<?xml version="1.0" encoding="UTF-8"?>
<?eclipse version="3.0"?>
<plugin>
   <extension point="org.eclipse.ui.views">
      <category name="Controller"
               id="com.bdaum.planner.calc"/>
      <view name="Spreadsheets"
            category="com.bdaum.planner.calc"
            class="com.bdaum.planner.calc.views.SpreadsheetsView"
            id="com.bdaum.planner.calc.views.SpreadsheetsView"/>
      <view category="com.bdaum.planner.calc"
            class="com.bdaum.planner.calc.views.CalcView"
            id="com.bdaum.planner.calc.views.CalcView"
            name="Calc"/>
   </extension>
   <extension point="org.eclipse.ui.perspectives">
      <perspective class="com.bdaum.planner.calc.Perspective"
                   id="com.bdaum.planner.calc.perspective"
                   name="Controlling"/>
   </extension>
```

```
    <extension
          point="com.bdaum.planner.roles">
       <role name="Controller">
       <perspective id="com.bdaum.planner.calc.perspective"
             initial="true"/>
         <plugin id="com.bdaum.planner.calc"/>
         <plugin id="com.bdaum.planner.calc.help"/>
       </role>
    </extension>
 </plugin>
```

Sie können jetzt bereits das neue Plugin testen. Vorher legen Sie aber auch noch für dieses Plugin ein Feature namens *Controller Feature* mit der ID `com.bdaum.planner.calc` an und fügen es im Produkteditor der Konfiguration des Produktplaners hinzu. Auf der *Dependencies*-Seite des Feature-Manifests betätigen Sie noch die Taste *Compute*. Nun können Sie im Produkteditor die Applikation mit einem Klick auf *Synchronize* und *Launch the product* starten. *Feature*

Nach dem ersten Start legen Sie zunächst einen Benutzer der Rolle *Controller* an und starten erneut unter dem neuen Benutzernamen. *Test*

#### Die Klasse SpreadsheetsView

Nun können wir darangehen, die Klasse `SpreadsheetsView` umzubauen. Diese Klasse soll am Installationsort des Plugins `com.bdaum.planner` in einem Ordner `spreadsheets/` nach Spreadsheets suchen und alle diese Spreadsheets anzeigen. Das lässt sich mit wenigen Instruktionen im `ViewContentProvider` und `ViewLabelProvider` erreichen.

Bei der Auswahl eines Spreadsheets soll der *Calc*-View angezeigt werden (falls er geschlossen wurde). Dann soll das ausgewählte Spreadsheet dem Calc-View zur Anzeige übergeben werden. Dies geschieht in einem `ISelectionChangedListener`, der dem Table-Viewer in der Methode `createPartControl()` hinzugefügt wird. Alle Änderungen in dieser vorgenerierten Klasse haben wir fett gedruckt.

```
package com.bdaum.planner.calc.views;
import java.io.File;
import java.net.URL;
import org.eclipse.jface.viewers.*;
import org.eclipse.swt.SWT;
import org.eclipse.swt.graphics.Image;
import org.eclipse.swt.widgets.Composite;
import org.eclipse.ui.PartInitException;
import org.eclipse.ui.part.ViewPart;
import com.bdaum.planner.PlannerPlugin;
```

*ContentProvider*

*LabelProvider*

```
public class SpreadsheetsView extends ViewPart {
  private TableViewer viewer;

  /**
   * Liefert die Tabellenreihen
   */
  static class ViewContentProvider implements
                                    IStructuredContentProvider {
    public void inputChanged(Viewer v, Object oldInput, Object
                                                     newInput) {
    }

    public void dispose() {
    }

    /**
     * Liefert die Dateien des Ordners an
     */
    public Object[] getElements(Object parent) {
      if (parent instanceof File) {
        File dir = (File) parent;
        return dir.listFiles();
      }
      return new Object[0];
    }
  }

  /**
   * Bringt die Tabellenreihen zur Anzeige
   */
  static class ViewLabelProvider extends LabelProvider
                                 implements ITableLabelProvider {
    public String getColumnText(Object obj, int index) {
      return getText(obj);
    }

    /**
     * Zeigt den Dateinamen an
     */
    public String getText(Object obj) {
      if (obj instanceof File)
        return ((File) obj).getName();
      return super.getText(obj);
    }

    public Image getColumnImage(Object obj, int index) {
      return null;
    }
```

```
  public Image getImage(Object obj) {
    return null;
  }
}

static class NameSorter extends ViewerSorter {}
```

*Standard-Sortierer*

*GUI-Aufbau*

```
/**
 * Baut den Inhalt des Views auf
 */
public void createPartControl(Composite parent) {
  viewer = new TableViewer(parent,
                     SWT.SINGLE | SWT.H_SCROLL | SWT.V_SCROLL);
  viewer.setContentProvider(new ViewContentProvider());
  viewer.setLabelProvider(new ViewLabelProvider());
  viewer.setSorter(new NameSorter());
  init();
  viewer.addSelectionChangedListener(new
                               ISelectionChangedListener() {
    public void selectionChanged(SelectionChangedEvent event) {
      // Selektion vom Ereignisobjekt holen
      IStructuredSelection sel =
                 (IStructuredSelection) event.getSelection();
      // Erstes selektiertes Element
      File file = (File) sel.getFirstElement();
      if (file != null) {
        try {
          // Calc-View zur Anzeige bringen und selektierte Datei
          // übergeben
         CalcView view = (CalcView) getSite().getPage().showView(
              "com.bdaum.planner.calc.views.CalcView");
          view.setInput(file);
        } catch (PartInitException e) {
          PlannerPlugin.logError(30,
                               "Error opening Calc-View", e);
        }
      }
    }
  });
}
```

*Initialisierung*

```
/**
 * Initialisiert den Table-Viewer
 */
private void init() {
  try {
```

```
      URL spreadsheetFolderURL = new
             URL(PlannerPlugin.getInstallURL(""), "spreadsheets");
      File spreadsheetFolder = new
                                File(spreadsheetFolderURL.toURI());
      // Ordner anlegen, falls er nicht existiert
      if (!spreadsheetFolder.exists())
        spreadsheetFolder.mkdir();
      viewer.setInput(spreadsheetFolder);
    } catch (Exception e) {
      PlannerPlugin.logError(31,
                          "Error creating spreadsheet folder", e);
    }
  }

  /**
   * Fokus auf Table-Viewer setzen
   */
  public void setFocus() {
    viewer.getControl().setFocus();
  }
}
```

### Die Klasse CalcView

Nun können wird darangehen, die Klasse `CalcView` zu implementieren. Diese Klasse benutzt die Dienste der OpenOffice-Klasse `OOoBean`, welche OpenOffice gegenüber Java repräsentiert. Beim Aufbau des Views wird eine Instanz dieser Klasse erzeugt und in ein mit Hilfe der Klasse `SWT_AWT` erzeugtes `AWT`-Frame hineingesetzt. OpenOffice läuft also in einer von Eclipse bereitgestellten AWT-Umgebung ab.

```
package com.bdaum.planner.calc.views;
import java.awt.BorderLayout;
import java.awt.EventQueue;
import java.io.ByteArrayOutputStream;
import java.io.File;
import java.io.FileOutputStream;
import org.eclipse.osgi.util.NLS;
import org.eclipse.swt.SWT;
import org.eclipse.swt.awt.SWT_AWT;
import org.eclipse.swt.layout.GridData;
import org.eclipse.swt.widgets.Composite;
import org.eclipse.ui.part.ViewPart;
import com.bdaum.planner.PlannerPlugin;
import com.sun.star.comp.beans.NoConnectionException;
import com.sun.star.comp.beans.OOoBean;
```

```
import com.sun.star.comp.beans.OfficeDocument;
import com.sun.star.frame.XDesktop;

public class CalcView extends ViewPart {

  private static final String OOFILEPROTOCOL = "file:///";

  // Die OpenOffice-Bean
  private OOoBean officeBean;
  // AWT-Frame, welcher OpenOffice enthält
  private java.awt.Frame frame;

  /**
   * Hier wird der Inhalt des Views aufgebaut.
   */
  public void createPartControl(Composite parent) {
    // AWT-Frame anlegen
    Composite awtContainer = new Composite(parent, SWT.EMBEDDED);
    awtContainer.setLayoutData(new GridData(GridData.FILL_BOTH));
    frame = SWT_AWT.new_Frame(awtContainer);
    // AWT-Frame mit Inhalt füllen
    frame.setLayout(new BorderLayout());
    // OOoBean erzeugen
    officeBean = new OOoBean();
    frame.add(officeBean, BorderLayout.CENTER);
  }

  /**
   * Fokus auf die Office-Bean setzen
   */
  public void setFocus() {
    officeBean.requestFocus();
  }
```

*GUI-Aufbau*

Als Eingabedaten bekommen wir in der Methode `setInput()` eine zu öffnende Datei übergeben. Da OpenOffice etwas mehr Schrägstriche in einer URL erwartet als gewöhnlich üblich, muss die URL der Datei hier von Hand aufgebaut werden. Anschließend wird die Datei mit Hilfe der `OOoBean`-Instanz geladen, wobei eine eventuell momentan geöffnete Datei gesichert wird. `OOoBean` baut dabei automatisch die Verbindung zum OpenOffice-Server auf und startet auch OpenOffice, wenn erforderlich. Anschließend wird OpenOffice noch angewiesen, sich an das Fenster des Frames zu hängen – andernfalls könnte das OpenOffice-Fenster ganz woanders erscheinen.

Wird der View beendet, so wird die momentan geöffnete Datei gesichert, die Verbindung zu OpenOffice abgebaut und OpenOffice eventuell heruntergefahren.

*Eingabe setzen*

```
/**
 * Eingabedaten entgegennehmen
 * @param file – zu öffnende Datei
 */
public void setInput(final File file) {
  setPartName(file.getName());
  EventQueue.invokeLater(new Runnable() {
    public void run() {
      try {
        // Das ist das von OpenOffice benötigte URL-Format
        String url = OOFILEPROTOCOL + file.getPath();
        if (saveDocument()) {
          // Datei laden
          officeBean.loadFromURL(url, null);
          // Office an das aktuelle Fenster anbinden
          officeBean.aquireSystemWindow();
        }
      } catch (Exception e) {
        PlannerPlugin.logError(32,
                    "Error opening spreadsheet file", e);
      }
    }
  });
}

/**
 * Liefert das momentan geladene Dokument
 * @return – das Dokument oder null
 */
private OfficeDocument getDocument() {
  try {
    return officeBean.getDocument();
  } catch (NoConnectionException e) {
    return null;
  }
}
```

*Entsorgen*

```
/**
 * Sichert das aktuelle Dokument und beendet OpenOffice
 */
public void dispose() {
  // Office beim Beenden herunterfahren
  EventQueue.invokeLater(new Runnable() {
    public void run() {
      saveDocument();
      terminateOO();
    }
  });
  super.dispose();
}
```

*OO beenden*

```
/**
 * Schließt OpenOffice und beendet das Office-Desktop
 */
private void terminateOO() {
  XDesktop desktop = null;
  try {
    desktop = officeBean.getOOoDesktop();
    officeBean.stopOOoConnection();
  } catch (Throwable e) {
  }
  if (desktop != null)
    try {
      desktop.terminate();
    } catch (Throwable e) {
    }
}
```

Das Sichern eines geöffneten Dokuments verläuft etwas trickreich. Ich hatte hier mit der Betaversion von OpenOffice 2.0 getestet, wo noch nicht alles so funktionierte, wie es eigentlich sollte. Das folgende Vorgehen erwies sich als erfolgreich: Zunächst wird die zu sichernde Datei in einen Pufferspeicher hineingeschrieben. Dann werden mit `clear()` alle Inhalte in OpenOffice freigegeben. Anschließend kann nun der Pufferspeicher in die Originaldatei zurückgeschrieben werden.

```
/**
 * Sichert das aktuell geladene Dokument
 * @return - true, wenn das neue Dokument geladen werden kann
 */
private boolean saveDocument() {
  OfficeDocument doc = getDocument();
  if (doc == null)
    return true;
  // Dateinamen holen
  String url = doc.getURL();
  String filename = url.substring(OOFILEPROTOCOL.length());
  FileOutputStream fileOutput = null;
  try {
    // Dateiinhalt zunächst puffern, da Datei verwendet wird
    ByteArrayOutputStream out = new ByteArrayOutputStream();
    officeBean.storeToStream(out, null);
    byte[] bytes = out.toByteArray();
    // Alle Dateien freigeben
    try {
      officeBean.clear();
    } catch (Throwable e) {
    }
```

```
    // Gepufferte Inhalte wegschreiben
    fileOutput = new FileOutputStream(filename);
    fileOutput.write(bytes);
    return true;
  } catch (Exception e) {
    PlannerPlugin.logError(17,
     NLS.bind("Error when saving spreadsheet {0}", filename), e);
    return false;
  } finally {
    if (fileOutput != null)
      try {
        fileOutput.close();
      } catch (IOException e) {
      }
  }
```

*Testen* Jetzt können Sie bereits wieder testen. Erzeugen Sie außerhalb von Eclipse mit OpenOffice eine geeignete Calc-Datei (Dateiendung `.ods`). Kopieren Sie dann diese Datei in den Ordner `spreadsheets/` im Projekt `com.bdaum.planner`. Wenn Sie nun die Anwendung starten und in den Controlling-View gehen, müssten Sie in der Tabelle links die Datei sehen. Nachdem Sie die Tabelle auswählen, vergeht eine kleine Weile, bis OpenOffice gestartet ist, dann müsste der Inhalt der Datei im rechten Fenster erscheinen.

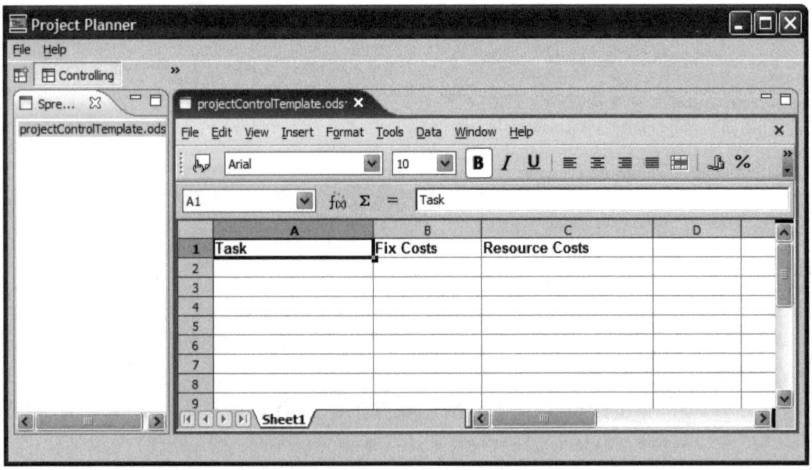


**Abb. 17–1** OpenOffice-Tabellenkalkulation in einem Eclipse-View. Hier wurde OpenOffice so konfiguriert, dass nur die Menüleiste sichtbar ist. Werkzeug-, Standard- und Statusleiste sind unsichtbar.

## 17.3 Office-Dateien generieren

Wenn man Office-Komponenten in eine Rich-Client-Anwendung integriert, erhebt sich natürlich die Frage, wie man mit diesen Komponenten Daten austauschen kann. Auf Dateiebene ist das am einfachsten, denn das OpenOffice-Format ist getreu dem Produktnamen ein offenes Format, das von der Organisation OASIS (`http://www.oasis-open.org`) als *OpenDocument*-Standard genormt wurde.

*XML*

Technisch gesehen besteht eine OpenOffice-Datei aus einem Ensemble von XML-Dateien, die in Form einer ZIP-Datei zusammengepackt wurden. Natürlich hat eine solche Datei nicht die Endung `.zip`, sondern eine OpenOffice-spezifische Endung wie `.ods` oder `.odt`. Aber geben Sie einmal einer solchen Datei eine `.zip`-Endung und schauen mit einem Entpacker hinein. Sie sehen mehrere XML-Dateien, darunter auch die Datei `content.xml`, welche die Dokumenteninhalte enthält.

*DOM*

Will man nun eine OpenOffice-Datei generieren, so ist es am einfachsten, sich zunächst mit OpenOffice eine Musterdatei anzufertigen. Diese Datei wird dann von der Anwendung gelesen, mit Hilfe der Klassen in `java.util.zip` entpackt. Dann wird die Datei content.xml mit einem XML-Parser deserialisiert (z.B. mit dem JAXP-DOM-Parser aus `javax.xml.parsers`). Im DOM-Baum werden dann die erforderlichen Änderungen angebracht, anschließend wird wieder serialisiert (mit einem XML-Transformer aus `javax.xml.transform`) und auch alle Dateien wieder zusammengepackt.

#### Die Klasse ExportOperation

In unserer Beispielanwendung können wir ganz gut demonstrieren, wie das geht. Dazu muss zunächst im `TaskView` eine neue Aktion namens *Export* implementiert werden. Deren Implementierung verläuft ganz ähnlich wie bei der Aktion *Compute Schedule* (Kapitel 14), weshalb wir dies auch hier nicht näher diskutieren. Bei der Ausführung bringt diese Aktion eine `ExportOperation` zum Ablauf, die wir uns nun etwas genauer ansehen wollen.

Am Anfang gleicht diese Klasse der Klasse `ComputeOperation`. Auch diese Operation wird in einem separaten Thread unter einem `ProgressMonitor` ausgeführt. Die notwendige Logik für die Fortschreibung des Fortschrittsbalkens und für den Benutzerabbruch ist in der Methode `run()` enthalten. Außerdem wird hier ein neuer Ausgabeordner angelegt, wenn er noch nicht existiert.

```
package com.bdaum.planner.taskplanner;
import java.io.*;
import java.lang.reflect.InvocationTargetException;
import java.net.*;
import java.util.zip.*;
import javax.xml.parsers.*;
import javax.xml.transform.*;
import javax.xml.transform.dom.DOMSource;
import javax.xml.transform.stream.StreamResult;
import org.eclipse.core.runtime.IProgressMonitor;
import org.eclipse.jface.dialogs.ProgressMonitorDialog;
import org.eclipse.jface.operation.IRunnableWithProgress;
import org.eclipse.ui.PlatformUI;
import org.w3c.dom.*;
import org.xml.sax.SAXException;
import www.bdaum.de.planner.project.Project;
import www.bdaum.de.planner.project.task.Task;
import www.bdaum.de.planner.project.task.Utilizes;
import www.bdaum.de.planner.resource.Resource;
import com.bdaum.planner.IOperation;
import com.bdaum.planner.PlannerPlugin;
import com.sun.org.apache.xerces.internal
                                .jaxp.DocumentBuilderFactoryImpl;

public class ExportOperation implements IOperation {
```

*Prüfung*

```
  /**
   * Prüft, ob Export ausgeführt werden kann
   * @param items – ausgewählte Projekte
   * @return – true, wenn Operation ausgeführt werden kann
   */
  public boolean canRun(Object[] items) {
    if (items == null || items.length == 0)
      return false;
    for (int i = 0; i < items.length; i++)
      if (!(items[i] instanceof Project))
        return false;
    return true;
  }
```

*Ausführung*

```
  /**
   * Führt Export aus
   * @param items – ausgewählte Projekte
   * @throws InvocationTargetException – interner Fehler
   * @throws InterruptedException – Benutzerabbruch
   */
```

```
public void run(final Object[] items) throws
            InvocationTargetException, InterruptedException {
  if (canRun(items)) {
    // Dialog mit Fortschrittsbalken aufbauen
    ProgressMonitorDialog dialog = new
            ProgressMonitorDialog(PlatformUI.getWorkbench().
            getActiveWorkbenchWindow().getShell());
    // In neuem Thread ausführen. Kann abgebrochen werden
    dialog.run(true, true, new IRunnableWithProgress() {
      public void run(final IProgressMonitor monitor)
         throws InvocationTargetException, InterruptedException {
        // Progressmonitor konfigurieren
        monitor.beginTask("Export", items.length);
        try {
          URL spreadsheetFolderURL =
             new URL(PlannerPlugin.getInstallUrl(""),
                                          "spreadsheets");
          File spreadsheetFolder =
             new File(spreadsheetFolderURL.toURI());
          // Ordner anlegen, falls er nicht existiert
          if (!spreadsheetFolder.exists())
            spreadsheetFolder.mkdir();
          monitor.worked(1);
          for (Object item : items) {
            // Auf Benutzerabbruch prüfen
            if (monitor.isCanceled())
              throw new InterruptedException();
            // Projektnamen im Progressmonitor anzeigen
            Project p = (Project) item;
            monitor.subTask(p.getName());
            // Projekt exportieren
            exportProject(p, spreadsheetFolder);
            monitor.worked(1);
            // Projekt berechnen
          }
        } catch (Exception e) {
          PlannerPlugin.logError(ErrorCodes.E0019, e, null);
        }         monitor.done();
      }
    });
  }
}
```

Die Methode `exportProject()` exportiert ein einzelnes Projekt. Dafür wird zunächst ein `ZipInputStream` auf eine Musterdatei im OpenOffice-Spreadsheetformat gelegt. Die einzelnen Komponenten dieses Archivs werden dann einzeln in einen Puffer gelesen und anschließend sofort wieder in einen `ZipOutputStream` geschrieben. Allerdings mit einer Ausnahme: Die Komponente `content.xml` wird in einen DOM-Baum umgewandelt. In diesem Baum wird das Element `table:table` gesucht. An dieses Element werden dann neue `table:table-row`-Elemente angehängt. Anschließend wird der DOM-Baum wieder in die Textdarstellung überführt und in den `ZipOutputStream` geschrieben.

*Entpacken*

```
/**
 * Exportiert die Projekt-Kostenaufstellung in Form einer
 * OpenOffice-Tabellenkalkulation
 * @param p – das Projekt
 * @param folder – der Ausgabeordner
 */
private void exportProject(Project p, File folder) {
  ZipInputStream in = null;
  ZipOutputStream out = null;
  try {
    // Name der Ausgabedatei
    String target = folder.getPath() + "/" + p.getName() + ".ods";
    // ZIP-Datei für die Ausgabe
    out = new ZipOutputStream(new FileOutputStream(target));
    // URL der Musterdatei
    URL sourceUrl = TaskplannerPlugin
        .getInstallURL("projectControlTemplate.ods");
    // Musterdatei öffnen
    in = new ZipInputStream(new
                     FileInputStream(sourceUrl.getPath()));
    while (true) {
      // Einträge in der ZIP-Datei lesen
      ZipEntry entry = in.getNextEntry();
      if (entry == null)
        break;
      String name = entry.getName();
      // und gleich wieder in die Ausgabe-ZIP-Datei schreiben
      out.putNextEntry(new ZipEntry(name));
      // Daten in einen Puffer lesen
      int s = 2048;
      byte[] buf = new byte[s];
      int len = 0;
      while (in.available() != 0) {
        len += in.read(buf, len, s - len);
        if (len == s) {
          s += s;
          byte[] newBuf = new byte[s];
```

```
      System.arraycopy(buf, 0, newBuf, 0, len);
      buf = newBuf;
    }
  }
  if (name.equals("content.xml")) {
    // Diese XML-Datei müssen wir verändern
    ByteArrayInputStream bin =
                  new ByteArrayInputStream(buf, 0, len + 1);
    // Fabrik für DOM-Parser
    DocumentBuilderFactory factory =
                           new DocumentBuilderFactoryImpl();
    // DOM-Parser
    DocumentBuilder builder = factory.newDocumentBuilder();
    // XML deserialisieren
    Document doc = builder.parse(bin);
    // Wurzelelement
    Element root = doc.getDocumentElement();
    NodeList nl = root.getElementsByTagName("table:table");
    // Tabelle holen
    Element table = ((nl.getLength() == 0) ?
                    null : (Element) nl.item(0));
    // Neue Reihen anfügen
    appendRows(doc, table, p);
    // Ausgabestrom auf Bytepuffer öffnen
    ByteArrayOutputStream bout = new ByteArrayOutputStream();
    // Dokument ist Transformationsquelle
    DOMSource domSource = new DOMSource(doc);
    // Ergebnis wird im Bytepuffer abgeliefert
    StreamResult streamResult = new StreamResult(bout);
    // Transformerfabrik
    TransformerFactory tf = TransformerFactory.newInstance();
    // Transformer
    Transformer serializer = tf.newTransformer();
    // Serialisieren
    serializer.transform(domSource, streamResult);
    // Bytepuffer in den ZIP-Ausgabestrom schreiben
    out.write(bout.toByteArray(), 0, bout.size());
  } else if (len >= 0)
    // Hier muss nichts geändert werden
    // einfach wieder herausschreiben
    out.write(buf, 0, len + 1);
  // Einträge in der ZIP-Datei schließen
  in.closeEntry();
  out.closeEntry();
}
```

*Parsen*

*Erweitern und serialisieren*

```
      // Ausgabe-ZIP-Datei abschließen
      out.finish();
      out.close();
    } catch (Exception e) {
      PlannerPlugin.logError(ErrorCodes.E0018, e, p.getName());
    } finally {
      if (in != null)
        try {
          in.close();
        } catch (IOException e1) {
        }
      if (out != null)
        try {
          out.close();
        } catch (IOException e) {
        }
  }
```

*Modifizieren*

Für jede Tabellenreihe werden drei Elemente aufgebaut: der Name des Tasks, die festen Kosten und die errechneten Ressourcekosten. Je nach Datentyp (`String` oder `float`) ist das Format der Zellen unterschiedlich. Eine gute Möglichkeit, sich über das Ausgabeformat zu informieren, ist, zunächst eine Beispieldatei mit OpenOffice zu erzeugen und sich dann die Komponente `content.xml` z.B. mit dem Internet Explorer oder einem anderen XML-fähigen Viewer anzusehen.

```
/**
 * Tabellenreihen anfügen
 * @param doc – das Zieldokument
 * @param table – die Zieltabelle
 * @param p – das zu exportierende Projekt
 */
private void appendRows(Document doc, Element table, Project p) {
  for (Object o : p.getTask().values()) {
    Task t = (Task) o;
    String name = t.getName();
    // Für jeden Task eine Reihe anfügen
    Element row = doc.createElement("table:table-row");
    table.appendChild(row);
    // Name
    appendCell(doc, name, row);
    // Fixe Kosten
    float fixCost = t.getFixCosts();
    appendCell(doc, fixCost, row);
    // Ressourcekosten
    float resourceCost = computeResourceCost(t);
    appendCell(doc, resourceCost, row);
  }
}
```

```
  /**
   * Textzelle aufbauen
   * @param doc - das Zieldokument
   * @param value - der Zelleninhalt
   * @param row - die Tabellenreihe
   */
  private void appendCell(Document doc, String value, Element row) {
    // Zelle
    Element cell = doc.createElement("table:table-cell");
    row.appendChild(cell);
    cell.setAttribute("office:value-type", "string");
    // Paragraph
    Element para = doc.createElement("text:p");
    cell.appendChild(para);
    // Inhalt
    Text text = doc.createTextNode(value);
    para.appendChild(text);
  }

  /**
   * Numerische Zelle aufbauen
   * @param doc - das Zieldokument
   * @param value - der numerische Wert
   * @param row - die Tabellenreihe
   */
  private void appendCell(Document doc, float value, Element row) {
    Element cell = doc.createElement("table:table-cell");
    row.appendChild(cell);
    cell.setAttribute("office:value-type", "float");
    cell.setAttribute("office:value", String.valueOf(value));
  }

  /**
   * Ressourcekosten berechnen
   * @param t - der Task
   * @return - die Ressourcekosten
   */
  private float computeResourceCost(Task t) {
    float result = 0f;
    for (Object o : t.getUtilizes().values()) {
      Utilizes uti = (Utilizes) o;
      Resource res = uti.getUsed();
      result += res.getFixCostPerTask() + res.getCostPerHour()
          * t.getDuration() / 60f * uti.getWorkload() /
                                              res.getCapacity();
    }
    return result;
  }
}
```

### Test

Damit ist die Implementierung der *Export*-Funktion abgeschlossen. Sie können nun erneut testen. Melden Sie sich zunächst als *Planer* an und wenden Sie die Export-Funktion (Kontextmenü) auf ein Projekt an. Anschließend schalten Sie die Perspektive auf *Controller* um (oder melden sich erneut als *Controller* an). Nun müssten Sie die exportierte Datei im *Spreadsheets*-View sehen. Mit einem Klick selektieren Sie die Datei und öffnen sie so in OpenOffice.

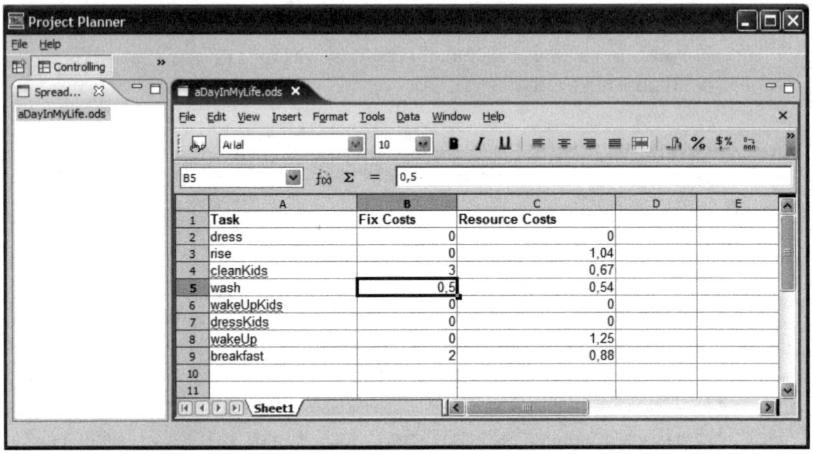


**Abb. 17–2** OpenOffice-Tabellenkalkulation nach Durchführung einer Export-Funktion

# 18 Ausgabe von PDF-Dateien

Im vorigen Kapitel hatten wir bereits gesehen, wie Daten in Form einer Tabellenkalkulation aus einer RCP-Anwendung exportiert werden können. In diesem Kapitel wollen wir uns einmal ansehen, wie Daten in Form von PDF-Dateien exportiert werden können. Das ist zwar auch über den Umweg von OpenOffice möglich, jedoch besteht oft der Wunsch nach einer direkten Export-Funktion. Außerdem schauen wir uns an, wie der Adobe Acrobat Reader in eine RCP-Anwendung integriert werden kann.

## 18.1 PDF-Dateien erzeugen

Um PDF-Dateien per Programm zu erzeugen, hat man verschiedene Optionen:

- Zunächst besteht die Möglichkeit, die Daten in einem generischen XML-Format zu erzeugen, dann mit Hilfe eines XSLT-Stylesheets in die XML-Ausgabesprache Formatting Objects (FO) zu übersetzen. Von dort kann dann die Transformation in das PDF-Format mit James Taubers FOP erfolgen. Dieses Vorgehen hat den Vorteil, dass durch Änderungen am Stylesheet die Ausgabe schnell an die jeweiligen Bedürfnisse angepasst werden kann.
- Die direkte Ausgabe von Java aus ist natürlich auch möglich. So gibt es mehrere kommerzielle Produkte, welche dafür in Frage kommen, z.B. *SmartPrint* von ActiveTree (`http://www.activetree.com`) oder die Big *Faceless Java PDF Library* (`http://big.faceless.org`).
- Eine weitere Möglichkeit ist die Verwendung des Open-Source-Produktes *iText* (`http://www.lowagie.com/iText`). iText kann zwar die erzeugten PDF-Dateien anschließend nicht auf Drucker ausgeben. Schön ist dagegen, dass der Aufbau eines Ausgabedokuments in abstrakter Form erfolgt. Durch die Wahl eines entsprechenden

Writers kann die Ausgabe dann im PDF-, RTF- oder HTML-Format erfolgen.

*Installation* Im Folgenden möchte ich zeigen, wie die PDF-Ausgabe mit Hilfe von iText in unseren Projektplaner eingefügt werden kann. Dazu wird zunächst wieder auf die schon bekannte Art mit *File>New>Project...>Plug-in from existing JAR archives* ein neues Plugin namens `com.bdaum.iTextWrapper` erzeugt, welches das JAR-Archiv `itext-1.3.jar` enthält. Ein neues Feature namens *iTextWrapper Feature* mit der ID `com.bdaum.iTextWrapper` wird ebenfalls angelegt und im Produkteditor zur Konfiguration des Projektplaners hinzugefügt. Anschließend fügen wir das neue Plugin auch noch zu den *Dependencies* des Plugins `com.bdaum.planner.taskplanner` hinzu.

Um die Exportfunktion zu realisieren, wird ähnlich wie im vorigen Kapitel eine neue Aktion implementiert, welche in ihrer `run()`-Methode eine `ExportPdfOperation` auf die aktuelle Selektion anwendet. Anders als die anderen Operationen führen wir diese Operation lediglich dann aus, wenn nur ein einziges Projekt selektiert ist.

### Die Klasse ExportPdfOperation

```
package com.bdaum.planner.taskplanner;

import java.io.File;
import java.io.FileNotFoundException;
import java.io.FileOutputStream;
import java.lang.reflect.InvocationTargetException;
import java.net.URL;
import java.text.DateFormat;
import org.eclipse.core.runtime.IProgressMonitor;
import org.eclipse.jface.dialogs.ProgressMonitorDialog;
import org.eclipse.jface.operation.IRunnableWithProgress;
import org.eclipse.osgi.util.NLS;
import org.eclipse.ui.PlatformUI;
import www.bdaum.de.planner.project.Project;
import www.bdaum.de.planner.project.task.Task;
import com.bdaum.planner.IOperation;
import com.bdaum.planner.PlannerPlugin;
import com.lowagie.text.*;
import com.lowagie.text.pdf.PdfWriter;

public class ExportPdfOperation implements IOperation {

  /**
   * Prüft, ob Export ausgeführt werden kann
   * @param items – ausgewählte Projekte
   * @return – true, wenn Operation ausgeführt werden kann
   */
```

```
public boolean canRun(Object[] items) {
  return (items != null && items.length == 1 &&
          items[0] instanceof Project);
}
```

Die Ausführung der Operation erfolgt wieder in einem ProgressMonitorDialog, so dass der Benutzer über den Fortgang der Operation unterrichtet werden kann und die Möglichkeit des Abbruchs bekommt. Die erzeugten Dateien werden in einem Ordner pdfs/ abgelegt, der, falls nötig, neu angelegt wird.

```
/**
 * Führt Export aus
 * @param items - ausgewählte Projekte
 * @throws InvocationTargetException - interner Fehler
 * @throws InterruptedException- Benutzerabbruch
 */
public void run(final Object[] items)
        throws InvocationTargetException, InterruptedException {
  if (canRun(items)) {
    // Dialog mit Fortschrittsbalken aufbauen
    ProgressMonitorDialog dialog = new ProgressMonitorDialog(
            PlatformUI.getWorkbench()
                    .getActiveWorkbenchWindow().getShell());
    // In neuem Thread ausführen. Kann abgebrochen werden
    dialog.run(true, true, new IRunnableWithProgress() {
      public void run(final IProgressMonitor monitor)
         throws InvocationTargetException, InterruptedException {
        // Progressmonitor konfigurieren
        try {
          URL spreadsheetFolderURL = new URL(PlannerPlugin
                  .getInstallURL(""), "pdfs");
         File pdfFolder = new File(spreadsheetFolderURL.toURI());
          // Ordner anlegen, falls er nicht existiert
          if (!pdfFolder.exists())
            pdfFolder.mkdir();
          Project p = (Project) items[0];
          // Projekt exportieren
          exportProject(p, pdfFolder, monitor);
        } catch (Exception e) {
         PlannerPlugin.logError(26, "Error when exporting PDF", e);
        }
      }
    });
  }
}
```

*PdfWriter*

Bei der eigentlichen Dokumentenausgabe wird zunächst ein abstraktes Dokument mit der angegebenen Größe erzeugt. Durch die Erzeugung einer `PdfWriter`-Instanz, der das Dokument und der Ausgabestrom als Parameter übergeben werden, wird die Ausgabe im PDF-Format festgelegt. Anschließend erfolgt der Aufbau des Dokuments mit Paragraphen und einer gegliederten Liste. Die unten aufgeführten Möglichkeiten zeigen nur ein sehr kleines Spektrum des iText-Funktionsumfanges. Ausführliche Dokumentation und Beispiele für die vollen Formatierungsmöglichkeiten von iText erhalten Sie auf der iText-Webseite (siehe oben).

```
/**
 * Exportiert die Projekt-Kostenaufstellung in Form einer
 * OpenOffice-Tabellenkalkulation
 * @param p   das Projekt
 * @param folder – der Ausgabeordner
 */
private void exportProject(Project p, File folder,
          IProgressMonitor monitor) throws InterruptedException {
  // Name der Ausgabedatei
  monitor.beginTask("Export PDF", p.getTask().size());
  String target = folder.getPath() + "/" + p.getName() + ".pdf";
  // Dokument in A4-Größe mit Randbereich erzeugen
  Document document = new Document(PageSize.A4, 50, 50, 50, 50);
  try {
    PdfWriter.getInstance(document, new
                                   FileOutputStream(target));
    // Alternativ: HtmlWriter oder RtfWriter
    // Metadaten für das Dokument
    document.addAuthor("com.bdaum.planner");
    document.addSubject(NLS.bind("Project {0} overview",
                                                p.getName()));
    // Kopf- und Fußzeile erzeugen
    HeaderFooter header = new HeaderFooter(new Phrase(
            NLS.bind("Project {0}", p.getName())), false);
    HeaderFooter footer = new HeaderFooter(
            new Phrase("Page "), true);
    footer.setAlignment(Element.ALIGN_CENTER);
    document.setHeader(header);
    document.setFooter(footer);
    // Dokument zum Schreiben öffnen
    document.open();
    DateFormat df = DateFormat.getDateInstance(DateFormat.LONG);
    for (Object o : p.getTask().values()) {
```

```
        // Auf Benutzerabbruch prüfen
        if (monitor.isCanceled())
          throw new InterruptedException();
        // Über alle Tasks iterieren
        Task t = (Task) o;
        String name = t.getName();
        // Pro Task einen neuen Paragraphen anlegen
        Paragraph para = new Paragraph(NLS.bind("Task {0}", name));
        // Task-Eigenschaften in eine Liste setzen
        List list = new List(false, 20);
        // Zeichen für Bullet
        list.setListSymbol(new Chunk("\u2022", FontFactory
                .getFont(FontFactory.HELVETICA, 20, Font.BOLD)));
        // Listeneinträge
        list.add(new ListItem(NLS.bind("Actual data: {0}",
                df.format(t.getActualDate()))));
        list.add(new ListItem(NLS.bind("Duration: {0} min",
                String.valueOf(t.getDuration()))));
        // Zum Paragraph hinzufügen
        para.add(list);
        // Paragraph zum Dokument hinzufügen
        document.add(para);
        monitor.worked(1);
      }
    } catch (DocumentException e) {
      PlannerPlugin.logError(18, NLS.bind(
              "Error when exporting project {0} as a PDF",
                      p.getName()), e);
    } catch (FileNotFoundException e) {
      // Sollte nicht passieren
    } finally {
      // Dokument schließen – wird nun geschrieben
      document.close();
      monitor.done();
    }
  }
}
```

## 18.2 Ein PDF-Dokument anzeigen

Die Anzeige eines PDF-Dokuments innerhalb der Eclipse-Workbench erfolgt am besten mit dem Adobe Acrobat Reader. Es bestehen zwei Möglichkeiten, den AcrobatReader einzubetten:

- Da sowohl der AcrobatReader als auch Eclipse OLE (*Object Linking and Embedding*) unterstützen, kann eine Einbettung über OLE erfolgen. Allerdings ist diese Technik auf Windows-Plattformen beschränkt. Ein Artikel von Jeff Gunther [Gunther2003a] zeigt, wie's geht.
- Da Acrobat auch innerhalb von gängigen Webbrowsern abläuft, ergibt sich die Möglichkeit, die Einbettung über das SWT-`Browser`-Widget vorzunehmen. Voraussetzung ist freilich, dass Acrobat als Plugin beim jeweiligen nativen Webbrowser der Ablaufplattform registriert ist. Alles, was zu tun ist, ist den URL des `Browser`-Widgets auf die erzeugte PDF-Datei zu setzen.

Um das zu demonstrieren, implementieren wir die Klasse `PdfView`, die wir zunächst im Manifest des `Plugins` `com.bdaum.planner.taskplanner` bekannt machen:

```
<view category="com.bdaum.planner.taskplanner"
      class="com.bdaum.planner.taskplanner.views.PdfView"
      id="com.bdaum.planner.taskplanner.views.PdfView"
      name="PDF"/>
```

*Browser*

Die Implementierung der Klasse verläuft anschließend relativ knapp. Der View wird flächenfüllend mit einer Instanz des `Browser`-Widgets gefüllt. Über die `setInput()`-Methode erhält das Widget die anzuzeigende URL. Das funktioniert natürlich nicht nur für PDFs, sondern für alle Dateitypen, welche der Browser anzeigen kann. Manchmal bringt auch ein *Thin Client* in einer Rich-Client-Umgebung Nutzen ...

### Die Klasse PdfView

```
package com.bdaum.planner.taskplanner.views;

import org.eclipse.swt.SWT;
import org.eclipse.swt.browser.Browser;
import org.eclipse.swt.layout.GridData;
import org.eclipse.swt.widgets.Composite;
import org.eclipse.ui.part.ViewPart;

public class PdfView extends ViewPart {

  public static final String ID =
                "com.bdaum.planner.taskplanner.views.PdfView";
  private Browser browser;

  @Override
  public void createPartControl(Composite parent) {
    browser = new Browser(parent, SWT.NONE);
    browser.setLayoutData(new GridData(GridData.FILL_BOTH));
  }
```

```
    @Override
    public void setFocus() {
      browser.setFocus();
    }

    public void setInput(String url) {
      browser.setUrl((url != null) ? url : "about:blank");
    }
  }
```

Den View möchten wir nur zeigen, wenn eine PDF-Datei erzeugt wurde. Doch zunächst reservieren wir dem View in der Planner-Perspektive einen Anzeigebereich. Das geht mit der Methode addPlaceholder(), die wir am Beginn der Methode createInitialLayout () der Klasse Perspective im Plugin com.bdaum.planner.taskplanner einfügen. *Layout*

```
      layout.addPlaceholder(PdfView.ID, IPageLayout.RIGHT,
                                  0.6f, layout.getEditorArea());
```

Nun kann der View mit Hilfe der Methode launchPdfView(), die unmittelbar nach der Ausführung der ExportPdfOperation in der Klasse TaskView aufgerufen wird, angezeigt werden. *Launch*

```
    private void launchPdfView() {
      Object t = getFirstSelectedItem();
      if (t instanceof Project) {
        URL url = PlannerPlugin.getInstallURL("pdfs/"
                + ((Project) t).getName() + ".pdf");
        File pdf = new File(url.getPath());
        if (pdf.exists()) {
          // PDF-View launchen
          IWorkbenchPage page = getSite().getPage();
          try {
            PdfView view = (PdfView) page.showView(PdfView.ID);
            view.setInput(url.toString());
          } catch (PartInitException e) {
            PlannerPlugin.logError(27, "Error when launching
                                              PDF-View", e);
          }
        }
      }
    }
```

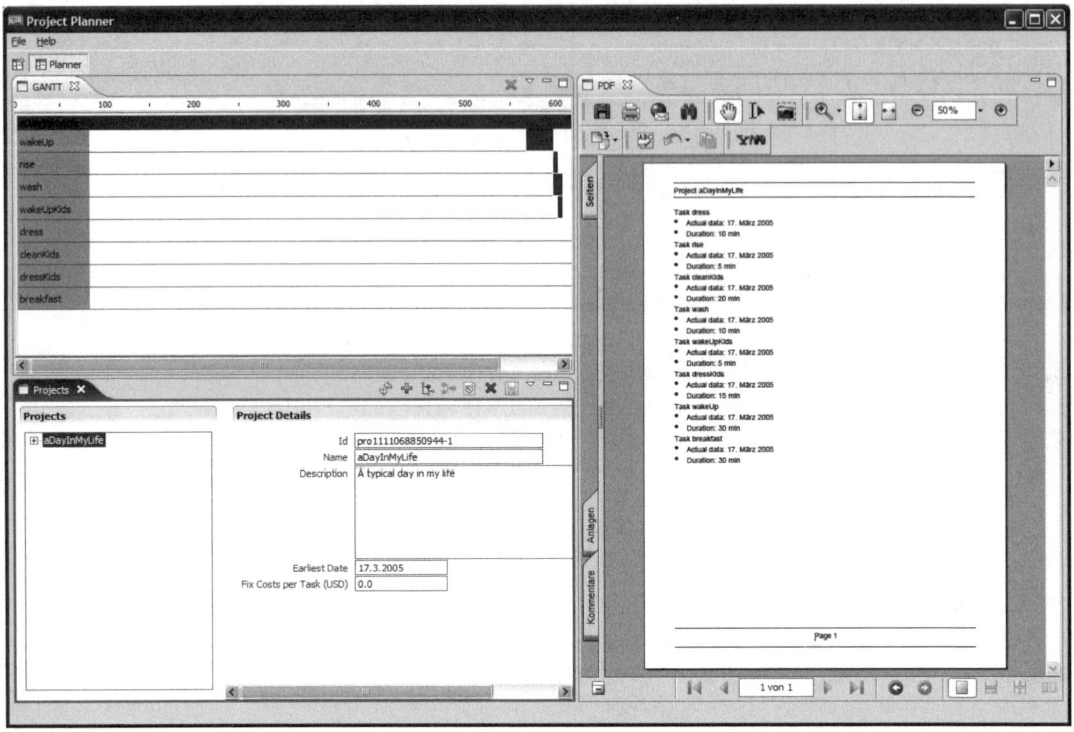


**Abb. 18–1** Adobe Acrobat in der Eclipse-Workbench. Das Browser-Widget macht das plattformübergreifend möglich.

# Teil V
# Administration

In den vorausgegangenen Teilen dieses Buches hatten wir eigentlich nichts behandelt, was über die Programmierung normaler Desktop-Anwendungen hinausging (vielleicht mit Ausnahme des automatischen Updates in Kapitel 7). Doch gehen – wie schon in der Einleitung erwähnt – die Anforderungen an moderne Software heute erheblich weiter. Gewünscht wird eine Synthese des Komforts und der Verfügbarkeit klassischer Desktop-Anwendungen mit der Konnektivität und dem geringen Administrationsaufwand von Webanwendungen.

*Mobile Klienten*

In diesem Teil stellen wir deshalb zunächst einige Synchronisierungslösungen vor, wie sie für mobile Klienten entwickelt wurden. Die meisten dieser Lösungen entstammen der Welt der Mobiltelefone und der *Personal Digital Assistants* (PDA) und sind in der Regel recht einfach gestrickt. Für die komplexen Anforderungen ausgewachsener Rich-Client-Anwendungen sind einige zusätzliche Überlegungen notwendig. Sicherlich werden die neuen Anforderungen auch die Entwicklung kommerzieller und freier Synchronisationspakete vorantreiben.

*Administration*

In einem weiteren Kapitel diskutieren wir dann die Möglichkeiten der servergesteuerten Administration und Konfiguration von Rich-Client-Anwendungen. Mit solchen Techniken lässt sich für den Endanwender ein ähnlicher Komfort erreichen wie bei Webanwendungen – neue Versionen müssen nicht explizit installiert werden, sondern sind plötzlich da. Das kann so weit gehen, dass sämtliche Software auf dem Server vorgehalten wird und nur bei Bedarf auf dem Klienten installiert wird. Freilich wirft das auch interessante lizenzrechtliche Fragen auf: Muss nur für die Serverinstallation gezahlt werden oder für jede Installation auf dem Klienten?

# 19 Synchronisierung mit dem Server

Einer der wichtigsten Aspekte bei der Realisierung von Rich-Client-Applikationen ist die Synchronisierung mit dem Server. Grundsätzlich gehen wir davon aus, dass eine Rich-Client-Anwendung Notlaufeigenschaften besitzen muss, also auch ohne Verbindung mit dem Server ohne wesentliche Einschränkungen betriebsfähig sein muss. Dies mag nicht in allen Fällen gefordert sein, aber in einer zunehmend mobiler werdenden IT-Welt werden Anwendungen, die sowohl im Off- als auch im Online-Betrieb laufen können, eher die Regel.

## 19.1 Allgemeine Aspekte der Datensynchronisierung

Daten zwischen einem Server und einem Klienten zu synchronisieren, lässt sich auf verschiedene Arten erreichen:

- Einsatz einer replizierten Datenbank. Durch Verwendungen eines geeigneten Datenbanksystems (z.B. HSQLDB-R) kann erreicht werden, dass auf Server und Client identische Kopien der Datenbanktabellen vorgehalten und automatisch vom Datenbanksystem gepflegt werden. In den meisten Fällen ergibt sich jedoch bei einer solchen Lösung eine zu enge Kopplung zwischen Server und Client. Hier müsste im Einzelfall geprüft werden, welche Notlaufeigenschaften das jeweilige Datenbanksystem beim Ausfall der Verbindung oder des Servers anbietet; ob mehrere Klienten für einen Server zugelassen sind, und welche Möglichkeiten zur Konfliktauflösung bestehen. Außerdem muss in der Regel auf Client und Server das gleiche Datenbankprodukt eingesetzt werden.
- Einsatz eines Standardprotokolls wie *SyncML* (welches wir weiter unten noch ausführlich diskutieren) für die Datensynchronisierung. Solche Protokolle entkoppeln die Klientendatenbank von der Serverdatenbank und erlauben den Einsatz heterogener Daten-

banksysteme. Auch schützen sie die übertragenen Daten vor unbefugtem Zugriff. Allerdings wurden diese Protokolle ursprünglich für die Anbindung von Mobiltelefonen und PDAs an einen PC entwickelt. Diese Geräte werden in der Regel nur auf Wunsch des Benutzers synchronisiert. Außerdem sind die verwendeten Datenstrukturen (ToDo-Listen und Adressbuch) bei diesen Geräten in der Regel recht einfach. Die Synchronisation komplexer Datenstrukturen und eine transparente Arbeitsweise (also ohne benutzerinitiierte Synchronisierung) geraten oft ziemlich aufwändig.

- Datensynchronisierung auf Anwendungsebene mit selbst entwickelten Webservices. Damit lassen sich Synchronisierungen beliebiger Komplexität plattformneutral realisieren. Allerdings bedarf es hier der Entwicklung eines eigenen Protokolls auf Anwendungsebene, eine Aufgabe, die nicht unterschätzt werden sollte. Auch die Tests in den verschiedenen Betriebsarten und unter verschiedenen Szenarien geraten recht aufwändig.
- Einsatz einer proprietären Lösung. Verschiedene Datenbankhersteller haben eigene Synchronisierungsprodukte im Angebot, die wir im nächsten Abschnitt diskutieren.

Welche Art von Synchronisierung gewählt wird, hängt auch davon ab, wie intelligent die Konfliktlösungsstrategien sein müssen und wie komplex die Datenstrukturen sind. So kann z.B. die Strategie »Der jüngste Eintrag gewinnt« bei einfachen 1-Tabellen-Datenstrukturen gut funktionieren, bei komplexen Datenstrukturen, die aus mehreren Tabellen bestehen, kann diese Strategie allerdings zu inkonsistenten Daten führen, wenn sie auf Ebene des einzelnen Datensatzes angewandt wird.

*Geschäftsobjekte*

Für komplexe Anwendungen ist es eher geboten, Konfliktlösungsstrategien auf der Ebene der Geschäftsobjekte zu implementieren. Das verlangt freilich, dass auch die Synchronisierung auf der Ebene der Geschäftsobjekte erfolgt, und damit scheiden Verfahren zur direkten Datenbanksynchronisierung wie replizierte Datenbanken und auch die meisten proprietären Lösungen aus. In Abschnitt 19.5 zeigen wir, wie eine solche Synchronisierung auf Ebene der Geschäftsobjekte mit Hilfe von SyncML realisiert werden kann.

## 19.2 Proprietäre Lösungen

Im Folgenden wollen wir einige proprietäre Lösungen für die Datensynchronisierung ohne Anspruch auf Vollständigkeit vorstellen:

### 19.2.1 Oracle LITE

*Oracle Database Lite* ist ein kompaktes Datenbanksystem für den Einsatz auf mobilen Klienten, das sich mit einer Oracle-Datenbank auf dem Server synchronisieren kann. Die übertragenen Daten werden selbstverständlich gegen unerlaubten Zugriff gesichert, und abgebrochene Synchronisierungen werden automatisch fortgesetzt, wenn die Verbindung wieder besteht. Mögliche Konflikte zwischen Server und Client werden auf dem Server mit Hilfe von Konfliktauflösungsregeln bereinigt. Dabei besteht die Möglichkeit, neben Standardregeln auch eigene Regeln zu definieren.

### 19.2.2 IBMs DB2 Everyplace

Auch bei IBMs *DB2 Everyplace* handelt es sich um ein kompaktes Datenbanksystem für den Einsatz auf mobilen Klienten. Die Synchronisierung erfolgt mit dem *DB2 Everyplace Sync Server*, der ebenfalls über Konfliktauflösungsstrategien verfügt. Mit dem *WebSphere Everyplace Custom Environment* besteht die Möglichkeit, Anwendungen auf Anwendungsebene zu synchronisieren. Intern kommt bei IBM SyncML zum Einsatz – IBM war eine treibende Kraft bei der Entwicklung dieses Standards.

### 19.2.3 DaffodilReplicator

Daffodil (`http://www.daffodildb.com`) bietet einen in Java geschriebenen Open-Source-Datenbank-Replikator an, der in der Lage ist, Client- und Serverdatenbanken miteinander zu synchronisieren, und der auf Sourceforge erhältlich ist. Mit Hilfe eines grafischen Administrationsplatzes kann die Abbildung der Clientdatenbank auf die Serverdatenbank im Rahmen von *Publications* und *Subscriptions* definiert werden. Clients können das Subscription-API benutzen, um eine Datenbanksynchronisierung mit einem Minimum an Programmieraufwand anzustoßen. Bezüglich den Synchronisierungsmodi bestehen ähnliche Möglichkeiten wie bei SyncML. Es kann in nur einer Richtung synchronisiert werden (zum Client oder zum Server) oder bidirektional, Daten können inkrementell oder vollständig ausgetauscht werden. Ebenfalls unterstützt werden verschiedene Strategien zur Konfliktauflösung. Die Synchronisierung beschränkt sich nicht nur auf Daten, sondern deckt auch Schemadefinition mit ab. So können bei Anwendungserweiterungen Änderungen an den Datenbankschemata leicht vom Server auf die Clients propagiert werden.

*DaffodilReplicator* verlangt auf der Klienten- und auf der Serverseite gewisse Voraussetzungen wie eine JDBC-Schnittstelle, Autoinkrement, Trigger und Prozeduren und einiges mehr. Deshalb ist die Liste der kompatiblen Datenbanken relativ kurz: Nur Daffodil DB, Oracle, Microsoft SQL Server, PostgreSQL, Derby (Cloudscape) und DB2 werden unterstützt. Da *DaffodilReplicator* aber ein Open-Source-Produkt ist, hat der Anwender grundsätzlich die Möglichkeit, Treiber für andere Datenbanksysteme mit mäßigem Aufwand selbst zu implementieren.

Beispielimplementierungen für Client und Server sind in der Auslieferung des DaffodilReplicators mit enthalten.

### 19.2.4 Microsoft .NET DataSets

Microsofts *.NET DataSets* heben sich von der Konkurrenz dadurch ab, dass die Daten nicht in Form einzelner Datenbanksätze ausgetauscht werden. *DataSets* bestehen aus Kollektionen von Datenbanktabellen, die auf hierarchische XML-Strukturen abgebildet werden. Diese XML-Dateien lassen sich leicht zwischen Client und Server übertragen. So können komplexe Geschäftsobjekte als ein einziges Datenobjekt ausgetauscht werden. Allerdings werden in den *.NET DataSets* keine Standardkonfliktauflösungsstrategien angeboten. Der Einsatz ist auf Microsoft-Plattformen beschränkt.

## 19.3 Standards (SyncML)

SyncML wurde mit der Absicht geschaffen, dass mobile Klienten sowohl mit Servern als auch untereinander Daten austauschen können. Das SyncML-Konsortium OMA (`http://www.openmobilealliance.org`) wurde im Jahr 2000 von IBM, Lotus, Motorola, Nokia, Palm, Psion und Starfish Software ins Leben gerufen. Inzwischen haben sich über 600 Firmen als Unterstützer dieses Standards bei der SyncML-Initiative eingeschrieben. Bei OMA gibt es zwei Arbeitsgruppen: die *Device Management Working Group* (DM) und die *Data Synchronization Working Group* (DS). Während es bei Ersterer um die Abstimmung von Protokollen und Schemata zwischen mobilen und stationären Geräten geht, beschäftigt sich Letztere mit der Datensynchronisation in engern Sinne.

SyncML basiert – wie der Name vermuten lässt – auf XML. Allerdings gibt es auch eine WBXML-Repräsentation (*WAP Binary XML*) von SyncML. Die Klartext-XML-Repräsentation wird durch den MIME-Typ `application/vnd.syncml-xml` identifiziert, die binäre WBXML-Repräsentation durch den MIME-Typ `application/vnd.synchml-wbxml`.

SyncML unterstützt die verschiedensten Datenformate:

Datenformate

- Gebräuchliche Formate für persönliche Daten wie vCard (Visitenkarten), vCalendar und iCalendar (Kalender), Todo-Listen, Journale etc.
- E-Mail- und News-Datenobjekte
- Relationale Daten
- XML- und HTML-Dokumente
- Binäre Daten
- Zugriff auf Anwendungsdaten generischer Anwendungen ist möglich. Dabei ist SyncML sprachneutral.

Synchronisierung

Um solche Daten miteinander zu synchronisieren, ist auf der Serverseite eine *SyncML-Engine* nötig, auf der Klientenseite genügt ein *SyncML-Client*. Client und Server arbeiten auf die folgende Weise zusammen:

- Sowohl Server als auch Client müssen ein Änderungsprotokoll (Change Log) führen, in dem alle Änderungen seit der letzten Synchronisierung aufgezeichnet werden.
- Sowohl Server als auch Client müssen so genannte *Sync Anchors* unterstützten, Identifikationen für Synchronisationspunkte. Davon gibt es zwei, `Last` und `Next`, die während der Initialisierung eines Synchronisationsprozesses zwischen Server und Client ausgetauscht werden. `Last` identifiziert das vorige Synchronisationsereignis, `Next` das aktuelle Synchronisationsereignis. Die empfangende Einheit während einer Synchronisation speichert die empfangene `Next`-Identifikation bis zur nächsten Synchronisation. Dann wird diese Identifikation mit der vom Sender geschickten `Last`-Identifikation verglichen. Stimmen beide überein, so kann die empfangende Einheit davon ausgehen, dass die letzte Synchronisation erfolgreich durchgeführt wurde. Wenn nicht, so genügt die inkrementelle Synchronisation nicht, sondern es muss eine ausführlichere Synchronisationsvariante wie z.B. die *slow synchronization* durchgeführt werden (siehe unten).
- Abbildung von Schlüsselbegriffen der Klientendatenbank auf Schlüsselbegriffe der Serverdatenbank. Der Server pflegt eine Tabelle mit zwei Spalten, die eine enthält die *Locally Unique ID* (LUID) mit dem Schlüssel des Klienten, die andere die *Globally Unique ID* (GUID) mit dem Schlüssel des Servers. LUIDs werden vom Client vergeben. Immer wenn der Server einen neuen Satz schickt, schickt der Client eine LUID zurück.
- *Konflikte* können entstehen, wenn ein Datensatz sowohl auf dem Klienten als auch auf dem Server verändert wurde. Verantwortlich

Konflikte

für die Konfliktauflösung ist der Server. Er informiert den Client mit Hilfe eines Statuscodes über die Art der Konfliktauflösung.
- *Sicherheit* ist ein wesentlicher Aspekt bei der Synchronisation über öffentliche Netze. SyncML verlangt von Implementierungen die Unterstützung von Benutzer-Authentifizierungen und die Absicherung der Datenintegrität mit Hilfe eines MD5-*Message-Digests*. Die Benutzer-Authentifizierungen erfolgen auf drei Ebenen: dem Server, der Datenbank und dem Datenobjekt.
- Zur *Adressierung* von Geräten, Diensten, Datenbanken und Datenobjekten verwenden Klienten eine URI-basierte Syntax.
- SyncML erlaubt den Austausch von Informationen über die *Fähigkeiten* von Client bzw. Server. Will z.B. der Server Daten in einem Format schicken, das vom Client nicht unterstützt wird, kann der Client signalisieren, dass er dieses Format nicht versteht. Der Server kann dann auf eine Übertragung verzichten.

Die folgende Tabelle zeigt die verschiedenen, von SyncML unterstützten Synchronisierungsarten:

| | |
|---|---|
| **Two-way sync** | Die Standardbetriebsart. Client und Server tauschen nur Information über die Änderungen seit dem letzten Synchronisationspunkt aus. Diese Betriebsart wird immer vom Client initialisiert. Der Server verschmelzt die übersandten Datensätze mit den Datensätzen in seiner eigenen Datenbank und schickt die Ergebnisse zurück an den Client. Der Client aktualisiert dann seine eigene Datenbank und schickt dem Server die nötigen LUIDs für die Abbildung von Schlüsselbegriffen. |
| **Slow sync** | In dieser Betriebsart wird der gesamte Datenbankinhalt des Client zum Server geschickt, der sie mit seiner eigenen Datenbank vergleicht und dann wie bei der *Two-way sync* weiter verfährt. Sowohl Client als auch Server können diese Synchronisierungsart verlangen, z.B. wenn die *Sync Anchors* nicht mehr stimmen oder wenn die Änderungsliste zerstört wurde. |
| **One-way sync from client** | Der Server erhält alle Änderungen vom Client, schickt aber keine eigenen Änderungen zurück. |
| **Refresh sync from client** | Der Client schickt den gesamten Datenbankinhalt zum Server, der daraufhin seinen eigenen Datenbankinhalt durch die übersandten Daten ersetzt. |
| **One-way sync from server** | Der Client erhält alle Änderungen vom Server, schickt aber keine eigenen Änderungen zurück. |
| **Refresh sync from server** | Der Server schickt den gesamten Datenbankinhalt zum Client, der daraufhin seinen eigenen Datenbankinhalt durch die übersandten Daten ersetzt. |
| **Server-alerted sync** | Der Server informiert den Client, dass er eine Synchronisation eines spezifischen Typs starten soll. |

Die Kommunikation zwischen Server und Client erfolgt nach dem Request-Response-Muster (Anforderung-Antwort). Die folgende Tabelle zeigt die möglichen *Request*-Kommandos:

| | |
|---|---|
| **Add** | Verlangt, dass ein Datensatz oder eine Kollektion von Datensätzen zur Datenbank des Empfängers hinzugefügt wird. |
| **Alert** | Schickt eine Nachricht an den Empfänger. |
| **Atomic** | Gruppiert mehrere Kommandos in eine Transaktion. Entweder alle diese Kommandos werden in der spezifizierten Reihenfolge ausgeführt oder keines. |
| **Copy** | Verlangt, dass ein Datensatz oder eine Kollektion von Datensätzen beim Empfänger des Kommandos kopiert werden. |
| **Delete** | Mit diesem Kommando wird verlangt, dass der Empfänger ein Datensatz oder eine Kollektion von Datensätzen löscht. Optional können die gelöschten Daten archiviert werden. |
| **Exec** | Dieses Kommando fordert den Empfänger auf, ein benanntes oder mitgeschicktes ausführbares Programm auszuführen. |
| **Get** | Mit diesem Kommando kann ein bestimmter Datensatz oder eine Kollektion von Datensätzen vom Empfänger des Kommandos abgefragt werden. Dieses Kommando darf nicht in einem Sync-Kommando verwendet werden. |
| **Map** | Fordert den Empfänger auf, die Abbildungstabelle für Schlüsselbegriffe zu aktualisieren. |
| **Put** | Mit diesem Kommando kann der Empfänger des Kommandos veranlasst werden, einen bestimmten Datensatz oder eine Kollektion von Datensätzen zu speichern. Dieses Kommando darf nicht in einem Sync-Kommando verwendet werden. |
| **Search** | Fordert den Empfänger auf, die mitgeschickte Suchanfrage auszuführen. |
| **Sync** | Spezifiziert, dass die im Sync-Kommando gruppierten Kommandos als Teil einer Synchronisierungsoperation betrachtet werden sollen. |
| **Update** | Mit diesem Kommando kann der Empfänger des Kommandos veranlasst werden, einen bestimmten Datensatz oder eine Kollektion von Datensätzen zu aktualisieren. Dieses Kommando darf nur in einem Sync-Kommando verwendet werden. |

Antworten auf einen Request erfolgen mit einem SyncML-*Response*-Kommando:

| | |
|---|---|
| **Status** | Zeigt die Durchführung einer Operation an bzw. gibt einen Fehlercode zurück. |
| **Results** | Liefert die Ergebnisse nach einem Get- oder Search-Kommando. |

Im nächsten Abschnitt werden wir uns anschauen, wie SyncML in Java unterstützt wird.

## 19.4 Lösungen unter Java

*Sync4J*

Java-Programmierer müssen sich glücklicherweise nicht mit den Details der SyncML-Spezifikation abplagen, denn das Open-Source-Produkt *Sync4J* implementiert sowohl einen Java-SyncML-Client als auch einen Java-SyncML-Server inklusive einer in Java geschriebenen SyncML-Engine. Das komplette Paket lässt sich von `http://www.sync4j.org` herunterladen. (Ich habe hier die Version 2.2 verwendet.) Direkt nach der Installation kann man den Server starten lassen und die Datenbanksynchronisation mit Hilfe eines Java-Klienten und eines Web-Klienten ausprobieren. Das ganze Paket hat eine respektable Größe (ca. 50 MB), das liegt aber daran, dass ein JRE, ein Tomcat-Server und eine HSQLDB-Datenbank (die aber nur für interne Zwecke benutzt wird) mit im Paket enthalten ist. Sync4J wird unter einer *Dual License* vertrieben: Open-Source-Projekte dürfen Sync4J kostenlos verwenden, kommerzielle Projekte müssen eine Lizenz käuflich erwerben.

*SyncSource*

Standardmäßig benutzt der Sync4J-Server das lokale Dateisystem als Speicher für die zu synchronisierenden Daten. Will man stattdessen die Daten in einer Datenbank speichern, ist die Implementierung einer Datenquelle (`SyncSource`) notwendig, die den Zugriff aus dem jeweiligen Datenbanksystem besorgt. Dadurch kann Sync4J beliebige Datenbanksysteme unterstützen, verlangt jedoch vom Anwender einiges an Vorarbeit. Für die Version 2.3 ist allerdings ein *Open Source Connector* für SQL-Datenbanken geplant.

Auf der Klientenseite sieht es ähnlich aus. Auch hier muss eine `SyncSource`-Implementierung erfolgen, um den Zugriff auf das Datenbanksystem des Clients zu organisieren. Damit erreicht man zwar maximale Unabhängigkeit von den verwendeten Datenbanksystemen und kann so auch Systeme unterschiedlicher Hersteller miteinander synchronisieren lassen, allerdings muss die `SyncSource` bei einem Systemwechsel entsprechend abgeändert werden (Abb. 19–1).

*Online-Betrieb*

Außerdem schlägt sich in Sync4J die Tatsache nieder, dass SyncML zunächst für die Synchronisierung einfacher Endgeräte geschaffen wurde. Ein Datenaustausch findet nur statt, wenn explizit synchronisiert wurde. In einem Rich-Client-Szenario bedeutet das, dass im Online-Betrieb nach jeder Transaktion explizit synchronisiert werden muss, damit sowohl Client als auch Server up-to-date sind.

In [Suryanarayana2005] findet man ein Beispiel, wie mit Hilfe von Sync4J eine HSQLDB-Datenbank auf dem Client mit einer Derby-Datenbank auf den Server synchronisiert werden kann. Dabei wird jedoch nur eine einzige Datenbanktabelle repliziert. Bei Anwendungen

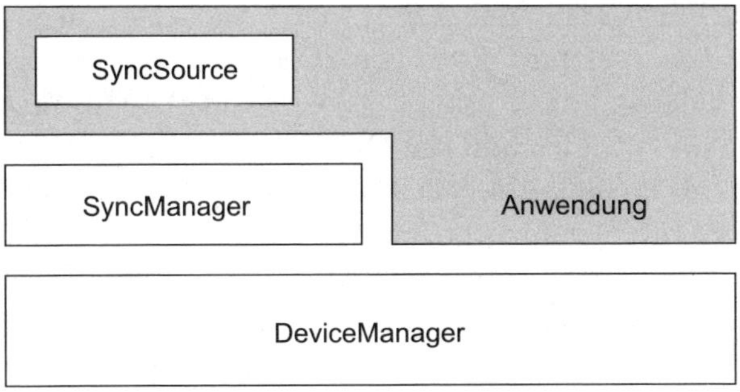


**Abb. 19–1** Die Architektur des Sync4J-Client-APIs. In der Regel ist es ausreichend, eine anwendungsspezifische SyncSource zu implementieren. Die anderen Komponenten müssen lediglich konfiguriert werden.

mit mehreren Datenbanktabellen dürfte dieses Beispiel erheblich aufwändiger und auch komplexer werden.

*Geschäftsobjekte*

Jedoch ist es bei Sync4J nicht unbedingt nötig, auf Datenbankebene zu synchronisieren. Genauso ist es möglich, auf Ebene der Geschäftsobjekte zu synchronisieren. Es ist lediglich erforderlich, die Geschäftsobjekte nach XML zu serialisieren und auf der Gegenseite den XML-Datenstrom wieder zu parsen. Da SyncML XML als Transportformat benutzt, können auf diese Weise beliebig komplexe Objekte übertragen werden. Der Vorteil einer Synchronisierung auf Ebene der Geschäftsobjekte liegt darin, dass dann auf Client und Server sogar unterschiedliche Persistenzarchitekturen verwendet werden können. Auf dem Client könnte z.B. eine objektorientierte Datenbank eingesetzt werden, auf dem Server dagegen eine relationale Datenbank. In nächsten Abschnitt werden wir uns ein Beispiel für die Synchronisierung auf Ebene der Geschäftsobjekte ansehen.

## 19.5 Ein synchronisierter Task-Planer

Als Beispiel für eine Datensynchronisierung mit Hilfe von Sync4J möchte ich hier die Implementierung einer SyncSource-Klasse skizzieren, die auf der Klientenseite als Ansprechpartner für den Sync4J-Manager dient. Bei einer Skizze möchte ich es auch belassen; die komplette Implementierung einer Synchronisationslösung inklusive der Serverprogrammierung würde den Rahmen dieses Buches sprengen. Natürlich wäre es auch möglich, eine Datenbanksynchronisierung mit Hilfe einer proprietären Lösung (siehe Abschnitt 19.2) mit weniger Aufwand zu realisieren, allerdings wäre dann auf der Klientenseite ein anderes Datenbanksystem (z.B. Derby) nötig.

Für die Realisierung mit Sync4J sollten Sie sich die neueste Version des *SyncClient API Java J2SE* von `http://www.sync4j.org` herunterladen (ich habe hier die Version 2.7.3 verwendet) – nur diese Distribution enthält die Javadoc und den Quellcode des Client API.

Anders als im oben zitierten Artikel [Suryanarayana2005] replizieren wir hier die Daten nicht auf der Datenbankebene, sondern auf Ebene der Geschäftsobjekte. Das heißt, dass die einzelnen Geschäftsobjekte unseres Datenmodells (`Resource`, `Project`, `Task`) beim Versenden nach XML serialisiert werden müssen und auf der Gegenseite wieder von XML in ein Java-Objekt zusammengebaut werden müssen.

### 19.5.1 XML-Serialisierung

Bei dieser Serialisierung (*Marshalling*) und Deserialisierung (*Unmarshalling*) machen wir wieder von den Generatoren in dem Modellierungswerkzeug KLEEN Gebrauch (siehe Kapitel 2 und Abschnitt 14.2.1). Wenn Sie beim Generieren des Java-Quellcodes aus dem Modell das Kästchen *XML marshalling* ankreuzen, so werden die generierten Klassen um den notwendigen Code ergänzt, um einen `IXmlMarshaller` zu implementieren. Gleichzeitig wird für Geschäftsobjekte auch noch ein `IXmlUnmarshaller` erzeugt, der aus XML-Dokumenten die notwendigen Java-Instanzen erzeugen kann, die benötigt werden, um ein Geschäftsobjekt zu realisieren. So müssen z.B. für das Geschäftsobjekt *Task* eine Instanz der Klasse `Task` und ggf. mehrere Instanzen der Klassen `Requires` und `Utilizes` erzeugt werden.

*XmlEncoder?*

Im Prinzip geht das auch mit Java-Bordmitteln. Seit Java 1.4 enthält Java im Package `java.beans` die Klassen `XmlEncoder` und `XmlDecoder`. Damit können alle Klassen, welche das Interface `Serializable` implementieren, nach XML externalisiert werden. Allerdings können diese Serialisierer nicht an den Grenzen von Geschäftobjekten Halt machen. Beim Serialisieren einer `Project`-Instanz würde das resultierende Dokument sämtliche Tasks des Projekts enthalten – nicht unbedingt erwünscht, wenn inkrementell synchronisiert werden soll. Der `IXmlMarshaller` löst dagegen solche komplexen Objekte auf: Eine `Project`-Serialisierung enthielte nur *foreign-key*-Verweise auf die enthaltenen Tasks, nicht jedoch die Tasks selbst. Beim Deserialisieren mit einem `IXmlUnmarshaller` dagegen können diese Verweise mit Hilfe eines `IReferenceResolvers` wieder in Objektreferenzen umgewandelt werden.

*Rekursive Strukturen*

Eine Schwierigkeit gibt es allerdings noch beim Geschäftsobjekt `Task`. Dort verweist die rekursive Beziehung `Requires` von einem `Task` wieder auf einen `Task`. Beim Deserialisieren eines Tasks würde das entstehende XML-Dokument sämtliche von diesem Task benötigten Tasks mit in das Dokument hineinschreiben – unter Umständen kann dies das gesamte Projekt sein. Wir können dieses Problem lösen, indem wir im grafischen Modell den Pfeil von `Requires` auf `Task` mit einem *Range*-Attribut versehen. Dazu selektieren Sie im Modell den Pfeil. Im *Item Features View* wählen Sie unter *Range* den Eintrag *Task* aus der Liste aus. Damit wird der Pfeil sozusagen auf die Ebene der *Level 2 Structure* (Container) *Task* gehoben, und die Rekursivität innerhalb des Geschäftsobjektes unterbrochen.

### 19.5.2 Das Sync-Projekt

Für jedes Plugin, welches Zugriff auf die Datenbank hat, müssen wir eine eigene `SyncSource` definieren. Das wäre der Fall für das Plugin `com.bdaum.planner.admin`, welches den Benutzerbestand verwaltet, das Plugin `com.bdaum.planner.supervisor`, welches die Projektressourcen verwaltet und das Plugin `com.bdaum.planner.taskPlanner`, welches Projekte und Tasks verwaltet. Deshalb lohnt sich die Definition eines allgemeinen Plugins, welches die JARs des Sync4J-Client-APIs enthält und auch eine `SyncSource`-Klasse definiert, welche als Basis für die Synchronisierung der Hibernate-basierten Plugins `com.bdaum.planner.supervisor` und `com.bdaum.planner.taskPlanner` dienen kann. (Die Synchronisierung des Benutzerbestandes möchte ich aussparen.)

Dazu erstellen wir mit Hilfe der Funktion *File>New>Project...>Plug-in from existing JAR archives* ein neues Plugin-Projekt namens `com.bdaum.planner.sync`. Mit Hilfe der Taste *Add External...* importieren Sie den gesamten Inhalt des `lib`-Ordners der *SyncClient API Java J2SE* Distribution. Im nächsten Schirm entfernen Sie das Häkchen von der Option *Unzip the JAR archives into the project.*

*Manifest*

Auf der Manifest-Seite *Dependencies* fügen wir das Plugin `com.bdaum.hibernateWrapper` hinzu. Da wir in diesem Anwendungsbeispiel Hibernate für die Herstellung der Persistenz benutzen, sollte auch die Synchronisation unter Hibernate ablaufen, um eine saubere Transaktionslogik zu gewährleisten. Außerdem wird noch das Plugin `com.bdaum.planner` benötigt, von dessen Plugin-Klasse wir uns das Hibernate-`Session`-Objekt holen. Da dieses Projekt die Abhängigkeit von `com.bdaum.planner.dataStructures` re-exportiert, stehen uns nun auch die dort definierten Marshaller und Unmarshaller zur Verfügung. Ebenfalls benötigt wird das Plugin `org.eclipse.core.runtime`. Für die Implementierung der Synchronisationslogik definieren wir uns zunächst mit *File>New>Source Folder* einen neuen Ordner namens `src/` für Java-Quelldateien.

*Feature*

Natürlich wird auch für dieses Projekt wieder ein Feature-Projekt namens *Sync Feature* mit der ID `com.bdaum.planner.sync` erzeugt. Dieses kann dann im Produkteditor der Konfiguration des Projektplaners hinzugefügt werden.

*Strategien*

Nun können wir darangehen, die Synchronisation zu implementieren. Dazu müssen wir uns zu jedem Geschäftsobjekt den aktuellen Zustand (neu, geändert, gelöscht) merken, außerdem den Zeitpunkt der Modifikation. Mit diesen Zusatzinformationen kann dann eine inkrementelle Synchronisierung durchgeführt werden. Natürlich müssen diese zusätzlichen Informationen persistent gespeichert werden, am besten in der lokalen Datenbank. Dabei haben wir zwei Möglichkeiten:

- Wir erweitern jedes Geschäftsobjekt um zwei Felder (Zustand und Zeitstempel). Da sowohl Datenbanktabellen als auch das Java-Datenmodell aus dem konzeptuellen Modell abgeleitet werden, hieße das, dass diese zusätzlichen Felder in das konzeptuelle Modell mit aufgenommen werden müssten. Nicht besonders schön, da so technische Details mit Geschäftslogik vermischt werden.
- Die andere Möglichkeit ist, sich den aktuellen Zustand eines jeden Geschäftsobjektes in einer separaten Tabelle zu merken. Das erfordert zwar etwas mehr Platz und auch einen zusätzlichen Datenbankzugriff pro Geschäftsobjekt, aber durch die Trennung von Synchronisationslogik von der Geschäftslogik verbessert sich die Wiederverwendbarkeit der Synchronisationslogik und auch die Wartbarkeit.

Wir entscheiden uns für die zweite Lösung und definieren zunächst eine Klasse, welche die Synchronisationszustände beschreibt. Die Klasse enthält außer dem Primärschlüssel des zugeordneten Geschäftsobjektes zwei Felder für den aktuellen Zustand und den Zeitpunkt der Änderung, außerdem ein Feld, das den Klassennamen des Geschäftsobjektes enthält. Dabei nehmen wir an, dass der Primärschlüssel eines Geschäftsobjektes nicht nur innerhalb einer Datenbanktabelle, sondern modellweit eindeutig ist, denn nur dann funktioniert eine eindeutige Zuordnung zwischen Geschäftsobjekt und `SyncState`-Objekt mit Hilfe des Primärschlüssels. Dies ist in unserem Beispielprogramm der Fall, denn beim Erzeugen neuer IDs haben wir je nach Typ verschiedene Präfixe verwendet.

*CGLIB-Klassennamen*

Eine Besonderheit gibt es noch beim Speichern des Klassennamens zu beachten. Hier müssen wir wieder berücksichtigen, dass wir mit Hibernate arbeiten, und dass Objekte, die aus der Datenbank geladen werden, von CGLIB modifiziert sein können, d.h. einen modifizierten

Klassennamen haben. Wir entfernen hier deshalb den CGLIB-Suffix, bevor wir ein Feld speichern.

### Die Klasse SyncState

```
package com.bdaum.planner.sync;
import java.util.Date;
import sync4j.syncclient.spds.engine.SyncItemState;

public class SyncState extends SyncItemState {

  // Schlüssel des Geschäftsobjektes
  private String id;

  // Aktueller Zustand – siehe SyncItemState
  private char state;

  // Zeitpunkt der Änderung
  private Date since;

  // Java-Typ des Geschäftsobjektes
  private String type;

  /**
   * Konstruktor
   * @param id – Schlüssel des Geschäftsobjektes
   * @param since – Zeitpunkt der Änderung
   * @param clazz – Klassendeskriptor des Geschäftsobjektes
   */
  public SyncState(String id, Date since, Class clazz) {
    super();
    this.id = id;
    this.state = NEW;
    this.since = since;
    setType(clazz.toString());
  }

  public String getId() {
    return id;
  }

  public void setId(String id) {
    this.id = id;
  }

  public Date getSince() {
    return since;
  }

  public void setSince(Date since) {
    this.since = since;
  }
```

```
  public char getState() {
    return state;
  }

  public void setState(char state) {
    this.state = state;
  }

  public String getType() {
    return type;
  }

  public void setType(String type) {
    // Klassenname muss wieder von CGLIB-Suffixes gesäubert werden,
    // da Hibernate Binärobjekte mit CGLIB modifiziert.
    int p = type.indexOf("$$EnhancerByCGLIB$$");
    this.type = (p < 0) ? type : type.substring(0, p);
  }
}
```

*Datenbanktabelle*

Die zu dieser Klasse gehörige Datenbanktabelle SyncState_create_table.sql ist dann auch recht einfach und wird direkt im Projektordner abgespeichert:

```
CREATE TABLE SyncState (
   id VARCHAR(240) PRIMARY KEY,
       state CHAR(1) NOT NULL,
       since TIMESTAMP NOT NULL,
   type VARCHAR(255) NOT NULL )
```

Und entsprechend einfach sieht auch die Hibernate-Mapping-Datei sync.hbm.xml aus, die zusammen mit SyncState.java im Package com.bdaum.planner.sync abgelegt wird:

*Hibernate-Mapping*

```
<?xml version="1.0" encoding="UTF-8"?>
<!DOCTYPE hibernate-mapping
                PUBLIC "-//Hibernate/Hibernate Mapping DTD 3.0//EN"
                "http://hibernate.sourceforge.net/
                hibernate-mapping-3.0.dtd">
<hibernate-mapping>
    <class name="www.bdaum.de.planner.sync.SyncState"
           table="SyncState">
        <id name="id" type="string"/>
        <property column="state" name="state" type="character"/>
        <property column="since" name="since" type="timestamp"/>
        <property column="type" name="type" type="string"/>
    </class>
</hibernate-mapping>
```

### Die Klasse ClientSyncSource

Nun können wir darangehen, die Klasse `ClientSyncSource`, also die klientenseitige Datenquelle für die Sync4j-Engine zu implementieren. Um die Implementierung einfach zu halten, nehmen wir an, dass alle Geschäftsobjekte als `IdentifiedAsset` modelliert wurden (siehe Kapitel 2), also das Interface `IdentifiedAsset` implementieren. Dies ist in unserem Beispiel der Fall.

Im Wesentlichen werden drei Arten von Zugriffsmethoden benötigt:

- Mit den `get...()`-Methoden holt sich die Sync4j-Engine die zu synchronisierenden Objekte in Form von `SyncItem`-Instanzen.
- Mit `setSyncItem()` wird dem Klienten ein neues synchronisiertes Objekt zugestellt.
- Mit `removeSyncItem()` wird ein Objekt gelöscht, wenn bei der Synchronisierung festgestellt wird, dass es nicht mehr benötigt wird.

Außerdem gibt es noch die Methoden `beginSync()` und `commitSync()`, zwischen die ein Synchronisationsvorgang transaktionell eingeschlossen wird.

*Erweiterungspunkt*

Wir können die gesamte Synchronisationslogik in dieser Klasse in generischer Form implementieren. Allerdings zieht die Klasse geschäftsobjektspezifische `IXmlUnmarshaller` heran, die über einen Plugin-Erweiterungspunkt mit dem Plugin `com.bdaum.planner.sync` registriert werden müssen.

```
package com.bdaum.planner.sync;
import java.io.*;
import java.security.Principal;
import java.sql.Timestamp;
import java.util.*;
import javax.xml.stream.*;
import org.eclipse.core.runtime.*;
import org.hibernate.*;
import sync4j.syncclient.spds.SyncException;
import sync4j.syncclient.spds.engine.*;
import www.bdaum.de.planner.IdentifiedAsset;
import com.bdaum.aoModeling.runtime.xsd.*;
import com.bdaum.planner.PlannerPlugin;
import com.ctc.wstx.stax.WstxInputFactory;
import com.ctc.wstx.stax.WstxOutputFactory;

public class ClientSyncSource implements SyncSource {

  // Name der SyncSource
  private String name = this.getClass().toString();
```

```
// Der Mimetyp der Synchronisierungsnachrichten
private String type = "application/vnd.syncml+xml";

// Die URI der Datenquelle
private String sourceURI;

// Die Hibernate-Sitzung
private Session session;

// Die aktuelle Hibernate-Transaktion
private Transaction tx;

// Die Fabrik für XML-Serialisierer
private XMLOutputFactory xmlOutputFactory;

// Die Fabrik für XML-Parser
private XMLInputFactory xmlInputFactory;

// Die verwendeten Unmarshaller zum Parsen der XML-Nachrichten
private List<IXmlUnmarshaller> unmarshallers =
                        new ArrayList<IXmlUnmarshaller>();

// Instanz eines ReferenceResolvers, der Komponenten zusammenfügt
IReferenceResolver resolver;

// Liste von Objekten, die am Ende einer Transaktion
// gespeichert werden sollen
List<Object> toBeStored;
```

*Eigenschaften*

Zunächst müssen einige Getter und Setter des Interfaces SyncSource implementiert werden. So werden in der SyncSource-Instanz der Name der Datenquelle, der Mime-Typ und die URI der Datenquelle gespeichert.

```
/**
 * Holt den Namen der SyncSource
 * @see sync4j.syncclient.spds.engine.SyncSource#getName()
 */
public String getName() {
  return name;
}

/**
 * Liefert den Mime-Typ der übermittelten Nachrichten
 * @see sync4j.syncclient.spds.engine.SyncSource#getType()
 */
public String getType() {
  return type;
}
```

```
/**
 * Liefert die URI der Datenquelle
 *
 * @see sync4j.syncclient.spds.engine.SyncSource#getSourceURI()
 */
public String getSourceURI() {
  return sourceURI;
}

/**
 * Setzt die URI der Datenquelle
 * @param sourceURI - die URI der Datenquelle
 */
public void setSourceURI(String sourceURI) {
  this.sourceURI = sourceURI;
}
```

*Synchronisation starten*

Beim Beginn einer Synchronisation wird zunächst die `ClientSync-Source`-Instanz initialisiert, bzw. falls dies bereits erfolgt war, werden einige Repositorien zurückgesetzt. Anschließend wird eine neue Datenbanktransaktion gestartet.

```
/**
 * Startet eine Synchronisation
 * @see sync4j.syncclient.spds.engine.SyncSource#beginSync(int)
 */
public void beginSync(int type) throws SyncException {
  // SyncSource-Instanz initialisieren
  if (session == null)
    init();
  else {
    toBeStored.clear();
    resolver.reset();
  }
  // Hängende Transaktion rücksetzen
  if (tx != null)
    tx.rollback();
  // Neue Transaktion beginnen
  tx = session.beginTransaction();
}
```

*Initialisierung*

Bei der Initialisierung wird zunächst ein neues Hibernate-Sitzungsobjekt vom `PlannerPlugin` bezogen. Dann wird ein Zwischenspeicher für empfangene Objekte angelegt, denn wir wollen die empfangenen Objekte erst am Ende einer Synchronisation in die Datenbank schreiben. Der Grund dafür ist, dass während der Synchronisierung möglicherweise noch nicht alle Verweise auf andere Objekte aufgelöst sind.

Der Rest des Codes initialisiert den XML-Serialisierer und -Parser. Beide genügen dem `javax.xml.stream`-API (StAX). Die konkrete Implementierung ist ein Open-Source-Produkt von *codehaus* (`www.codehaus.org`), wird aber bereits mit der KLEEN-Runtime zusammen ausgeliefert. Ebenfalls aus der KLEEN-Runtime stammt der `DefaultReferenceResolver`, der dafür verantwortlich ist, Referenzen zwischen Objekten aufzulösen, bzw. wenn das nicht möglich ist, die unaufgelösten Referenzen zu sammeln und verfügbar zu machen. Alle registrierten Unmarshaller werden aus der Plugin-Registratur für Erweiterungspunkte ermittelt. Instanzen dieser Unmarshaller werden erzeugt; dann werden diese `IXmlUnmarshaller`-Instanzen mit dem `DefaultReferenceResolver` initialisiert.

```
/**
 * Initialisiert die SyncSource-Instanz
 * @throws SyncException
 */
protected void init() throws SyncException {
  // Neues Hibernate-Sitzungsobjekt
  session = PlannerPlugin.getDefault().getNewSession();
  // Zwischenspeicher für empfangene Objekte
  toBeStored = new ArrayList<Object>();
  // XML-Serialisierer-Fabrik erzeugen
  xmlOutputFactory = new WstxOutputFactory();
  // Pull-Parser-Fabrik erzeugen
  xmlInputFactory = new WstxInputFactory();
  // Instanz des ReferenceResolvers
  resolver = new DefaultReferenceResolver();
  // Registrierte Unmarshaller aus ExtensionsPointRegistry
  // auslesen
  IExtensionRegistry registry = Platform.getExtensionRegistry();
  // ExtensionPoint
  IExtensionPoint point = registry.getExtensionPoint(
          "com.bdaum.planner.sync", "xmlUnmarshaller");
  // Extensions
  try {
    for (IExtension extension : point.getExtensions()) {
      // Konfigurationselemente
      for (IConfigurationElement element : extension
              .getConfigurationElements()) {
        // Unmarshaller mit ReferenceResolver versorgen
       IXmlUnmarshaller unmarshaller = (IXmlUnmarshaller) element
               .createExecutableExtension("class");
        unmarshaller.setResolver(resolver);
        unmarshallers.add(unmarshaller);
      }
```

```
      }
    } catch (CoreException e) {
      throw new SyncException(
             "Error when creating an XML Unmarshaller", e);
    }
  }
```

*Commit*

Am Ende eines Synchronisierungsprozesses werten wir die beiden Repositorien aus. Vom `DefaultReferenceResolver` erhalten wir die noch unaufgelösten Referenzen. Dies kann der Fall sein, wenn ein Objekt (z.B. ein Task) übermittelt wurde und auf ein anderes Objekt (z.B. einen anderen Task) verweist, das nicht übermittelt wurde. In diesem Fall versuchen wir, den offenen Verweis aus der lokalen Datenbank zu befriedigen.

Nachdem alle offenen Verweise durchgearbeitet wurden, werden alle übermittelten Objekte in die Datenbank geschrieben.

```
/**
 * Synchronisierung steht unmittelbar vor dem Abschluss
 * @see sync4j.syncclient.spds.engine.SyncSource#commitSync()
 */
public void commitSync() throws SyncException {
  if (tx != null) {
    // Zunächst fehlende Objekte, auf die verwiesen wird, auflösen
    for (IReferenceResolver.IReference ref : resolver
           .reportUnresolvedReferences()) {
      // Klasse, Schlüssel und Schlüsselname des Verweises
      Class clazz = ref.getRefClass();
      String id = (String) ref.getKeyValue();
      String keyName = ref.getKeyName();
      // von der Datenbank holen
      Object resolved = session.get(clazz, id);
      if (resolved != null)
        // Dem Resolver die Auflösung verraten, damit er
        // die offenen Verweise aktualisieren kann
        resolver.put(clazz, resolved,
               new String[] { keyName }, new String[] { id });
    }
    // Alles komplett, wir können die Daten persistent machen
    for (Object obj : toBeStored)
      session.save(obj);
    tx.commit();
  }
}
```

*Marshalling*

Die folgenden Methoden liefern die zu synchronisierenden Objekte je nach Zustand und Änderungszeitpunkt in Form von SyncItem-Instanzen. Dabei werden die Objekte nach XML serialisiert und das resultierende XML-Dokument in der SyncItem-Instanz gespeichert.

```
/**
 * Liefert alle Synchronisationsobjekte
 * @see sync4j.syncclient.spds.engine.SyncSource#getAllSyncItems(
 *      java.security.Principal)
 */
public SyncItem[] getAllSyncItems(Principal principal)
        throws SyncException {
  return getSyncItems(SyncItemState.UNKNOWN, null);
}

/**
 * Liefert nur die Synchronisationsobjekte, die ab einer
 * bestimmten Zeit gelöscht wurden
 *
 * @see
sync4j.syncclient.spds.engine.SyncSource#getDeletedSyncItems(
 *      java.security.Principal, java.util.Date)
 */
public SyncItem[] getDeletedSyncItems(Principal principal,
        Date since) throws SyncException {
  return getSyncItems(SyncItemState.DELETED,
          new Timestamp(since.getTime()));
}

/**
 * Liefert nur die Synchronisationsobjekte, die ab einer
 * bestimmten Zeit neu angelegt wurden
 *
 * @see sync4j.syncclient.spds.engine.
 *                     SyncSource#getDeletedSyncItems(
 *                     java.security.Principal, java.util.Date)
 */
public SyncItem[] getNewSyncItems(Principal principal,
        Date since) throws SyncException {
  // Get all new sync items since the specified date
  return getSyncItems(SyncItemState.NEW, new Timestamp(
          since.getTime()));
}
```

```
/**
 * Liefert nur die Synchronisationsobjekte, die ab einer
 * bestimmten Zeit geändert wurden
 *
 * @see sync4j.syncclient.spds.engine.
 *                     SyncSource#getDeletedSyncItems(
 *                     java.security.Principal, java.util.Date)
 */
public SyncItem[] getUpdatedSyncItems(Principal principal,
                             Date since) throws SyncException {
  // Get all updated sync items since the specified date
  return getSyncItems(SyncItemState.UPDATED,
          new Timestamp(since.getTime()));
}
```

*SyncState-Abfragen*

Je nach Auswahlkriterien wird eine entsprechende Hibernate-Abfrage mit Hilfe der *Hibernate Query Language* (HQL) konstruiert und mit Parametern versorgt. Anschließend wird die Datenbankabfrage ausgeführt und die Datensätze mit Hilfe der Methode objectToSyncItem() in SyncItem-Instanzen umgewandelt.

```
/**
 * Liefert Synchronisationsobjekte abhängig vom
 * spezifizierten Zustand und Zeitpunkt
 * @param state - Zustand
 * @param since - Zeitpunkt
 * @return - Synchronisationsobjekte
 * @throws SyncException
 */
private SyncItem[] getSyncItems(char state,
                  Timestamp since) throws SyncException {
  List<SyncItem> items = new ArrayList<SyncItem>();
  Query query;
  if (state == SyncItemState.UNKNOWN) {
    if (since == null)
      // Alle Einträge holen
      query = session.createQuery("from SyncState");
      // Alle Einträge seit angegebener Zeit holen
    else
      query = session.createQuery(
                  "from SyncState ev where ev.since  > :time")
            .setTimestamp("time", since);
  } else {
    if (since == null)
      // Alle Einträge mit einem bestimmten Zustand suchen
      query = session.createQuery(
                 "from SyncState ev where ev.state = :state");
    else
```

```
        // Alle Einträge mit einem bestimmten Zustand und ab
        // einer bestimmten Zeit suchen
        query = session.createQuery(
    "from SyncState ev where ev.state = :state and evt.since  >
                                                            :time")
                .setTimestamp("time", since);
      query.setString("state", String.valueOf(state));
    }
    // Datenbankabfrage ausführen
    for (Iterator it = query.iterate(); it.hasNext(); ) {
      try {
        // Einträge serialisieren
        items.add(objectToSyncItem((SyncState) it.next()));
      } catch (Exception e) {
       throw new SyncException("Error during marshalling to XML", e);
      }
    }
    return (SyncItem[]) items.toArray(new SyncItem[items.size()]);
  }
```

*Serialisieren* Die eigentliche Umwandlung in eine SyncItem-Instanz ist dann relativ einfach. Sofern das Objekt nicht als gelöscht markiert war, wird es mit Hilfe der Methode toXML() serialisiert (alle generierten Geschäftsobjekte implementieren das Interface IXmlMarshaller). Das Ergebnis wird dann mit dem Schlüssel PROPERTY_BINARY_CONTENT in einer neuen SyncItem-Instanz gespeichert.

```
  /**
   * Erzeugt ein SyncItem aus einem Geschäftsobjekt - das
   * Geschäftsobjekt wird nach XML serialisiert
   * @param sync - the synchronization event
   * @return - die erzeugte SyncItem-Instanz
   * @throws IllegalArgumentException
   * @throws IllegalStateException
   * @throws IOException
   * @throws ClassNotFoundException
   * @throws XMLStreamException
   */
  private SyncItem objectToSyncItem(SyncState sync)
          throws IllegalArgumentException,
          IllegalStateException, IOException,
          ClassNotFoundException, XMLStreamException {
    ByteArrayOutputStream out = new ByteArrayOutputStream();
    if (sync.getState() != SyncItemState.DELETED) {
      // Den Serialisierer mit dem Ausgabestrom bekannt machen
      XMLStreamWriter serializer =
            xmlOutputFactory.createXMLStreamWriter(out, "utf-8");
```

```
      // Das Datenbankobjekt lesen
      Class clazz = Class.forName(sync.getType());
      Object obj = session.get(clazz, sync.getId());
      // Nach XML synchronisieren
      if (obj instanceof IXmlMarshaller)
        ((IXmlMarshaller) obj).toXML(serializer, "utf-8", null,
                                                       false);
      else
        throw new IllegalArgumentException(
                "Object cannot be marshalled to XML");
    }
    // Neues SyncItem erzeugen
    SyncItem item = new SyncItemImpl(this, sync.getId(),
            sync.getState());
    // Den erzeugten XML-Ausgabestrom als Inhalt in das
    // SyncItem schreiben
    item.setProperty(new SyncItemProperty(
            SyncItem.PROPERTY_BINARY_CONTENT, out.toString()));
    return item;
  }
```

*Löschen*

Beim Löschen wird auch erst wieder in der SyncState-Tabelle nach einem Element gesucht. Wenn dieses existiert und nicht als bereits gelöscht markiert ist, wird auch das zugeordnete Geschäftsobjekt gelöscht. Anschließend wird das SyncState-Objekt als gelöscht markiert.

```
  /**
   * Entfernt Synchronisationsobjekte
   * @see sync4j.syncclient.spds.engine.SyncSource
   *      #removeSyncItem(java.security.Principal,
   *      sync4j.syncclient.spds.engine.SyncItem)
   */
  public void removeSyncItem(Principal principal,
          SyncItem syncItem) throws SyncException {
    // Keine offene Transaktion
    if (tx == null)
      throw new SyncException("No transaction");
    // Schlüssel aus SyncItem holen
    String id = syncItem.getKey().getKeyAsString();
    // SyncState aus Datenbank holen
    SyncState state = (SyncState) session.get(
            SyncState.class, id);
    if (state == null)
      throw new SyncException("No synchronization state");
    if (state.getState() != SyncItemState.DELETED) {
```

```
        try {
          // Typ des Datenobjektes aus SyncEvent holden
          Class clazz = Class.forName(state.getType());
          // Damit einen Datenbankzugriff auf das zu löschende
          // Objekt durchführen
          Object obj = session.get(clazz, id);
          // Objekt löschen
          session.delete(obj);
          // SyncState aktualisieren
          Date timestamp = (Date) syncItem
                  .getPropertyValue(SyncItem.PROPERTY_TIMESTAMP);
          state.setSince(timestamp);
          state.setState(SyncItemState.DELETED);
          session.save(state);
        } catch (ClassNotFoundException e) {
        }
      }
    }
```

*Neueintrag Aktualisierung*

Wird ein Geschäftsobjekt gesetzt, so wird entweder ein neues Element in der Datenbank gespeichert, oder ein bestehendes Objekt wird aktualisiert. Doch zunächst muss das in XML-Format übermittelte Geschäftsobjekte erst einmal deserialisiert werden. Ohne diese XML-Nachricht genauer anzusehen, wissen wir nicht, welcher Unmarshaller verwendet werden soll. Deshalb probieren wir einfach der Reihe nach alle durch. Das ist nicht ganz so langsam, wie es klingt, denn schon beim Vergleich auf das erste XML-Tag stellt in der Regel ein Unmarshaller fest, ob er der Richtige ist. Anschließend wird das deserialisierte Objekt in die Liste der zu speichernden Objekte eingetragen, der `SyncState`-Eintrag wird jedoch sofort aktualisiert.

```
/**
 * Ein Objekt neu anlegen oder aktualisieren
 * @see sync4j.syncclient.spds.engine.SyncSource
 *      #setSyncItem(java.security.Principal,
 *      sync4j.syncclient.spds.engine.SyncItem)
 */
public SyncItem setSyncItem(Principal principal,
        SyncItem syncItem) throws SyncException {
  // Keine offene Transaktion
  if (tx == null)
    throw new SyncException("No transaction");
  // XML-Datenstrom holen
  String input = new String( (byte[]) syncItem
        .getPropertyValue(SyncItem.PROPERTY_BINARY_CONTENT));
  Reader reader = new StringReader(input);
  // XML-Datenstrom parsen
  IdentifiedAsset asset = null;
```

```
    try {
      // Wir probieren einen Unmarshaller nach dem andern,
      // bis einer passt
      for (IXmlUnmarshaller unmarshaller : unmarshallers) {
        try {
          XMLStreamReader xpp = xmlInputFactory
                  .createXMLStreamReader(reader);
          asset = (IdentifiedAsset) unmarshaller
                  .parseXmlDocument(xpp);
          break;
        } catch (XMLStreamException e) {
          reader.reset();
        }
      }
      // Unbekanntes Objekt
      if (asset == null)
        throw new SyncException("Unknown document type");
      // Zur Liste der zu speichernden Objekte hinzufügen -
      // wird bei commit ausgewertet
      toBeStored.add(asset);
      // Eintrag in SyncState-Tabelle suchen
      String id = asset.getId();
      Date timestamp = (Date) syncItem
              .getPropertyValue(SyncItem.PROPERTY_TIMESTAMP);
      SyncState event = (SyncState)
                              session.get(SyncState.class, id);
      if (event == null)
        // Nicht gefunden – Neueintrag
        event = new SyncState(id, timestamp, asset.getClass());
      else {
        // Gefunden, Zustand und Zeit aktualisieren
        event.setSince(timestamp);
        event.setState((event.getState() == SyncItemState.DELETED)
                  ? SyncItemState.NEW
                  : SyncItemState.UPDATED);
      }
      // SyncEvent-Eintrag speichern
      session.save(event);
      return syncItem;
    } catch (HibernateException e) {
      throw new SyncException("Hibernate error", e);
    } catch (IOException e) {
      tx.rollback();
      tx = null;
      throw new SyncException("IO-Error", e);
    }
  }
```

```
  /**
   * Etwas bessere Repräsentation dieser Klasse
   */
  public String toString() {
    StringBuffer sb = new StringBuffer(super.toString());
    return sb.append(" - {
                     name: ").append(name).append("}").toString();
  }
}
```

## Das Plugin-Manifest

Oben hatten wir in der `init()`-Methode die Registratur für Erweiterungspunkte nach Unmarshallern abgesucht. Dazu müssen wir aber noch im Plugin-Manifest diesen Erweiterungspunkt definieren (siehe auch Abschnitt 3.5.3). Das geschieht auf der *Extension Points*-Seite des Plugin-Manifest-Editors. Dort tragen wir den Erweiterungspunkt `xmlUnmarshaller` ein und bearbeiten anschließend mit dem Schema-Editor das Schema des neuen Erweiterungspunktes (siehe auch Abschnitt 3.5.5). Das neue Codestück im Manifest sieht folgendermaßen aus:

*Erweiterungspunkt*

```
<extension-point id="xmlUnmarshaller"
                 name="Xml Unmarshaller"
                 schema="schema/xmlUnmarshaller.exsd"/>
```

Im Schema-Editor erzeugen wir zunächst ein neues Element `unmarshaller` und dann für dieses Element ein Attribut `class`. Im *Property View* wählen wir dann für dieses Attribut als *Kind* den Wert `java` und als *Use* den Wert `required`. Außerdem können wir den Typ für die anzugebende Klasse noch einschränken, indem wir unter *BasedOn* den Wert `com.bdaum.aoModeling.runtime.xsd.IXmlUnmarshaller` angeben.

Schließlich muss noch die Struktur des Erweiterungspunktes festgelegt werden. Dazu selektieren wir das Element `extension`, dann rechts den Eintrag `sequence`. Nach einem rechten Mausklick wählen wir *New>Reference>unmarshaller* aus. Anschließend spezifizieren wir noch für das neue `unmarshaller`-Kindelement im *Properties View* im Eintrag *maxOccurs* den Wert `unbounded`.

Anschließend müsste der Quellcode des neuen Schemas wie folgt aussehen (aus Platzgründen haben wir die meisten Annotationen entfernt):

Schema

```
<?xml version='1.0' encoding='UTF-8'?>
<schema targetNamespace="com.bdaum.planner.sync">
  <element name="extension">
  <complexType>
     <sequence>
      <element ref="unmarshaller" minOccurs="1"
                                            maxOccurs="unbounded"/>
     </sequence>
     <attribute name="point" type="string" use="required"/>
     <attribute name="id" type="string"/>
     <attribute name="name" type="string"/>
  </complexType>
  </element>
  <element name="unmarshaller">
  <complexType>
     <attribute name="class" type="string" use="required">
     <annotation>
      <appInfo>
        <meta.attribute kind="java"
         basedOn="com.bdaum.aoModeling.runtime.xsd.
                                               IXmlUnmarshaller"/>
      </appInfo>
     </annotation>
     </attribute>
  </complexType>
  </element>
</schema>
```

#### Initialisierung und Konfiguration

Um den Synchronisationsprozess aufrufen zu können, ist noch eine Initialisierung des Synchronisationsmanagers nötig. Der geeignete Ort, an dem diese Instanz gespeichert werden kann, ist die Plugin-Klasse des Plugins `com.bdaum.planner.sync`, also die Klasse `SyncPlugin`. Diese erzeugen wir vom Manifest aus, indem wir in der *Overview*-Seite unter *Class* den Wert »`com.bdaum.planner.sync.SyncPlugin`« eintragen und dann auf den *Class*-Hyperlink klicken. Dass wir dabei allerdings eine veraltete Plugin-Version generiert bekommen, ist weniger schön. Es sind einige Änderungen erforderlich.

Außerdem wird hier dem `Sync4J-Manager` mit Hilfe eines `SimpleDeviceManagers` die Konfigurationsdatei bekannt gemacht. Auf die Sync4J-Konfigurationsdateien wollen wir an dieser Stelle nicht näher eingehen, diese Informationen entnehmen Sie am besten der Sync4J-Dokumentation.

*Plugin-Klasse*

```
package com.bdaum.planner.sync;
import org.eclipse.core.runtime.Plugin;
import sync4j.syncclient.spdm.DMException;
import sync4j.syncclient.spdm.SimpleDeviceManager;
import sync4j.syncclient.spds.SyncException;
import sync4j.syncclient.spds.SyncManager;

public class SyncPlugin extends Plugin {

  private static SyncPlugin plugin;
  private SyncManager syncManager;

  public SyncPlugin() {
    super();
    plugin = this;
  }

  public static SyncPlugin getDefault() {
    return plugin;
  }

  public void syncInit() {
    // Sync4J-Device Manager mit
    // Konfigurationsdatei config.properties konfigurieren
    System.setProperty(SimpleDeviceManager.PROP_DM_DIR_BASE,
                                                        "config");
    // SyncManager-Instanz erzeugen
      try {
        syncManager = SyncManager.getSyncManager(".");
      } catch (SyncException e) {
        e.printStackTrace();
      } catch (DMException e) {
        e.printStackTrace();
      }
  }

  public SyncManager getSyncManager() {
    return syncManager;
  }
}
```

### 19.5.3 Daten synchronisieren

Um ein Plugin wie `com.bdaum.planner.supervisor` oder `com.bdaum.planner.taskPlanner` mit Synchronisierungsfunktionalität auszurüsten, ist es notwendig, das Plugin `com.bdaum.planner.sync` bei den jeweiligen Plugins als benötigtes Plugin einzutragen (*Dependencies*-Abschnitt im Manifest). Anschließend können im Abschnitt *Extensions* die spezifischen Unmarshaller deklariert werden, so beispielsweise für das Plugin com.bdaum.planner.taskPlanner:

*Plugins erweitern*

```
<extension point="com.bdaum.planner.sync.xmlUnmarshaller">
  <unmarshaller
       class="www.bdaum.de.planner.project.
                                  Project_XmlUnmarshaller"/>
  <unmarshaller
      class="www.bdaum.de.planner.project.task.
                                     Task_XmlUnmarshaller"/>
</extension>
```

oder für das Plugin com.bdaum.planner.supervisor:

```
<extension point="com.bdaum.planner.sync.xmlUnmarshaller">
  <unmarshaller
       class="www.bdaum.de.planner.project.
                                 Resource_XmlUnmarshaller"/>
</extension>
```

*Synchronisation anstoßen*

Freilich sind wir damit noch nicht fertig. Wir müssen natürlich die Ablauflogik dieser Plugins mit Synchronisierungsaufrufen versehen, so dass der Server up-to-date bleibt, wenn sich die Klientendatenbank ändert. Wann und wie oft man das tut, hängt von den Anforderungen ab. Soll allerdings der Server immer auf dem neuesten Stand sein, ist ein Synchronisierungsaufruf nach jeder Datenbanktransaktion notwendig.

In unserer Beispielapplikation geschieht das am besten in den Klassen ProjectView und ResourceView nach einem Datenbank-*Commit*-Aufruf. Das Anstoßen der Synchronisierung kann mit folgendem Aufruf erfolgen:

```
try {
  SyncPlugin.getDefault().getSyncManager().sync();
} catch (SyncException e) {
  // SyncException behandeln
} catch (AuthenticationException e) {
  // AuthenticationException behandeln
} catch (UpdateException e) {
  // UpdateException behandeln
}
```

*Ausnahmebehandlung*

Natürlich ist auch eine intelligente Ausnahmebehandlung notwendig, denn wenn z.B. die Verbindung zum Server verloren geht, soll ja trotzdem weitergearbeitet werden. Wird später festgestellt, dass die Verbindung wieder besteht – ggf. muss man in einem separaten Thread den Server pollen oder auf ein regelmäßiges Heartbeat-Signal des Servers hören –, sollte gleich wieder ein Synchronisationsprozess veranlasst werden. Anders als bei mobilen Telefonen oder PDAs, wo die Synchronisierung nur auf Veranlassung des Benutzers durchgeführt wird, wird von einem Rich Client in der Regel eine transparente Arbeitsweise erwartet: automatische Synchronisierung, sobald die Verbindung wieder besteht. Trotzdem sollte man dem Benutzer auch die Möglichkeit zur manuellen Synchronisierung anbieten.

*Threads*

Auch der Synchronisierungsprozess sollte in einem separaten Thread ausgeführt werden. Würde die Synchronisierung im gleichen Thread wie die Datenbankzugriffe ausgeführt werden, könnte eine unterbrochene Verbindung (mit dem entsprechenden Time-out) die Datenbank ausbremsen. Vor einem neuen `sync()`-Aufruf sollte man in jedem Fall prüfen, ob der alte Prozess noch hängt. In diesem Falle kann man auf den Start eines neuen Synchronisationsprozesses verzichten.

*Garbage Collection*

Außerdem ist es empfehlenswert, von Zeit zu Zeit nach dem Abschluss einer Synchronisierung alle `SyncState`-Datenbankeinträge, welche mit `DELETED` markiert sind, zu löschen. So wird ein übermäßiges Anschwellen dieser Tabelle vermieden.

# 20 Servergesteuerte Administration

Die automatische bzw. servergesteuerte Konfiguration von Rich-Client-Arbeitsplätzen auf der Basis von Eclipse wurde bereits eindrucksvoll von IBMs Lotus Workplace demonstriert. Hier können von einem zentralen Administrationsplatz die Arbeitsplätze konfiguriert und administriert werden. Natürlich geschieht dies nicht auf individueller Basis, sondern durch die Definition von allgemeinen Richtlinien (Policies). IBM hat dafür eine eigene Beschreibungssprache entwickelt – die *Rich Client Platform Markup Language* (RCPML). Dabei handelt es sich allerdings um eine proprietäre Lösung, die eng an IBMs WebSphere Portal gekoppelt ist.

In diesem Kapitel möchten wir einige der dort verwendeten Techniken in allgemeiner Form diskutieren.

## 20.1 Automatische Updates

In Kapitel 7 hatten wir bereits diskutiert, wie Klienten vom Server aus mit Hilfe des Batch-Updates aktualisiert werden können oder wie Klienten den Update mit Hilfe des Update APIs selbst in die Hand nehmen können. Für eine Rich-Client-Anwendung würde ich die zweite Methode empfehlen, denn in der Regel weiß der Client besser, wann er Verbindung zum Server hat und in welcher Situation ein Update möglich ist.

Wie ein Update durchgeführt werden kann, wurde bereits in Kapitel 7 beschrieben. Nun wollen wir diskutieren, wie die Konfiguration auf dem Client verwaltet werden kann und wie festzustellen ist, ob die Software auf dem Client noch aktuell ist.

### 20.1.1 Zeitpunkt der Aktualisierung

Zunächst muss festgelegt werden, wann eine Prüfung auf die Aktualität der installierten Software erfolgen soll. Der Update-Manager des Eclipse-SDK bietet z.B. die Möglichkeit, jeweils beim Start der Plattform oder periodisch zu festgelegten Uhrzeiten die installierten Features zu aktualisieren. In einer Rich-Client-Umgebung hat man die Wahl zwischen:

- *Start der Workbench.* (Siehe auch Abschnitt 7.5.4.) Hier können anwendungsspezifische Features und die Infrastruktur aktualisiert werden. Dabei brauchen nur die Features aktualisiert zu werden, die auch vom angemeldeten Benutzer tatsächlich genutzt werden. Damit lässt sich unter Umständen die notwendige Zeit für die Aktualisierung wesentlich verkürzen.
- *Periodisch zu einer festgelegten Zeit.*
- *Periodisch in festgelegten Zeitabständen.*
- *Anforderung vom Server.* Eine solche Anforderung muss vom Klienten abgefragt werden. Dies kann durch den Aufruf eines Webservice geschehen oder während der Synchronisation von Anwendungsdaten (siehe unten)
- *Abmelden des Benutzers.* Durch eine Aktualisierung nach dem Abmelden des Benutzers kann die Zeit für das nächste Log-in verkürzt werden. Außerdem entfällt der Neustart der Applikation, der in den anderen Fällen erforderlich sein kann.
- *Kombinationen aus den obigen Möglichkeiten.*

### 20.1.2 Umfang der Aktualisierung

Um festzustellen, ob eine Aktualisierung notwendig ist, muss natürlich erst einmal herausgefunden werden, was aktualisiert werden muss. Dazu kann Eclipse nach den installierten Features abgefragt werden. Das Plugin `org.eclipse.update.core` bietet die notwendige Funktionalität:

*Installierte Features*

```
ILocalSite localSite = SiteManager.getLocalSite();
for (IConfiguredSite site : localSite. getConfiguredSites())
  for (IFeatureReference featureRef : site.getFeatureReferences())
    System.out.println(featureRef.getVersionedIdentifier());
```

Die einfachste Möglichkeit, die installierten Features zu aktualisieren, ist, für jedes installierte Feature mit Hilfe der Klasse `UpdateCommand` (siehe Kapitel 7) einen Update zu versuchen. Doch bei komplexen Anwendungen ist dieses Vorgehen nicht zu empfehlen, denn der Zeitbedarf kann erheblich sein.

Eine bessere Möglichkeit ist, sowohl auf dem Client als auch dem Server eine Datenbanktabelle (oder eine XML-Datei) mit den aktuellen Versionsständen der Features vorzuhalten. Beim Einspielen auf dem Server werden dann dessen Versionstabellen aktualisiert. Bezieht man diese Tabellen in die automatische Synchronisation mit ein (siehe Kapitel 18), so werden auch Versionstabellen auf dem Client aktualisiert, sobald dies möglich ist. Die zugehörige `SyncSource` kann dann auf eine Änderung des Versionsstandes reagieren und für das betreffende Feature einen Update anstoßen. *Versionsabgleich*

Alternativ wäre natürlich auch die Aktualisierung per Webservice möglich. Der Client fragt zunächst beim Server nach dem aktuellen Versionsstand (z.B. Zeitstempel der letzten Software-Einspielung) an. Ist dieser Versionsstand jünger als der aktuelle Versionsstand des Clients, so schickt der Client dem Server eine Liste der installierten Features. Der Server schickt dann eine Liste der Features, die aktualisiert werden müssen, zurück.

### 20.1.3 Sicherheitsfragen

Grundsätzlich sollten in einer Produktionsumgebung nur signierte Features eingesetzt werden. Eclipse 3.1 bietet die Möglichkeit, Features als signierte JAR-Dateien zu exportieren. Sie rufen dazu die Kontextfunktion *Export>Deployable Features* auf und markieren die Option *Package feature and plug-ins as individual JAR archives*. Auf der nächsten Seite des Export-Wizards kann dann mit *Keystore location*, *Alias* und *Password* eine Signatur angegeben werden.

Die Installationsfunktionen im Plugin `eclipse.update.core` sind in der Lage, bei der Installation die Signatur von Features zu überprüfen. Ergebnisse können einem `IVerificationListener` mitgeteilt werden. So kann z.B. der Benutzer bei nicht-signierten Features angefragt werden, ob das Feature trotzdem installiert werden soll. Von den Kommandos des Package `org.eclipse.update.standalone` (siehe Kapitel 7) wird ein solcher `IVerificationListener` allerdings nicht verwendet. Soll also beim automatischen Installieren und Aktualisieren eine Sicherheitsüberprüfung erfolgen, so muss direkt mit der Funktionalität aus dem Package `eclipse.update.core` gearbeitet werden. *Signaturen*

Bestehen zusätzliche Sicherheitsanforderungen, so lassen sich anwendungsspezifische Regelungen treffen. Eine Möglichkeit wäre, auf eine Softwareaktualisierung zu verzichten, wenn nur eine Verbindung über öffentliche Netze besteht.

## 20.2 Benutzerauthentifizierung

In unserer Beispielapplikation war die Benutzerauthentifizierung recht simpel: Benutzername und Passwort wurden gegen eine Datenbanktabelle geprüft, die von einem Administrator gepflegt wurde. In der betrieblichen Praxis mit Hunderten oder gar Tausenden von Rich-Client-Arbeitsplätzen ist eine solche Lösung natürlich nicht praktikabel. In solchen Fällen erfolgt die Verwaltung des Benutzerbestandes auf dem Server. Soll der Benutzer in der Lage sein, sich auch dann anzumelden, wenn keine Verbindung zum Server besteht, so muss mindestens ein Teil der Benutzerdatenbank (alle Benutzer, die auf dem spezifischen Arbeitsplatz zugelassen sind) auf der Client-Plattform repliziert werden. Da Benutzerdaten sicherheitskritisch sind, sollten diese Daten in chiffrierter Form gespeichert werden. Das Gleiche gilt auch für eine Übertragung zum oder vom Server.

Oft sind Rich-Client-Anwendungen keine Insellösungen, sondern dienen als Portal zu den verschiedensten Unternehmensanwendungen. In der Regel verlangen diese Anwendungen eine eigene Authentifizierung. Dabei kann der RichClient für den Benutzer die Anmeldung bei spezifischen Diensten und Unternehmensanwendungen übernehmen. Eine Möglichkeit ist, dass in der Benutzerdatenbank des Clients die notwendigen anwendungsspezifischen Benutzerkennungen und Passwörter gespeichert sind und dann vom Client bei der Anmeldung verwendet werden können. Allerdings ist diese Lösung ziemlich pflegeaufwändig. Bei einer Änderung eines Passworts oder einer Benutzerkennung müssen auch die Einträge in der Benutzerdatenbank auf Client und Server aktualisiert werden.

*Single Sign-On*

Eine bessere Möglichkeit ist die Ausnutzung der *Single-Sign-on*-Funktionalität (SSO), die von den meisten Unternehmensapplikationen unterstützt wird. Hier wird nur eine einzige Anmeldung benötigt. Anwendungen, die sich gegenseitig vertrauen, können Authentifizierungsdaten austauschen. Die Einbindung einer Rich-Client-Anwendung in eine solche Lösung benötigt deshalb vom Benutzer dieser Anwendung nur eine einzige Anmeldung, um auf alle zugelassenen Dienste und Anwendungen zugreifen zu können.

In Java wird die SSO-Funktionalität durch das Java-GSS-API unterstützt, einer Implementierung des sprachneutralen GSS-API des IETF. Eine Referenzimplementierung dieses APIs ist im JDK ab Version 1.4 enthalten. Allerdings enthält das GSS keine Methoden, um Benutzername und Passwort vom Benutzer abzufragen. Dazu muss auf die Funktionalität des *Java Authentication and Authorization Service* (JAAS) zurückgegriffen werden, der ebenfalls im JDK1.4 enthalten ist.

Einen guten Artikel für die Implementierung *Single-Sign-on*-Funktionalität mit Java findet man in [Khan2003].

## 20.3 Automatische Konfiguration

In unserer Beispielapplikation hatten wir bereits gewisse automatische Konfigurationsmöglichkeiten eingeführt. So wird dort je nach Benutzerrolle eine andere Anfangsperspektive ausgewählt. Ebenso war beabsichtigt, die zulässigen Perspektiven und Views ebenfalls von der Benutzerrolle abhängig zu machen. Das lässt sich z.B. dadurch erreichen, dass nur die Plugins, für die der Benutzer berechtigt ist, freigeschaltet werden und die anderen nicht. Allerdings ist das mit dem Update API ohne Neustart der Anwendung nicht möglich. Eclipse bietet jedoch andere Möglichkeiten.

### 20.3.1 Plugins entfernen

Ab Eclipse 3.0 besteht die Möglichkeit, Plugins in Eclipse dynamisch (also während des Ablaufs) von der Plattform zu entfernen. Die zum Plugin gehörigen Erweiterungen und Erweiterungspunkte verschwinden, und die Funktionalität des Plugins steht nicht mehr zur Verfügung. Erreicht wird das durch OSGi-Funktionen.

*BundleContext*

Erinnern wir uns daran, dass jedes Eclipse-Plugin einem OSGi-Bundle entspricht. OSGi-Bundles laufen in einem `BundleContext` ab, der unter anderem darüber Auskunft geben kann, welche Bundles (sprich Plugins) installiert sind. Mit der `Bundle`-Methode `stop()` können Bundles zunächst gestoppt und dann mit der Methode `uninstall()` aus der aktiven Plattform entfernt werden. Das hat keinen Einfluss darauf, welche Features installiert sind – beim nächsten Start von Eclipse sind wieder alle Bundles aktiv.

An unserer Beispielapplikation möchte ich zeigen, wie eine Anwendung rollenabhängig konfiguriert werden kann. Ein Problem mit der Perspektivenauswahl war, dass unter der Taste *Open Perspective* mit *Other* noch alle Perspektiven geöffnet werden konnten, obwohl nur bestimmte Perspektiven für bestimmte Rollen erlaubt sind. Dieses Problem lässt sich nur dadurch lösen, dass alle Plugins entfernt werden, die mit der aktuellen Rolle nichts zu tun haben.

Dazu ist erst einmal eine Beschreibung nötig, welche Plugins für welche Rollen zuständig sind. Die haben wir allerdings schon. Der Erweiterungspunkt `roles` im Plugin `com.bdaum.planner` (siehe Abschnitt 4.3.4) beschreibt im Konfigurationselement `plugin`, welche Plugins zur Realisierung der Rolle notwendig sind.

*Plugins ausblenden*

Nachdem sich der Benutzer angemeldet hat (und somit die aktiven Rollen bekannt sind) kann die Konfiguration erfolgen. Dies wird in der Klasse `Application` im Anwendungs-Plugin `com.bdaum.planner` in der Methode `configureSystem()` erledigt.

```
/**
 * Entfernt die in dieser Sitzung nicht benötigten Plugins
 * @param roles – aktive Benutzerrollen
 */
private void configureSystem(Collection roles) {
  // Alle Plugins, die Benutzerrollen zugeordnet sind
  Set<String> allNegotiableBundles = new HashSet<String>();
  // Alle Plugins, die den aktiven Benutzerrollen zugeordnet sind
  Set<String> activeBundles = new HashSet<String>();
  // Erweiterungsrcgistralur
  IExtensionRegistry registry = PlatformgetExtensionRegistry();
  // Rollendefinitionen durchlaufen
  for (IConfigurationElement role : registry
              .getConfigurationElementsFor("com.bdaum.planner",
              "roles")) {
    // Bestimmen, ob eine gegebene Rolle aktiv ist
    boolean active = roles.contains(role.getAttribute("name"));
    for (IConfigurationElement plugin :
              role.getChildren("plugin")) {
      // Zugeordnetes Plugin
      allNegotiableBundles.add(plugin.getAttribute("id"));
      if (active)
        activeBundles.add(plugin.getAttribute("id"));
    }
  }
  // Nun nicht benutzte Plugins entfernen
  BundleContext context = PlannerPlugin.getDefault()getContext();
  for (Bundle bundle : context.getBundles()) {
    String id = bundle.getSymbolicName();
    if (allNegotiableBundles.contains(id)
          && !activeBundles.contains(id)) {
      try {
        // Eigentlich nicht notwendig, da noch kein Plugin läuft
        bundle.stop();
      } catch (BundleException e) {
      }
      try {
        bundle.uninstall();
      } catch (BundleException e) {
      }
    }
  }
}
```

Der BundleContext wird dabei von der Klasse PlannerPlugin geliefert, welche eine BundleContext-Instanz in ihrer start()-Methode erhält und zwischenspeichert:

```
private BundleContext context;

public void start(BundleContext context) throws Exception {
  super.start(context);
  this.context = context;
...
}

public BundleContext getContext() {
  return context;
}
```

*Sichtbarkeit*

Die Methode configureSystem() kann in der Klasse Application direkt nach der Benutzeridentifikation aufgerufen werden. Allerdings erlebt man dann eine Überraschung: Meldet man sich als Administrator an und will einen neuen Benutzer eintragen, so wird nur noch die Administratorrolle angeboten. Klar, denn die Benutzerrollen wurden aus den Plugin-Manifesten abgeleitet, die nicht benötigten Plugins sind jedoch deaktiviert, die Rollen deshalb nicht sichtbar. Deshalb ist es nötig, die PlannerPlugin-Methode getAllRoles() einmal vor der Konfiguration aufzurufen und die Methode so abzuändern, dass sie die deklarierten Rollen während einer Sitzung akkumuliert:

```
private static Set<String> allRoles = new HashSet<String>();

public static Set<String> getAllRoles() {
  IExtensionRegistry reg = Platform.getExtensionRegistry();
  // Alle Konfigurationelemente für diesen Punkt
  for (IConfigurationElement role :
          reg.getConfigurationElementsFor("com.bdaum.planner",
                                                        "roles"))
    allRoles.add(role.getAttribute("name"));
  return allRoles;
}
```

Die run()-Methode der Klasse Application sieht dann schließlich so aus:

```
public Object run(Object args) throws Exception {
  Display display = PlatformUI.createDisplay();
  Shell topLevelShell = new Shell(display, SWT.NONE);
  LoginDialog dialog = new LoginDialog(topLevelShell);
  dialog.open();
  topLevelShell.close();
```

```
    User user = PlannerPlugin.getDefault().getUser();
    if (user == null)
      // Shutdown
      return IPlatformRunnable.EXIT_OK;
    // Update
    UpdateAction updateAction = new UpdateAction();
    updateAction.run(null);
    if (updateAction.isRestart())
      // Restart
      return IPlatformRunnable.EXIT_RESTART;
    PlannerPlugin.getAllRoles();
    configureSystem(user.roles);
    try {
      int returnCode = PlatformUI.createAndRunWorkbench(display,
              new ApplicationWorkbenchAdvisor());
      if (returnCode == PlatformUI.RETURN_RESTART) {
        return IPlatformRunnable.EXIT_RESTART;
      }
      return IPlatformRunnable.EXIT_OK;
    } finally {
      display.dispose();
    }
  }
```

### 20.3.2 Flexiblere Steuerung

Im vorigen Abschnitt hatten wir die die Konfiguration der Anwendung mit Hilfe eines Erweiterungspunktes im Plugin-Manifest definiert. Dies ist sicherlich möglich und hat auch ganz gut die Anwendung von Erweiterungspunkten demonstriert. Allerdings wird die Verwaltung der Konfiguration durch ein solches Vorgehen erschwert. Ändern sich die Zuordnungsregeln, so müssen Plugins aktualisiert werden. Außerdem ist, wenn bestimmte Features deaktiviert sind, nicht mehr alle Konfigurationsinformationen sichtbar.

*Konfigurationsdatei*

Eine flexiblere Möglichkeit ist die Definition einer eigenen Konfigurationsdatei (z.B. im XML-Format). Eine solche Datei kann leicht zwischen Server und Client ausgetauscht werden. Sie muss natürlich lokal auf dem Klienten gespeichert werden, um auch im Offline-Fall verfügbar zu sein. Die Auswertung kann dann über einen Konfigurationsmanager erfolgen, der vom Anwendungs-Plugin aus erreichbar sein sollte. Hier können bei kommerziellen Projekten auch Lizenzen geprüft werden, wenn bestimmte Funktionen abhängig von der jeweiligen Lizenz sind. Es versteht sich, dass auch die Konfigurationsdateien digital signiert sein sollten, um Manipulationen vorzubeugen.

Benutzeroberflächen

Auf die flexible Gestaltung der Benutzeroberflächen mit Hilfe von XML-Skripts hatte ich bereits in Kapitel 10 hingewiesen. Auch solche Skriptdateien können leicht mit dem Server ausgetauscht werden, ohne gleich ein ganzes Feature aktualisieren zu müssen. Zudem können sie leicht für den Benutzer individualisiert werden. So können für Novizen zusätzliche Erläuterungen eingeblendet werden, behinderten Benutzern können auf ihre besonderen Bedürfnisse zugeschnittene Oberflächen angeboten werden usw. Mit Hilfe von XSLT-Stylesheets kann zudem die Oberflächengestaltung (*Skin*) der gesamten Anwendung leicht den jeweiligen Bedürfnissen und Vorlieben angepasst werden.

## 20.4 Statistiken

Für die weitere Softwareplanung kann es nützlich sein, von den Rich-Client-Anwendungen Statistiken zu erheben und auf dem Server zu sammeln und auszuwerten. So kann leicht festgestellt werden, wie oft bestimmte Plugins, Views, Editoren, Dialoge usw. benutzt werden. Bei der Weiterentwicklung der Software kann dann den intensiv benutzten Funktionen verstärkte Aufmerksamkeit geschenkt werden.

Im *IBM Lotus Workplace Administrationscenter* beispielsweise gibt es eine konfigurierbare Warnfunktion, die den Administrator unterrichtet, wenn ein bestimmter Client für längere Zeit ein bestimmtes Modul nicht mehr benutzt hat. Der Administrator kann dann nach Rücksprache mit dem Benutzer eventuell diesem die Zugangsberechtigung für das Modul entziehen, um das Entstehen von Sicherheitslücken zu vermeiden.

## 20.5 Fernwartung

In unserer Beispielanwendung hatten wir die Verfolgung von Programmfehlern an die Administratorrolle gekoppelt und dem Administrator einen View zum Anschauen der Eclipse-Logdatei zur Verfügung gestellt. Wie Einträge in diese Logdatei geschrieben werden, hatten Sie an verschiedenen Stellen im Beispielcode gesehen.

Für eine servergestützte Operation empfiehlt sich natürlich die Übertragung des Fehlerprotokolls an den Server. Die Position der Protokolldatei ist erhältlich über die Methode `Platform.getLogFileLocation()`.

Mit Hilfe der Klasse `LogReader` lässt sich eine Protokolldatei analysieren, die einzelnen Einträge werden in Form von `LogEntry`-Instanzen angeliefert.

*TPTP*

Auch für die servergestützte Auswertung von Protokolldateien muss nicht alles von Hand programmiert werden. Ein weiteres eclipse.org-Projekt, die *Eclipse Test & Performance Tools Platform* (TPTP) auf `http://www.eclipse.org/tptp`, stellt unter anderem einen Programmrahmen für die Auswertung von Fehlerprotokollen zur Verfügung (*Monitoring Tools*). Das geht so weit, dass die aus den Fehlerprotokollen abgeleiteten Symptome gegen eine Wissensbank geprüft und daraus wiederum Fehlerbehebungsvorschläge abgeleitet werden können.

# Anhang

# Anhang A: Wichtige Downloadadressen

Die folgende Tabelle listet die Downloadadressen von in diesem Buch verwendeter Software auf.

| | |
|---|---|
| *Eclipse und weitere eclipse.org- Projekte* | `http://www.eclipse.org` |
| *KLEEN*<br>Modellierer | `http://www.aoModeling.org/KLEENupdate` |
| *CookSWT*<br>XML-GUI-Skriptsprache | `http://cookxml.sourceforge.net/cookswt` |
| *Derby*<br>SQL-Datenbank | `http://incubator.apache.org/derby/derby_downloads.html` |
| *IBM Integration plug-in for Derby* | `http://www14.software.ibm.com/webapp/download/search.jsp?go=y&rs=cloudscape` |
| *HSQLDB*<br>SQL-Datenbank | `http://hsqldb.org` |
| *Prevayler*<br>Objektorientierte Persistenzschicht | `http://www.prevayler.org` |
| *db4o*<br>Objektorientierte Datenbank | `http://www.db4o.com` |
| *Hibernate*<br>Objektrelationale Brücke | `http://www.hibernate.org` |
| *OpenOffice*<br>Büroanwendung | `http://www.openoffice.org` |
| *OpenOffice SDK* | `http://www.openoffice.org/dev_docs/source/sdk` |
| *iText*<br>PDF-API | `http://www.lowagie.com/iText` |
| *Sync4J*<br>SyncML-Engine | `http://www.sync4j.org` |
| *Beispieldateien für dieses Buch* | **`http://www.bdaum.de/eclipse/buchRCP`** |

# Anhang B: Erste Hilfe

Wenn es beim Ausprobieren der Beispiele in diesem Buch in manchen Fällen nicht klappen sollte, können die folgenden Tipps vielleicht weiterhelfen:

**Problem:** Ein neues Plugin wurde einem Feature hinzugefügt, jedoch bleibt beim Testen alles beim Alten – die neue Funktionalität wird nicht sichtbar.

**Ursache 1:** Überprüfen Sie im Feature-Manifest auf der Seite Plugins die Versionsnummer des neuen Plugins. Frisch eingefügte Plugins haben in Eclipse 3.1.0 die Versionsnummer 0.0.0. Bringen Sie mit der Taste *Versions...* die Versionsnummer am Plugin-Eintrag auf den aktuellen Stand.

**Ursache 2:** Sie haben den Test mit direkt *Run*- oder *Debug*-Taste oder -Menüfunktion gestartet. Nach einer Konfigurationsänderung muss jedoch auch die *Launch*-Konfiguration angepasst werden. Starten Sie den Test besser vom Produkteditor aus mit einem Klick auf *Synchronize* und dann auf *Launch the product*. Die *Launch*-Konfiguration wird dann automatisch angepasst.

**Problem:** Wird die Anwendung von Eclipse aus gestartet, läuft alles wunderbar. Wird die Anwendung dagegen exportiert und separat gestartet, so treten Fehlfunktionen auf.

**Ursache 1:** Schauen Sie sich die `build.properties`-Dateien Ihrer Plugins an. Fehlt dort was im Binary-Build? Was hier nicht angegeben ist, wird auch nicht exportiert und fehlt dann bei der Ausführung. Benötigt werden die JARs auf dem Classpath, binäre Klassen im Ordner `bin/`, sofern sie nicht in einem Classpath-JAR enthalten sind, Manifest-Dateien, Properties-Dateien, Hilfedateien wie `toc.xml`, `context.xml` und natürlich die zugehörigen HTML-Dateien, Bilder, Datenbankschemata, Hibernate-Konfigurationsdateien etc.

**Ursache 2:** War der Zielordner für den Export nicht leer, sondern noch mit einer älteren Version gefüllt? Löschen Sie besser den Inhalt dieses Ordners.

# Anhang C: Relevante eclipse.org-Projekte

Das Eclipse-SDK und die Eclipse-RCP sind nur zwei von vielen anderen eclipse.org-Projekten. In den folgenden Tabellen geben wir eine Übersicht über eclipse.org-Projekte, die für die RCP-Entwicklung relevant sind. Einige dieser Projekte sind noch im Planungszustand, andere sind in Arbeit, und einige haben auch bereits offiziell freigegebene Produkte. Alle diese Projekte sind Open-Source-Projekte, die unter den Bedingungen der Common Public License oder der Eclipse Public License kostenlos genutzt werden dürfen.

| | | |
|---|---|---|
| **Application Lifecycle Management (ALF)** | Orchestriert den Entwicklungs- und Wartungsprozess von Enterprise-Applikationen. | E |
| **AspectJ** | Aspektorientierte Erweiterung von Java. | E |
| **BPEL Designer Editor** | Entwurf von BPEL4WS-basierten Geschäftsprozessen. | E |
| **Buckminster Component Assembly Project** | Koordiniert Entwicklungsprojekte, die aus einer Vielzahl von Komponenten bestehen, wobei auch nicht-Eclipse-Komponenten möglich sind. | E |
| **Business Intelligence and Reporting Tools (BIRT)** | Reporteditor und Laufzeitumgebung für die Generierung von Berichten und Geschäftsgrafiken. | E+I |
| **Data Tools Platform (DTP) Project** | Werkzeuge und Ablaufkomponenten für die Integration relationaler Datenbanken in Anwendungen. | E+I |
| **Eclipse Project** | Eclipse-SDK und Eclipse-RCP | E+I |
| **Eclipse Web Tools Platform (WTP) Project** | Werkzeuge für die Implementierung von Webanwendungen. Die Spannweite reicht von einfachen HTML-basierten Anwendungen bis zu komplexen J2EE-Anwendungen und Webservices. | E |

| | | |
|---|---|---|
| **Eclipse Test & Performance Tools Platform (TPTP) Project** | Werkzeuge für die Durchführung von Regressionstests, die Gewinnung und Auswertung von Logdateien und für die Durchführung von Performanzmessungen. | E |
| **EJB 3.0 Object-Relational Mapping Project** | Unterstützung für EJB 3.0. | E+I |
| **Graphical Modeling Framework (GEF)** | Programmrahmen für die Implementierung grafischer Komponenten. | I |
| **Higgins, the Trust Framework** | Programmrahmen für die Verwaltung und den Austausch personenbezogener Kontextinformationen. | I |
| **JSR220-ORM Project** | Einbettung objektrelationaler Brücken in die Eclipse-Technologie. | E+I |
| **VE** | Der Eclipse Visual Editor. Unterstützt in der Version 1.1 die visuelle Gestaltung von Editoren und Views. | E |
| **Voice Tools Project (VTP)** | Werkzeuge für die Implementierung von VoiceXML-gestützten Systemen. | E |

**Tab. C–1** Eclipse.org-Projekte. Projekte, die mit »E« gekennzeichnet sind, sind relevant für den Entwicklungsprozess, Projekte, die mit »I« gekennzeichnet sind, stellen Infrastruktur für die Implementierung von Rich-Client-Anwendungen zur Verfügung.

# Bibliographie

[Arthorne2003] John Arthorne: Drag and Drop in the Eclipse UI; Eclipse Corner Article; www.eclipse.org; 2003

[Bauer2004] Christian Bauer, Gavin King; Hibernate in Action; Manning; 2004

[Birrell1987] Andrew D. Birrell, Michael B. Jones, Edward P. Wobber; A Simple and Efficient Implementation for Small Databases; d i g i t a l Systems Research Center; 1987

[Daum2003] Berthold Daum; Modeling Business Objects with XML Schema; Morgan Kaufmann Publishers; 2003

[Daum2003a] Berthold Daum; Use XML streaming parsers, More efficient XML parsing with the Streaming API for XML; IBM developerWorks, `http://www-106.ibm.com/developerworks/xml/library/x-tipstx/`; November 2003

[Daum2005] Berthold Daum; Java-Entwicklung mit Eclipse 3.1; dpunkt.verlag; 2005

[Edgar2004] Nick Edgar, Kevin Haaland, Jin Li and Kimberley Peter; Eclipse User Interface Guidelines, Version 2.1; eclipse.org; 2004; `http://www.eclipse.org/articles/Article-UI-Guidelines/Contents.html`

[Gamma1995] Erich Gamma, Richard Helm, Ralph Johnson, John Vlissides; Entwurfsmuster – Elemente wiederverwendbarer objektorientierter Software; Addison-Wesley; 1995

[Gunther2003] Jeff Gunther; Deploy an SWT application using Java Web Start; IBM developerWorks; 19.6.2003

[Gunther2003a] Jeff Gunther; Integrate ActiveX controls into SWT applications; IBM developerWorks; 5.6.2003

[Harold2002] Elliotte Rusty Harold; Processing XML with Java(TM): A Guide to SAX, DOM, JDOM, JAXP, and TrAX; Addison-Wesley; 2002

[Horrocks1999] Ian Horrocks; Constructing the User Interface with Statecharts; Addison-Wesley Professional; 1999

[Kay2001] Michael Kay; XSLT Programmer's Reference 2nd Edition; wrox; 2001

[Khan2003] Faheem Khan; Simplify enterprise Java authentication with single sign-on; IBM developerWorks; http://www-106.ibm.com/developerworks/java/library/j-gss-sso/; 2003

[Kosek2003] Jirka Kosek; DocBook for Eclipse: Reusing DocBook's Stylesheets; XML.com; 2003

[Lozano2003] Fernando Lozano; Eclipse and HSQLDB: Embedding a relational database server into Eclipse; IBM developerWorks; 2003; http://www-106.ibm.com/developerworks/opensource/library/os-echsql/

[Marchal2003] Benoît Marchal; Introducing XM, a poor man's content manager; IBM developerWorks; 1.7.2003

[Marinilli2005] Mauro Marinilli; Professional Java User Interfaces; John Wiley & Sons; 2005

[Moore2004] Bill Moore, David Dean, Anna Gerber, Gunnar Wagenknecht, Philippe Vanderheyden; Eclipse Development using the Graphical Editing Framework and the Eclipse Modeling Framework; ibm.com/redbooks; 2004

[Northover2001] Steve Northover, Carolyn MacLeod; Creating Your Own Widgets using SWT; eclipse.org; 2001; http://www.eclipse.org/articles/Article-Writing%20Your%20Own%20Widget/Writing%20Your%20Own%20Widget.htm.

[Suryanarayana2005] Jayanthi Suryanarayana, Neil Tunnicliffe; Heterogeneous database replication with SyncML; IBM developerWorks; 2005; http://www-106.ibm.com/developerworks/java/library/j-sync4j/

[Trieloff2002] Lars Trieloff; Dokumentationen mit DocBook-XML; http://trieloff.net/docbook/tutorial/; 2002

[Whitehead1998] E. James Whitehead, Jr., Meredith Wiggins; WEBDAV: IETF Standard for Collaborative Authoring on the Web; IEEE Internet Computing; September/October 1998

# Stichwortverzeichnis

## A

## K



## L



## M



## N

## R



## S

## W



## X



## Z



## Sonderzeichen